EL ABOGADO
DE LAS BRUJAS

GUSTAV HENNINGSEN

EL ABOGADO DE LAS BRUJAS

BRUJERÍA VASCA E INQUISICIÓN ESPAÑOLA

Nueva edición actualizada

Traducción de:
Marisa Rey-Henningsen

ALIANZA EDITORIAL

Título original:
The Witches' Advocate Basque Witchcraft and the Spanish Inquisition
Reno, University of Nevada Press, 1980

Heksenes advokat. Historiens störste hekseproces
Copenhague, Delta, 1981

Las fotos n° 6, 17, 32, 33, 35, 38 y 40 proceden del Ministerio de Cultura, Archivo Histórico Nacional, Fondo Inquisición: MPD 320/321; L 1244, fol. 1; 1679, Exp. 2, N. 1, fol. 1v y N. 2, fol. 299r, 354r, 671r; y 271, fol. 1r.

Primera edición: 1983
Segunda edición: 2010
Quinta reimpresión: 2024

Reservados todos los derechos. El contenido de esta obra está protegido por la Ley, que establece penas de prisión y/o multas, además de las correspondientes indemnizaciones por daños y perjuicios, para quienes reprodujeren, plagiaren, distribuyeren o comunicaren públicamente, en todo o en parte, una obra literaria, artística o científica, o su transformación, interpretación o ejecución artística fijada en cualquier tipo de soporte o comunicada a través de cualquier medio, sin la preceptiva autorización.

© Gustav Henningsen, 1980, 1981, 2010
© de esta edición: Alianza Editorial, S. A. Madrid, 1983, 2010, 2020, 2021,
2022, 2023, 2024
Calle Valentín Beato, 21; 28037 Madrid
www.alianzaeditorial.es

ISBN: 978-84-206-8374-4
Depósito legal: M. 37.803-2010
Printed in Spain

SI QUIERE RECIBIR INFORMACIÓN PERIÓDICA SOBRE LAS NOVEDADES DE ALIANZA EDITORIAL, ENVÍE UN CORREO ELECTRÓNICO A LA DIRECCIÓN:
alianzaeditorial@anaya.es

*A la memoria de
D. Alonso de Salazar Frías,
inquisidor y humanista español*

«No hubo brujos ni embrujados en el lugar hasta que se comenzó a tratar y escribir de ellos».

El inquisidor Alonso de Salazar Frías, 1612

«Estamos seguros que viéndose nuestros papeles con la atención y consideración que aquellos señores se acostumbran constará con grande claridad y evidencia por fundamentos certísimos e infalibles la verdad de esta secta».

Los inquisidores Alonso de Becerra Holguín y Juan de Valle Alvarado, 1613

«Cuando se haya realizado un estudio minucioso y sistemático de los procesos de brujería que se conservan en los archivos inquisitoriales, alcanzarán a verse cosas nunca sospechadas, ni siquiera por quienes hasta ahora han dedicado mayor desvelo al examen de los mismos».

Julio Caro Baroja, *Vidas mágicas e Inquisición*, 1967

ÍNDICE

LISTADO DE ILUSTRACIONES 15

LISTADO DE SIGLAS 19

LISTADO DE LUGARES MENCIONADOS EN EL TEXTO 21

PRÓLOGO de *Mikel Azurmendi* 27

PREFACIO A ESTA EDICIÓN 33

PREFACIO A LA PRIMERA EDICIÓN ESPAÑOLA DE 1983 37

1. LAS BRUJAS DE ZUGARRAMURDI 41
   1. Los acontecimientos de brujería en Francia 41
   2. La brujería en la vida cotidiana 46
   3. Los primeros brotes de brujomanía 52

2. LA INQUISICIÓN 63
   1. La Inquisición de la Edad Moderna 63
   2. La Inquisición española hacia 1600 64
   3. El tribunal de Logroño 75
   4. El canónigo de Jaén 79
   5. ¿Quién avisó a la Inquisición? 83

3. EL PROCESO. *Primera parte* 87
   1. El informe del comisario 87
   2. El primer grupo de prisioneros 89
   3. El segundo grupo de prisioneros 94
   4. Las catorce preguntas de la Suprema 97
   5. Preparativos para la visita 100
   6. ¿Fueron los brujos sometidos a un lavado de cerebro? 103
   7. Actos positivos 109

4. EL CULTO AL «DIOS CORNUDO» 113
   1. Las fuentes 113
   2. El dios 115
   3. Las asambleas 116
   4. Ritos de iniciación 119
   5. Dones sobrenaturales y espíritus ayudantes 124
   6. Los ritos de las asambleas ordinarias 126
   7. «Ritos de fecundidad» 127
   8. La misa negra 128
   9. Violación de tumbas 129
   10. El banquete 130
   11. Venenos, polvos y ungüentos 131
   12. Daños a personas 134
   13. Daños a cosechas y animales domésticos 135
   14. El conventículo 135
   15. Grados 137
   16. Cargos 139
   17. Disciplina 140
   18. Zugarramurdi y otros conventículos 141
   19. La asamblea general 141
   20. ¿Existió un culto a la fecundidad en Zugarramurdi? 142

5. LAS VISITAS DEL DISTRITO Y EL EDICTO DE FE 147

6. LA VISITA DE VALLE 161
   1. La misión 161
   2. La visita de Zugarramurdi 162
   3. El resto del viaje 171
   4. Las relaciones con Francia 178
   5. El aplazamiento del edicto de gracia 182
   6. La caza de brujos en las Cinco Villas 184

7.	EL PROCESO. *Segunda parte*	205
	1. Los nuevos prisioneros	205
	2. Las dos epidemias en las cárceles	206
	3. Las confesiones	211
	4. La confesión de María de Zozaya	217
	5. El proceso	225
	6. La tortura	230
	7. Disensión en el tribunal	235
8.	EL AUTO DE LAS BRUJAS	241
	1. Los últimos preparativos	241
	2. El sábado	245
	3. El domingo	248
	4. El lunes	253
	5. Las sentencias	255
9.	LA GRAN PERSECUCIÓN	261
	1. Nuevos brotes de brujería	261
	2. La cruzada de los predicadores	266
	3. La caza de brujos del tribunal	268
	4. El obispo de Pamplona y otros defensores de los brujos	276
10.	LA VISITA DE SALAZAR	287
	1. La misión	287
	2. Las hipótesis de Pedro de Valencia	292
	3. El viaje a las zonas afectadas	298
	4. La visita de Santesteban	304
	5. Los embustes de los brujos	311
	6. Los revocantes	316
	7. El informe de Fuenterrabía	318
	8. Los últimos bastiones del tribunal	325
	9. Última parte del itinerario de la visita	337
	10. Las sesiones de San Sebastián y Tolosa	339
	11. Las tres últimas sesiones	343
	12. Mariquita de Atauri	351
	13. Encuestas y experimentos científicos	354
	14. Los resultados de la visita	363
11.	LA BATALLA POR LAS BRUJAS	369
	1. El regreso de Salazar	369
	2. El dictamen de Salazar (*excursus*)	376
	3. Una larga espera	384
	4. El dictamen de los colegas	398
	5. El contradictamen de Salazar	403

12. LA SOLUCIÓN AL PROBLEMA DE LA BRUJERÍA 415
   1. Salazar es reclamado por la Suprema 415
   2. La Suprema 417
   3. La vista de la causa en el Consejo 421
   4. Propuesta de Salazar para unas nuevas instrucciones 426
   5. Las nuevas instrucciones 431
   6. El cese de la persecución 434
   7. El destino de los involucrados 442

13. EPÍLOGO CON ALGUNAS REFLEXIONES SOBRE LA DIFERENCIA ENTRE BRUJERÍA Y BRUJOMANÍA 449

APÉNDICE. LISTADO DE BRUJOS 463

BIBLIOGRAFÍA 511
1. Lista alfabética de los sesenta documentos claves 511
2. Libros y legajos en el ramo de Inquisición del Archivo Histórico Nacional 514
3. Manuscritos en otros archivos 517
4. Libros y artículos consultados 519

ÍNDICE ONOMÁSTICO 529

LISTADO DE ILUSTRACIONES

1. Durante el brote de brujomanía en Suecia (1668-1677) centenares de niños dieron testimonio de haber sido llevados al aquelarre de Blakula. Panfleto alemán de 1670, Biblioteca Real, Estocolmo.

2. El pueblo de Zugarramurdi en la vertiente norte de los Pirineos. En primer plano, junto a un idílico prado, se divisa la entrada de la famosa «Cueva de las brujas». Foto del autor, 2004.

3. La cueva donde las brujas, según una tradición local, celebraban los aquelarres. Foto del autor, 2004.

4. Antiguas casas blasonadas de Zugarramurdi. Foto del autor, 2004.

5. La audiencia. El inquisidor interrogando a un reo. Grabado de Adrian Schoonebech en *Historia inquisitionis*, de Philip van Limborch, Ámsterdam, 1692.

6. *Arriba*. La casa de la Inquisición en Logroño. Dibujo del siglo XVIII de la fachada oriental (30 × 16,5 cm). *Abajo*. Planos de las tres plantas (47,5 × 30,5). Archivo Histórico Nacional.

7. El inquisidor general don Bernardo de Sandoval y Rojas. Grabado de la época, Biblioteca Nacional, Madrid.

8. Niños brujos cuidando el rebaño de sapos. Fragmento del aguafuerte de Jan Ziarnko en *Tableau de l'inconstance*, de Pierre de Lancre, París, 1613.

9. «No lo saben todos.» Prisionero de la Inquisición en celda de aislamiento. Dibujo de Francisco de Goya.

10. Atravesando el aire montadas en una escoba. Fragmento del aguafuerte de Ziarnko en *Tableau de l'inconstance*, de Pierre de Lancre, París, 1613.

11. La bruja maestra y un criado del diablo presentan un nuevo vasallo infantil al demonio. Fragmento del aguafuerte de Ziarnko, 1613.

12. Brujas que danzan y se divierten con los criados del diablo. Fragmento del aguafuerte de Ziarnko, 1613.

13. Brujas en un banquete con los criados del diablo, devorando a un niño. Fragmento del aguafuerte de Ziarnko, 1613.

14. Fabricación de veneno. Fragmento del aguafuerte de Ziarnko, 1613.

15. Bruja llevando a dos niños al aquelarre. Fragmento del aguafuerte de Ziarnko, 1613.

16. Los músicos del diablo tocan para la danza. Fragmento del aguafuerte de Ziarnko, 1613.

17. Portada del edicto de fe del tribunal de Logroño, primera mitad del siglo XVII. Archivo Histórico Nacional, Madrid.

18. Marcas del demonio detalladamente dibujadas y descritas en el acta del proceso incoado en 1631 contra Ana Marco de Epila. Manuscrito en Bibliothèque de la Ville, Burdeos. Foto del autor, 1970.

19. Las cárceles secretas de la Inquisición de Granada. Dibujo anónimo del siglo XVII. Museo Británico.

20. «¡Esta noche nos habemos de ir!». Fragmento de la pintura de Goya de 1798.

21. El tormento. El grabado del francés Bernard Picart, de 1722, pretende mostrar los métodos empleados por la Inquisición.

22. Hereje con sambenito. Grabado de Andreas Schoonebech, en *Historia inquisitionis,* de Philip van Limborch, Ámsterdam, 1692.

23. Auto de fe en España. Fragmento de grabado de A. Schoonebech, en *op. cit.,* 1692.

24 a y b. Herejes con sambenito y coroza en un auto de fe español. Grabados de A. Schoonebech, en *op. cit.,* 1692.

25. Procesión de reos camino del auto de fe. Fragmento de grabado de A. Schoonebech, en *op. cit.,* 1692.

26. Preparando la hoguera. Fragmento del grabado de A. Schoonebech, citado anteriormente.
27. Herejes condenados a muerte conducidos por soldados al quemadero. Fragmento del grabado de A. Schoonebech, citado anteriormente.
28. Auto de fe en Palermo, Sicilia, 6 de abril de 1724. Grabado anónimo en Antonio Mongitori, *L'atto publica di Fede,* Palermo, 1724.
29. Era muy frecuente agarrotar al reo antes de quemarlo. Grabado francés de un auto de fe, en Lisboa, a principios del siglo XVIII.
30. El pueblo de Elizondo en el valle de Baztán. Foto del autor, 1970.
31. Pedro de Valencia, humanista e historiógrafo real. Retrato anónimo del siglo XVII. Fundación Instituto Valencia de Don Juan, Madrid.
32. Una página del libro de visita de Salazar con el formulario para reconciliación. Archivo Histórico Nacional, Madrid.
33. Certificado según el cual Catalina de Echevarría será admitida a la comunión. Tomo «F» del libro de visita de Salazar. Archivo Histórico Nacional, Madrid.
34. Brujas provocando una tormenta. Grabado en madera del alemán Hans Baldung Grien, 1510. Graphische Sammlung Albertina, Viena.
35. Portada del proceso de María Ulibarri. Estuvo encuadernado en uno de los siete tomos perdidos del libro de visita de Salazar. Archivo Histórico Nacional, Madrid.
36. El verdugo somete a una acusada a la prueba del agua. Fragmento de grabado anónimo en Pierre Lebrun, *Histoire critique des practiques superstitieuses,* Rouen, 1702.
37. Las brujas se untan para volar al aquelarre. Dibujo de Hans Baldung Grien, 1514. Graphische Sammlung Albertina, Viena.
38. Página del «Informe cuarto» de puño y letra de Salazar fechada el 3 de octubre de 1613. Archivo Histórico Nacional, Madrid.
39. El inquisidor general Bernardo de Sandoval y Rojas, cardenal y arzobispo de Toledo. Retrato policromado fechado en 1618. Sección de Estampas, Biblioteca Nacional, Madrid.
40. El «edicto de silencio», donde la Inquisición admitía públicamente haber cometido errores durante el proceso de los brujos. Archivo Histórico Nacional, Madrid.
41. Portada de la instrucción a los comisarios de la Inquisición para el examen de brujas. Biblioteca Real de Copenhage.

LISTADO DE SIGLAS

AGN	Archivo General de Navarra (Pamplona).
AHN	Archivo Histórico Nacional (Madrid).
Al	Provincia de Álava.
Argüello	
Instrucciones	Gaspar Isidro de Argüello (ed.): *Instrvciones del Santo Oficio...* (1576), Madrid, 1630.
BN	Biblioteca Nacional (Madrid).
Bu	Provincia de Burgos.
C.	El Consejo de la Suprema y General Inquisición (Madrid).
DS	*Los documentos de Salazar* (véase al final del prefacio).
García	
Orden de procesar	Pablo García: *Orden que comvnmente se guarda en el Santo Oficio de la Inquisición, acerca del procesar en las causas...* (1568), Madrid, 1607.
Gui	Provincia de Guipúzcoa.
Idoate *Documento*	Florencio Idoate (ed.): Un documento de la Inquisición sobre la brujería en Navarra, Pamplona, 1972.
La	Pays de Labourd.
LB	Lista de brujos (véase al final libro).

* Para los títulos abreviados de fuentes manuscritas, véase la sección 1 de la bibliografía: «Lista alfabética de documentos claves» (págs. 511-514, abajo).

Leg	Legajo en el ramo de Inquisición del AHN.
Leg.	Legajo de cualquier otro fondo.
Lib	«Libro» o tomo manuscrito en el ramo de Inquisición del AHN.
Lib.	«Libro» o tomo manuscrito en cualquier otro fondo.
Lo	Provincia de Logroño.
Mongastón *Relación*	Juan de Mongastón (ed.): *Relación de las personas que salieron al auto de la fe... de Logroño...* 1610, Logroño, 1611.
Na	Provincia de Navarra.
Olim	Latín «antes», usado delante de signaturas anticuadas.
r	recto.
T.	El tribunal de la Inquisición de Logroño.
v	verso.
v.	véase.
Viz	Provincia de Vizcaya.
WA	Gustav Henningsen: *The Witches' Advocate*, Reno, University of Nevada Press, 1980.

LISTADO DE LUGARES MENCIONADOS EN EL TEXTO

Nombres de lugares mencionados en el texto, seguidos del nombre de la provincia (abreviado) y número y letra indicadores de localidad para uso en el mapa. La cursiva se refiere al área ampliada.

Aescoa, Na, B5
Aibar, Na, B5
Albéniz, Al, B3
Alegría, Al, B3
Almándoz, Na, A4
Alsasua, Na, B3
Alzate, barrio de Vera
Amaya. V. Maya
Amézaga, Al, B3
Andoain, Gui, A3
Andueza, Na, A4
Antoñana, Al, B3
Aoiz, Na, B5
Araiz, valle de, Na, A4
Aranaz, Na, A4
Arano, Na, A4
Aránzazu, Gui, B3
Araquil, Na, B4
Araya, Al, B3
Arce, barrio de Donamaría
Arenaza, Al, B3

Areso, Na, A4
Arizcun, Na, *A5*
Arráyoz, Na, *A4*
Arriba de Araiz, Na, A4
Arroyabe, Al, B2
Ascain, La, A4
Asteasu, Gui, A3
Atauri, Al, B3
Audizana, Al, B3
Aurtiz, barrio de Ituren
Ayabar. V. Aibar
Azcárraga, barrio de Donamaría
Azpeitia, Gui, A3
Azpilcueta, Na, *A4*

Bacáicoa, Na, B3
Bañares, Lo, C2
Bayonne, La, A5
Baztán, valle de, Na, A4
Berriatúa, Viz, A3
Bertizaun, valle de, Na, A4

Beruete, Na, A4
Biarritz, La, A4
Bordegain, La, A4
Borunda, valle de, Na, B3
Brujero. No localizado

Calahorra, Lo, C4
Campezo. V. Santa Cruz de
    Campezo
Ciboure, La, A4
Cicujano, Al, B3
Ciga, Na, *A4*
Ciordia, Na, B3
Corres, Al, B3

Deva, Gui, A3
Donamaría, Na, *A4*

Echalar, Na, A4
Eguino, Al, B3
Elgorriaga, Na, *A4*
Elizondo, Na, *A4*
Elvetea, Na, *A4*
Errazu, Na, *A5*
Erro, Na, B5
Espelette, La, A5
Ezcurra, Na, A4

Fuenterrabía, Gui, A4

Gaceo, Al, B3
Gainza, Gui, A3
Garzáin, Na, *A4*
Gaztelu, Na, *A4*
Goizueta, Na, A4
Gorriti, Na, A4
Guetaria, Gui, A3

Haro, Lo, B2
Hendaya, La, A4

Igunín, barrio de Donamaría
Ilarduya, Al, B3
Inza, Na, A4
Iráizoz, Na, B4
Irún, Gui, A4
Irurita, Na, *A4*
Ituren, Na, *A4*
Izascun, Gui, A3

Jatxou, La, A5

Labastida, Al, B2
Labastide, La, A5
La Calzada. V. Santo Domingo de
    la Calzada
Laguardia, Al, B2
Lanz, Na, B4
Larraun, Na, A4
Larrea, Na, B3
Lecaroz, Na, *A4*
Legasa, Na, *A4*
Leiza, Na, A4
Leorza, Al, B3
Lesaca, Na, A4
Lezaeta, Na, A4
Lizárraga, Na, B3
Lizaso, Na, B4
Logroño, Lo, C3
Los Arcos, Na, B3

Maestu, Al, B3
Marquina, Viz, A3
Matute, Lo, C2
Maya, Na, *A5*
Medrano, Lo, C2
Mendionde, La, A5
Miranda de Ebro, Bu, B2
Motrico, Gui, A3
Murieta, Na, B3

Narvarte, Na, *A4*

Oiz, Na, *A4*
Olagüe, Na, B4
Olite, Na, C4
Oñate, Gui, A3
Oronoz, Na, *A4*
Oyarzun, Gui, A4
Oyeregui, Na, *A4*

Pamplona, Na, B4
Pancorbo, Bu, B1
Pasajes, Gui, A4
Portugalete, Viz, A2
Puente la Reina, Na, B4

Rentería, Gui, A4
Ribafrecha, Lo, C3
Roncal, Na, B6
Roncesvalles, Na, A5

Saint-Jean-de-Luz, La, A4
Saint-Pée-sur-Nivelle, La, A4
Saldías, Na, A4
Salvatierra, Al, B3
San Millán, Al, B3
San Millán de la Cogolla, Lo, C2
San Sebastián, Gui, A4
Santa Cruz de Campero, Al, B3
Santesteban (de Lerín), Na, *A4*
Santo Domingo de la Calzada, Lo, C2
Sare, La, A4
Segura, Gui, A3

Sojuela, Lo, C2
Sumbilla, Na, *A4*

Tafalla, Na, B4
Tolosa, Gui, A3
Torrecilla, Lo, C2
Trapaza. No localizado

Urdax, Na, A4
Urnieta, Gui, A4
Urrugne, La, A4
Urtubie, La, A4
Ustaritz, La, A5
Uztárroz, Na, B6

Valcarlos, Na, A5
Val de Roncal. V. Roncal
Valderro. V. Erro
Vera, Na, A4
Vergara, Gui, A3
Vicuña, Al, B3
Villa de los Arcos. V. Los Arcos
Villanueva de Araquil, Na, B4
Villarreal de Álava, Al, B2
Villefranque, La, A5
Virgala Mayor, Al, B3
Vitoria, Al, B2

Yanci, Na, A4

Zalduendo, Al, B3
Zubieta, Na, *A4*
Zugarramurdi, Na, A4
Zuraurre, barrio de Ciga

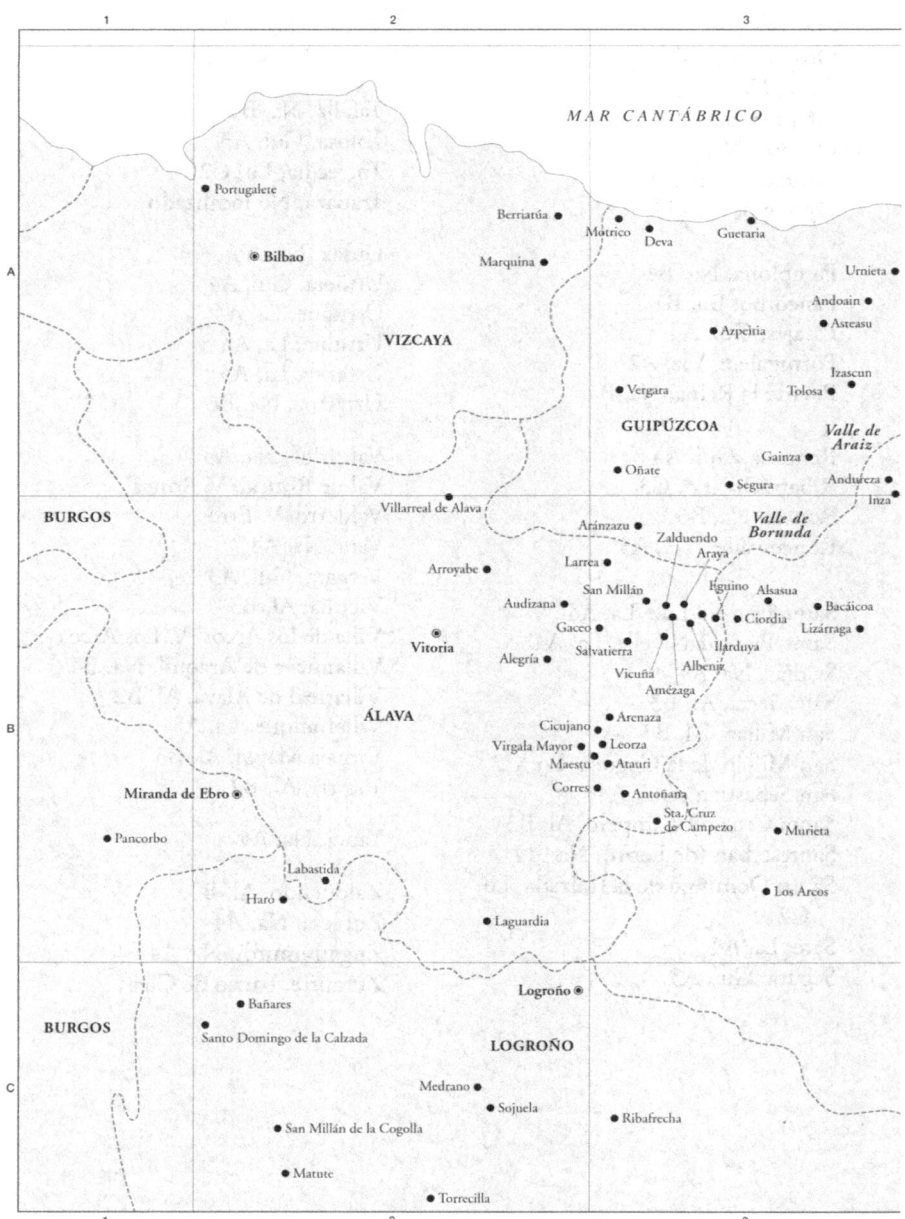

Mapa 1. Lugares mencionados en el texto.

LISTADO DE LUGARES MENCIONADOS EN EL TEXTO 25

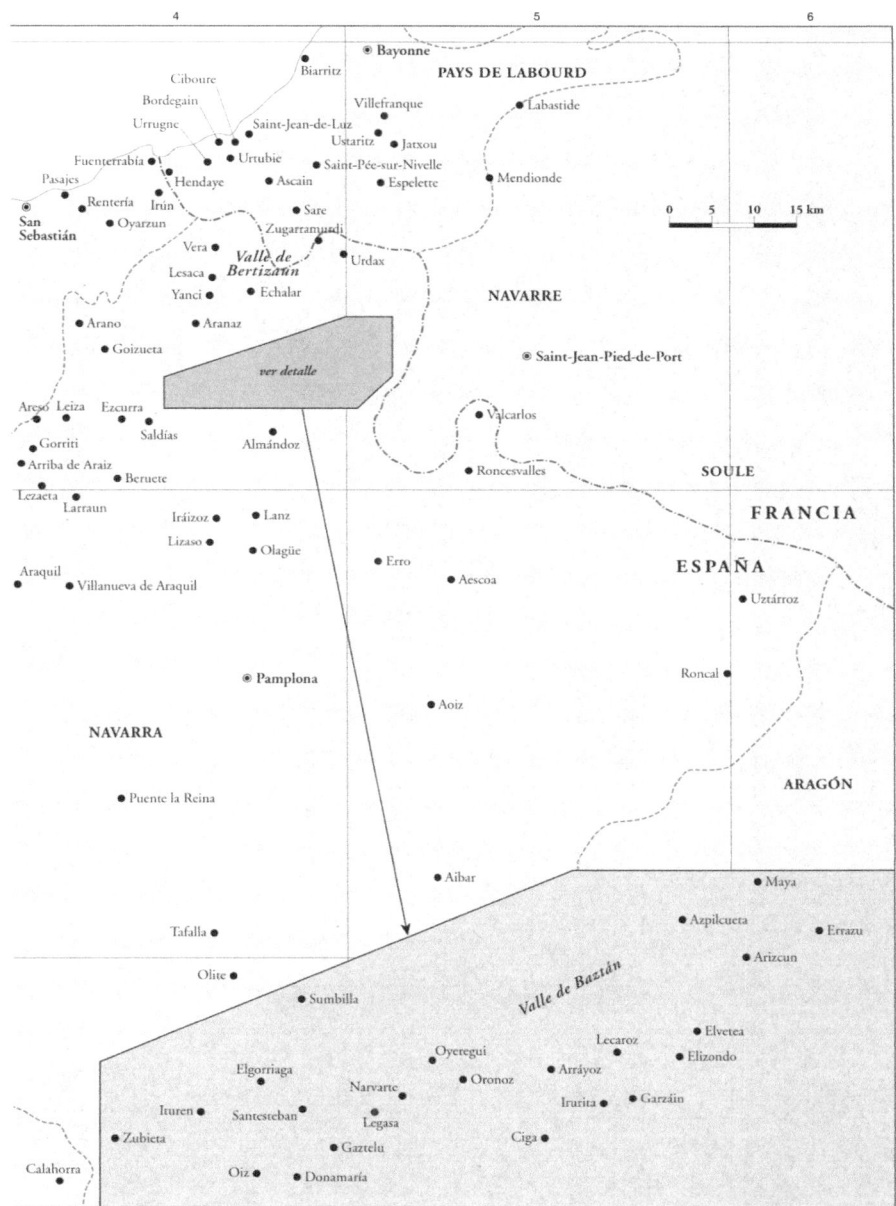

PRÓLOGO

Editado en inglés en 1980 y tres años después en castellano, este libro es fruto de intensos trabajos de búsqueda en archivos, de paciente lectura y clasificación de centenares de documentos y de una ajustada composición causal y temporal de hechos de brujería ocurridos entre 1608 y 1612, algunos de ellos juzgados con la pena capital. Los calificativos «intenso», «paciente» y «ajustado» para referir la búsqueda, la interpretación y el relato histórico de aquellos sucesos muestran tres saberes fundamentales del investigador Henningsen: saber buscar, saber leer y saber relacionar. El resultado es la primicia histórica de una apabullante y lacónica narración de la persecución de brujería por la Inquisición española en la montaña noroccidental de Navarra y su parte colindante con la Guipúzcoa costera, así como en una parte de Álava colindante con Logroño, villa donde se ubicaba la correspondiente jurisdicción inquisitorial.

Una investigación no brota como un hongo ni es investigador quien se saca un problema de la manga. La verdad científica emerge como resultado de una discusión pública proseguida a través de un debate donde cuestiones oscuras han ido cobrando nueva luz. El acuerdo aceptable al que se llega suele plantear también nuevas cuestiones, que delinean el dibujo general al que apunta la verdad emergente. Este libro se inscribe en ese horizonte científico de búsqueda y hallazgo de algo realmente nuevo para el conocimiento y ha adquirido el indeleble sello de verdad histórica. En él, Henningsen ha continuado con increíble éxito un camino trazado por ilustres antecesores.

Por ejemplo, el trazado por Julio Caro Baroja cuando desarboló el marco libresco y romántico de la brujería confiriéndole un perfil netamente histórico: así en la segunda parte de *Las brujas y su mundo* (1961). Fue un paso de gigante, posibilitado por haberse puesto precozmente en camino en 1933 («Cuatro relaciones sobre hechicería vasca») y 1944 («Las brujas de Fuenterrabia») consultando múltiples fuentes documentales de primera mano, más el breve pero brillante análisis de los apuntamientos del inquisidor Salazar hecho por el investigador americano Henry Charles Lea en los archivos de Simancas (*A History of the Inquisition of Spain*, 1906-1907).

El camino quedó asfaltado al final de los años sesenta por un hecho tan decisivo como el hallazgo por el danés Henningsen en el Archivo Histórico de Madrid de un legajo con unos ochenta documentos engavillados por el propio Salazar siendo inquisidor de Logroño de 1609 a 1623. La documentación manejada por el sabio americano había sido trasladada de Simancas a Madrid frustrando toda búsqueda, no así la de Henningsen merced a una estancia pertinaz de cinco años en España. La ciencia vivió un momento de júbilo mayor cuando el insigne investigador danés efectuó su comunicación en «The Papers of Alonso de Salazar Frías. A Spanish Witchcraft Polemic 1610-1614» (1969, en la revista nórdica *Temenos*, de Religiones comparadas) y en «Informe sobre tres años de investigaciones etnológicas en España» (1971, en la revista catalana *Ethnica*, de Antropología). En el intermedio de 1970, Caro Baroja, personalmente informado del hallazgo por el propio Henningsen, hizo una rápida lectura de los ochenta documentos publicando una memorable interpretación, «De nuevo sobre la historia de la brujería (1609-1619)» en la publicación *Príncipe de Viana*, cuyas consideraciones descuartizaban las interpretaciones nativistas, románticas, funcionalistas y matriarcalistas de la brujería. En 1972, cuando Florencio Idoate publicó el recién hallado manuscrito, llamado *Documento de Pamplona*, pudo —con la ayuda de Henningsen— avisar a la comunidad científica de que aquella prolija versión de los hechos de brujería defendida por los inquisidores Becerra y Valle Alvarado había sido escrita en 1613 precisamente para impugnar la versión de Salazar.

Este libro de Henningsen demuestra que la versión brujesca de los inquisidores de Logroño fue el resultado de un adoctrinamiento demonolátrico extendido desde los púlpitos hasta los más apartados rincones para provocar acusaciones, por lo general de niños y jóvenes cuyas emociones sufrieron un shock traumático y, sus cuerpos, grandes presiones y amenazas por parte de las autoridades eclesiásticas, así como de sus propios familiares y vecinos, que hasta llegaron con sus manos a provocar la muerte de otros vecinos para extraer confesión de culpabilidad. Ésta era la norma canónica de persecución de brujería instaurada desde el viaje del inquisidor Valle Alvarado por la zona supuestamente brujeril durante 1609. Las autoacusaciones de Zugarramurdi, realizadas poco antes de este viaje, parecerían salirse de la norma pero los documentos de Henningsen muestran que fueron hechas también bajo presión y amenaza de familiares y vecinos a resultas del adoctrinamiento y acusaciones de una joven de la aldea, tras una estancia de cuatro años en Francia. Las presiones en las mazmorras de Logroño hicieron el resto.

El inquisidor Salazar, que sólo había discrepado con dos de las sentencias a muerte del Auto de fe de Logroño, desarboló al poco la versión inquisitorial merced a un descomunal trabajo de campo comprobando con métodos empíricos de verificación las acusaciones de brujería. Profundamente insatisfecho con el proceder de su tribunal y presintiendo la inocencia de las víctimas, entabló un largo debate al más puro estilo científico para convencer con argumentos de todo tipo al Santo Oficio. Al cabo del tiempo, en 1614, la Suprema de la Inquisición española le dio la razón y, aunque no le siguiera en la propuesta de «manifestar dolor y sentimiento de las graves violencias» causadas a los falsamente acusados de brujería y de pedir «castigo» para algunos de los comisarios inquisitoriales que más se distinguieron en perseguir, concedió la amnistía general de todos los procesados.

El abogado de las brujas, en referencia a Salazar, no solamente resulta un título exacto que caracteriza el nudo gordiano de la cadena investigadora, iniciada por el americano Lea sobre la brujería del pueblo de habla vascuence, sino que representa, además, un hito mundial en la persecución de la brujería porque logró que la institución inquisitorial española, con las instrucciones de 1614 más la resolución en 1623 (tras «la tragedia de Pancorbo» y el consiguiente informe culpabilizador de Salazar), se adelantase en cien años al resto de Europa en evitar un gran quemadero. Y eso pese al impostergable patetismo de su demonología en todo lo relacionado con la brujería, todavía vigente en el siglo XIX.

Tras restablecer los hechos ocurridos, el libro se ha preocupado también de sugerir la naturaleza del tejido antropológico que los posibilitó proponiendo una serie de cuestiones de enorme interés. Una, concierne al extraño hecho de la localización de las persecuciones de brujería. La hipótesis del autor apunta a la existencia misma de creencias de brujería como factor necesario de la persecución, de tal manera que donde no las hubiese —como en el sur andaluz— no habría habido persecución. Resulta también muy sugerente la distinción que plantea Henningsen entre brujería y brujomanía como ruptura de cierto mundo cultural, «explosivamente» saltado por los aires por acción de los perseguidores, gente culta para quien la brujería sólo podía ser cosa de intervención personal del demonio. Yo me sumo a esta sospecha del libro pero su explicación antropológica seguramente precisa algo más que un apoyo funcionalista a dos batientes, como es considerar que en la sociedad tradicional sin escritura la creencia en la brujería consolidaba la unidad social merced a la válvula de escape del instinto agresivo y al poder disuasorio del rechazo moral y, por otra parte, considerar que la nueva versión demonológica carecía de función social y era destructiva. Los límites de la antropología estructural-funcional de la década de 1970 han sido ya ampliamente superados y es menester trillar caminos más probantes que expliquen qué fue lo que, a día de hoy, a nosotros nos parece «epidemia onírica» y variadas manías psicóticas (mitomanía, brujomanía), o sea explicar cómo fue afectada la racionalidad (el sentido de la acción, la afectividad, la percepción y la cordura) de los vascos y navarros de la montaña por la intervención judicial *manu militari*.

Por desgracia, al espectacular progreso que ha alcanzado el conocimiento histórico merced a este libro no ha seguido el desperezarse de la antropología española que, sin dejarse interpelar por las brechas de conocimiento que ha abierto Henningsen, prefiere sumarse al revival nativista o feminista del negocio brujeril cuando no al negocio puro y duro que ofrece la génesis de etnicidad en unos departamentos universitarios más autonómicos que académicos.

Mikel Azurmendi
14 de abril de 2010

José Luis Cuevas, «Salazar's papers, nº 1», 1983.

José Luis Cuevas, «Salazar's papers, nº 2», catálogo de la exposición *Intolerance*, The Sheppard Gallery, University of Nevada, Reno.

PREFACIO A ESTA EDICIÓN

En el prefacio a la primera edición española, en 1983, anunciábamos la próxima publicación de dieciocho documentos seleccionados, donde la historia sería contada por los propios protagonistas. He tardado veinte años en cumplir esta promesa, porque mi investigación me condujo por otros derroteros. Ahora bien, he de admitir que los resultados alcanzados fueron más allá de lo que, en un principio, había esperado. En lugar de una edición de los textos originales en español sacamos una publicación bilingüe, con los textos en inglés y español. Dicha obra se titula: *The Salazar Documents. Inquisitor Alonso de Salazar Frías and Others on the Basque Witch Persecution* (2004). Ello significa que el lector ya puede ir directamente a las fuentes cada vez que en las notas se hace referencia a los «informes de testigos» elaborados por Salazar o uno de los otros dos defensores de los supuestos brujos: el jesuita Solarte y el obispo Venegas de Figueroa.

Con respecto a la presente reedición, me he esforzado por poner al día las notas y la bibliografía; mientras que el texto lo he dejado sin cambios, con la excepción de un detalle: el año de defunción de

José Luis Cuevas, «Salazar's papers, nº 4».

Salazar no fue 1635, sino 1636, de modo que no murió «el mismo año que Lope de Vega, el duque de Lerma, y otras celebridades», como indica Caro Baroja (1961, p. 268).

En cambio, sí he aumentado el número de ilustraciones, con otras publicadas en las versiones del libro danesa y sueca (1981 y 1987), además de otro material, hasta la fecha, inédito. En lo que toca al texto en general, he constatado, que después de los treinta años transcurridos, mi exposición de los hechos sigue siendo válida. Al mismo tiempo, mi introducción a *The Salazar Documents* constituye un valioso complemento, ya que he tenido en cuenta la más reciente investigación, aumentado la información biográfica sobre los protagonistas, desarrollado más mi teoría acerca de la dinámica de brujomanía y analizado el aspecto demonológico, en el debate a que dio lugar ese proceso (Henningsen, 2004, pp. 3-95). Para terminar, permítanme llamar la atención sobre algo que para mí fue una gran sorpresa, me refiero a un artículo titulado «El invento de la palabra aquelarre», donde queda demostrado que la palabra «aquelarre», en la acepción de «junta de brujos» no existía en vascuence al inicio del proceso, sino que fue una creación de los inquisidores, que aparece por primera vez en una carta a sus superiores, fechada en Logroño el 20 de mayo de 1609 (Henningsen, 2000).

Los treinta años con *The Witches' Advocate* también me han deparado sorpresas de otra índole. Durante una visita a EE.UU. el insigne pintor mexicano José Luis Cuevas me hizo entrega del catálogo de su exposición, *Intolerance* (1983), con la siguiente dedicación: «Para Gustav Henningsen, cuyo libro me alucinó y me llevó a dibujar». Reconocí enseguida los subtítulos de cada uno de los dibujos policromados que componían dicha exposición: «The Salazar Papers», «La cueva de Zugarramurdi», «Juan del Valle Alvarado confesando a María Burga», etc., y en primera página, una fotografía del grueso tomo de mi libro.

Deseo dar las gracias, en la presente edición, a don Juan Manuel Calzada (Ayuntamiento de Logroño) y a don Juan Ignacio Panizo (Archivo Histórico Nacional) por su ayuda en la consecución de material ilustrativo; a mi cuñado José Escribano por su ayuda con el retoque de imagen; y a mi editora Cristina Castrillo (Alianza Editorial) por su colaboración eficaz y comprometida. Por último doy las gracias a mi mujer y traductora Marisa Rey-Henningsen por su ayuda con la revisión de esta segunda edición.

G. H.
Pizarra, Málaga
22 de mayo de 2010

PREFACIO A LA PRIMERA EDICIÓN ESPAÑOLA DE 1983

«Aquí tuvimos un brujo. Se llamaba N.», me confió una vendedora de periódicos y tabaco, de unos cuarenta años de edad. Estábamos sentados, ella, su hermana y yo, en la salita adyacente a la tienda. Afuera, en la tarde oscura de otoño, sonó el estrepitoso ruido de una motocicleta, que repercutió fuertemente en la grabadora magnetofónica. A la sazón me encontraba visitando a las dos hermanas con el fin de informarme sobre algo bien distinto; pero casualmente la conversación se desvió hacia el brujo, a quien mis informantes habían conocido de niñas, por los años treinta. «Las madres no salían de casa sin poner antes sal debajo del colchón del cochecito del niño —prosiguió la primera de ellas— porque si él llegaba a mirar a la criatura y no habían puesto la sal, podía el nene enfermar. Decían que el hombre echaba el "mal de ojo"; pero yo recuerdo que tenía unos ojos mansos y agradables, de anciano, nada más».

Esta conversación se desarrolló en 1960, en una pequeña ciudad de provincia de Dinamarca; y aquella noche, antes de regresar al hotel llegué a la conclusión de que la creencia en la brujería persistía en Dinamarca. «¿Se decía algo de que tenía un libro especial?», pregunté a mi interlocutora. «Sí, tenía ese libro tan horroroso, ¿cómo lo llaman?». «El libro de San Cipriano», dijo la hermana. «Sí, eso, y no podía morirse sin que alguien heredase su libro. ¿Quién es esa que dicen que ha heredado la brujería?». «La Valpurgis», contestó la hermana después de una larga pausa.

Éste fue el comienzo de una serie de años dedicados a un tema que, debo confesarlo, sigue fascinándome. Primero dio lugar a un estudio de la brujería en una localidad danesa, durante el cual conocí personalmente a algunos de nuestros últimos brujos: infelices hombres y mujeres (los brujos están lejos de ser siempre del sexo femenino), cuya vida había sido destruida por cotilleos y rumores supersticiosos. La segunda fase me condujo a Galicia, donde mi mujer, que es española, y yo, recogimos abundante material sobre las creencias en la brujería, prácticas mágicas y posesión diabólica. Finalmente, mis pesquisas me llevaron hasta Madrid, donde me cupo en suerte descubrir la documentación del inquisidor Alonso de Salazar Frías sobre el mayor proceso de brujería en la Historia, cuyo drama se desarrolló en la Inquisición de Logroño al inicio del siglo XVII. Desde que dicha documentación fuera descubierta y utilizada por el gran historiador y financiero norteamericano Henry Charles Lea, en su obra magna sobre la Inquisición española (1906-1907) nadie había sido capaz de volver a localizarla. En 1967 di personalmente con la documentación en el Archivo Histórico Nacional, adonde había sido trasladado el archivo del Santo Oficio, con sus cinco mil unidades, desde Simancas en 1908-1916. Este traslado, así como una recatalogación, que complicó el uso del aparato crítico de Lea, fueron el motivo de que los papeles hubieran desaparecido y permanecido fuera del alcance de la investigación por medio siglo.

Con sus dos mil acusados y casi cinco mil sospechosos, el proceso de Logroño es uno de los más copiosos que se han conocido hasta ahora; y en España los acontecimientos provocaron un giro decisivo en la historia de la persecución de brujas. Mas no es aquí donde radica su mayor importancia. Si dicho proceso llama hoy día la atención de los investigadores internacionales es debido al sensacional análisis de las causas y mecanismos de la persecución, realizado por uno de los jueces directamente involucrados, el inquisidor Alonso de Salazar Frías. Basándose en entrevistas con varios cientos de víctimas trazó con increíble agudeza lo que podríamos llamar la anatomía de una persecución en masa. A través de los informes e interrogatorios que se han conservado de aquel «defensor de las brujas», como lo llamaban sus contrincantes, por primera vez en la Historia los «brujos» y las «brujas» toman libremente la palabra. Sin forzamiento ni tortura, nos cuentan ahora los detalles que tan minuciosamente fueron omitidos en las actas procesales de Francia, Alemania, Suecia, etcétera.

Los juristas de antaño se admiraron, y los historiadores de hoy se admiran de la multitud de confesiones voluntarias, hecho que se ha esgrimido a menudo como argumento en favor de la culpabilidad de los acusados, creyéndolos adeptos a una secreta secta pagana. Podemos abandonar tan ingeniosas especulaciones; una vez que se nos ha revelado la historia oculta de las víctimas pierden todo vigor. Conocemos ya los acontecimientos tal y como se desarrollaron antes y en el transcurso de un proceso de brujería; todo aquello sobre lo que jamás se escribió nada. Exhortaciones, amenazas y malos tratos, por parte de los convecinos de las víctimas, antes de la incoación del proceso; episodios y discusiones en la sala de juicio, previos a la escritura de las actas de audiencia; conversaciones nocturnas mantenidas en los calabozos, y el modo en que los acusados se procuraban nociones preliminares, para así componer la confesión de brujería que los jueces esperaban de ellos. Si las víctimas del resto de Europa pudiesen levantarse de las cenizas de las hogueras, declararían como las de España: «Fuimos inocentes».

Debo advertir que la presente versión española, en rasgos generales, sigue al original inglés. No obstante, se ha omitido un capítulo introductorio y el aparato de notas ha sido reducido considerablemente. Además, en algunas partes el texto ha sido expurgado de aclaraciones que sólo interesarían a un número muy escaso de especialistas. Con motivo del trabajo de abreviación y adaptación, quiero dar especialmente las gracias a mi mujer, la escritora e investigadora Marisa Rey-Henningsen, quien efectuó la oportuna intervención quirúrgica en el texto, con lo que espero que la exposición de los hechos haya quedado más amena para el lector. Deseo también agradecer al historiador Luis Coronas Tejada su generosidad al prestarme el manuscrito de su libro, recientemente publicado, sobre la vida de Salazar antes de su entrada al servicio del Santo Oficio. Así, me ha sido posible incorporar datos que no constan en la versión inglesa. Finalmente, con motivo de la publicación en español de esta obra, quiero repetir mi agradecimiento al Archivo Histórico Nacional, que desde los comienzos mostró gran comprensión y amabilidad hacia mi proyecto de investigación; a los archiveros, quienes me facilitaron sin límites el uso de sus catálogos y registros; y a los ordenanzas, que pacientemente me proveyeron de cientos de expedientes. Por último, deseo advertir la próxima publicación de los textos originales de dieciocho documentos selectos con el título de *Los documentos de Salazar*, en los que toda la historia es referida por los propios protagonistas.

Gustav Henningsen
Copenhague,
27 de mayo de 1982

CAPÍTULO 1

LAS BRUJAS DE ZUGARRAMURDI

1. Los acontecimientos de brujería en Francia

El País Vasco es una zona de primerísimo interés para el estudio de la brujomanía europea (de 1450 a 1700, aproximadamente). Se calcula que en Europa debieron ser quemadas unas cincuenta mil personas[1] (no cinco millones, como se ha llegado a decir); mas en pocos lugares se nos ha descrito el «sabbat» o aquelarre de las brujas como en el País Vasco, y en ninguna otra parte alcanzaron las persecuciones en masa dimensiones como las de los procesos vascos. Dinamarca, por motivos que ya he explicado en otra parte (Henningsen, 1979), no llevó a cabo procesos masivos, y con respecto a las fantasías diabólicas resulta una zona totalmente «subdesarrollada». En cambio, Suecia se vio conmovida en las décadas de 1660 y 1670 por los grandes procesos ocasionados por la epidemia histérica de Blakulla, en Dalarna (Ankarloo, 1990).

[1] Véase Henningsen, 1998, p. 584. Sobre la brujería europea, véanse Ankarloo y Henningsen, 1990; Ankarloo y Clark, 2000; Golden, 2005; Muchembled, 1994.

Entre las epidemias de brujomanía en Suecia y Vascongadas existe un paralelismo sorprendente, y, pese a la distancia en tiempo y espacio que separa a ambos países, hay una serie de circunstancias afines que sugieren una cierta conexión entre ellos. Tanto en Suecia como en Vascongadas los sueños diabólicos de los niños desempeñaron un papel importante, ya que numerosas criaturas soñaron que eran transportadas al aquelarre por la noche, mientras dormían, y cientos de niños de ambos países fueron denunciantes. Las circunstancias exactas que dieron lugar a los numerosos procesos infantiles en dos puntos tan opuestos de Europa representan un misterio; sin embargo, sabemos que los pormenores de la persecución vasca se conocieron por toda Europa a través del libro de Pierre de Lancre (1613, 1982), que más tarde fue traducido al alemán (1630). Lancre era consejero del Parlamento de Burdeos (tribunal supremo de Justicia de la región) y junto con el presidente del Parlamento, Jean d'Espaignet, efectuó una expedición punitiva contra las brujas del Pays de Labourd. Dicha región había solicitado que se realizase en su territorio una investigación para descubrir a las brujas. Las autoridades locales se habían dirigido en 1608 al rey francés Enrique IV, informándole de cómo, en «los últimos cuatro años», el número de brujos había aumentado de modo tan alarmante que ya los había en todos los rincones del país. Los responsables de la rogativa al rey fueron dos nobles franceses: el juez de segunda instancia Jean d'Amou, cuyo castillo se hallaba en Saint-Pée-sur-Nivelle, y el señor de Urtubie, Tristán de Gamboa d'Alsatte, juez militar y comandante de las tropas del Pays de Labourd. A primeros de julio de 1609, Lancre y Espaignet hicieron su aparición en la comarca en calidad de jueces comisionados, y comenzaron a ejecutar interrogatorios y a pronunciar sentencias. Sus poderes no tenían límites, y en lo que va del 1 de julio al 1 de noviembre, fecha en que terminaron su misión, quemaron a ochenta brujos y absolvieron a quinientos a causa de su corta edad. En el transcurso de dichos procesos, Lancre asegura haber visto la marca del demonio en más de tres mil niños, pero seguramente se refiere a niños muy pequeños, a quie-

1. Durante el brote de brujomanía en Suecia (1668-1677), que se extendió desde Dalarna a gran parte del norte del país, fueron quemadas 240 personas y centenares de niños dieron testimonio de haber sido llevados al aquelarre de Blakula. Panfleto alemán de 1670, Biblioteca Real, Estocolmo.

nes apenas pudo haber interrogado como testigos. Desafortunadamente toda la documentación original se ha extraviado. No poseemos más que lo que el propio Lancre refiere en su citado libro².

Lancre regresó a Burdeos totalmente convencido de que la totalidad de los treinta mil vascos del Pays de Labourd estaba bajo la influencia maligna de una secta secreta, de cuya existencia creía haber encontrado pruebas seguras. No obstante, el culto y galante consejero del Parlamento, a sus cincuenta y seis años, se mostró no poco impresionable ante la fascinadora belleza primitiva de las arrogantes y fuertes mujeres vascas, quienes, verano tras verano, quedaban solas en casa al marchar los hombres, por miles, a la pesca en aguas de Terranova. Él mismo describe a las jóvenes vascas, tal y como las veía pasar, con los largos cabellos ondeantes al viento, sus hermosos vestidos que traslucían al sol de la tarde, y sus miradas hechiceras «que destellaban peligro de amor y sortilegio» (Lancre, 1613: 40).

La esencia de la brujería vasca nos ha sido transmitida a través de los libros de este juez erudito, pero supersticioso. Por él se dejó inspirar el célebre historiador francés Jules Michelet al hacer su romántica descripción de las brujas como miembros de un grupo de rebeldes surgido en los «siglos de la desesperación», entre las siervas de la gleba de la Edad Media (Michelet, 1862). Ahí encontró la egiptóloga Margaret Murray la mayor parte de la documentación de su teoría genial, pero del todo equivocada, sobre la brujería como culto continuador, hasta el siglo XVII, de una antigua religión de fertilidad anterior al cristianismo, cuya divinidad principal era el «dios cornudo» o «diablo», como dieron en llamarlo sus perseguidores (Murray, 1921). También inspiró Lancre al sabio, pero retorcido clérigo Montague Summers, al proporcionarle «pruebas» para su teoría de que los brujos eran satanistas (Summers, 1926). Las ideas de este hombre nunca fueron tomadas demasiado en serio,

---

² Carecemos de un estudio profundo de la persecución de brujos en el Pays de Labourd. Los mejores datos nos los facilitan las biografías de los dos jueces Pierre de Lancre (Communay, 1890) y Jean d'Espaignet (Maxwell, 1896), y el propio libro de Lancre (1613), que después de la quema de los procesos originales durante un incendio en Burdeos en 1710 (Mandrou, 1968, p. 19) se ha convertido en la fuente principal. Cf. WA, pp. 23-25, 448-451.

pero las de Murray siguen siendo aceptadas en varios círculos, pese a las enérgicas refutaciones por parte de reputados científicos. En cuanto a las ideas de Michelet, vemos que éstas han alcanzado un renacimiento en los últimos años. Unos cuantos marxistas y otras tantas feministas se han dejado influenciar por sus inspiradoras visiones y basan en ellas sus argumentos a favor de una supuesta relación entre la rebeldía campesina, la liberación de la mujer y las reuniones sabáticas de las brujas (Ehrenreich y English, 1973).

Uno de los capítulos del libro de Lancre (1613: 391-406) describe el auto de fe que la Inquisición española celebró en la ciudad de Logroño en el otoño de 1610, en el que se procesaron a varios brujos de Navarra y Guipúzcoa, zonas a las que se había extendido la persecución de brujos originada en el lado francés de los Pirineos. Los procesos españoles fueron conocidos por Michelet, Murray y Summers a través de lo que sobre ellos nos refiere Lancre. Sin embargo, se trata de una información sumamente fragmentaria, y por tanto cabe preguntarse cuáles hubieran sido sus teorías de haber conocido el extenso material de que voy a tratar en las páginas que siguen. Lo que descubriremos a base de dicha documentación sobre las persecuciones de brujos llevadas a cabo en la misma época en el País Vasco español no será sólo de interés para la historia de España, ya que, como se verá, viene a esclarecer también la persecución de Lancre y la base corrupta sobre la que se llevó a cabo. Por último, el material español proporciona ocasión de esclarecer el problema central en la historia de las persecuciones de brujas: ¿Cómo hemos de explicar el «sabbat» o aquelarre? Las teorías de Michelet, Murray y Summers han sido ya abandonadas por los científicos serios, pero al no haberse planteado nadie de nuevo el problema, éste sigue sumido en el misterio. La prueba que Lancre aporta en relación con los hechos españoles no es menos oscura, ya que la ha sacado de una «historia a medias», pues la persecución llevaba ya dos años de desarrollo cuando los inquisidores de Logroño quemaron a los primeros brujos en el auto de fe el 7 de noviembre de 1610. Yo, en cambio, comenzaré por el «principio de la historia», tomando como punto de partida los años anteriores, en los que aún reinaban la paz y la concordia en los pueblos de las frondosas montañas del bajo Pirineo español, que aún no habían sido alarmados por la epidemia de brujería que cundía entre los vascos del otro lado de la frontera.

2. La brujería en la vida cotidiana

La mayor parte de las brujas y brujos que salieron en el auto de fe de Logroño de 1610 procedían de Zugarramurdi y Urdax, dos pueblecitos de los Pirineos junto a la frontera con el Pays de Labourd. La parroquia de Zugarramurdi era aneja de la de Urdax, y su iglesia estaba atendida por un monje del monasterio de premostratenses de este último lugar[3]. La población de ambos villorrios sería de unos seiscientos habitantes[4], los cuales estaban bajo la jurisdicción ordinaria y espiritual del abad de Urdax[5].

Los habitantes de Zugarramurdi eran campesinos y pastores libres, mientras que los de Urdax eran siervos de la gleba que trabajaban las tierras del monasterio de Urdax[6]. De los treinta y un brujos que salieron en el auto, nada menos que veinticinco procedían de Zugarramurdi y Urdax. Se trataba de mujeres y hombres cuya edad oscilaba entre los veinte y los ochenta años; aproximadamente una quinta parte de la población adulta (LB núms. 1-24, 26).

Conviene ahora considerar la reputación de que gozarían aquellos individuos antes de que la Inquisición los convirtiese en monstruos. Dejaré a un lado los ritos ocultos de las brujas y me ocuparé tan sólo de aquellos hechos que cualquier profano podría observar por sí mismo y atestiguar luego. Solamente de este modo llegaremos a comprender la influencia que la filosofía brujesca ejerció en la vida cotidiana de los habitantes de los Pirineos a comienzos del siglo XVII.

---

[3] *Méritos de Goiburu*, fol. 170r; *Méritos de Sansín*, fol. 172r-v.
[4] AGN, Sección de Cuarteles, Valuaciones, leg. 5, Granja de Urdax [y lugar de Zugarramurdi], 1603. Para el cálculo de habitantes, véase Henningsen, 2004, pp. 31, 33.
[5] AGN, Sección de Estadística, leg. 2, carpeta 19, fol. 49r.
[6] *Ibid.*, fol. 49r.

En la extensa relación de crímenes achacados a las brujas, leída en el auto de fe de Logroño, el infanticidio aparece como el más común. A modo de ejemplo, citaré el caso de Miguel de Goiburu, pastor de setenta y seis años, que confesó ante la Inquisición haber matado (hacía treinta años) a una hija pequeña de su hermana. Por la noche había entrado con las brujas en el aposento de la niña y le habían mordido y chupado la sangre. Naturalmente, sólo las brujas conocían el secreto de la muerte de la chiquilla. De lo que, en cambio, el pueblo entero debería poder dar fe, puesto que todo el mundo habría acudido a ver a la maltratada criatura, era de cómo había sido hallada aquella fatal mañana en su cuna con señales negras por todo el cuerpo, y a los pocos días había muerto. Por lo visto, la madre de la niña se había quejado a su hermano Miguel y, acongojada, le había dicho que estaba segura de que nadie más que las brujas podían haber chupado la sangre a su hijita; pero él disimuló como si no supiera nada[7]. Diez años más tarde Goiburu había vuelto a las andadas, y en compañía de las brujas fue a chuparle la sangre a un niño hijo de una viuda. Después habían cogido al pequeño y se habían puesto a jugar a la pelota con él en la plaza, donde finalmente lo dejaron tirado en el suelo a la puerta de la viuda. De allí había sido recogido por un caminante que, al pasar, le oyó llorar, lo levantó en sus brazos y se lo entregó a la madre. Por la mañana se armó un gran revuelo en el pueblo en cuanto se supo que las brujas habían vuelto a hacer de las suyas[8].

Según parece, en ninguno de los casos mencionados se acusó a nadie en particular; la gente se conformó con maldecir de «las brujas» y echarles a ellas la culpa. Sin embargo, no era normal dejar que las cosas quedaran en el anonimato, y naturalmente cada uno se preguntaría para sus adentros quién podría ser «la bruja».

El antropólogo inglés E. E. Evans Pritchard observó que los azande del Sudán, cuando sufrían alguna desgracia, solían buscar «la bruja» entre sus enemigos (1937, cap. 4). En Zugarramurdi se tenía la idea de que las brujas solían vengarse en los hijos de sus enemigos, y la ma-

---

[7] *Sentencia conjunta,* fols. 394r, 395r.
[8] *Ibid.,* fol. 349r.

yoría de los infanticidios admitidos por ellos y ellas ante el Santo Oficio confirmaban esta creencia. Miguel de Goiburu confesó haber matado en Urdax a un niño de un año porque el padre había sido un mal intermediario en un contrato de compra-venta de ganado[9]. Una anciana de ochenta años, llamada Graciana de Barrenechea, confesó haberle quitado la vida a una niña de cuatro años para vengarse de los palos que le propinara el padre de la criatura en una ocasión en que la

2. El pueblo de Zugarramurdi en la vertiente norte de los Pirineos. En primer plano, junto a un idílico prado, se divisa la entrada de la famosa «Cueva de las brujas». Foto del autor, 2004.

[9] *Ibid.*, fol. 395r.

había sorprendido cogiendo leña en el monte, en compañía de otra bruja, de una pila que el hombre acababa de cortar[10].

La vieja Graciana se acusó de haber cometido también otro infanticidio; dio como motivo de su crimen que los padres de su víctima la habían acusado de robarles una gallina, y cuando a los pocos días ésta apareció con polluelos, ellos no fueron capaces de pedirle perdón[11]. Y aún confesó un tercer infanticidio, cometido para vengarse de un matrimonio vecino que había soltado una piara de cerdos en la huerta de Graciana donde los animales le habían estropeado un montón de manzanas que tenía allí recogido para hacer sidra. Por lo que ella, con su brujería, les mató al hijo[12].

En ocasiones excepcionales se daba el caso de que la propia víctima hubiera suscitado el enojo de la bruja. Uno de estos casos lo refirió Estevanía de Yriarte, mujer de treinta y seis años. Una vecina le había dado permiso para cocer pan en su horno, pero los chicos de aquella vecina le comieron uno de los panes. Furiosa, Estevanía se había vengado en el mayor de los chicos dándole unas anginas que le duraron veinte días. El hecho había ocurrido en el año 1604[13].

A menudo sucedía también que las brujas se vengaban directamente en las personas mayores. María de Yriarte, hermana de cuarenta años de Estevanía, confesó que en 1606 había entrado con otras brujas en casa de un vecino, quien poco antes la había amenazado con un cuchillo porque le robó unas manzanas. El vecino dormía y María le echó unos polvos por la boca. Si no se hubiera pasado toda la noche vomitando, el hombre no se habría salvado. A la mañana siguiente, la mujer de la víctima le contó a todo el mundo que su marido había estado a punto de morirse la noche anterior[14]. La misma María reconoció haber asesinado —conchabada con su hermana y la vieja Graciana, madre de ambas— a tres hombres y una mujer que en una ocasión les habían hecho daño a ellas[15].

[10] *Ibid.*, fol. 393r.
[11] *Ibid.*, fol. 393r.
[12] *Ibid.*, fol. 393v.
[13] *Ibid.*, fol. 394v.
[14] *Ibid.*, fol. 395r-v.
[15] *Ibid.*, fol. 395v.

Si sumamos los crímenes confesados solamente por estos cuatro brujos, veremos que se les había hecho responsables de nada menos que de un total de dieciocho infanticidios y once homicidios, además de cierto número de delitos en los que no hubo desenlace mortal. Asimismo fueron acusados de una serie de daños sufridos por los animales domésticos de sus vecinos[16]. A esto habrá que añadir los daños causados a las cosechas en compañía de otros brujos.

El clima era duro para la agricultura, que era el principal recurso económico de Zugarramurdi. Las heladas nocturnas y el granizo solían azotar los campos incluso en primavera (Torres, 1971). Pero aun cuando las cosechas atravesaran el frío sin dañarse, acechaban nuevos peligros. Si empezaba a soplar el viento del sur, que en Castilla llaman bochorno[17], ninguna explicación resultaba más digna de crédito que la de que las brujas andaban sueltas con sus polvos devastadores. Nadie las veía actuar, pero los efectos estaban ahí, como cuando el trigo había sido atacado y las espigas aparecían escuchimizadas y sin grano, llenas de un polvo amarillo negruzco y maloliente. Cuando las brujas atacaban a los manzanos, las flores se marchitaban sin dar fruto; y si dañaban a los castaños, mostraban éstos vacíos sus zurrones espinosos o daban sólo una castaña donde debían dar tres[18].

Los documentos no informan lo más mínimo sobre si ya se sospechaba que esas personas eran brujas antes de ser descubiertas por la Inquisición. Sin embargo, es muy probable que así fuese, al menos en el caso de Graciana y sus hijas, aunque no parece que hubieran sido acusadas abiertamente por nadie. Al estudiar las confesiones de las tres mujeres, se ve que todas ellas se encontraban en constante querella con sus vecinos; que, en cuanto se les presentaba la ocasión, robaban; y que cuando eran pescadas *in fraganti*, se llevaban buenos palos. Naturalmente, lo que cada uno de nosotros sacaríamos en consecuencia de todo ello es que, por fuerza, dichas mujeres no pudieron contar con la simpatía de sus paisanos y convecinos, entre los que debían estar consideradas como lo que los

---

[16] *Ibid.*, fols. 393r-395v.
[17] *Ibid.*, fol. 391v.
[18] *Ibid.*, fols. 391v-392r.

3. La cueva donde las brujas, según una tradición local, celebraban los aquelarres. Advertimos que dicha cueva no se menciona en absoluto en las fuentes documentales. Sin embargo, sí se mencionan los prados de Berroscoberro y Sagastizarra como lugares de reunión. Foto del autor, 2004.

campesinos dan en llamar «malas vecinas». Pero hay que tener en cuenta que en una sociedad rural donde se cree en la brujería, «malas vecinas» es sinónimo de brujas.

Para los habitantes de Zugarramurdi, el que un niño de repente, y aparentemente sin motivos, muriese, no era una casualidad inexplicable. Tampoco era una simple cuestión de mala suerte si un cerdo empezaba a consumirse. Todo ello sólo podía ser promovido por «malas personas». La consecuencia de esta filosofía casera —o *ideology for daily living,* como muy bien la ha designado el antropólogo Fortes (1953: 18)— era, aquí como en otras sociedades supersticiosas, una atmósfera cargada de viejas rencillas que se dejaban sin resolver por falta de pruebas. En medio de tal ambiente, era natural que en cuanto apareciese una persona capaz de convencer al pueblo de que poseía semejantes pruebas, se produjera una explosión. Precisamente esto fue lo que ocurrió en Zugarramurdi.

3. Los primeros brotes de brujomanía

En los primeros días del mes de diciembre de 1608, regresó a Zugarramurdi una moza de dicho pueblo que había vivido en Francia los tres o cuatro últimos años. Su nombre era María de Ximildegui, de veinte años de edad. Los padres de la moza eran franceses, pero, según parece, habían vivido en Zugarramurdi hasta que María cumplió los dieciséis años, y luego se fueron a vivir a Ciboure, un pueblo de la costa francesa a tres leguas de allí. Adame de Ximildegui era su padre, se desconoce el nombre de la madre[19]. Los padres debieron quedarse en Francia, ya que María había vuelto sola al pueblo para servir[20].

Indudablemente, la muchacha pasaría los primeros días después de llegar al pueblo charlando con amigos y parientes e intercambiando noticias con ellos, pues la joven tenía mucho que contar de ciertas experiencias vividas durante su estancia en Francia. El caso era que María había sido allí miembro de un conventículo de brujas. En Ciboure tenía una amiga de su misma edad, y algunas veces se había quedado a dormir en su casa. Esta chica la había llevado

---

[19] *Relación segunda del auto de fe,* fol. 340r-v.
[20] Idoate, *Documento,* p. 73.

consigo a las asambleas que celebraban en la playa bajo la presidencia del demonio, y allí bailaban y se divertían mucho. Al principio, María no sabía que aquellos saraos a la orilla del mar eran aquelarres, pero cuando se dio cuenta de ello, su amiga y otras mujeres la obligaron a hacerse bruja. Para poder entrar en aquella sociedad secreta había tenido que abjurar de su fe cristiana, y aunque nunca había llegado a renegar de la Virgen Santísima, había sido miembro activo y creyente durante año y medio. Un presentimiento que tuvo en la Cuaresma de 1608 hizo que volviese a convertirse al cristianismo; sin embargo, por temor a las brujas no se atrevía a romper con ellas. Debido a su dolor y a las figuraciones del castigo que la esperaba cayó enferma, y así estuvo durante siete semanas, en las que se halló al borde de la muerte. Finalmente, no pudo más y acudió a un sabio sacerdote de Hendaya. Se confesó con él, y recibió «grandes remedios espirituales» con los que combatir al diablo. Entretanto, el sacerdote solicitó permiso del obispo de Bayona para darle la absolución. A finales de julio llegó el permiso y el confesor pudo absolverla y darle la comunión. Desde ese momento se curó completamente de su enfermedad[21].

María de Ximildegui, además de sus propias experiencias, tenía muchas más cosas que contar de las brujas francesas. Daba la casualidad de que durante la época en que ella vivió en Ciboure, se desplegó una persecución de brujos en Francia; persecución que fue precursora de la gran cacería instigada por Pierre de Lancre, y que tuvo precisamente lugar en Ciboure y en el vecino pueblo de San Juan de Luz (Habasque, 1912). La nueva y gran persecución ya estaba en marcha antes de que María regresase a Zugarramurdi, y posiblemente las gentes de aquellos lugares ya habían empezado a pasar las noches en vela en la iglesia de Ciboure, acompañando a aquellos niños y mozas que no podían librarse de las brujas y temían a cada momento ser llevados al aquelarre[22].

Lo más emocionante del relato de María de Ximildegui fue lo que dijo sobre su asistencia al aquelarre de Zugarramurdi cuando

---

[21] *Relación segunda del auto de fe*, fol. 340v; Idoate, *Documento*, pp. 73, 75.
[22] Lancre, 1613, pp. 363-364; cf. WA, p. 453, n. 24.

todavía era bruja en Francia. Dos veces había asistido a las juntas de Zugarramurdi y, por tanto, sabía muy bien quiénes eran allí las brujas. La joven francesa no sintió escrúpulos en nombrar a algunas personas por su nombre, lo que hizo que pronto comenzasen a llegar protestas. El primero que se presentó fue un campesino llamado Esteve de Navarcorena. Con él iba un grupo de parientes, y juntos pidieron cuentas a la moza de lo que había dicho contra la mujer de Esteve, María de Jureteguía. Tenía esta María veintidós años, y su marido advirtió a la Ximildegui que aquélla estaba muy enfadada por el falso testimonio que le había levantado[23].

María de Ximildegui le contestó que si ella pudiera hablar con su mujer, le haría confesar todo. Esteve y sus deudos acompañaron a la chica francesa hasta la casa de los Navarcorena. Cuando las dos mujeres estuvieron cara a cara, comenzó entre ellas una larga plática. La Ximildegui sacó a relucir todo cuanto había visto en el aquelarre de Zugarramurdi, mientras la otra negaba las acusaciones tan pronto como eran formuladas y juraba que todo era mentira.

Pero la francesa dio tantos detalles y era tanta su elocuencia que los allí presentes comenzaron a sentirse convencidos y, al final, la familia empezó a presionar a María de Jureteguía para que confesase. Al darse cuenta la joven campesina de que estaba entre la espada y la pared, le dio un vahído. Repuesta poco después, confesó y admitió que era cierto todo cuanto había dicho María de Ximildegui. Reconoció haber sido bruja desde bastante pequeña y acusó a su tía María Chipia de Barrenechea, mujer del carpintero Sabat, de haber sido su maestra e iniciadora en aquel mal arte[24].

María de Ximildegui había ganado la batalla decisiva: la opinión pública de Zugarramurdi había aceptado su «evidencia». Lo primero que se hizo en aquel caso fue llevar a María de Jureteguía junto al

---

[23] *Relación segunda del auto de fe*, fol. 340v.
[24] *Ibid.*, fols. 340v, 349v, núm. 14, cf. LB núms. 4 y 16. Sobre el desmoronamiento sufrido por Jureteguía, v. Sargant, 1970, cap. 5: «Techniques of religious conversion». Según el citado psicólogo inglés, el miedo es un buen resorte para aumentar la sugestión. Así pues, parece haber una relación psicológica directa entre la protesta excitada de la joven y su aceptación posterior del rol de bruja.

párroco fray Felipe de Zabaleta, monje del monasterio de Urdax, y a él, en confesión secreta, le dijo que era bruja y repitió lo que había admitido frente a los otros. El fraile le impuso la penitencia de repetir su confesión en público en la iglesia de Zugarramurdi. Delante de todos los feligreses María tuvo que pedir perdón por los daños que había cometido contra ellos en el tiempo en que había sido miembro de la diabólica secta[25].

A todo esto María había empezado a sentirse perseguida por las brujas. Una noche, cerca de Navidad, las oyó merodear fuera de su casa. El joven matrimonio vivía en el caserío del padre de Esteve, Petri de Navarcorena. A la noche siguiente pidieron a gran número de vecinos que les hiciesen compañía porque tenían miedo. En la amplia cocina ardía la lumbre en el hogar y tres velas que tenían encendidas. Los vecinos habían colocado a María entre ellos, y así esperaron a ver lo que pasaba[26].

Aquella noche se presentaron el demonio y sus brujos para llevarse a María consigo. La gente los vio en figuras de perros, gatos y cerdos; incluso el suegro de María de Jureteguía tuvo un contacto especial con ellos, pues, al regresar tarde aquella noche a su hogar, tropezó con una manada de cerdos al atravesar el jardín para entrar en su casa. Algunos de los brujos de más edad se escabulleron en compañía del demonio por la puerta de la cocina y se subieron a un banco para ver dónde estaba María. Ella podía ver sus cabezas, que asomaban al fondo, detrás del grupo de gente que la cercaba para protegerla; pero nadie más que ella pudo verlos. Por la boca de la chimenea asomaron su maestra, María Chipia, y otra tía materna suya. Le hicieron señas para que las siguiese, y «poniendo el dedo en la frente juraban que la habían de castigar». Pero María echó mano de la cruz de su rosario, y mientras la sostenía en alto delante de sí, gritó contra la chimenea que ya había acabado de servir al diablo para siempre[27].

---

[25] *Relación segunda del auto de fe*, fols. 344v-345r; fray Felipe de Zabaleta queda nombrado en *Méritos de Goiburu*, fol. 170r.
[26] *Sentencia conjunta*, fol. 395v.
[27] *Ibid.*, fols. 395v-396r.

4. Antiguas casas blasonadas de Zugarramurdi. Foto del autor, 2004.

Al oírla, los brujos y brujas desaparecieron; pero a la mañana siguiente descubrieron con fastidio que la hueste de Satanás se había vengado con el suegro de la Jureteguía. En su huerta yacían las hortalizas y los frutales arrancados de raíz; el molino de agua estaba estropeado, la rueda había sido descompuesta y habían subido la muela encima del tejado[28]. Es extraño que no existan declaraciones ulteriores que confirmen dichos destrozos perpetrados en la propiedad de la familia de Navarcorena, ya que, de ser ciertos, debió haber gran número de testigos. Lo más probable es que todo ello fuera ficción, pues algunas de las descripciones que las brujas confesantes hicieron de la célebre noche rezan como sigue:

> Asieron del molino que estaba fundado sobre cuatro pilares y lo arrancaron todo entero sin que se deshiciese, llevándolo con mucho regocijo a un cerro que allí cerca estaba... Y allí se estuvieron un rato holgán-

---
[28] *Ibid.*, fol. 396r.

dose mucho por ver cómo habían llevado toda aquella máquina junta sin deshacerse. Y hubo grande risa entre todos porque la dicha Graciana de Barrenechea y otras de su edad que es más de ochenta años, como trabajaban mucho para llevar tan gran máquina, iban diciendo:

¡Aquí mozas
y en casa viejas!

[...] habiéndose holgado un rato volvieron el dicho molino a su propio asiento y dejando desbaratada la rueda, y el rodete derribado en el agua, y la muela puesta en lo alto del molino...[29].

Así termina el relato, cuya similitud con una conocida leyenda popular resulta sospechosa[30].

La situación se hacía cada día más alarmante. Poco antes del comienzo del nuevo año, unas diez personas decidieron tomarse la justicia por su mano e irrumpieron en casa de los vecinos de quienes se sospechaba que eran brujos, para buscar sus sapos. Entraron y rebuscaron en la casa de Miguel de Goiburu, en la de Estevanía de Yriarte y en la de la vieja Graciana de Barrenechea[31]. El pastor Juanes de Goiburu, marido de Estevanía, se personó al día siguiente en el monasterio de Urdax para quejarse de lo ocurrido. Fray Felipe le ordenó que fuese en busca de su mujer. Al regresar Juanes con ella, el fraile la interpeló diciéndole que ya se había descubierto que era bruja. Estevanía lo negó. Entonces el fraile le puso la estola y unas reliquias sobre la cabeza al tiempo que la conminaba a decir la verdad. Por fin, bajo las amenazas del fraile y de otros presentes, se resolvió a confesar que sí, que era bruja. A partir de entonces, otros sospechosos fueron obligados violentamente a delatarse, y eran amenazados con la tortura si no confesaban[32].

Uno de los primeros días del nuevo año, «más de cincuenta personas» se reunieron en la iglesia de Zugarramurdi para oír la

[29] *Ibid.*
[30] Otra variante de la cancioncilla de las brujas aparece en un proceso de brujería de Bilbao: «En casa biejo y aquí moço...» (Fernández Albaladejo, 1975, p. 135).
[31] *Méritos de Goiburu*, fol. 170r-v; *Méritos de Sansín*, fol. 172r-v. Sobre los sapos como espíritus auxiliares de las brujas, véase cap. 4: 5, abajo.
[32] *Méritos de Goiburu*, fol. 170r-v.

58   EL ABOGADO DE LAS BRUJAS

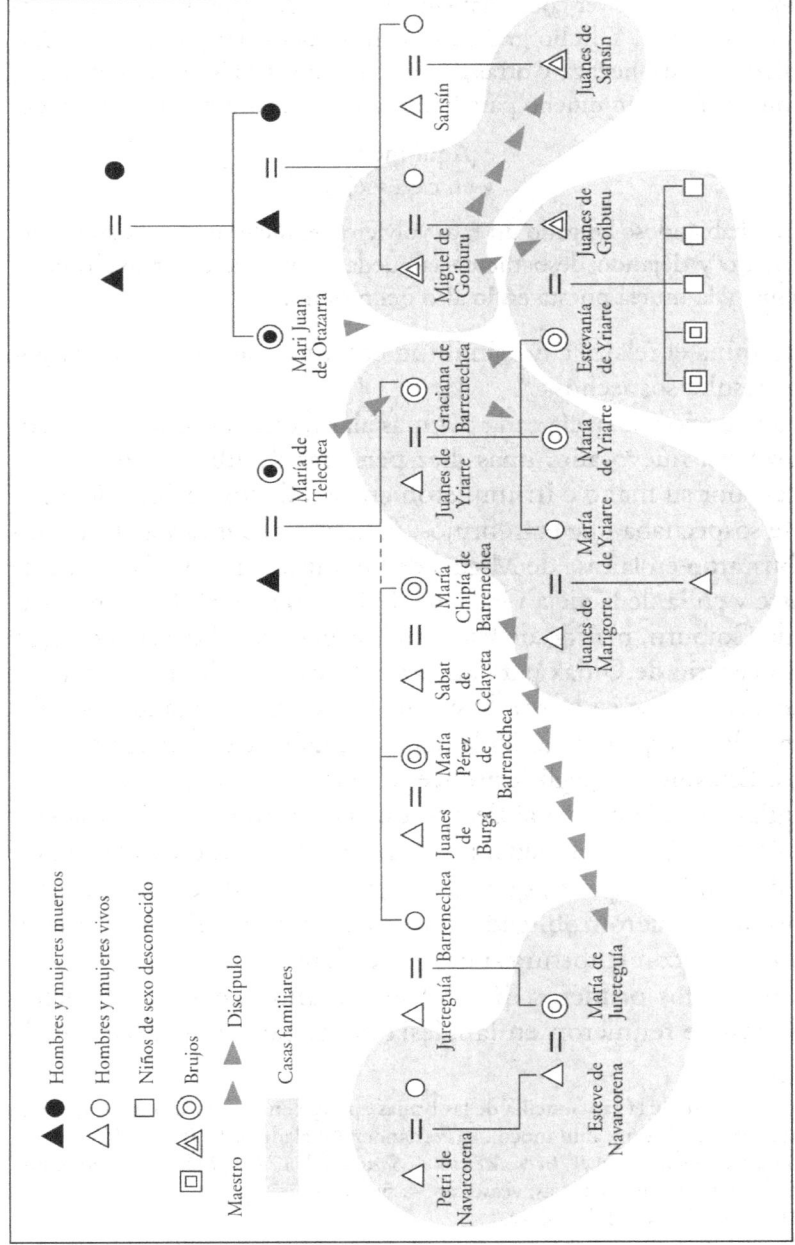

La supuesta dinastía de brujas en Zugarramurdi según las confesiones a la Inquisición 1609-1610.

confesión pública de los brujos. Se desconoce la cifra exacta de los vecinos de Zugarramurdi que, en la iglesia, salieron a descargar sus conciencias delante de sus paisanos para luego ser reconciliados por ellos[33]. Es de suponer que María de Jureteguía ya habría pasado este calvario antes de Navidad. Pero los nueve que se mencionan a continuación parecen haber confesado públicamente en la iglesia en dicha ocasión: la anciana Graciana de Barrenechea y sus dos hijas, María y Estevanía de Yriarte; el pastor Miguel de Goiburu, con su hijo Juanes y su sobrino, el criado Juanes de Sansín, mozo de veinte años. Aparte de éstos, que excepto el último fueron todos mencionados anteriormente, estuvieron también Estevanía de Navarcorena, vieja de ochenta años, viuda de un campesino, y su hija Juana de Telechea, de treinta y seis años, casada con un molinero; y María Pérez de Barrenechea, de cuarenta y seis años, mujer de un carpintero (LB núms. 1-3).

Por lo regular, la brujería no se consideraba factor hereditario, como ocurre en muchas tribus africanas. Zugarramurdi seguía el modelo común europeo: la brujería era un arte que había que aprender. Sin embargo, el parentesco existente entre las personas que ante la Inquisición admitieron ser brujas denota que en Zugarramurdi se creía que la brujería se daba dentro de determinadas familias[34]. Nueve de los diez nombres de la lista (LB núms. 1-10) estaban emparentados entre sí, bien por sangre o por matrimonio. Teniendo en cuenta que María Pérez de Barrenechea, de cuarenta y seis, y María Chipia, de cincuenta y dos (LB núms. 2 y 16), probablemente eran hermanas y la octogenaria Graciana de Barrenechea posiblemente su hermanastra, el número de brujos parientes se eleva a ocho. El gráfico (p. 58) muestra la relación familiar y de maestro-discípulo entre los brujos vivos y los muertos.

---

[33] Idoate, *Documento*, p. 149.
[34] El parentesco entre las brujas de Zugarramurdi —nunca antes investigado a fondo— demuestra que Julio Caro Baroja se equivoca al suponer que Graciana de Barrenechea estuvo casada con Miguel de Goiburu (Caro Baroja, 1961, p. 251). Probablemente fue influenciado por el cuento de Pío Baroja, «La Dama de Uturbide» (1916), que los describe como marido y mujer.

Graciana de Barrenechea declaró ante el Santo Oficio haber aprendido el arte maléfico de su madre, María de Telechea[35], y haber instruido ella misma a sus dos hijas, María y Estevanía[36]; en cambio, la tercera, también llamada María y casada con Juanes de Marigorre, no era bruja[37]. Estevanía de Yriarte confesó haber hecho brujos a dos de sus hijos pequeños[38]. Miguel de Goiburu declaró que había sido su tía materna Mari Juan de Otazarra[39], quien le había iniciado en dicho arte, mientras él, por su parte, había convertido a su hijo Juanes de Goiburu y a su sobrino Juanes de Sansín a la brujería[40]. Las relaciones familiares entre Graciana, María Pérez y María Chipia de Barrenechea son suposiciones mías; lo que sí se sabe con certeza es que María de Jureteguía tenía dos tías maternas que eran brujas[41], y no creo que quepa mucha duda sobre el hecho de que recayera sobre ella la sospecha de brujería por la simple razón de que pertenecía a la familia Barrenechea[42]. En la sentencia conjunta de Miguel de Goiburu, de Graciana de Barrenechea y de las dos hijas de ésta consta que estos cuatro brujos, junto con otros cinco miembros de la familia, constituían un grupo de fabricantes de veneno. Se juntaban habitualmente en casa de Estevanía de Yriarte, donde tanto el marido como los hijos eran brujos, y por consiguiente se sentían seguros. El acta refiere además, que algunas veces se juntaban en casa de Graciana de Barrenechea; pero allí sólo podían hacerlo cuando el marido y el yerno se hallaban ausentes, pues ellos no eran brujos[43]. Es en este punto donde el hecho más no-

---

[35] *Sentencia conjunta*, fol. 389r.
[36] Sobre las dos hijas iniciadas por Graciana de Barrenechea, véase cap. 4: 4 abajo.
[37] Cf. *Lib*, 796, fol. 396r (aplicación al tribunal por Juan de Hiriarte, Logroño, 3-VIII-1616).
[38] *Sentencia conjunta*, fol. 396v; *Relación tercera del auto de fe*, fol. 366v.
[39] *Sentencia conjunta*, fol. 389v.
[40] Sobre hijo y sobrino iniciados por Goiburu, véase cap. 4: 4 abajo.
[41] *Sentencia conjunta*, fol. 395v.
[42] Cf. cap. 9, n. 5, abajo, donde se menciona todavía una bruja más del distrito de Zugarramurdi, apellidada Barrenechea.
[43] *Sentencia conjunta*, fol. 392r.

table, con respecto al gráfico, se pone de relieve: la línea divisoria entre brujos y no brujos pasa transversalmente entre cónyuges y grupos de hermanos.

Una vez confrontados con esta evidencia, es interesante hacer hincapié en el modo en que los habitantes de Zugarramurdi prefirieron resolver los «problemas familiares» suscitados por el asunto de la brujería: mediante la reconciliación. En cuanto los culpables reconocieron su delito y pidieron perdón a todos, la causa se dio por terminada[44]. Si alguien no hubiera alertado a la Inquisición, probablemente los habitantes de Zugarramurdi y Urdax habrían resuelto definitivamente el problema de este modo admirable; por desgracia el Santo Oficio ya había sido avisado.

---

[44] Conozco solamente otro caso más de brujería resuelto extrajudicialmente. Tuvo lugar en 1611 en el Valle de Baztán, donde una anciana hizo en la iglesia una confesión pública de brujería y rogó que los feligreses la perdonaran (AGN, Proceso 5257, fol. 28r).

CAPÍTULO 2

LA INQUISICIÓN

1. La Inquisición de la Edad Moderna

Para la mentalidad del hombre del siglo XX resulta incomprensible que la sociedad de otro tiempo haya tomado la religión tan en serio como para quemar a aquellos individuos cuyas creencias diferían de las establecidas oficialmente. Sin embargo, hemos de considerar que en los siglos XVI y XVII la religión tenía la misma importancia vital que para el hombre de hoy tiene la ideología política. O, mejor dicho, religión y política eran entonces dos caras de la misma medalla, ya que tanto en los países protestantes como en los católicos la estructura social estaba asentada sobre bases puramente religiosas. La pureza de la fe era sostenida y defendida a ambos lados de un «telón de acero» que en aquellos tiempos dividía a Europa en un norte y un sur. No obstante, solamente en los estados del sur existió una organización especialmente dedicada a luchar por mantener la pureza de la fe. Me refiero, naturalmente, a la Inquisición. En Italia dicho organismo actuó hasta finales del siglo XVIII, mientras que en España y Portugal siguió existiendo hasta 1820. Sin embargo, los últimos restos de la Inquisición no desaparecieron hasta 1965, en que fue disuelta la Congregación del Santo Oficio (fundada en 1542), a consecuencia de la declaración del II Concilio Vaticano sobre la libertad religiosa (7 de diciembre de 1965)[1].

2. La Inquisición española hacia 1600

La Inquisición española había sido reorganizada en 1478, y con esta ocasión se había introducido en Castilla que, en contraste con Aragón, no había estado sometida a la Inquisición papal de la Edad Media. Bajo las nuevas circunstancias, la Inquisición española había adquirido una posición especial, ya que no se sometió, como lo hiciera en otros países, a la directa jurisdicción de Roma, sino que tuvo su propio inquisidor general designado por el rey de España, elección que debía ser corroborada por el papa. El inquisidor general nombraba a sus propios inquisidores y, en virtud de su extensa autoridad la Inquisición española era prácticamente autónoma en la ejecución de su labor: la salvaguardia de la fe en

---

[1] *Nota bibliográfica.* Sobre la Inquisición moderna, véanse Henningsen y Tedeschi 1986; Bethencourt 1997; Tedeschi, 1991.
  Sobre la Inquisición española, véanse Dedieu, 1981; Contreras, 1982; Monter, **1990**; Knutsen, 2009. Siguen siendo imprescindibles para el estudio de la Inquisición española las obras monumentales de Henry Charles Lea (1906-1907, especialmente vols. II y III; versión española con las referencias archivísticas actualizadas, 1983), y Ernst Schäfer (1902), ambas publicadas anteriormente al traslado del archivo de la Suprema desde el Archivo General de Simancas al AHN de Madrid, 1908-1916.
  Varios autores han trazado paralelismos entre los tipos de policía secreta conocidos en el siglo XX y la Inquisición: por ejemplo, Sargant, 1970, pp. 130, 169-170, 186-194; y Lifton, 1961, pp. 454-461. Sin embargo, la cuestión de hasta qué punto estos paralelismos pueden hacerse extensivos no ha sido aún estudiada. Una cantidad de materiales para tal comparación se puede ver en Wolin Slusser, 1957, en especial en los siguientes dos artículos: A. Grigoriev, «Investigative Methods of the Secret Police», p. 180 y ss., y E. A. Anderevich, «Structure and Functions of the Soviet Secret Police», p. 96 y ss.

todo el Imperio español, desde Sicilia, al este, hasta los países americanos, al oeste.

El Santo Oficio español tenía su propio ministerio: el Consejo de la Suprema y General Inquisición, o simplemente la Suprema. Disponía de sus propios tribunales, sus propias prisiones y sus propias penitenciarías. En sus cárceles secretas los prisioneros quedaban totalmente aislados del mundo exterior y se impedía todo contacto entre ellos, a excepción de los compañeros de celda. En las penitenciarías se permitía a los encausados salir a trabajar durante el día a ganar para pagar su manutención[2].

La Inquisición disponía asimismo de su propio servicio de inteligencia, cuyos agentes principales, los comisarios de distrito, eran en su mayoría párrocos. Cada comisario estaba asistido por un notario de la Inquisición y por cierto número de *familiares*. El comisario recibía información, interrogaba a testigos y llevaba a cabo detenciones; y, por añadidura, realizaba determinadas inspecciones regulares. Los agentes inquisitoriales ocupaban puestos de vigilancia en los puertos y ciudades fronterizas, donde se dedicaban a la caza de un contrabando especial: los libros prohibidos (por ejemplo, las traducciones vernáculas de la Biblia)[3].

Antes de admitir a una persona al servicio de la Inquisición era necesario obtener pruebas documentales de que en la familia del individuo en cuestión y en la de su cónyuge no había antecedentes heréticos. Un certificado de limpieza de sangre solía ser un requisito especialmente costoso, ya que los gastos de comprobación de documentos y de ejecución de interrogatorios corrían a cargo del interesado. No se pagaban los servicios de los agentes inquisitoriales; sin embargo, aquellos puestos estaban muy solicitados a causa del prestigio y los privilegios que aportaban a las personas que los desempeñaban. El privilegio más estimado era la inmunidad frente a la autoridad secular, ya que los casos en los

---

[2] Véase, por ejemplo, *Lib* 791, fol. 417r-v (T./C., 20-IX-1596).
[3] La Biblia en lengua vernácula estuvo prohibida en España desde 1551 hasta 1782 (Lea, 1906-1907, vol. III, pp. 528-530; Lea, 1890, pp. 44-45).

que se veía envuelto un miembro del Santo Oficio, fuesen civiles o criminales, eran remitidos siempre a la jurisdicción inquisitorial[4].

Finalmente, la Inquisición tenía su propia cofradía: la Hermandad de San Pedro Mártir, cuyas funciones eran esencialmente de carácter ceremonial. Todo empleado del Santo Oficio, pagado o no pagado, tenía derecho a ser miembro, aunque no era obligatorio serlo.

En cuanto a la organización administrativa, la Inquisición era autónoma, aunque su principal fuente de poder no se encontraba aquí. La clave del poder del Santo Oficio residía en el voto de sigilo practicado en todos los ramos de sus actividades, ya que no era responsable ante autoridad temporal alguna de sus manejos en materia de fe. Nadie, ni siquiera el rey, tenía derecho a tratar de enterarse de más de lo que la Inquisición quería divulgar[5]. Todos sus empleados estaban sujetos al voto de sigilo, y los acusados y testigos eran igualmente exhortados a guardar silencio. Las denuncias eran recibidas bajo promesa de no revelar a nadie el nombre del denunciante, y se anotaban en los libros de testificados, registros secretos de la Inquisición que cada tribunal guardaba celosamente. Tan sólo los inquisidores y sus colaboradores más allegados tenían acceso a los documentos de causas de fe contenidos en los registros y archivos secretos.

El acusado desaparecía de la faz de la tierra durante uno o dos años, según la duración del proceso. Mientras no se cerrase la causa y se leyera la sentencia en un auto de fe, la Inquisición no estaba obligada ni siquiera a revelar la estancia en sus cárceles secretas

---

[4] Sobre los familiares del Santo Oficio, véase Lea, 1906-1907, vol. I, cap. 4, y Contreras, 1982 *passim*.

[5] Cuando Felipe II deseó consultar con un cirujano, que había sido detenido por el Santo Oficio, envió varias solicitudes al inquisidor general. Cuando éste, finalmente, se dignó contestar, lo hizo declarando que si dicha persona se encontraba en la prisión del Santo Oficio no podía ser sacada, ni siquiera le era dado revelar si se hallaba o no presa (Lea, 1906-1907, vol. II, p. 472 y ss.). La fuente usada por Lea es el «Codex Moldenhawerianus», en la Biblioteca Real de Copenhague (NKS 213, 2°, fol. 335r).

de tal o cual persona y, menos aún, si ésta estaba viva o muerta. La Inquisición sólo tenía que rendir cuentas de sus asuntos financieros, ya que el rey podía reclamar su parte de la propiedad confiscada a los herejes.

5. La audiencia. El inquisidor interrogando a un reo. En el extremo de la derecha un secretario tomando nota. Grabado de Adrian Schoonebech en *Historia inquisitionis*, de Philip van Limborch, Ámsterdam, 1692.

Este monstruoso Estado dentro del Estado presentaba, sin embargo, un rasgo confortador: su tremendo autocontrol. La Suprema velaba por el estricto cumplimiento de sus leyes y regulaciones, garantizado principalmente por las visitas de inspección que de vez en cuando se realizaban a los tribunales de provincia, y que podían durar años[6]. El inquisidor general estaba en todo tiempo dispuesto a recibir quejas sobre abusos cometidos por miembros del Santo Oficio, y dichas quejas podían ser anónimas.

[6] Cf. Bartolomé Bennassar, «Le controle de la hierarchie: les inspections des envoyés de la Supréme auprés des tribunaux», en Pérez Villanueva, 1980, pp. 887-891.

Ello quiere decir que la Inquisición, con la intención de controlar los tribunales, aplicaba a sus propios agentes los mismos métodos que de ordinario utilizaba con los herejes.

La meta del Santo Oficio no era exterminar a los herejes, sino hacer de ellos buenos católicos. Solamente aquellos que rehusasen cooperar en semejante «reforma mental» —los *protervos, impenitentes negativos,* como se les llamaba en la jerga inquisitorial— serían condenados a la hoguera. El fin capital del proceso era despertar el sentido de culpabilidad en el reo, lo cual motivaría a éste a renunciar a sus errores. No se le informaba del cargo que existía contra él hasta bien avanzado el proceso, y después de habérsele hecho los primeros interrogatorios. Normalmente se celebraban tres de dichas audiencias que, según las reglas, debían llevarse a cabo dentro de los diez días siguientes a la detención[7]. Durante la primera audiencia, en presencia del inquisidor, se preguntaba al preso si tenía conocimiento de por qué había sido detenido. Si la respuesta era negativa, el inquisidor procedía a conminarle con la siguiente fórmula:

> En este Santo Oficio no se acostumbra prender persona alguna sin bastante información de haber dicho, hecho y cometido —o visto hacer, decir y cometer a otras personas— alguna cosa que sea, o parezca ser, contra Nuestra Santa Fe Católica y Ley Evangélica que tiene, predica, sigue y enseña la Santa Madre Iglesia Romana, o contra el recto y libre ejercicio del Santo Oficio[8].

Durante este interrogatorio y los dos siguientes, el reo era exhortado reiteradamente a confesar y descubrir todo cuanto se le viniese a la memoria, ya que así su causa podría ser rápidamente concluida, y la Inquisición podría concederle la merced que otorgaba ordinariamente a quienes hacían una confesión completa con anterioridad a serles reveladas las acusaciones. Pero una vez que se llamaba al fiscal para informar al reo de la naturaleza de su

---

[7] Argüello, *Instrucciones,* fol. 12v (instrucción iv).
[8] García, *Orden de procesar,* fol. 10v.

cargo, era demasiado tarde; a partir de ese momento la ley tendría que seguir su camino[9].

Sin embargo, los interrogatorios previos podían ser interrumpidos si no se conseguía confesión alguna, y el reo podía ser detenido por un período de tiempo indefinido, con órdenes expresas de avisar tan pronto como tuviese algo que añadir a su confesión. A veces, los inquisidores creían conveniente esperar durante meses a que un prisionero solicitase ser sacado a interrogatorio[10].

Si el acusado reconocía su culpabilidad, se le clasificaba de *confitente*, o *diminuto confitente* en caso de confesión incompleta; es decir, según que hubiese reconocido su culpabilidad en todos los cargos o tan sólo en parte de ellos. Durante el resto del proceso, el confitente quedaba obligado a manifestar con toda claridad que se arrepentía sinceramente de sus crímenes y estaba dispuesto a cooperar con los inquisidores en todo. Estaba obligado a proporcionar toda clase de información que pudiese ayudar al descubrimiento de más herejes, y se le exigía que denunciase a todos sus cómplices sin encubrir a ninguno.

El fiscal elaboraba la acusación, un documento conciso, basándose en las declaraciones de los testigos y en los hechos surgidos en el transcurso de los interrogatorios previos. La acusación se limitaba a definir el tipo de herejía de que se acusaba al reo y a resumir sus crímenes.

Una vez leídas las acusaciones en voz alta, el fiscal exigía invariablemente que en caso de duda acerca de la sinceridad del reo, fuese éste, a su debido momento, sometido a tortura[11]. Inmediatamente después de la lectura de las acusaciones, el reo tenía que contestar a

---

[9] *Ibid.*, fols. 10v-11r. Existe una semejanza notable entre los métodos de interrogar utilizados por la Inquisición y los descritos por el psiquiatra americano R. J. Lifton, referentes a los interrogatorios llevados a cabo en las prisiones de la China comunista. El examinador chino: «El Gobierno no detiene jamás a un inocente... El Gobierno conoce todos tus crímenes... Haz lo que quieras, pero si confiesas todo, tu causa será rápidamente concluida, y pronto serás puesto en libertad» (Lifton, 1962, p. 21).

[10] Sobre interrupciones en las primeras audiencias, véase cap. 3: 3 (al final) y 3: 6, abajo.

[11] Argüello, *Instrucciones*, fol. 30r, § 21.

ellas punto por punto. No se le concedía tiempo alguno para reflexionar y normalmente tampoco se le daba una copia de las acusaciones. Posteriormente se le asignaba un abogado defensor, el cual era requerido a la sala de juicio e informado oralmente de los cargos existentes contra el acusado, así como de lo que éste había contestado a ellos. No se permitía al reo llamar a su propio defensor; por otro lado, el abogado que le adjudicaba el tribunal estaba impedido de antemano para defender con eficacia al reo. Como cristiano, tenía la obligación natural de exhortar al prisionero a confesar la verdad, y su única función defensora consistía en aconsejar a su «cliente» que pidiese perdón y penitencia por aquellos cargos de los que se reconocía culpable[12], y en instruirle en los diversos modos posibles de defenderse a sí mismo. Toda relación entre el acusado y su abogado tenía lugar en presencia del inquisidor.

Acto seguido, la causa pasaba a prueba. Se volvía a examinar a todos los testigos con el fin de confirmar sus testimonios y de hacer las necesarias correcciones y añadidos. Dicha ratificación era simplemente una condición exigida para corroborar la veracidad de las declaraciones de los testigos, y durante el nuevo interrogatorio cada testigo era informado expresamente de que el Santo Oficio se proponía utilizar sus declaraciones en contra del acusado. Conseguir la ratificación de todas las declaraciones era algo que llevaba mucho tiempo[13], y mientras tanto los inquisidores tenían la obligación de conceder audiencia al reo, si éste la pedía. En las regulaciones de la Inquisición se hacía hincapié en esta obligación:

> [...] así porque a los presos les es consuelo ser oídos, como porque muchas veces acontece un preso tener un día propósito de confesar —o decir otra cosa que cumpla a la averiguación de su justicia— y con la dilación de la audiencia le vienen otros nuevos pensamientos y determinaciones[14].

---

[12] *Ibid.*, fol. 30r, § 23.
[13] En un caso un tanto excepcional la ratificación duró tres años, Lea, 1906-1907, vol. II, p. 548.
[14] Argüello, *Instrucciones*, fol. 30v, § 28.

Una vez completa la ratificación, se leían al reo las declaraciones de los testigos de acuerdo con el siguiente formulario: «En tal mes de tal año, cierta persona ha declarado haber visto u oído al acusado hacer o decir tal cosa»[15]. El acusado tenía que responder, punto por punto, a todos los cargos. Hecho esto, el reo y su abogado discutían, en presencia del inquisidor, las posibilidades de la defensa. La política defensora iba encaminada, más que a otra cosa, a demostrar que el acusado era un buen católico, y a la vez se intentaba probar que los testigos anónimos —a quienes el reo haría lo posible por identificar a través de sus declaraciones— eran enemigos mortales del acusado. Tanto si el defensor pretendía demostrar las virtudes cristianas del reo como si buscaba descalificar a los testigos, estaba obligado a entregar a los inquisidores una lista con los nombres de aquellas personas a quienes convenía interrogar para asegurarse de la veracidad de las alegaciones del acusado. Las reglas inquisitoriales exhortaban al tribunal a no rehuir trabajos y a interrogar a todo testigo que pudiese aportar algo en beneficio del acusado, siempre que ello aprovechara al desarrollo de la causa[16]. Pero en la práctica se dejaba a la opinión de los inquisidores si beneficiaría o no al acusado el interrogatorio de los testigos. Por tanto, eran los mismos inquisidores quienes, a la hora de la verdad, decidían en qué medida se tendría en cuenta la propuesta del defensor.

Antes de despachar la causa para su sentencia, reo y defensor eran informados de «que las defensas que tiene [el reo] pedidas, y se han podido *y debido* [la cursiva es mía] hacer, están recibidas». No obstante, no se revelaban los resultados de dichas pesquisas (si es que los inquisidores se habían tomado la molestia de hacerlas), ya que ello iba en contra del principio del secreto[17]. Finalmente, se preguntaba al reo y a su abogado si tenían algo que añadir, porque, en caso contrario, la causa se consideraría concluida.

---

[15] García, *Orden de procesar,* fol. 22v.
[16] Argüello, *Instrucciones,* fol. 32r, § 38.
[17] García, *Orden de procesar,* fol. 26r; cf. Argüello, *Instrucciones,* fol. 32v, § 39.

Las causas eran sometidas a un jurado compuesto por los inquisidores, el ordinario del obispo y los consejeros teológicos y legales del tribunal (consultores). El material sometido a veredicto era un resumen del proceso, redactado por el inquisidor más antiguo, quien no debería revelar su opinión (sin embargo, cabía la posibilidad de que lo hiciese). El resumen era leído en voz alta por un empleado de la Inquisición (el secretario del secreto), y cada uno de los presentes manifestaba su opinión, siendo ésta anotada inmediatamente en el «libro de votos». Los primeros en declarar su juicio eran los consejeros; les seguía el ordinario del obispo, y por último lo hacían los inquisidores, comenzando por el más reciente[18]. En circunstancias en que había abundancia de indicios y falta de pruebas, a veces, el jurado sentenciaba al acusado a ser interrogado bajo tormento[19]. Si el reo resistía la tortura sin confesar, se consideraba que los cargos existentes contra él estaban insuficientemente probados, con lo cual se le dejaba escapar con una renuncia de su herejía y un ligero castigo[20]. Un preso podía ser sometido también a tormento en caso de existir evidencias de que intentaba encubrir a sus cómplices, pero no influiría en su causa el hecho de que resistiese el tormento *in caput alienum* sin revelar cosa alguna[21]. La Inquisición se mostraba escéptica con respecto al valor del tormento como medio de obtener pruebas, y por tanto hacía uso de él dentro de ciertos límites. No se sometía a ningún prisionero a tortura mientras su causa no estuviese dispuesta para juicio, y todos los inquisidores del tribunal, junto con el ordinario del obispo, tenían obligación de estar presentes mientras se le aplicaba el tormento[22].

El acusado no tenía noticias del resultado de su causa hasta el día del auto de fe. En dicho auto, el confitente era readmitido ce-

---

[18] *Ibid.*, fol. 32v, § 40. Cf. WA, pp. 457-458, n. 18.
[19] Argüello, *Instrucciones*, fol. 6r, § 15.
[20] Los formularios se pueden ver en García, *Orden de procesar*, fols. 38r-39r («Abjuración de vehementi») y 39r-40r («Abjuración de levi»).
[21] Argüello, *Instrucciones*, fol. 33v, § 45.
[22] *Ibid.*, fols. 33v-34r, §§ 48-50.

remoniosamente en el seno de la madre Iglesia *(reconciliado)*, en caso de habérsele hallado culpable de apostasía. Quien negaba su culpa (el *negativo*) era enviado a la hoguera *(relajado)* o se le ordenaba renunciar a su herejía, según que el tribunal considerase su culpa probada o no. No obstante, en los casos de herejía menor, los negativos escapaban, casi siempre, con un ligero castigo a cambio de renunciar a la herejía. El Santo Oficio no tenía poderes para ejecutar la quema de herejes; sólo podía entregar a los delincuentes al brazo secular para que éste ejecutase la justicia. Lo mismo ocurría en el caso de personas condenadas a azotes, que también eran enviadas a las autoridades seculares para que consumasen la pena.

La Inquisición no *castigaba;* no hacía sino imponer el castigo. Por lo regular, el castigo impuesto por la Inquisición consistía en varios años de encierro en la penitenciaría del tribunal; pero los hombres en buenas condiciones físicas eran sentenciados, generalmente, «al remo sin sueldo» en las galeras de la Armada española. Los reconciliados vestirían un hábito, un sambenito (saco bendito) durante un tiempo considerable. Otro castigo menos severo era desterrar al reo de su comarca, lo que se hacía dividiendo la pena en dos etapas: la primera, obligatoria, entraba en vigor inmediatamente después del auto, y la segunda era una prolongación de la primera, que sólo se imponía en el caso de que el reo violase la orden de la Inquisición. A esta categoría pertenecían también las llamadas penitencias pecuniarias, que consistían en ceder la propiedad del reo —o parte de ella— al Santo Oficio, o en multas de mayor o menor cuantía. Aparte de readmitir a los herejes en el seno de la Iglesia, el Santo Oficio no hacía nada por resocializar a los delincuentes. Por el contrario, todos aquellos que habían sido castigados por la Inquisición quedaban excluidos de por vida de todos los puestos de importancia, se les prohibía llevar armas, vestirse de seda o adornarse con oro, plata y perlas, y ni siquiera se les permitía montar a caballo[23]. Una vez quemado el hereje, la infamia afectaba a sus hijos y nietos. En resumidas

---

[23] *Edicto de Logroño,* fol. 231v.

cuentas, las víctimas de la Inquisición quedaban totalmente al margen de los bienes comunes, por lo que no sería exageración decir que se convertían en parias de la sociedad española[24].

Cumplida la condena, se colgaba el hábito del penitente en la iglesia parroquial a la que éste pertenecía, con un letrero indicando su nombre, el crimen y el año de sentencia. Se colgaban asimismo los sambenitos de los herejes ya quemados. Aquellas vestiduras de saco permanecerían expuestas indefinidamente como recuerdo constante de la infame herejía.

Si juzgamos los procedimientos de la Inquisición según las ideas modernas de justicia, merecen una crítica muy severa. Sobre todo, consideraríamos legalmente inexcusable que el resultado del proceso dependiera de la posibilidad de que el acusado demostrase su inocencia[25]. Sin embargo, es indiscutible que los inquisidores, dentro del marco de su sistema legal, aspiraban a actuar con justicia. Se castigaba duramente a los testigos falsos si se les descubría, e incluso ocurría, aunque rara vez, que una persona acusada indebidamente iba al auto de fe con una túnica blanca y llevando una palma en la mano en señal de haber sido declarada inocente[26]. La larga duración de los procesos es una de las pruebas más claras del deseo del Santo Oficio de actuar con justicia. Al mismo tiempo fue la causa de la limitada capacidad para procesar de los tribunales inquisitoriales: cincuenta procesos al año era un promedio habitual[27]. La razón de que el Santo Oficio tardase frecuentemente en actuar contra un sospechoso no era sólo el deseo de evitar errores, sino la simple imposibilidad de atender a más procesos.

De hecho, la población católica no odiaba ni temía al Santo Oficio tanto como muchos historiadores nos han querido hacer

---

[24] *Ibid.*, fol. 231v, cf. WA, p. 458, n. 24.
[25] Durante la «caza de brujas» perpetrada por el senador Joseph McCarthy entre los comunistas de Estados Unidos, entre 1950 y 1954, hubo numerosos ejemplos de reversión a la práctica inquisitorial, desde el momento en que se exigía a los acusados probar su inocencia. El método fue muy oportunamente definido por el senador Hubert Humphrey como «jurisprudencia anglosajona boca abajo» (Cardoso, 1970).
[26] Lea, 1906-1907, vol. III, p. 108; Henningsen, 1977a, pp. 268-269.
[27] Cf. Henningsen, 1977b; Dedieu, 1978; Contreras, 1982.

creer. La gran mayoría debió considerar a la Inquisición como un baluarte necesario contra la herejía que amenazaba a la sociedad desde dentro y desde fuera. Los inquisidores no eran monstruos ni torturadores, sino teólogos y juristas serios, altamente respetados y estimados. La mayoría de ellos eran religiosos ordenados. Muchos habían comenzado su carrera de sacerdotes o monjes, y al entrar al servicio de la Inquisición tenían una larga serie de estudios de teología a sus espaldas. Algunos, sobre todo si eran nobles, abandonarían más tarde el Santo Oficio al ser nombrados obispos[28]. Ocasionalmente algún obispo alcanzaría la cumbre de su carrera ascendiendo al puesto de inquisidor general, como en el caso del obispo de Valladolid, Juan Bautista de Acevedo, en 1603. A la muerte de éste, vino a sustituirle don Bernardo de Sandoval y Rojas, el 12 de septiembre de 1608. Por aquel entonces ya era arzobispo de Toledo y cardenal, títulos que conservó siendo inquisidor general[29]. Su época de presidente del Consejo de la Suprema quedó señalada por dos acontecimientos importantes: la expulsión de los moriscos en 1609 y la epidemia de brujería en las Vascongadas, que duró de 1609 a 1614.

3. *El tribunal de Logroño*[30]

El año 1608 contempló grandes cambios en el tribunal de Logroño. El más antiguo de los inquisidores, Juan Ramírez, había sido nombrado fiscal de la Suprema[31]; el que le seguía en antigüedad, doctor Alonso Becerra Holguín, había ascendido a primer

---

[28] Por ejemplo, el obispo de Pamplona (en 1606-1612) Antonio Venegas de Figueroa; véase su biografía en cap. 6, n. 54, abajo.
[29] B. S. Castellano de Losada (ed.): *Bibliografía eclesiástica*, Madrid, 1948-1968, vol. XXV, pp. 963-964.
[30] Sobre la historia del Tribunal en el siglo XVI, véanse Contreras y Dedieu, 1980, pp. 4-77; Reguera Acedo, 1978; Simón Díaz, 1946 y 1948.
[31] *Lib* 1338, fol. 41r (juramento 18-III-1608).

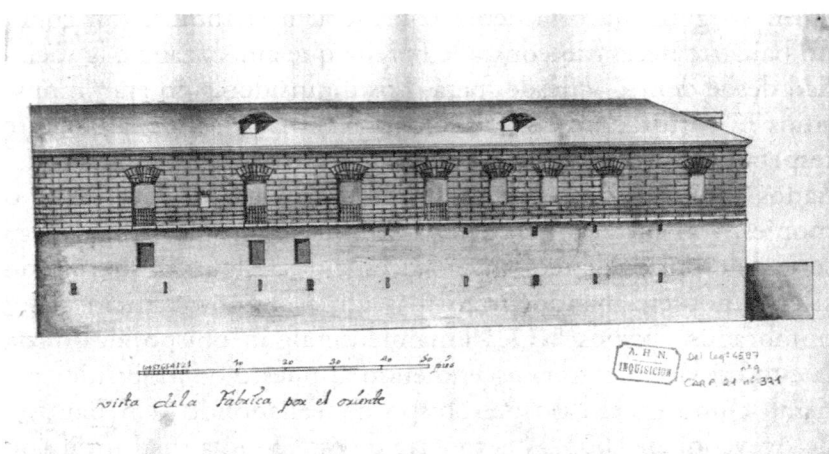
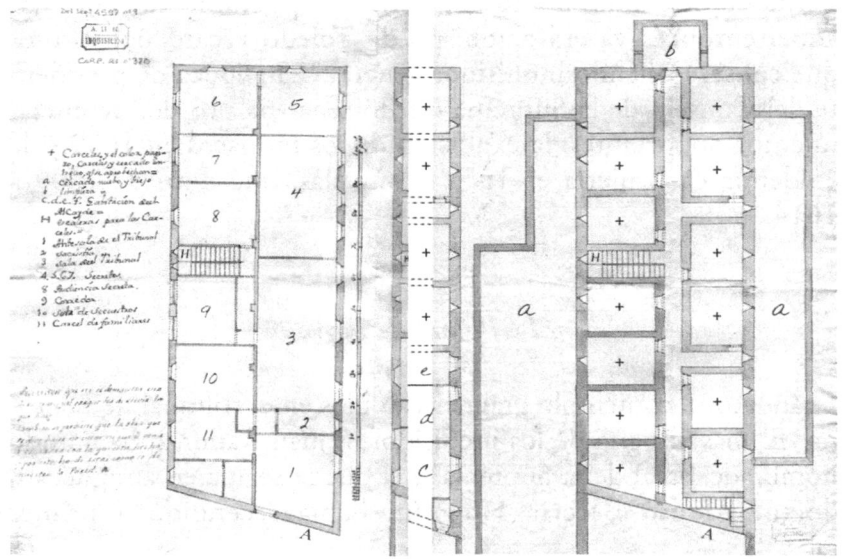

6. La casa de la Inquisición en Logroño fue quemada y demolida durante la invasión napoleónica, de modo que al restablecerse el tribunal en 1814, los inquisidores informaban a la Suprema de que no quedaba rastro del «precioso edificio». Dibujo anónimo del siglo XVIII, Archivo Histórico Nacional.

Arriba. La fachada oriental (30 × 16,5 cm). En las dos plantas bajas estaban las cárceles secretas con la vivienda del alcaide en la planta primera hacia el sur (nótese las tres ventanas sobre tres ventanucos a la izquierda). En la planta alta estaban las oficinas del tribunal.

Abajo. Planos de las tres plantas (47,5 × 30,5). Por conveniencia hemos cortado algo del plano de la planta intermedia (con siete celdas y las cinco habitaciones del alcaide, en la leyenda denominadas «c», «d», «e», «f», «g»). La única entrada (¡y salida!) del edificio era por una escalera exterior, en el lado sur, por donde se subía directamente a la segunda planta para entrar en la antesala («1»). A continuación, al lado derecho, estaban: la sacristía («2»), la sala del tribunal («3») y el archivo secreto («4», «5», «6» y «7»). Y al lado derecho: la «cárcel de familiares» («11»), la «sala de secuestros» («10») y, junto a éste, la escalera por donde se bajaba a las cárceles («H»). Finalmente estaba la «audiencia secreta» («8») con dos puertas: una directamente al archivo secreto y otra al rellano de la escalera por donde subían a los reos. En el dibujo de la planta baja de las cárceles, vemos trece celdas más (marcadas con cruces) y un local denominado «limpieza» («b»), que sería para las necesidades de los presos. Para evitar comunicación con el exterior los dos patios estaban rodeados por altos muros («a»). En resumen: el principio de secretismo del Santo Oficio expresado a cal y canto.

inquisidor y presidente del tribunal, y el más moderno había fallecido[32]. De todos modos, los pormenores del orden jerárquico tenían poca importancia, ya que los tres inquisidores poseían el mismo rango y debían ponerse de acuerdo antes de actuar. Las desavenencias que surgieran entre ellos tenían que ser solventadas por la Suprema. Si existía unanimidad, puede decirse que el triunvirato se regía con cierta autonomía; en cambio, en los tribunales donde no lograban ponerse de acuerdo era necesario consultar constantemente a la Suprema.

El primer inquisidor, Alonso de Becerra, era un monje de cuarenta y ocho años, perteneciente a la noble orden de Alcántara. Había sido admitido de joven en un monasterio de dicha orden existente en su ciudad natal, Cáceres, pero había vivido principalmente en Salamanca y Alcántara. A los cuarenta años de edad había entrado al servicio de la Inquisición, y el 26 de marzo de 1601 tomó posesión del cargo de tercer inquisidor de Logroño[33].

El puesto de segundo inquisidor fue ocupado por un tal Juan de Valle Alvarado, personaje con quien Becerra congenió enseguida[34]. Era un clérigo de cincuenta y cinco años, procedente de la provincia de Santander, donde había sido párroco y había actuado de comisario inquisitorial. Posteriormente fue secretario del obispo de Burgos durante muchos años y, más tarde, del obispo de Valladolid, Juan Bautista de Acevedo[35]. Tras ascender este último a inquisidor general en 1603, Valle le había acompañado al Consejo de la Inquisición, donde le sirvió como secretario de cámara[36]. Probablemente se le había prometido un puesto de inquisidor con anterioridad a la muerte de Acevedo, ocurrida el 9

---

[32] Sobre la muerte del inquisidor Pedro Guerra y Dosal, el 27-VIII-1608, véase *Lib* 794, fol. 346r.
[33] *Leg* 1372, exp. 2; *Lib* 835, fol. 27r-v.
[34] La antigüedad se regía por la fecha de nombramiento de inquisidor, *Lib* 497, fols. 65r-66r (Carta Acordada núm. 15, 1-IX-1534); cf. WA, p. 459, n. 34.
[35] *Leg* 1259, exp. 22.
[36] *Lib* 577, fols. 471v-472r (título de 10-IV-1603).

de agosto de 1608[37], ya que a los pocos meses obtuvo la vacante de Logroño[38].

El fiscal del tribunal, Juan Laso de la Vega, había sido trasladado también[39]. Su vacante fue cubierta en septiembre de 1608 por el doctor Isidoro de San Vicente, hombre de veintinueve años[40]. Los dos inquisidores se compenetraron enseguida con él, si bien ello tenía poca importancia, ya que eran sus superiores. Finalmente, el secretario del secreto, Luis de Huerta y Rojas, también de veintinueve años[41], era otro recién llegado. En cambio, el puesto de tercer inquisidor siguió vacante hasta el 20 de junio de 1609, fecha en que lo ocupó el licenciado don Alonso de Salazar Frías[42], que tenía por entonces cuarenta y cinco años de edad. A este último no lo tragaban ni Becerra ni Valle, aunque no tuvieron conciencia de ello hasta al año siguiente, meses antes de la celebración del auto de fe.

4. *El canónigo de Jaén*

Don Alonso de Salazar Frías nació en 1564 en Burgos, en el seno de una familia compuesta por los padres y catorce hijos. El padre era abogado y pertenecía a un linaje de funcionarios del Estado oriundo de la misma ciudad. Su madre era hija natural de un arcediano de la catedral de Burgos, que la tuvo con una señora noble de la zona de Valladolid[43]. A los quince años, tras terminar los primeros estudios, Salazar se matriculó en Salamanca, y cinco años más tarde obtuvo el grado de bachiller en Derecho Canóni-

---

[37] Debo la fecha de la muerte de Acevedo a la cortesía del doctor Quintín Aldea Vaquero (Madrid).
[38] Cf. *Lib* 367², fol. 241v; *Lib* 794, fol. 274r; WA, pp. 459-460, n. 38.
[39] *Lib* 794, fol. 346r.
[40] *Leg* 1683, exp. 1, fols. 731r-738r; *Lib* 367², fol. 239r-v (título de 7-VII1608).
[41] *Leg* 1683, exp. 1, fols. 823r-833r; ocupó su puesto el 29-VIII-1608 (*Lib* 794, fol. 346).
[42] *Lib* 794, fol. 442r; *Examen de Salazar en Valencia*, fol. 786r.
[43] Coronas Tejada, 1981, pp. 25-30.

7. El inquisidor general don Bernardo de Sandoval y Rojas. Contó entre sus protegidos a Miguel de Cervantes y al propio Salazar. Grabado de la época, Biblioteca Nacional, Madrid.

co. Después se retiró a un pueblo cerca de Burgos para prepararse a sacar la licenciatura, que obtuvo en Sigüenza en 1588. El mismo año se ordenó sacerdote y entró al servicio del obispo de Jaén, don Francisco Sarmiento de Mendoza, de quien fue consejero jurídico. El 18 de septiembre de 1590, el obispo hizo a Salazar canónigo, con una renta anual de 1.500 ducados, y no tardó en nombrarle también su visitador general. El obispo se hallaba entonces en plena tarea de implantación de la reforma tridentina, por lo que el joven canónigo fue comisionado para visitar todo el distrito sometido a la jurisdicción del obispado jienense, de modo que, como escribe el propio Salazar en su autobiografía, al cabo de un par de años no había iglesia ni pila bautismal que no hubiera visitado. A continuación fue nombrado vicario general, y a la muerte del obispo en 1595, y abierto el testamento de aquél, resultó que le había designado albacea. Ese mismo año, el canónigo, que ya había cumplido treinta y un años, fue enviado por el cabildo a Madrid para que defendiese los intereses del obispado en un pleito contra el arzobispo de Granada. En dos años Salazar ganó el pleito, y representó además a Jaén en un sínodo celebrado en Madrid[44]. Durante el tiempo que duró el citado pleito tuvo ocasión de negociar con el nuncio papal, quien quedó tan entusiasmado con Salazar que, en una carta escrita posteriormente al cabildo de Jaén, puso por las nubes su eficacia y perseverancia, realzando sus grandes dotes de diplomático y negociador, con las que —según el nuncio— había honrado grandemente al cabildo y a sí mismo[45].

El nuevo superior de Salazar en Jaén fue Bernardo de Sandoval y Rojas, quien más tarde pasó a ser inquisidor general, y que antes había sido obispo de Ciudad Rodrigo, primero, y después de Pamplona. En Jaén ejerció sus funciones durante poco tiempo, pues a los tres años, en 1599, fue nombrado arzobispo de Toledo merced a la influencia de su sobrino Francisco de Sandoval y Rojas, duque de Lerma y favorito del rey Felipe III.

[44] Henningsen, 1978a, pp. 583, 585.
[45] Coronas Tejada, 1981, p. 25.

El influyente don Bernardo, igual que su predecesor, protegió a Salazar, y seguramente fue él quien arregló el nombramiento de Salazar como agente y procurador general de los obispos castellanos en Madrid, puesto que éste ocupó desde 1603 hasta 1608. Posiblemente tal cargo condujo a Salazar en misiones diplomáticas a Roma, pero la mayor parte del tiempo la pasó en Madrid y Valladolid, donde atendió a varios sínodos y donde representó a su antiguo protector, el arzobispo de Toledo. En su autobiografía, Salazar dice que llegó a intimar tanto con el arzobispo que éste le confió varios de «sus negocios propios, muy graves y secretos»[46].

Pese a esta brillante carrera, Salazar no había alcanzado la cumbre de sus ambiciones: llegar a inquisidor. A través de sus relaciones en Roma consiguió en diversas ocasiones recomendación del papa al inquisidor general, don Juan Bautista de Acevedo, para que le concediese un puesto; pero no lo logró hasta después de la muerte de Acevedo, a quien sucedió el arzobispo de Toledo. El primer nombramiento ejecutado por don Bernardo de Sandoval y Rojas fue para su protegido, a quien concedió el 23 de marzo de 1609 la vacante de tercer inquisidor de Logroño[47].

Después de haber salido la versión inglesa de mi libro, el historiador español Luis Coronas Tejada ha escrito una biografía de Salazar, cuyo manuscrito tuvo la gentileza de dejarme ver antes de su impresión. En ella ha descrito los primeros cuarenta y cinco años de la vida del canónigo jienense. Basándose en documentos del archivo de Jaén, Coronas da a luz muchos detalles interesantes y sorprendentes acerca de nuestro personaje: por ejemplo, que Salazar había escrito, junto con otro autor, una obra histórica sobre los obispos de Jaén (1249-1595), que hoy día se encuentra en la Biblioteca Nacional de Madrid; que fue uno de los abogados de más éxito de la corte, y que disfrutó de la amistad personal de varios ministros; y, algo de especial interés en nuestro caso, que estuvo en

---

[46] Henningsen, 1978a, p. 584.
[47] *Ibid.*, pp. 583-584.

las Vascongadas con anterioridad a su cargo de inquisidor en Logroño. Salazar había visitado, por tanto, el País Vasco en 1604, con motivo del interrogatorio de varios testigos en una causa judicial. En dicha ocasión no sólo visitó Pamplona, sino también varios pueblos apartados de las montañas de Navarra y Guipúzcoa. En cambio, nada me ha sorprendido en lo referente al retrato psicológico que Coronas hace de nuestro inquisidor, basándose en la correspondencia recién encontrada y en otros muchos documentos del archivo de Jaén[48]. Es tal y como yo lo había conocido durante su época de inquisidor: «Salazar no se daba nunca por vencido, pese a las dificultades e incluso la oposición de máximas autoridades, fuese el Rey o el Papa... Hacía un estudio previo de las cuestiones que se le proponían para sólo defender aquellas que consideraba justas... Valoraba las pruebas documentales considerando que sin ellas no se podía ir adelante en ningún proceso, lo que le llevaría en alguna ocasión a la búsqueda de documentos en archivos». Cuando Salazar se encargaba de una causa, «no regateaba esfuerzos, ni dejaba cabo suelto, y desde aquel momento vivía en permanente vigilia para conseguir un resultado satisfactorio»[49].

Don Pedro del Castillo, posteriormente obispo de Calahorra, recordaba a Salazar como uno de los eclesiásticos más brillantes de la corte, y lo ha descrito como hombre guapo y querido, muy respetado por sus opiniones, y que siempre actuó con gran tacto y decoro[50].

Éste era el temple del hombre que en junio de 1609 fue enviado a formar parte del triunvirato inquisitorial del tribunal de Logroño.

5. ¿Quién avisó a la Inquisición?

El área jurisdiccional del tribunal de Logroño era muy extensa. Incluía toda Navarra, las provincias de Guipúzcoa, Vizcaya y Álava,

---

[48] Coronas Tejada, 1981, *passim*.
[49] *Ibid.*, p. 19.
[50] *Testigos en favor de Salazar*, fols. 454r-457r.

la diócesis de Calahorra y Santo Domingo de la Calzada, amén de una parte del Arzobispado de Burgos[51]. En toda esa zona operaban eficaces agentes inquisitoriales, quienes procuraban surtir constantemente el caudal de información del tribunal[52]. Sin embargo, en lo que a Zugarramurdi y el valle de Baztán se refería, existía un boquete en la red de inteligencia del Santo Oficio. Por ello, cuando en septiembre de 1609, el abad de Urdax, fray León de Araníbar, solicitó un empleo como agente inquisitorial, adujo que las caravanas de mulas procedentes de San Juan de Luz y de Bayona pasaban muy cerca de las murallas del monasterio y tenían salvoconducto hasta Pamplona, sin que en todo el trayecto existiera un solo agente de la Inquisición que pudiera examinar las cargas en busca de libros heréticos[53].

El tribunal era consciente del problema, pero los inquisidores, tal y como explicaron en una carta a la Suprema, no habían tenido la suerte de encontrar candidatos apropiados:

> [...] por ser como son aquellas caídas de los montes más dentro de Francia que en Navarra y sujetas al obispo de Bayona a quien acuden con los diezmos, por lo cual los clérigos son por la mayor parte de aquel reino. Y no podemos fiar de ellos las cosas del Santo Oficio.

Los inquisidores añadieron que las mismas condiciones se daban en la otra ruta próxima, por Vera de Bidasoa y el valle de Bertizaun[54]. Ello no quiere decir que el área careciese totalmente de agentes del Santo Oficio. En Arráyoz (valle de Baztán) había un familiar, el escribano real Miguel de Narvarte[55] y en Lesaca (valle

---

[51] Véase la cita del *Edicto de Logroño*, p. 149, nota 11.
[52] Cf. Lea, 1906-1907, vol. II, p. 270.
[53] *Lib* 794, fol. 434r-v.
[54] *Lib* 794, fol. 405r. Cf. Goñi Gaztambide, 1947, p. 89 y fig. 6: mapa indicando los cuatro arciprestazgos de Fuenterrabía, las Cinco Villas, Santesteban y Baztán, que, según el autor, fueron transferidos del obispado de Bayona al de Pamplona, ya en 1567.
[55] Su firma aparece en *Tomo «F» del libro de visita de Salazar*, fol. 434v; sobre su nombramiento de familiar, véase WA, p. 461, n. 50.

de Bertizaun) un comisario inquisitorial, el anciano párroco Domingo de San Paul[56]. Pero como las caravanas de mulas no atravesaban ninguno de estos lugares, el abad de Urdax tenía razón al aducir que no había control de lo que entraba por aquellos cruces fronterizos, poco frecuentados, pero sin guardia alguna.

Tanto Arráyoz como Lesaca se hallaban a considerable distancia de Zugarramurdi y Urdax, y no parece probable que los agentes, a los que antes hemos hecho referencia, estuviesen al tanto de los acontecimientos de aquellos lugares en diciembre de 1608. Por tanto, la persona más indicada para informar sobre el asunto parece haber sido el abad de Urdax. Recordemos que Zugarramurdi y Urdax pertenecían a la jurisdicción del monasterio, del que fray León, que poseía además un asiento en las Cortes de Navarra, era abad mitrado. Él tenía que saber que la Inquisición castigaba la brujería, y que ésta era una materia demasiado grave para ser resuelta, como lo había hecho fray Felipe, por medio de la confesión pública y la reconciliación particular. Resulta, pues, muy probable que fuera fray León quien informase al tribunal de Logroño, solicitando su intervención.

---

[56] Sobre el comisario de Lesaca, véase cap. 6: 2, abajo. Su edad queda mencionada en *Memorial cuarto de Salazar*, fol. 5v.

CAPÍTULO 3

EL PROCESO
Primera parte

1. El informe del comisario

A principios de enero de 1609 se presentaron un comisario de la Inquisición y su notario en Zugarramurdi con el fin de preparar un informe. Interrogaron a ocho varones adultos que habían estado presentes en la iglesia el día en que los feligreses hicieron las paces con las brujas. A través de dichos interrogatorios los inquisidores se formaron una idea más precisa de quiénes eran los que habían confesado y qué habían dicho[1]. Uno de los testigos era el campesino Petri de Navarcorena, que, como ya mencioné anteriormente, era suegro de la más joven de las brujas, María de Jureteguía. Desconocemos el nombre del resto de los testigos; sin embargo, es poco probable que hubieran sido los propios brujos. Tampoco se sabe quiénes fueron los dos agentes, pero sí que uno de ellos, el notario, era del valle de Baztán, de modo que cabe pre-

---

[1] *Tercera relación del auto de fe*, fol. 360v. *Carta del tribunal de 13 de febrero de 1609*, fol. 1r-v.

sumir que se tratara del familiar de Arráyoz Miguel de Narvarte[2]. Los dos forasteros desaparecieron tan sigilosamente como habían llegado, sin más indagaciones.

La información extraída de los interrogatorios a los testigos llegó a Logroño el 12 de enero. Para empezar, parece ser que Becerra y Valle no tenían mucha idea de cómo manejar el asunto; se diría que creían encontrarse ante una secta desconocida basada en «la apostasía de nuestra Santa Fe y la adoración del Demonio», como lo expresaban ellos[3]. Desde 1596 —es decir, desde una época anterior a la de Becerra y Valle— el tribunal no había incoado procesos de brujería[4]. Pero en cuanto éstos se metieron a urgar en los archivos del tribunal, no tardaron en descubrir gran número de actas de procesos de brujería. También encontraron cartas del Consejo con instrucciones enviadas al tribunal con ocasión de los procesos a miembros de la secta de las brujas. Las averiguaciones a este respecto por parte de los dos inquisidores se remontaron a casi cien años atrás, y sobre ellas notificaron al inquisidor general, en carta fechada en Logroño el 13 de febrero de 1609:

> [Hemos] visto lo proveído y mandado por Vuestra Señoría en semejantes casos de secta de brujos que se han ofrecido en esta Inquisición, por carta de 14 de diciembre del año 1526 y 2 de octubre y 12 de septiembre de 1555, y las instrucciones que con ellas nos remitió Vuestra Señoría para verificar y asentar la verdad de la secta por la duda que entonces se tenía de que podrían ser cosas que pasaban entre sueño[5].

En cuanto los dos colegas sintieron que pisaban tierra firme, comenzaron a recapacitar sobre lo que deberían hacer con el gran número de individuos que, según el informe, eran culpables o sos-

---

[2] El comisario era probablemente Juan de Monterola de Arano, véase *ibid.*, fol. 1r; sobre el notario sólo se sabe que era del valle de Baztán, véase p. 176.
[3] *Carta del tribunal de 13 de febrero de 1609*, fol. 1r.
[4] *Memorial cuarto de Salazar*, fols. 2v-3r (DS doc. 14, § 11).
[5] *Carta del tribunal de 13 de febrero de 1609*, fol. 1r. Cf. *Lib.* 319, fols. 348r-350v (copia de instrucciones del Consejo de 14-XII-1526). Sobre instrucciones de 12 de septiembre y 2 de octubre de 1555, véase *Memorial cuarto de Salazar*, fol. 2r-v, §§ 7-8.

pechosos de brujería. Para no llamar demasiado la atención, eligieron a cuatro personas entre aquellas que habían confesado voluntariamente, e hicieron lo posible por seleccionar a las que, según el informe, eran más notables. En su carta a la Suprema, los inquisidores explicaban que al convocar a dichas cuatro personas ante el tribunal tendrían oportunidad de interrogarlas utilizando los antiguos cuestionarios prescritos para los casos de brujería, y podrían investigar si el asunto de Zugarramurdi se fundaba en hechos reales o si todo era cosa de sueños e ilusiones. «Pues esto —aseguraban los inquisidores a la Suprema— ninguno de los comisarios lo acertaría a encaminar como fuese a entera satisfacción»[6].

2. *El primer grupo de prisioneros*

Se ignora quién fue a buscar a las cuatro primeras brujas a Zugarramurdi, pero parece probable que lo hiciera Juan de Monterola, comisario de Arano. Una fuente nos refiere que éste había sido retenido durante varios días por el tribunal para que prestase sus servicios como intérprete de vascuence durante las audiencias celebradas con las cuatro primeras brujas, que sólo hablaban aquella lengua[7]. La orden de detención comprendía, como de costumbre, el secuestro de bienes; pero en consideración a la incertidumbre que prevalecía en materia de brujas, se dio mandato de que no se les confiscaran los bienes hasta nueva orden[8]. Las cuatro reas eran: Estevanía de Navarcorena, viuda de un campesino; María Pérez de Barrenechea, mujer de un carpintero; Juana de Telechea, casada con un molinero, y la mencionada María de Jureteguía[9].

---

[6] *Carta del tribunal de 13 de febrero de 1609,* fol. 1r.
[7] *Lib* 795, fol. 192r (T./C. 10-IX-1611).
[8] *Carta del tribunal de 13 de febrero de 1609,* fol. 1r.
[9] *Ibid.* La citada carta menciona que fueron presas cuatro brujas, pero no da sus nombres. Sin embargo, éstos se citan en la respuesta de la Suprema fechada el 11 de marzo del mismo año (véase n. 34, abajo). El cálculo que hace Julio Caro Baroja indica que el grupo estuvo integrado por seis brujas; pero se basa en una mala interpretación de la carta del tribunal, lo que causa considerable confusión en su exposición de los hechos

El 27 de enero fueron instaladas en las cárceles secretas del tribunal[10].

Las cuatro mujeres confesaron durante las primeras audiencias, y confirmaron todo cuanto habían declarado en las primeras confesiones extrajudiciales hechas ante los feligreses en la iglesia de Zugarramurdi[11]. María de Jureteguía declaró que había sido bruja desde niña. A los doce años había renegado de la fe cristiana y había sido aceptada como miembro de la secta de las brujas; pero nunca llegó a alcanzar la categoría de bruja profesa, ni a formar parte del grupo selecto del conventículo[12]. Siendo niña, había sido guardiana del rebaño de sapos del aquelarre. A los niños se les encarecía que tratasen a los sapos con el mayor respeto. Una noche en que María había empujado a uno de los bichos con el pie, en lugar de azuzarlo con la varita que le habían entregado para ese menester, fue castigada cruelmente por las brujas, de modo que le dejaron el cuerpo lleno de cardenales. Su tía María Chipia era su maestra y la había aleccionado en el oficio de bruja. A la hora de ir al aquelarre, su tía la untaba con el ungüento volador. En una ocasión, al salir por un agujero pequeño en la pared y notar que su tamaño se reducía hasta hacerse diminuta, María preguntó a su tía por qué le había hecho aquello; pero la tía le contestó que no debía preocuparse, ya que luego volvería a su tamaño natural[13]. Según un dato proporcionado por los inquisidores, fueron las declaraciones de la Jureteguía las que condujeron a la desmantelación de la brujería en Zugarramurdi; sin embargo, no quedan de su proceso más que estos escasos fragmentos[14].

(Caro Baroja, 1969, pp. 269-270, 272). Al registrar los manuscritos se aventura incluso a corregir a los propios inquisidores: «Carta de los mismos, que llegó con los procesos de cuatro (dice, pero son más) brujos» *(ibid.,* p. 324, n. 33).

[10] *Méritos de Sansín,* fol. 170r; *Méritos de Goiburu,* fol. 172r.
[11] *Relación tercera del auto de fe,* fol. 360v.
[12] *Ibid.,* fols. 360v-361r.
[13] Mongastón, Relación, fols. 6v, 7v.
[14] *Relación tercera del auto de fe,* fol. 360v. Cf. *Memorial cuarto de Salazar,* fol. 3v, § 15, y *Lib* 794, fol. 433r (T./C. 26-IX-1609). Otro fragmento de la confesión de Jureteguía ha aparecido en el *Manuscrito de Pamplona* (Idoate, *Documento,* p. 174).

8. Niños brujos cuidando el rebaño de sapos. Fragmento del aguafuerte de Jan Ziarnko en *Tableau de l'inconstance*, de Pierre de Lancre, París, 1613.

Juana de Telechea, de treinta y seis años, dijo que había sido bruja durante dieciocho años y confesó haber consagrado a cuatro de sus hijos al diablo[15]. Según ella, las brujas la habían castigado cruentamente el año anterior por no haber asistido al aquelarre de la noche de San Juan. Se había quedado en casa porque su marido el molinero había sido elegido «rey de los moros» con

---

[15] *Relación tercera del auto de fe*, fols. 365v-366r.

motivo de la fiesta anual de Zugarramurdi, donde siguiendo la tradición popular se celebraba una representación de la lucha entre «moros» y «cristianos». A ella le tocaba, pues, ser la reina de los moros en dicha ocasión, por lo que le pareció un motivo razonable para no asistir al aquelarre. Pero los brujos y brujas no fueron de la misma opinión, y por la noche se presentaron en su aposento mientras dormía al lado de su marido. Después de sumergirle a él en un profundo sueño para que no se apercibiese de nada, le dieron a ella una tremenda paliza. Al día siguiente se hallaba destrozada; pero, para que ni su marido ni los invitados sospechasen nada, se disculpó diciendo que había sufrido un serio ataque al corazón[16].

María Pérez de Barrenechea, de cuarenta y seis años, confesó ser la tercera en rango entre las brujas de Zugarramurdi y de haber iniciado en el arte a sus tres hijos. Por lo que se conserva de sus confesiones, se sabe que admitió haber tomado parte en el asesinato de varias personas[17].

Estevanía de Navarcorena, anciana de ochenta años, confesó haber sido bruja desde niña y reconoció haber cometido muchos asesinatos y actos de venganza. Declaró que era la segunda en rango entre los brujos del conventículo de Zugarramurdi[18] y, entre otras cosas, que había dado muerte a su propia nieta con polvos envenenados que introdujo en sus alimentos. Lo había hecho como venganza porque la niña, una vez que estaba sentada en sus rodillas, le había mojado el delantal nuevo. También había matado en Zugarramurdi a un mozo porque éste, un día en que ella se había vuelto a mirarle según pasaba, le gritó: «¡Ah, puta vieja, el pescuezo se te tuerza!»[19].

---

[16] Otros fragmentos de la confesión de Telechea pueden verse en Idoate, *Documento*, pp. 88, 124, 128-129, 174; cf. Mongastón, *Relación*, fol. 8r, donde se reproduce otra versión del citado relato del castigo de las brujas.
[17] *Relación tercera del auto de fe*, fol. 366v. Largos extractos del proceso original de María Pérez pueden verse en Idoate, *Documento*, pp. 47, 53, 88, 113, 124, 175.
[18] *Relación tercera del auto de fe*, fol. 366v.
[19] Mongastón, *Relación*, fol. 13v. Véanse otros fragmentos de Navarcorena en Idoate, *Documento*, pp. 48, 53-54, 67, 113, 118-119, 127-128, 148, 163.

Hasta que concluyeron los interrogatorios preliminares de las cuatro mujeres, los inquisidores no informaron al inquisidor general y su Consejo de Madrid sobre el tema de la brujería de Zugarramurdi. Al remitir las actas de los procesos y el informe de Zugarramurdi con las declaraciones de los testigos, los inquisidores reconocieron en su carta de 13 de febrero de 1609, ya mencionada, que los interrogatorios habían resultado extensos, y las confesiones, incoherentes. Pero aseguraban que no podía haber sido de otro modo, ya que las brujas sólo habían confesado en parte y trataban constantemente de zafarse y retractarse. Según ellos, la extensión de su inquisición se debía también al hecho de que las brujas habían sido interrogadas siguiendo las instrucciones antiguas, con el fin de saber con seguridad si habían cometido o no los crímenes que confesaban.

Si, en un principio, Becerra y Valle dudaron lo más mínimo, dichas dudas se habían disipado por entero cuando escribieron al Consejo, pues, en su carta hacen mención reiterada de la secta como de un hecho comprobado[20].

No podemos decir con seguridad qué indujo a las cuatro mujeres a repetir sus confesiones ante el tribunal. Lo más probable es que fuesen tentadas con promesas de sentencias leves (promesas que la Inquisición, de hecho, cumplió en el auto de fe). Solamente sabemos que las confesiones fueron voluntarias, en el sentido de que las reas no habían sido sometidas a tortura.

No obstante, en una fase más tardía del proceso, salió a relucir un informe revelador, según el cual una de las acusadas había hecho una confesión falsa porque creía que era la única forma de escapar.

Dicho informe tenía su origen en una conversación sostenida una noche entre María de Jureteguía y su tía materna, María Chipia, quien entre tanto había sido hecha prisionera. El carcelero se había apostado detrás de la puerta de la celda de ambas y escuchado su conversación, y al día siguiente informó al tribunal de lo

---

[20] *Carta del tribunal de 13 de febrero de 1609*, fol. 1r.

que oyó. María Chipia había dicho a María de Jureteguía que le era imposible confesar las cosas que los inquisidores le imputaban en la sala de juicio, porque ni ella era bruja ni creía que ninguna de las otras lo fuesen. A ello replicó María de Jureteguía que si tenía la más mínima esperanza de salir de la prisión, tendría que hacer una confesión, aunque fuese falsa de cabo a rabo, y reveló a su tía que eso era precisamente lo que ella había hecho[21].

3. *El segundo grupo de prisioneros*

En Zugarramurdi, tras el arresto de las cuatro brujas por la Inquisición, los demás sospechosos quedaron sumidos en la ansiedad por lo que podría ocurrirles. A seis de los que habían confesado en público les aconsejaron sus familiares que fuesen a Logroño y pusieran al Santo Oficio al corriente de lo que había pasado realmente. Pagaron a un hombre para que les sirviese de guía, y el 6 de febrero llegaron a Logroño, donde pidieron que se les concediese audiencia en el tribunal[22].

Los seis viajeros, pertenecientes todos al gremio de pastores, eran Graciana de Barrenechea y sus dos hijas María y Estevanía de Yriarte, Juanes de Goiburu, marido de la última, y finalmente Miguel de Goiburu y Juanes de Sansín[23]. Es evidente que no tuvieron éxito en su cometido. Los inquisidores no cambiaron de opinión al oírles, sino todo lo contrario. En la carta de 13 de febrero, el tribunal expuso que los seis habían sido examinados individualmente y habían coincidido, palabra por palabra, en sus declaraciones: se les había obligado a confesar falsamente por me-

---

[21] *Memorial cuarto de Salazar*, fol. 3v, § 15.
[22] *Sentencia conjunta*, fol. 396r; *Méritos de Goiburu*, fol. 170r; *Méritos de Sansín*, fol. 172r.
[23] En *Carta del tribunal de 13 de febrero de 1609* sólo aparece el nombre de Graciana que los inquisidores llaman «de Yriart» por su marido, pero los otros cinco se dejan identificar con toda seguridad a través de la documentación mencionada en la nota anterior

dio de violencia y amenazas; después las autoridades locales les habían abierto un proceso y exigían severas sentencias; por eso, se presentaban ahora ante el tribunal para implorarle que escuchase la verdad, y ésta era que ninguno de ellos era brujo. Después de escuchar a los seis, los inquisidores mandaron llamar al guía y le preguntaron quién procesaba a aquellas personas. El guía replicó que ninguna de ellas había sido sometida a juicio en Zugarramurdi.

La Inquisición aplazó su respuesta a los seis pastores de Zugarramurdi con el fin de completar los interrogatorios de las cuatro acusadas presas y ver lo que resultaba de ellos. Pidieron a los forasteros que esperasen unos días en Logroño, pero su suerte estaba echada; después de haber hablado con el guía, los inquisidores ya sabían a qué atenerse. En la citada carta de 13 de febrero, escribían a la Suprema:

> Y así entendemos que por alguna consulta y consejo del Demonio —con quien la dicha Graciana trata tan familiarmente— o de sus propios deudos, se han presentado en este Santo Oficio para se excusar de la confesión que habían hecho ante el vicario y otras personas.

El informe de los comisarios con las declaraciones de los ocho testigos adultos de Urdax y Zugarramurdi vino a confirmar que los seis, según sus propias confesiones, habían renunciado a la santa fe católica, y de la inquisición hecha a las cuatro brujas en el tribunal emanaron nuevos detalles. Resultó que los seis forasteros pertenecían al núcleo del conventículo de brujos de Zugarramurdi y se descubrió que Graciana de Barrenechea y Miguel de Goiburu eran nada menos que los jefes; o sea, que, en resumidas cuentas, los inquisidores habían sido honrados con la visita de personas de la más alta calidad[24].

El fiscal del tribunal emprendió la tarea de formular una causa provisional *(clamosa)*[25], mientras los inquisidores hicieron trans-

---

[24] *Ibid.*, fol. 1r-v.
[25] La clamosa del fiscal parece estar reproducida en la introducción de *Sentencia conjunta*, fols. 386r-387v.

cribir todo cuanto los seis, de acuerdo con el informe del comisario, habían confesado en Zugarramurdi. Esta información fue enviada a los calificadores del tribunal, de quienes se solicitaba al mismo tiempo que diesen su opinión sobre la índole de herejía de la que eran culpables los brujos.

Una vez leída la respuesta de los teólogos, los inquisidores expidieron la orden de arresto de los seis forasteros, pero añadieron la misma cláusula de reserva que con los anteriores, a fin de que se pospusiera la confiscación de sus bienes. De hecho, esta medida tenía una importancia relativa, pues mientras las primeras prisioneras tenían algunas posesiones, los presos del segundo grupo no poseían cosa alguna de la que pudiera incautarse el tribunal.

Todo esto aconteció durante la semana anterior al 13 de febrero, fecha en la que Becerra y Valle escribieron a la Suprema. La carta concluía pidiendo que les enviaran nuevas instrucciones. Deseaban saber, en especial, cómo proceder con el resto de los sospechosos. Ello no excluía el que los inquisidores se hubiesen formado ya su propia idea de cómo se debía proceder: «Para excusar de ruido y costa nos parece bastaría que a los que hubiesen de ser presos los fuese notificando por un comisario que pareciesen en este Santo Oficio y venidos a él se podría ejecutar la prisión para el hacerse con ellos sus causas»[26].

Poco después, quizá el mismo 14 de febrero[27], los seis forasteros fueron sacados de su posada por el alguacil del tribunal y llevados a las cárceles secretas. Allí fueron al parecer dispersados y confinados en celdas separadas, para que no tuvieran ocasión de conversar[28].

Durante los siguientes días se les sometió, uno a uno, a los interrogatorios preliminares. En el curso de la primera audiencia

---

[26] *Carta del tribunal de 13 de febrero de 1609*, fol. 1v.
[27] Las razones para suponer esta fecha se exponen en WA, p. 463, n. 27.
[28] Sabemos por las reglas inquisitoriales que hembras y varones eran separados en las cárceles; pero no poseemos información en cuanto a si los tres hombres y las tres mujeres fueron recluidos en celdas individuales, o si algunos compartieron la celda. Existen indicios en las fuentes de que ocurrió lo último (cf. cap. 4: 6).

hicieron el habitual juramento de revelar al Santo Oficio todo cuanto sabían, sin encubrir a nadie ni dar testimonio falso sobre ellos mismos o sobre otras personas.

A continuación les hicieron las preguntas reglamentarias: ¿Existía algún hereje en sus familias? ¿Habían sido bautizados y confirmados? ¿Iban a la iglesia? ¿Confesaban y comulgaban en tiempo de precepto? Posteriormente se les examinó del padrenuestro, el avemaría y el credo, e interrogó sobre los pormenores de sus vidas. Según parece, los seis declararon ser buenos católicos y no tener herejes en su familia; pero desafortunadamente no sabemos lo que revelaron acerca de sus vidas, porque no se han conservado las actas originales[29].

A la pregunta de si conocían la causa de su arresto, respondieron que suponían que se debía a las declaraciones de ciertas personas, a quienes nombraron por su nombre (por desgracia, no se citan los nombres en las fuentes conservadas). Los seis declararon en el transcurso de sus respectivos interrogatorios que aquellas personas les habían calumniado y acusado, e insistieron en que habían sido forzados a confesar falsamente[30].

Pese a las reiteradas exhortaciones de los inquisidores para que dijesen la verdad, los seis mantuvieron firmemente su inocencia durante las dos primeras audiencias. Becerra y Valle entendieron que se habían propuesto no hablar, y decidieron interrumpir los interrogatorios, esperando que la permanencia en el calabozo les haría recapacitar[31].

4. *Las catorce preguntas de la Suprema*

El 2 de marzo de 1609 se recibieron en Madrid la carta de Becerra y Valle, el informe del comisario y las actas del proceso de las

---

[29] *Sentencia conjunta*, fol. 387v; García, *Orden de procesar*, fols. 8v-10v.
[30] *Sentencia conjunta*, fols. 387v-388r; cf. García, *Orden de procesar*, fols. 10v-11r.
[31] No hay mención directa de la interrupción de las primeras audiencias, pero se puede colegir de las fuentes, véase WA, pp. 463-464, n. 31.

cuatro primeras brujas[32]. El Consejo de la Inquisición no mostró mucho entusiasmo al enterarse de las actividades de los inquisidores de Logroño. Su primera reacción fue escribir dando órdenes para que el inquisidor a quien tocaba hacer la visita de inspección del distrito se preparase para ir a Zugarramurdi. No obstante, debería esperar a recibir nuevas instrucciones[33].

Cuatro días más tarde, el 11 de marzo, la Suprema devolvió los cuatro procesos junto con un cuestionario destinado a interrogar a los brujos encarcelados, así como también a los que habían quedado en libertad en Zugarramurdi, amén de algunos otros testigos ajenos a la secta[34]. El plan de la Suprema era que se interrogase simultáneamente a los tres grupos, y por tanto resultaba de vital importancia que la visita a Zugarramurdi se efectuase sin dilación.

Varias preguntas iban destinadas a establecer si las experiencias de los brujos eran sueños o realidad. En el caso último, se ordenaba al tribunal que consiguiese pruebas. Por ejemplo:

Pregunta 1. Durante el aquelarre, de camino a él o a la vuelta, ¿oían los brujos relojes de las torres, campanas, perros o gallos procedentes de los pueblos y caseríos cercanos?

Pregunta 3. ¿Notaban su ausencia aquellos que compartían con ellos el aposento de dormir? Si ello no era así, ¿cómo les era posible ocultar su falta de presencia?

Pregunta 6. ¿Cuánto tiempo tardaban en trasladarse de sus casas al lugar de las juntas? ¿Solían encontrarse con alguien a la salida o a la vuelta? ¿Ocurría alguna vez, mientras se celebraba el aquelarre, que se viera pasar algún viajero o pastor u otra persona por delante de ellos?

Pregunta 9. ¿Era necesario untarse con ungüento para acudir al aquelarre?

---

[32] La fecha de recibo consta en nota del Consejo; véase *Carta del tribunal de 13 de febrero de 1609*, fol. 2v.
[33] *Lib* 332, fol. 230r (C./T. 7-II-1609).
[34] *Leg* 1679, exp. 2, 1.º, núm. 7 (C./T. 11-III-1609). Esta es la carta que reproduce los nombres de las cuatro brujas (cf. n. 9, arriba), aunque desfigurados: «Maria Perez de Barranchea, Juan Fechelle, Maria de Guaritaguia, Stefania de Nauarcorena».

Pregunta 10. ¿Hablaban entre ellos después del aquelarre para comentar las cosas que habían hecho en él?

Pregunta 12. ¿Estaban convencidos de que habían asistido a la asamblea de brujos corporalmente o cayeron dormidos como consecuencia del ungüento, de modo que todo aquello había quedado impreso en sus fantasías?

El cuestionario contenía además instrucciones sobre el modo de ejecutar ciertas pesquisas. La pregunta número 8 de la lista, acerca de la preparación y uso del ungüento mágico, requería que el inquisidor se procurase el ungüento en el caso de que la bruja confesase tenerlo, y solicitase la opinión de médicos y boticarios en cuanto a su composición y efectos.

Los dos últimos puntos de la lista eran simplemente instrucciones sobre el modo de proceder. La pregunta número 13 trataba sobre el interrogatorio de los testigos de los crímenes perpetrados por los brujos. En el caso de que los brujos declarasen haber asesinado a niños o adultos y haberles sacado el corazón para comérselo, se procedería a buscar testigos que confirmasen que los hechos se habían cometido en realidad. La pregunta número 14 daba instrucciones sobre la manera de reexaminar a los brujos. Después de la declaración del brujo o bruja interrogado, se oiría a sus cómplices, haciéndoles a cada uno por separado las mismas preguntas, con el fin de descubrir lo que hacían en las asambleas, qué crímenes habían cometido y quiénes eran miembros del conventículo[35].

Las catorce preguntas de la Suprema no sólo evidencian la actitud escéptica del Consejo inquisitorial, sino que demuestran que éste se sumergió también en los archivos en busca de precedentes. Efectivamente, muchos de los puntos del cuestionario eran transcripciones literales de instrucciones del siglo XVI[36].

---

[35] El cuestionario está publicado en Caro Baroja, 1969, pp. 270-271.
[36] Véanse las instrucciones a los inquisidores de Navarra del 14-XII-1526 (*Lib* 319, fol. 349r, § 9) y del 11-VII-1537 (*Lib* 322, fols. 145v-146r). Sin embargo, parece que la fuente principal de «Las catorce preguntas de la Suprema» han sido las instrucciones para el tribunal de Barcelona del 3-XII-1548 (*Lib* 322², fols. 56v-57r).

Por último, en la carta del 11 de marzo se impuso al tribunal la obligación de enviar copia de todas las cartas e instrucciones relativas al tema de la brujería que existiesen en sus archivos[37].

5. Preparativos para la visita

Becerra había salido a hacer la visita del distrito en 1607, y por tanto le tocaba el turno a Valle[38]. Sin embargo, Valle no se movió. Los dos inquisidores prosiguieron sus interrogatorios de las brujas durante más de dos meses después de haber recibido noticias de la Suprema. Ni contestaron a las cartas ni informaron al Consejo del estado del asunto.

El 22 de mayo de 1609 escribieron, por fin, los inquisidores a la Suprema explicando lo que había sucedido entre tanto. Valle no había podido comenzar su visita como consecuencia del mucho trabajo proporcionado por los brujos a los inquisidores; había sido necesario trabajar los domingos y días festivos. Además, las demandas de la Suprema les habían ocasionado trabajo extraordinario en los archivos, donde los inquisidores y sus secretarios estaban examinando los antiguos registros en busca del material pedido por el Consejo. En cuanto a los procesos de los brujos, las cuatro primeras encausadas añadían de continuo algo nuevo a sus confesiones, y las mujeres pertenecientes al segundo grupo de delincuentes ya habían confesado, mientras que los hombres se negaban todavía a hablar. Los últimos habían proporcionado, sin embargo, alguna información de valor acerca de los aquelarres que se celebraban en otras partes de Navarra. Asimismo el tribunal había estado sumamente atareado anotando todo cuanto salía a relucir en conexión con los cómplices de los brujos de Zugarramurdi y Urdax —todo lo que consideraban de utilidad para el proyectado viaje de visita de Valle.

---

[37] *Lib* 332, fols. 231v-232r (C./T. 11-III-1609).
[38] Sobre la visita de Becerra, véase *Lib* 794, fols. 99r-v, 106r.

No obstante, proseguían los inquisidores en su carta, cabían pocas esperanzas de que a la llegada de Valle las brujas y brujos se delatasen voluntariamente a sí mismos. La inquisición hecha a los brujos del segundo grupo de reos había demostrado demasiado a las claras que el demonio, mientras tanto, había aterrorizado a sus seguidores para que callasen la boca. Antes de partir, Valle necesitaba instrucciones más específicas sobre cómo debía proceder con las brujas y brujos de diversas edades: niños brujos (niñas menores de doce años y niños menores de catorce), brujos mayores (hasta los veinticinco años) y adultos. El Santo Oficio tenía que estar preparado para la eventualidad de que incluso entre los menores se encontrasen algunos que hubieren renunciado a su fe[39].

Un mes más tarde, el 20 de junio, se cubrió el puesto vacante del tribunal con Alonso de Salazar Frías, quien se convirtió en su tercer inquisidor y su miembro más reciente[40]. Esto invalidó la excusa de Valle para posponer su viaje, pues, como decía la Suprema en una carta, ahora había dos inquisidores para atender los negocios del tribunal, mientras un tercero hacía la visita[41].

Pero Valle seguía sin moverse. Evidentemente deseaba hallarse presente en la celebración de las audiencias preliminares y tomar parte en ellas. El 11 de julio se enviaron al Consejo para su inspección las actas que contenían los interrogatorios de los seis últimos presos. Aprovechando la ocasión, respondían también a las preguntas hechas por la Suprema el 11 de marzo enviando un cuaderno con las instrucciones antiguas sobre el tema de la brujería[42].

El 24 de julio, el Consejo devolvía los procesos con una carta en la que declaraba su satisfacción por la actuación del tribunal e incluía nuevas reglas relacionadas con los casos de brujería. No

---

[39] *Leg* 1679, exp. 2, 1.º, núm. 12 (T./C. 22-V-1609).
[40] Véase p. 78, arriba.
[41] *Lib* 332, fol. 244r (C./T. 16-VI-1609).
[42] Esta carta sólo se conoce a través de su mención en la correspondencia del Consejo *(Lib* 332, fols. 251v, 252v-253r); sobre su fecha y contenido, cf. WA, p. 465, n. 42.

me ha sido posible seguirle la pista a la carta, que probablemente se ha perdido. No obstante, se ve que, pese a su aparente satisfacción, el Consejo seguía teniendo sus dudas, ya que perseveró en negar el permiso para efectuar la confiscación de bienes de los encausados, costumbre que, por lo demás, se seguía en todos los demás casos de herejía. En su carta de 24 de julio, la Suprema autorizaba al tribunal para que confiscase tan sólo lo necesario para cubrir los gastos de mantenimiento de los prisioneros[43]. (La Inquisición exigía invariablemente que los presos pagasen su manutención, pero esto era una práctica general de la administración de todas las prisiones en los siglos XVI y XVII).

El tiempo había trabajado a favor de los inquisidores. Cuando el 11 de julio remitieron las actas a la Suprema para su examen, habían conseguido ya confesiones de los diez brujos. Es cierto que uno de los varones revocaría su declaración, pero un mes más tarde volvía a confesarlo todo (véase p. 109, abajo). El 4 de septiembre, el tribunal estaba en condiciones de anunciar que los interrogatorios preliminares habían tocado a su fin (¡habían durado más de seis meses!), y se estaba a punto de revelar las acusaciones a los reos[44]. Pero en una nueva carta, fechada el 26 de septiembre, los inquisidores se quejan de que las causas no habían progresado por haber caído enfermos todos los brujos (cf. cap. 7: 2 y 5, abajo). La firma de Valle brilla por su ausencia en las dos últimas cartas. Por fin había salido a hacer la visita de inspección a Zugarramurdi.

Las preguntas del cuestionario de la Suprema no habían afectado en absoluto a las convicciones de los dos inquisidores, y el tercero era todavía demasiado reciente como para haberse formado una opinión sobre el fenómeno brujeril. No podemos comprobar de qué forma emplearon Becerra y Valle el cuestionario en sus inquisiciones, ya que las actas originales se han extraviado. Las interrogaciones de la Suprema habían previsto los hechos más inverosímiles, y como precaución especial se había ordenado al tribunal

---

[43] *Lib* 332, fols. 252v-253r (C./T. 24-VII-1609).
[44] *Leg* 1679, exp. 2, 1.º, núm. 40 (T./C. 4-IX-1609).

que interrogase a los brujos y brujas que todavía estaban en libertad, y que inquiriese a testigos ajenos a la secta sobre los daños de los que se habían declarado culpables los brujos. Lo que sí se sabe es que hasta entonces el tribunal sólo había aplicado las preguntas al círculo reducido de brujos presos, con lo que consiguió que las piezas encajasen unas con otras. Al analizar las respuestas obtenidas, los inquisidores no dudaban ya de que los aquelarres de brujos no eran cuestión de sueños o imaginación, sino tan reales como las misas diarias de la iglesia de Zugarramurdi. A no ser que aceptemos esto nosotros también y creamos que existía una secta de brujos en Zugarramurdi, tendremos obligación de explicar por qué el cuestionario de la Suprema erró el tiro por completo al querer demostrar la no existencia de la secta.

La correspondencia de la Suprema es importante porque nos informa de cuándo confesaron los brujos y quién fue el primero en hacerlo. En el próximo capítulo examinaré el valor de las declaraciones de los reos como prueba de la existencia de una secta de brujos en Zugarramurdi. Pero primero será necesario examinar algunas de las causas de error del método inquisitorial, y echar una ojeada a algunos informes que dejan al descubierto el método a través del cual consiguieron los inquisidores que los seis negativos se declarasen culpables.

6. *¿Fueron los brujos sometidos a un lavado de cerebro?*

Aislando a un ser humano durante largo tiempo de modo que quede desconectado de la red de estímulos sociales que confirman su personalidad, y coaccionándole por medio de la violencia o de una amabilidad persuasiva para que «confiese sus delitos», no sólo se corre el riesgo de obtener una confesión falsa; cabe también la posibilidad de que el acusado se identifique tan vivamente con sus declaraciones que llegue a traicionar a su propia personalidad y a dudar de su identidad. El psiquiatra americano Ralph Lifton opina que algo así habían experimentado sus pacientes antes de llegar a él en Hong-Kong. Allí se entrevistó en 1954 con una serie de personas que, después de haber sido sometidas al lavado de cerebro chino-comunista, obtuvieron permiso para abandonar China (Lifton, 1962). Existe cierta evidencia de que la experiencia sufrida por los brujos durante el largo período de aislamiento en las cárceles del tribunal de Logroño fue similar.

No cabe duda de que la praxis inquisitorial de ocultar los cargos resultó ser en la mayoría de los casos un medio eficaz para hacer aparecer la verdad. Mientras el acusado no supiera de qué se le acusaba, no podía encubrirse. Pero era un método peligroso, pues aunque el acusado fuese inocente, podría con facilidad enmarañarse en una red de respuestas equivocadas y explicaciones sospechosas. Muy pocas personas suelen tener presentes sus acciones en el grado que exigía semejante método[45]. En el caso de la Inquisición, donde el secreto de las acusaciones se guardaba durante meses, y el reo estaba aislado en su celda sin posibilidad de comunicarse más que con su juez, quien constantemente le instaba a confesar la *verdad*, el método era óptimo para actuar como lavado de cerebro en el sentido de Lifton[46]. No obstante, y en contraste con los procesos políticos de nuestro tiempo, vemos que la Inquisición no pretendía arrancar confesiones a toda costa y a cualquier precio de sus víctimas[47]. La absolución del acusado era corriente cuando las acusaciones resultaban estar basadas en pruebas dudosas, y los testigos falsos eran duramente castigados. Por tanto, puede decirse que el lavado de cerebro de la Inquisición no era intencionado y debió evolucionar a lo largo de un proceso psicológico, en el que el juez y el acusado se conducían mutuamente por pistas falsas. El desarrollo práctico de estos hechos lo veremos al examinar el modo como los inquisidores dieron al traste con el supuesto complot entre los seis negativos.

El 10 de julio de 1610, el tribunal solicitó de la Suprema permiso para confrontar a los brujos en la sala de juicio (cosa total-

---

[45] Véase la excelente exposición hecha por el psicólogo inglés William Sargant de cómo se extraen confesiones falsas (Sargant, 1970, pp. 165-196).
[46] Cf. Lifton, 1962, cap. 22, resumido en WA, p. 465, n. 46.
[47] Cf. Sargant, 1970, p. 176; citado en WA, pp. 465-466, n. 47.

mente prohibida por el reglamento inquisitorial, ya que iba en contra del precepto del secreto[48]). A este respecto, los inquisidores admitían que el tribunal había practicado algo parecido el año anterior con los seis negativos. La primera en confesar fue Estevanía de Yriarte, según informaban los inquisidores, quienes después de su confesión dieron «orden que... se hiciese la encontradiza con algunos» cuando los presos saliesen a buscar sus raciones. Dos intérpretes vascos estuvieron presentes para escuchar lo que hablaban. Estevanía había recibido instrucciones para que, al encontrarse con sus parientes, «les dijese tan solamente que ella ya había dicho su verdad, que la dijesen también ellos... Sola esta palabra bastó para que vinieren a confesar», declaraban los inquisidores triunfalmente en su carta[49]. Combinando estos informes con la relación de los procesos de los seis negativos, obtendremos una visión aún más exacta de los métodos inquisitoriales.

Las declaraciones de Estevanía de Yriarte fueron conseguidas por Becerra y Valle durante el interrogatorio realizado en Semana Santa[50] (12-19 abril 1609)[51], en una audiencia solicitada por ella misma. Empezó por decir que el demonio le había impedido confesar durante largo tiempo, pero ahora Dios le había dado fuerzas para declarar la verdad, y estaba dispuesta a salvar su alma, aunque le costase su honor y sus bienes. A continuación comenzó a relatar cómo su madre la había hecho bruja, y prosiguió dando una serie de detalles sobre los que volveremos en el capítulo siguiente[52].

Después de Estevanía de Yriarte confesó la hermana de ésta, María de Yriarte. Su primer intento de realizar una confesión tuvo una evolución dramática, durante la cual se vislumbra por momentos la técnica inquisitiva de Becerra y Valle. María comenzó por decir, al igual que su hermana, que hacía tiempo que

---

[48] Argüello, *Instrucciones,* fol. 37r, § 72.
[49] *Lib* 795, fols. 41v-42r (T./C., 10-VII-1610).
[50] *Sentencia conjunta,* fol. 389r.
[51] Según Capelli, 1930.
[52] *Sentencia conjunta,* fol. 389r.

106 EL ABOGADO DE LAS BRUJAS

9. «No lo saben todos». Prisionero de la Inquisición en celda de aislamiento. Dibujo de Francisco de Goya.

deseaba confesar, pero el «mal Señor» le había impedido continuamente declarar nada: «La verdad era —prosiguió— que habría dos años que comenzó a ser bruja». En este punto empezó a dar señales de sentirse indispuesta, detalle que nos es posible seguir a través de la relación de su causa, tan gráfica como un *videotape* histórico:

> [...] se comenzó a congojar y toser y hacía como que quería hablar y no decía nada. Y animándola para que dijese la verdad tragaba saliva y suspiraba diciendo muchas veces ¡Ay, Joan Gaicoa, Joan Gaicoa!, y que aquel mal señor no la dejaba hablar. Y habiéndosele dicho muchas cosas animándola y que dijese quién la había hecho bruja, dijo que Graciana de Barrenechea, su madre. Y la había dicho que para ser bruja había de tener en sus manos aquella cosa sucia... Y que la había respondido: ¡No madre, eso yo no lo tengo de traer! Y luego se volvió a poner como muda, afligida y sin poder hablar palabra. Por la cual se le volvieron a decir muchas cosas convenientes al remedio de su alma. Y animándola a que declarase qué cosa sucia era aquella que había de traer en sus manos, dijo que eran unos sapos.

El resumen de la causa prosigue exponiendo cómo María de Yriarte se entregó después a la descripción de su primer viaje al aquelarre y de cómo había besado al diablo y renunciado a su fe; pero a la mitad de todo ello, María se paró y comenzó de nuevo a lanzar gemidos y a quejarse. Becerra y Valle presumieron que sus dificultades se debían a la intervención del demonio, y decidieron que lo mejor era interrumpir la audiencia, considerando:

> [...] que para cosa tan importante como satisfacer a la creencia y apostasía y pedir debidamente misericordia era más acertado darle tiempo y más amonestaciones, hasta que viniese en entero conocimiento de su culpa y del beneficio de la reconciliación, para que la pidiese; amonestada fue vuelta a su cárcel[53].

---

[53] *Ibid.*, fol. 388r.

Cuando María de Yriarte solicitó la siguiente audiencia, se hallaba más tranquila, y sus declaraciones acerca de su incorporación a la secta de brujas resultaron más coherentes[54]. No obstante, volvieron a repetirse los dramáticos episodios de la sala de juicio en el transcurso de audiencias posteriores. En una ocasión, al preguntarle cuántos niños había matado, negó al principio haber dado muerte a ninguno; pero más tarde se echó a llorar y admitió haber asesinado a cinco criaturas. Los inquisidores la alentaban a que se explicase mejor, pero ella volvió a romper a llorar, y rogaba «por las llagas de Dios» que no la descubriesen, porque si la noticia se difundía estaba perdida. Después de esto confesó nada menos que nueve infanticidios. Sin que nadie le preguntase más, aseguró que ni su madre ni su hermana tenían que ver con aquellos hechos. Tras ser reconvenida por los inquisidores, declaró que al menos ella no se acordaba de si su madre y hermana habían participado, aunque si ellas lo habían admitido así, estaba dispuesta a corroborarlo[55].

Acerca de la anciana madre, Graciana de Barrenechea, sabemos solamente que confesó durante una audiencia solicitada por ella misma después de haberse negado a declarar durante muchos días[56]. Se desconoce la fecha de la audiencia; pero, sea como fuere, ésta debió de tener lugar antes del 22 de mayo, día en que los inquisidores, como ya indiqué antes, comunicaron a la Suprema que habían conseguido confesiones de todas las hembras.

No se sabe cuál de los varones confesó primero. Juanes de Sansín lo hizo el 19 de junio durante una audiencia solicitada por él[57]; pero es posible que su tío, el viejo pastor Miguel de Goiburu, ya hubiera declarado para entonces[58]. Entretanto, el que se mantuvo más tiempo en la negación fue Juanes de Goiburu, marido de Estevanía de Yriarte. En el resumen de su proceso consta que

---

[54] *Ibid.*, fols. 388r-389r.
[55] *Ibid.*, fols. 394v-395r.
[56] *Sentencia conjunta*, fol. 389r.
[57] *Méritos de Sansín*, fol. 173r.
[58] *Sentencia conjunta*, fol. 389v.

no había comenzado a confesar hasta el 3 de julio; luego, como se hiciera tarde, los inquisidores habían decidido aplazar la prosecución del interrogatorio hasta el día siguiente[59]. Al reanudarse la audiencia por la mañana, Goiburu prosiguió su confesión; pero de repente se quedó mudo. Al ser instado a que dijese la verdad, vaciló:

> [...] y luego se levantó en pie y con gran cólera y desvergüenza dio una palmada en la mesa del tribunal diciendo que su padre le había perdido, porque encontrándose con él en la despensa le había dicho que dijese la verdad que ya él había dicho y confesado cómo era brujo, y que él también dijese muy por menudo todo lo que había hecho. Y... con esto le había echado a perder. [Siguió diciendo] que hiciesen con él lo que quisiesen, que no sabía más, y que lo que había dicho no era verdad. Y aunque fue amonestado para que prosiguiese con su confesión permaneció negando, por lo cual se le mandaron agravar las prisiones[60].

No sabemos lo que hicieron con Juanes de Goiburu, pero bastaron veinticinco días para ablandarlo. Solicitó nueva audiencia el día 29. Disculpó su actuación anterior diciendo que el demonio le había hecho recapacitar sobre ciertas consecuencias peligrosas que podrían resultar de sus declaraciones. Ésta había sido la causa, según explicó a los inquisidores, de que se hubiese retractado de lo dicho en la audiencia del 3 de julio; pero ahora volvía a corroborar sus confesiones. Y en el resumen de su causa se indica que continuó revelando «muchas cosas muy notables de la secta de los brujos, en mucha conformidad de lo que estaba testificado por los demás»[61].

7. *Actos positivos*

La herejía era un delito moral que no sólo se cometía de palabra y obra, sino también de pensamiento y sentimiento. Cada vez que

---
[59] *Méritos de Goiburu*, fols. 170v-171r.
[60] *Ibid.*, fol. 171r.
[61] *Ibid.*, fol. 171r-v.

los inquisidores sometían a alguien a tormento, lo hacían precisamente para aclarar cuál había sido la *intención* de aquellas palabras o hechos de los que había pruebas que el acusado había dicho o cometido. En conexión con los procesos de brujería, la aportación de pruebas era especialmente dificultosa, ya que era casi imposible encontrar actos palpables. Los inquisidores se encontraron con el mismo problema con el que chocó el antropólogo Friedrich Nadel al estudiar la brujería africana, y que éste formuló con toda claridad:

> La brujería crea un mundo irreal de causa y efecto, donde los criterios de nuestra propia realidad apenas son aplicables. Con otras palabras, la brujería constituye una serie de creencias que encierran dentro de sí la imposibilidad de desenmascaramiento (1935, p. 426).

Los catorce puntos del cuestionario de la Suprema tenían por objeto extraer de las confesiones de cada brujo aquellas particularidades fantásticas de posible verificación por medio de testificaciones de personas ajenas a la secta. Por el resumen de los procesos de Graciana de Barrenechea, sus dos hijas y Miguel de Goiburu, vemos que el cuestionario fue utilizado realmente. En él consta cómo habían sido interpelados sobre si alguien les echó de menos mientras se encontraban en el aquelarre (pregunta 3 de la lista). Sin especificar quién fue el que lo dijo, el resumen asegura que los cuatro brujos declararon que el demonio solía vencer con un sueño a los que estaban dentro de casa y no eran brujos, de modo que nadie notaba la ausencia de los demás. En otras ocasiones sustituía el demonio los cuerpos de los brujos, tomando la forma de éstos mientras estaban en el aquelarre[62]. Aquí tenemos un buen ejemplo de la opinión de Nadel de que la creencia en la brujería constituye un sistema de causas y efectos irreales. De todos modos, la vieja Graciana se acercaba algo más a la realidad al añadir que en una ocasión su marido había advertido su ausencia, y al

---

[62] *Sentencia conjunta*, fol. 399r.

preguntarle éste dónde había estado, ella respondió simplemente que en casa de una vecina hilando[63]. En relación con el punto 9 de la lista, sobre la necesidad de untarse para ir al aquelarre, los cuatro habían contestado que les era posible acudir al aquelarre sin untarse[64]. A la respuesta 6, sobre si habían visto a alguien en sus escapadas nocturnas, también habían respondido positivamente los cuatro. En una ocasión, yendo acompañados de otros brujos, habían salido al camino convertidos en perros y gatos y asustado al molinero Martín de Amayur. El molinero se defendió con un palo y le dio un fuerte golpe a uno de ellos, a la septuagenaria María Presona, por lo que ésta tuvo luego que guardar cama durante tres o cuatro días. En otra ocasión, casi habían matado del susto a tres hombres, quienes retrocedieron con las espadas desenvainadas hasta caer en una charca. Otra vez se habían emboscado a la espera de dos hermanos que habían salido a echar un vistazo a las vacas que pastaban en el campo. Al llegar al lugar de la emboscada, los brujos se les echaron encima; pero los hermanos gritaron: «¡Jesús; Jesús!», y los brujos no pudieron hacerles nada. Sin embargo, la conmoción de ambos había sido tan grande y habían llegado a casa tan asustados que murieron a los pocos días[65].

Se ignora lo que contestaron los brujos a las demás preguntas de la Suprema. Pero los ejemplos citados nos dan motivo para suponer que los encausados serían lo suficientemente inteligentes como para descubrir la intención de aquel interrogatorio y no tardaron en averiguar qué clase de *verdad* deseaban escuchar los inquisidores.

---

[63] *Ibid.*, fol. 399r; cf. Idoate, *Documento*, p. 162.
[64] *Sentencia conjunta*, fol. 397r.
[65] *Ibid.*, fol. 397r.

CAPÍTULO 4

EL CULTO AL «DIOS CORNUDO»

1. Las fuentes

No se han conservado más que unos cuantos fragmentos de las confesiones de las cuatro primeras brujas, y a ellos me referí ya en el capítulo anterior. En cambio, disponemos de un material mucho más amplio en relación con el segundo grupo de prisioneros. Los procesos contra Juanes de Goiburu y su primo se encuentran resumidos en la lista de sus *méritos*, y en el preámbulo de la sentencia conjunta hay información sobre las causas de los cuatro restantes[1]. Se supone que los aspectos esenciales de las confesiones de aquellos seis brujos saldrían a relucir en fecha anterior al 4 de septiembre de 1609, en la que el tribunal comunicó que habían concluido las audiencias preliminares. El límite natural de la muerte puso punto final a las declaraciones y modificaciones de Graciana de Barrene-

---

[1] Algunos datos del *Manuscrito de Pamplona* (Idoate, *Documento)*, descubierto después de la redacción del presente capítulo, han sido incorporados en el texto y en las notas.

chea, de Estevanía de Yriarte y de Miguel de Goiburu, que fallecieron en el curso de una epidemia que afectó aquel otoño a las cárceles. También murió María de Yriarte, pero su fallecimiento se produjo en el siguiente otoño[2]. Por tanto, el hecho de que las sentencias de esos cuatro brujos no se redactasen hasta poco antes de celebrarse el auto de fe de 1610 tiene escasa importancia, pues, aparte de lo que María de Yriarte pudiera haber añadido, representaban lo declarado en el verano de 1609; o sea, antes de que el tribunal comenzara a suplir las confesiones de los brujos presos con investigaciones realizadas en el escenario del crimen.

En conjunto, las confesiones de los seis reos describen los ritos y la organización social de la secta de brujas con una precisión y una riqueza de detalles que difícilmente pueden tener igual en otros procesos de brujería. El hecho de que Valle y Becerra quedasen convencidos de la existencia de la secta se debe, ante todo, a que comprobaron que las descripciones de los brujos acerca de sus asambleas y rituales concordaban totalmente entre sí. Éste es un argumento al que constantemente vuelven los inquisidores en sus cartas a la Suprema. Tal argumento fue empleado reiteradamente también por los jueces de brujos en los siglos XVI y XVII, y es el mismo que utilizan Margaret Murray y Montague Summers en sus estudios sobre la historia de la persecución de brujos. Todos aceptan las confesiones de los brujos como hechos reales porque concuerdan entre sí. En nuestros días ya no es necesario refutar las viejas conclusiones de los jueces de brujos, ni las modernas de Summers, de que los brujos eran adoradores del demonio. Pero la tesis de Murray, para quien la brujería era una religión pagana que a través de asambleas ocultas mantenía la continuidad de un antiguo culto a la fertilidad, sigue teniendo aceptación en muchos círculos, a pesar de lo escrito por serios científicos en contra de estas suposiciones.

Pese a que estoy totalmente en desacuerdo con sus teorías, a continuación me convertiré en un seguidor de Murray e intentaré levantar la capa de barniz teológico que recubre los documentos de

---

[2] Véase cap. 7: 2.

la Inquisición, para descubrir a través de ellos un culto popular a una divinidad cornuda. Una cosa es cierta: Murray y sus seguidores jamás leyeron descripciones tan detalladas de los ritos de los brujos como las que se presentan en esta ocasión, de modo que si sus teorías tuviesen algo de cierto, los siguientes análisis permitirán descubrirlo.

2. El dios[3]

A través de los procesos contra los seis brujos se menciona al dios de éstos como «Demonio» y los brujos le llaman «Señor»[4].

Aparentemente no tenía nombre; cuando María de Yriarte invocó durante la audiencia a «Joan Gaicoa», se refería en realidad al Dios de los cristianos *(Jaun Goicoa* en vasco)[5]. Miguel de Goiburu lo pintó como un hombre de piel negra, ojos espantados y terribles. La voz era profunda y sonaba como el rebuzno de un asno. Vestía un traje negro de buena calidad, pero el cuerpo era deforme y tenía cola de burro. En la cabeza llevaba cuernos de macho cabrío; las manos eran como patas de gallo, con dedos huesudos y uñas como garras de ave de rapiña; y los pies, parecidos a los de un ganso macho. El cuerpo era, a veces, como el de un hombre, y otras, tenía la forma de un macho cabrío, aunque en algunas ocasiones se mostró como un hombre sin cuernos[6].

La vieja Graciana de Barrenechea atestiguó que el demonio exhalaba un olor hediondo[7]. Según los informes de su hija María de Yriarte, tenía dos largos cuernos y una serie de cuernecillos como una corona alrededor de la cabeza[8]. Su hermana Estevanía aseguraba que no tenía más que dos cuernos, uno en la frente y el otro en la

---

[3] Cf. Murray, 1921, en concreto los capítulos titulados «The God», «Admission Ceremonies», etc.
[4] *Sentencia conjunta,* fol. 389r.
[5] Véase cap. 3: 6, arriba.
[6] *Sentencia conjunta,* fols. 389v-390r.
[7] Mongastón, *Relación,* fol. 7v.
[8] *Sentencia conjunta,* fol. 388v.

nuca[9]. Varias brujas del grupo de los seis declararon que normalmente el demonio se sentaba en una silla, y María de Yriarte la describió como una silla negra con brazos torneados[10]. En resumidas cuentas, puede decirse que las descripciones de los seis brujos se complementaban entre sí. El único desacuerdo importante que observamos corresponde a la situación, número y tamaño de los cuernos.

3. Las asambleas

Los brujos llamaban a sus asambleas *aquelarres* (modo castellano de escribir la palabra vasca compuesta por *akerr:* «macho cabrío», y *larre:* «prado»)[11]. Dichos aquelarres se celebraban en las cercanías de Zugarramurdi, en un prado llamado Berroscoberro[12] o, según las declaraciones de Estevanía, en los prados de Sagardi o Sagastizarra[13]. Los brujos solían juntarse todos los lunes, miércoles y viernes por la noche[14]; y además las vísperas de los días festivos del año cristiano, como Navidad, Semana Santa, Pentecostés, la Ascensión, Corpus Christi, San Juan, Todos los Santos y las fiestas de la Virgen María[15]. Las asambleas comenzaban «después de haber pasado un buen rato de la noche»[16] y duraban hasta «el tiempo de cantar el gallo»[17]. Antes de partir, los brujos se untaban con un ungüento muy maloliente y de color verde. Mientras se restregaban con aquel potingue las manos, las sienes, la cara, los pechos, las zonas del sexo y las plantas de los pies, decían:

---

[9] *Ibid.*, fol. 389r.
[10] *Méritos de Goiburu*, fol. 170v; *Méritos de Sansín*, fol. 173r; *Sentencia conjunta*, fol. 388v.
[11] Martín Alonso, *Enciclopedia del idioma*, Madrid, 1968, vol. I, p. 444. Sobre la etimología falsa de la palabra «aquelarre», véanse Azurmendi, 1995, y Henningsen, 2000.
[12] *Sentencia conjunta*, fol. 390v.
[13] *Ibid.*, fol. 389r, 398v.
[14] *Ibid.*, fol. 390v.
[15] *Ibid.*, fol. 389r.
[16] *Ibid.*, fol. 390v.
[17] *Ibid.*, fol. 388v.

Yo soy demonio.
Yo de aquí adelante tengo de ser una misma cosa con el Demonio.
Yo he de ser demonio,
y no he de tener nada con Dios.

A continuación se encomendaban al diablo y partían para el aquelarre. A veces salían volando por la chimenea, y otras a través de agujeros y rendijas en las puertas y ventanas. En ocasiones atravesaban el pueblo andando y llegaban por su pie al aquelarre[18]. (El prado de Berroscoberro se encuentra a pocos cientos de metros del pueblo de Zugarramurdi, cerca de una gruta que aún hoy día se sigue considerando un lugar de reunión de brujas)[19].

Nada más llegar al «sabbat» o aquelarre, se hincaban de rodillas ante Satanás y le adoraban besándole «la mano izquierda, el pecho enfrente del corazón, las partes vergonzosas y debajo de la cola». Dos de los brujos, María de Yriarte y Miguel de Goiburu, añadieron que el demonio «al tiempo que le besaban los ventoseaba por los hocicos una cosa muy hedionda». Seguidamente los brujos danzaban y se divertían, mientras la orquesta del aquelarre los deleitaba con su música de flauta, tambor, tamborín, y a veces, hasta de violín[20].

Mientras asistían al aquelarre, les estaba terminantemente prohibido persignarse o pronunciar los nombres de Jesús y María y de los santos. (Dichos nombres, según explico más adelante, sólo podían pronunciarse cuando los brujos renunciaban a su fe). En cuanto alguien violase la prohibición, se disolvía la fiesta en medio de gran confusión y estrépito, y todo el mundo echaba a correr despavorido; y luego, al volver a juntarse los brujos de nuevo, castigaban cruelmente al culpable del alboroto[21].

---

[18] *Ibid.*, fol. 390v.
[19] Información oral de unos niños al autor y su mujer, durante nuestra visita a la cueva de Zugarramurdi el día de San Juan, 23-VI-1970.
[20] *Sentencia conjunta,* fol. 390v.
[21] *Ibid.*, fol. 391r. Cf. Mongastón, *Relación,* fol. 9r-v, e Idoate, *Documento,* pp. 85-86.

10. Atravesando el aire montadas en una escoba. Fragmento del aguafuerte de Ziarnko en *Tableau de l'inconstance*, de Pierre de Lancre, París, 1613.

4. Ritos de iniciación

Los brujos eran admitidos formalmente en la secta al llegar a la «edad de discreción» que, según sus confesiones, correspondía a los nueve años[22]. Miguel de Goiburu y Juanes de Sansín declararon que habían sido brujos menores algún tiempo antes de tener la edad: Miguel a los cuatro años y Juanes a los siete[23]; pero en aquel momento sólo habían sido presentados al diablo, quien les había marcado con ciertos arañazos en la frente[24]. Los otros cuatro eran algo mayores y, según sus deposiciones, habían sido admitidos al asistir por primera vez a un aquelarre[25]. Pero tanto si el aspirante había asistido ya al «sabbat» en calidad de brujo menor como si no, su maestra o maestro le explicaban todo lo referente a la ceremonia de iniciación, para que estuviera bien informado de antemano de lo que iba a hacer.

Estevanía contó cómo la había llevado aparte su madre un viernes después de comer, en el rato de la siesta, y le había dicho en secreto que la iba a hacer bruja. Pero, para serlo, tendría que renegar de Dios, de Santa María y de todos los Santos, así como del bautismo, de la confirmación y de la santa unción recibida en dichas ocasiones. Precisaría además renegar de sus padrinos, de sus padres y de todos los cristianos, porque tendría que recibir a Satanás como a su Dios y Señor.

Estevanía había accedido a todo ello, y aquella misma tarde su madre la llevó al aquelarre. La presentó al diablo, y le dijo: «Señor, ésta os traigo»; y él repuso: «Yo la recibo». Seguidamente, el demonio le pidió que se arrodillase para renegar de la fe, y con voz débil y ronca empezó a decir las mismas palabras que su madre le había

---

[22] Nótese que la Inquisición fijaba la edad de discreción algo más alta: doce para niñas y catorce para niños (Argüello, *Instrucciones*, fol. 11r, § 12).
[23] *Sentencia conjunta*, fol. 389v; *Méritos de Sansín*, fol. 173r.
[24] *Sentencia conjunta*, fol. 396v.
[25] María de Yriarte en *Sentencia conjunta*, fol. 388r-v; Estevanía de Yriarte, *ibid.*, fol. 389r; Graciana de Barrenechea, *ibid.*, fol. 389r-v; *Méritos de Goiburu*, fols. 170v-171r.

11. La bruja maestra y un criado del diablo presentan un nuevo vasallo infantil al demonio que, en forma de macho cabrío, aparece majestuosamente sentado en su trono. A su diestra está la «reina del aquelarre» y a su siniestra, con hábito de monja, otra bruja. Fragmento del aguafuerte de Ziarnko, 1613.

referido a la hora de la siesta, y ella las fue repitiendo. Al acabar de renegar de su fe, Satanás le dijo que a partir de aquel momento sólo habría de adorarle a él; y en señal de que le recibía como su maestro y señor, Estevanía «le besó en las partes vergonzosas», y luego —según explica el resumen de su causa— «se rodeó sobre el lado izquierdo y levantó la cola que es cubierta de pelo y más larga que la de una oveja y descubriendo aquellas partes que eran muy feas y hediondas le besó debajo de ella». A continuación, el demonio la marcó en el hombro izquierdo apretando su pezuña contra él hasta que brotó sangre. En recompensa por haberle agasajado con un nuevo vasallo, Satanás obsequió a la madre de la niña con algún dinero y un sapo. El sapo iba destinado a Estevanía, y estaba vestido de paño verde. La mujer declaró también que después de su admisión en la secta sintió durante más de un mes agudos dolores en el punto en que el demonio le había marcado con su pezuña. Cuando la confesante fue examinada por los inquisidores, descubrieron que efectivamente en su hombro había una cicatriz «del tamaño de una lenteja»[26].

A juzgar por los resúmenes de los procesos, no parece haber gran variedad en las descripciones hechas por los seis brujos de la ceremonia de iniciación. La vieja Graciana de Barrenechea había declarado que, a la edad de quince años (o sea, hacia 1545), su madre la había hecho bruja. El demonio la había marcado cortándole una tajada de la nariz, pero además le había sellado las pupilas; sin que ella notara nada, le hizo unas marcas en los ojos con un instrumento de oro. Luego le entregó un sapo vestido de morado oscuro, rojo y negro[27].

Su hija María afirmó en un principio que tenía treinta y ocho años cuando su madre la hizo bruja; pero en una audiencia posterior declaró que sólo tenía dieciséis. Acerca de su sapo, explicó que iba vestido de varios colores, con la ropa ceñida al cuerpo. Su relato de la ceremonia de iniciación contenía un punto importante que los otros no habían citado. Dijo que Satanás había copulado con ella y la había desvirgado, de modo que volvió del aquelarre con la ropa llena de sangre. Se quejó de ello a su madre, pero ésta no le hizo caso[28].

---

[26] *Sentencia conjunta,* fol. 389r; Idoate, *Documento,* p. 101.
[27] *Sentencia conjunta,* fol. 389-v.
[28] *Ibid.,* fols. 388r-v, 398v.

Miguel de Goiburu declaró que su tía materna le había llevado a los aquelarres desde que tenía cuatro años (o sea, hacia 1545). A los nueve años renegó de su fe cristiana y fue aceptado en la secta de brujos. En su descripción de la ceremonia hallamos un detalle que ningún otro menciona. Lo primero que hizo el demonio con él fue «echarle la bendición»; pero como no podía hacer la señal de la cruz, lo realizó del modo siguiente: «Sacando la mano izquierda con los dedos abiertos y extendidos la levantó en alto, la palma hacia arriba y volviéndola muy aprisa desde lo alto hacia abajo, revolviendo justamente la palma de la mano hizo unos ademanes a modo de garabatos cuatro o cinco veces». Tras esta explicación, Miguel prosiguió describiendo la ceremonia del mismo modo que los demás. El demonio le había marcado en el ojo izquierdo y debajo de una oreja. De la herida de la oreja extrajo algo de sangre que guardó en un tarro. Después le dio a Miguel una hierba que en vasco llaman *belaberza,* para que se curase la herida con ella. Su sapo estaba vestido con diferentes colores amarillos. Ambas marcas fueron examinadas detalladamente por los inquisidores. Junto a una oreja encontraron una marca sin pelo de barba, pese a tener una barba bien poblada, y en el ojo izquierdo vieron que tenía un fino arañazo[29].

Juanes de Goiburu declaró que había sido enrolado por su padre en la hueste satánica a los trece años de edad. El demonio le hizo una señal en el hombro izquierdo y le entregó un sapo del tamaño de un pollo, que se parecía en su cara a Satanás. Y prosigue la relación de su proceso: «El vestido era de paño negro y verde, y tenía los ojos grandes respecto de su tamaño, y colorados de mal color, y las manos y pies con garras como de gallo»[30].

Juanes de Sansín explicó que, desde que cumplió los seis años, su tío Miguel de Goiburu le había estado llevando al aquelarre, y a los diez años había sido admitido en la secta. El diablo le marcó en el lado izquierdo de la cabeza[31], y el sapo que le dio tenía el tamaño de

---

[29] *Ibid.*, fols. 398v-390r; Mongastón, *Relación,* fol. 7r; Idoate, *Documento,* p. 103.
[30] *Méritos de Goiburu,* fol. 171r; Idoate, *Documento,* p. 105.
[31] *Méritos de Sansín,* fol. 173r.

una paloma y vestía de amarillo y otros colores. Luego contó cómo daba de comer a diario a los sapos de su tío y de su primo. El sapo del tío llevaba ropa roja, y el del primo, negra[32]. Los resúmenes de los procesos no nos dicen nada sobre las declaraciones del tío y el primo acerca de los colores que vestían sus sapos. Sin embargo, estos datos aparecen en el manuscrito de Pamplona, que constituye un compendio de los procesos originales, desaparecidos por desgracia. Cabe, pues, la posibilidad de que al redactar los resúmenes, los inquisidores omitiesen intencionadamente aquellos datos con el fin de ocultar las discrepancias existentes a este respecto, ya que —según refiere el citado manuscrito— los propios Miguel y Juanes de Goiburu habían declarado que sus sapos iban vestidos respectivamente de *amarillo* y de *verde* y negro.

En general, se obtiene la impresión de que los resúmenes fueron redactados realmente para disimular la falta de concordancia entre los detalles expuestos por los reos. Las relaciones de causa sólo registran discrepancias acerca de la edad en que habían sido admitidos en la secta los diferentes reos. Sobre este detalle se había preguntado tanto al maestro como al aprendiz. Mientras la vieja Graciana había dicho que sus hijas tenían «diez o doce años» cuando las hizo brujas[33], María aseguraba que ella tenía dieciséis[34], y Estevanía depuso que ella andaría por los veinte[35]. Miguel de Goiburu declaró que su hijo y su sobrino tendrían «tres o cuatro años» cuando él los presentó al diablo, y que no fueron admitidos en la secta hasta cumplir los diez[36]. En cambio, el propio Juanes de Goiburu no dice que fuera brujo de niño, y su declaración de que «habría veinticuatro años» (o sea, a los trece) que había sido iniciado en la secta no concuerda con las declaraciones de su padre[37]. Juanes de Sansín aseguraba que a los tres años había comenzado a participar en los

---

[32] Idoate, *Documento*, p. 104.
[33] *Sentencia conjunta*, fol. 396v.
[34] Véase p. 100.
[35] Cf. *Sentencia conjunta*, fol. 389r.
[36] *Ibid.*, fol. 396v.
[37] *Méritos de Goiburu*, fol. 170v.

aquelarres, y tres años más tarde había sido admitido en la secta[38]. Lo último concuerda con lo depuesto por su tío, pero no lo primero. De todas formas, estas discrepancias están lejos de ser alarmantes; sobre todo las que corresponden a la confesión de Graciana, ya que a sus ochenta años es de esperar que le fallase la memoria.

5. Dones sobrenaturales y espíritus ayudantes

Aparte de poder metamorfosearse (en perro, gato, cerdo, caballo «y otros animales»), los brujos no poseían ningún otro don sobrenatural[39]. Todo cuanto realizaban lo hacían con la ayuda de Satanás y sus diablos. Pero también en otro aspecto se diferenciaban de la gente común: no podían ver la Hostia cuando el sacerdote la elevaba; en su lugar veían una cosa negra entre los dedos del celebrante. Los brujos iban a misa como todo el mundo, para que nadie sospechase de ellos. Y tan pronto como se apartaban de la secta, confesaban sus desvíos y volvían a comulgar, recobraban la virtud de ver la Hostia santa[40].

Los brujos se servían también de espíritus ayudantes o «familiares» para hacer sus maleficios. Dichos familiares eran los sapos vestidos que el demonio entregaba al maestro durante la iniciación del nuevo adepto. El sapo iba destinado a aquél, pero provisionalmente quedaba bajo la custodia del maestro. Cuando el brujo era admitido en el grado de brujo mayor, se le entregaba el sapo para su servicio personal. Dicho sapo venía a ser una especie de guardián o consejero del brujo o bruja. Vivía con ellos en su casa, donde tenía su especial escondrijo para que ningún extraño lo viese. Los brujos lo alimentaban a diario con maíz, pan y vino, y el sapo comía con las patas delanteras, mascando estrepitosamente como un cerdo. Cuando no le daban suficiente comida, protestaba y amenazaba con

---

[38] *Méritos de Sansín*, fol. 173r.
[39] *Sentencia conjunta*, fols. 391v, 397r.
[40] *Ibid.*, fol. 398r; *Méritos de Goiburu*, fol. 171r; *Méritos de Sansín*, fol. 173v.

EL CULTO AL «DIOS CORNUDO» 125

12. Brujas que danzan y se divierten con los criados del diablo. Fragmento del aguafuerte de Ziarnko, 1613.

chivarse al demonio. Si una bruja dormía a la hora de partir para el aquelarre, el sapo la despertaba y le decía que ya era hora de levantarse. Pero el sapo era algo más que un despertador; era el secreto de toda bruja, porque gracias a él podía realizar el vuelo al aquelarre. A diario, después de que el sapo había comido, la bruja o brujo le pegaba con un palito hasta que el bicho se hinchaba y adquiría un color verde venenoso; entonces éste decía: «¡que ya basta!», y la bruja dejaba de golpearle. A continuación pisaba al animal con el pie izquierdo y apretaba hasta que los excrementos —un líquido verdoso— le salían por ambos extremos. La bruja recogía ese líquido en un cacharro pequeño, ya que se trataba del ungüento con el que era necesario untarse para volar. Tanto si hacía el viaje a pie como si iba volando, el sapo seguía siempre a su amo o ama dando saltos o volando a su lado izquierdo[41].

6. *Los ritos de las asambleas ordinarias*

Ya hemos hablado de la adoración al demonio, rito obligatorio de las reuniones ordinarias celebradas todos los lunes, miércoles y viernes. Lo mismo puede decirse en cuanto a la música y la danza, requisitos ambos a los que Murray atribuye carácter ritual[42]. En el «sabbat» se encendía también una hoguera en la que nadie podía quemarse. El demonio explicaba a sus brujos que era el fuego del infierno, y durante la danza les exhortaba a saltar por encima de las llamas para que se fuesen acostumbrando a ellas y dejaran de tener miedo de ir al infierno[43]. Mientras los adultos bailaban y se divertían, los niños brujos cuidaban del rebaño de sapos, pues eran los encargados de que no se dispersaran. Según aclararon algunos brujos en sus confesiones, se trataba de sapos que habían cazado en el campo para fabricar sus venenos[44]. En cambio, otros aseguraban

---

[41] *Sentencia conjunta*, fol. 390v; *Méritos de Sansín*, fol. 173r.
[42] Cf. Murray, 1921, cap. 5: 3-4.
[43] *Sentencia conjunta*, fols. 390v-391r.
[44] *Ibid.*, fol. 391v.

que eran los «sapos vestidos», o guardianes de los brujos, que dejaban allí al cuidado de los niños mientras ellos y ellas participaban en los goces del aquelarre[45]. Esta última aclaración nos explica por qué se encarecía a los niños que tratasen a los sapos con sumo respeto, como había dicho María de Jureteguía (véase capítulo 11: 2).

7. *«Ritos de fecundidad»*

La cópula asidua con el demonio, según Margaret Murray, formaba parte del culto a la fecundidad practicado por los brujos. Efectivamente, era un rito obligado en los aquelarres de Zugarramurdi. El acto carnal con Satanás se realizaba por medio de la vagina y el ano. Una vez elegido por el señor infernal, el brujo —varón o hembra— era conducido a su presencia en procesión triunfal por la reina del aquelarre (Graciana de Barrenechea), con acompañamiento de la banda de música de los brujos. Como Juanes de Goiburu era el tambor mayor del aquelarre, el hombre no tenía más remedio que formar parte de la comitiva cada vez que su suegra conducía a su mujer, Estevanía, la favorita del demonio, ante éste. Y quisiera o no, tenía que tocar el tambor en compañía del resto de los músicos, mientras Satanás holgaba con ella. Los demás brujos copulaban entre sí en las juntas, sin tener en cuenta el sexo o el parentesco[46].

Se diría que el demonio se moría por practicar el célebre «rito de fecundidad» aunque fuese fuera de los aquelarres, porque iba constantemente a deshora a casa de las brujas o las buscaba en el campo, aunque fuera en pleno y luminoso día[47]. María de Yriarte declaró incluso que Satanás la había visitado en Logroño, unos días antes de ser encerrada en la cárcel. En aquel momento el diablo había acudido a ella en la posada donde se hospedaba con sus compañeros de

---

[45] Idoate, *Documento*, p. 102.
[46] *Sentencia conjunta*, fol. 398v; *Méritos de Goiburu*, fol. 171v; *Méritos de Sansín*, fol. 173v.
[47] *Sentencia conjunta*, fol. 398v.

viaje, durante la semana en la que tuvieron que esperar recado del tribunal[48].

8. La misa negra

Durante el año los brujos celebraban sus misas negras en las noches de los días santos. Los miembros de la secta llevaban dinero, hostias, vino, velas de cera y otras cosas con las que acostumbraban hacer ofrenda a su señor en dichas ocasiones. Los «criados» del demonio, unos cuantos diablos de menor categoría, levantaban un altar, lo cubrían con manteles «negros y feos», encima ponían una imagen de Satanás sobre la que desplegaban un dosel de paño «viejo, negro y roto».

Antes de la misa, los brujos tenían que confesarse con el diablo. Los pecados eran todas las buenas acciones cometidas y las malas que habían dejado de cometer, y el daño que no habían causado a sus vecinos a pesar de haber tenido ocasión para ello. Después de confesar a sus brujos, el demonio se vestía unas ropas «largas, negras y feas», y los criados formando el coro comenzaban a cantar con voces «roncas, bajas y desentonadas». A lo largo del sermón, el demonio pedía reiteradamente a sus fieles que se afirmasen en su fe en él y no buscasen vanamente a otros dioses, pues aunque en esta vida les esperase mucha pobreza y contrariedades, deberían pensar que en la otra «gozarán de mucho descanso». A continuación de la plática se celebraba el ofertorio. Sentábase Satanás cara a sus fieles, y en una silla a su lado tomaba sitio la reina del aquelarre. Llevaba ella al cuello una cadena de oro, y en una mano portaba un medallón con la imagen del demonio, mientras sostenía en la otra el cestillo de la colecta. Uno a uno, los brujos iban desfilando por delante, besaban el medallón y depositaban «un sos, que es media tarja o tarja entera, y los más ricos y poderosos ofrecen un franco que vale tres reales, y el demonio les dice *pax tecuna*, esto dais por el honor del mundo y honra de la fiesta». Antes de

---

[48] *Ibid.*, fol. 396v.

volver a sus sitios caían de rodillas y besaban a su señor en las partes acostumbradas.

Por último se celebraba la comunión. La hostia tenía la apariencia de una suela de zapato negra y llevaba grabada la estampa de Satanás. La transubstanciación del pan se efectuaba cuando el demonio elevaba la especie de suela de zapato con las palabras: «éste es mi cuerpo». A las que los brujos, hincados de rodillas, respondían: «¡Aquerragoiti, aquerrabeiti!» (Lo cual según la traducción hecha por los inquisidores significaba: «¡Cabrón arriba, cabrón abajo!».) Y, mientras, se daban golpes de pecho y contemplaban la hostia en actitud de adoración. Del mismo modo efectuaba el señor de los brujos la transubstanciación del vino, que tenía en un cáliz de madera negro y miserable. La forma con que les daba de comulgar era dura y casi imposible de tragar; la bebida del cáliz, de la que todos tomaban un sorbo, era amarga y les ocasionaba un frío muy grande en el corazón[49].

A la postre, terminada la misa, los brujos y brujas se entregaban como de costumbre al desenfreno de las pasiones carnales. En la noche de San Juan tenía lugar, por añadidura, un rito especial. Los brujos iban a la iglesia, probablemente a la de Zugarramurdi, y entraban en ella, mientras su señor esperaba fuera. Una vez dentro, derribaban las imágenes al suelo y la gran cruz del altar mayor, con el relicario hacia abajo, era arrojada con violencia contra las gradas[50]. (Es de presumir que los brujos, después de cometer sus desmanes, se dedicarían a volver a colocar todo en su sitio, ya que nunca hubo ni un solo testigo ajeno a la secta que pudiese certificar aquel desorden ni destrozo alguno en la iglesia.)

9. *Violación de tumbas*

A la muerte de cualquier miembro de la secta, después de enterrado, los brujos profesos acostumbraban ir al cementerio acompañados

---

[49] *Ibid.*, fol. 398r-v; *Méritos de Goiburu*, fol. 171v; *Méritos de Sansín*, fol. 173v. Cf. Murray, 1921, cap. 5: 7, especialmente pp. 148-149.
[50] *Sentencia conjunta*, fol. 399r.

del demonio y sus criados, quienes portaban grandes palas y hachas. Sin pérdida de tiempo cavaban en la tierra y sacaban el ataúd de la fosa, lo abrían y dejaban a los parientes más próximos que extrajesen el cadáver y lo partiesen con las hachas, dejando caer la sangre en la fosa. Metían los intestinos y la mortaja en el ataúd y cubrían de nuevo la tumba con tal maña que nadie era capaz de descubrir que había sido profanada. Los deudos del muerto cargaban con los miembros descuartizados del cadáver y los llevaban hasta el lugar del «sabbat». Del mismo modo los brujos solían desenterrar los cadáveres de los niños y adultos que asesinaban durante sus correrías nocturnas[51].

10. El banquete

La carne de muerto se servía asada, cocida o cruda en el aquelarre, y los brujos aseguraban que era mucho más sabrosa que las perdices o los capones. El corazón estaba considerado como el bocado más exquisito y, por tanto, lo reservaban siempre para el demonio. Algo de la carne se les daba a los sapos vestidos, los cuales, gruñendo, se abalanzaban a comerla, y los lacayos del diablo recibían también su parte. Los brujos participaban todos, sin excepción, en el banquete.

A nadie se le ocurriría abstenerse de comer carne humana, aun cuando ésta procediese del padre, madre o cónyuge de uno mismo[52]. Estaba permitido llevarse las sobras a casa. Solían esconder la carne humana en sus arcones para irla comiendo poco a poco. En cambio, los sesos y los huesos se enterraban en el lugar del aquelarre, ya que éstos eran ingredientes importantes en la fabricación de venenos[53].

---

[51] *Ibid.*, fol. 399r-v; *Méritos de Goiburu*, fol. 171v; *Méritos de Sansín*, fol. 173v.
[52] *Sentencia conjunta*, fol. 399r; *Méritos de Goiburu*, fol. 171v; *Méritos de Sansín*, fol. 173v.
[53] *Sentencia conjunta*, fol. 399r.

13. Brujas en un banquete con los criados del diablo, devorando a un niño. Fragmento del aguafuerte de Ziarnko, 1613.

11. Venenos, polvos y ungüentos

En el aquelarre siguiente se desenterraban los sesos y huesos del muerto y se ponían a cocer en un caldero junto con una hierba que tenía la propiedad de dejar los huesos blandos como coles (los documentos indican que el nombre de la hierba era *belargusia*, en vasco)[54]. Los brujos fabricaban un ungüento venenoso con los hue-

---

[54] *Ibid.*, fol. 399v. Cf. *Relación segunda del auto de fe,* fol. 348v, donde la planta se llama «belarrona», i.e., belladona.

sos cocidos[55], y de los mismos extraían además un líquido mortífero, conocido entre ellos como el «agua amarilla»[56].

Elaboraban también unos polvos, por medio de un proceso más complicado, por lo que lo más corriente era que se reuniesen para fabricarlos en casa de alguno de ellos, aunque también podían hacerlo durante el aquelarre. Los ingredientes de los polvos eran: sapos, culebras, lagartos, salamandras, lagartijas, babosas, caracoles y «pedos de lobo» *(lycoperdon)*. Todas estas cosas eran recogidas en grandes cantidades en los campos y en las laderas de los montes[57].

Cuando los brujos salían a buscar los citados ingredientes, el demonio los dividía en cuadrillas, nombraba un jefe y les indicaba a cada uno una zona para rebuscar. Antes de partir, Satanás les daba su «bendición», e inmediatamente se dispersaban las cuadrillas a pie o volando. El demonio y sus servidores les ayudaban levantando grandes piedras y haciendo salir a las culebras de sus agujeros con unos palitos. Pero los brujos tenían que recoger las sabandijas con sus propias manos y juntarlas en montoncitos[58].

Una vez reunidos bichos y setas en abundancia, transportaban todo al lugar del aquelarre o al domicilio de alguno de ellos que hubiese ofrecido su casa. Antes de iniciar la fabricación del veneno, el demonio volvía a echarles su bendición diciendo: «Polvos, polvos, polvos y ponzoñas». Y bajo la dirección de la «reina del aquelarre» comenzaban por desollar los sapos del siguiente modo: hacían un agujero en la piel mordiendo al sapo en la parte alta de la cabeza y dejaban la cabeza libre de piel. Luego agarraban la cabeza con los dedos y cogiendo la piel con los dientes, de un solo y fuerte tirón desollaban al animal, el cual estaba aún vivo y les pataleaba en la cara. El demonio guardaba las pieles, pero los cuerpos se los daban al «rey del aquelarre» (Miguel de Goiburu) para que los picase bien picados en una tabla; hecho esto, los echaba en unas tarteras viejas.

---

[55] *Sentencia conjunta*, fol. 392v.
[56] *Ibid.*, fol. 393r; *Relación segunda del auto de fe*, fols. 348v-349r.
[57] *Sentencia conjunta*, fols. 391v-392r.
[58] *Ibid.*, fol. 392r-v.

Finalmente, todo junto con los huesos y los sesos de los cadáveres se cocía en una gran olla, revolviendo en ella constantemente, hasta que el demonio decía que ya bastaba. A continuación se echaba la masa en tablas o tejas y se ponía a secar al sol o en la chimenea.

La masa tardaba en secarse dos o tres días, y una vez seca se recogía de nuevo y el demonio la «bendecía». Después la machacaban en morteros hasta reducirla a polvo. Los polvos eran verdes, amarillos y negros y se repartían entre los brujos mayores, quienes se los llevaban a sus casas en tarros[59].

14. Fabricación de veneno. Dos mujeres desuellan un sapo, mientras una tercera atiende el fuego debajo del caldero. Fragmento del aguafuerte de Ziarnko, 1613.

[59] *Ibid.*, fols. 391v, 392v; *Méritos de Goiburu*, fol. 171v.

12. Daños a personas

Si los brujos deseaban vengarse de alguien, se quejaban al demonio y pedían la muerte del individuo en cuestión. Satanás les concedía gustoso el permiso para vengarse; mas la venganza tenía que ser perpetrada personalmente por la bruja o brujo ofendidos. En compañía del diablo y de otras brujas, acudía por la noche a la casa en que iba a realizar su venganza. El demonio abría la puerta y les alumbraba el camino, bien con un humo que procedía de sus cuernos, o con una antorcha de pez y resina que sostenía en la mano izquierda. Al llegar junto a las camas en que dormían los miembros de la casa, Satanás impartía su «bendición» a todos, proporcionándoles un sueño del que no podrían despertar mientras ellos estuviesen allí. La bruja que deseaba vengarse mezclaba sus polvos en una piel de sapo; el diablo abría la boca del durmiente, y la bruja le echaba los polvos en la garganta. Aquellos polvos producían náuseas y violentos vómitos. Podía observarse que lo vomitado tenía un color negruzco o verdoso, y olía muy mal. Aquel que no acertase a vomitar moría poco después presa de terribles dolores[60].

En ocasiones los brujos ejecutaban una venganza menor. Bastaba con untar al durmiente con el ungüento venenoso al tiempo que se pedía que la persona en cuestión sufriese dolor de estómago, fuese presa de la fiebre, o quedase paralítico o lisiado. Si el brujo o la bruja querían asegurarse de que la víctima moriría, le administraban algo del «agua amarilla», contra la que no había remedio humano posible. A los niños pequeños los mataban chupándoles la sangre por la fontanela o por las partes del sexo, mientras les apretaban por la espalda y otros sitios. Al día siguiente, los padres encontrarían a la criatura muerta y con marcas negras por el cuerpo. Otras veces, los brujos mataban a los chiquitines introduciéndoles alfileres en la cabeza o en las sienes[61].

---

[60] *Sentencia conjunta*, fols. 392v-393r.
[61] *Ibid.*, fols. 392v-393r.

13. *Daños a cosechas y animales domésticos*

Los polvos valían también para estropear la espiga y otros productos. Cuando los campos estaban repletos de mieses maduras, Satanás acudía a pie o volando a aquellos que habrían de ser echados a perder, y los brujos le seguían en forma de perros, gatos o cerdos. «El rey del aquelarre» tenía que portar la «olla del demonio» con los polvos y repartirlos entre los demás brujos. Cuando todo estaba listo, el demonio tomaba un puñado de polvos con la mano izquierda y los arrojaba hacia atrás diciendo: «Polvos, polvos, piérdase todo» (o «piérdase la mitad», según la magnitud de la venganza deseada). Mientras arrojaban sus polvos, los brujos repetían las palabras del diablo y añadían: «salvo sea lo mío»; aunque de nada les valía porque sus campos amanecían tan arrasados como los de sus vecinos[62].

Entre el repertorio de las brujas de Zugarramurdi hallamos también los daños a animales[63] y el conjuro de tormentas[64]; pero dichos actos no dicen nada nuevo con respecto a los ritos. Por tanto, volvamos a examinar su organización social.

14. *El conventículo*

La palabra *aquelarre,* adoptada por la lengua castellana en el siglo XVI, es, como ya dijimos, de origen vasco, y tiene dos significados: por un lado se refiere al conventículo que celebran los brujos para adorar al demonio; por otro, sirve también para denominar al grupo de personas que lo componen. Uno de los argumentos más fascinantes de Murray es que el número de miembros de dichos conventículos siempre resulta ser trece, o sea, doce brujos más uno, vicario del «dios cornudo». Si sumamos los brujos procedentes de Urdax y Zugarramurdi que en total fueron sentenciados en el auto de fe de

---

[62] *Ibid.,* fol. 391v.
[63] *Ibid.,* fol. 394v.
[64] *Ibid.,* fol. 391r. Cf. WA, p. 470, n. 68.

15. Bruja llevando a dos niños al aquelarre. Fragmento del aguafuerte de Ziarnko, 1613.

1610, nos da la cifra de veintisiete, con lo que sobra uno para tratarse de dos conventículos. Pero como uno de ellos se había trasladado a un pueblo de la costa, podemos excluirlo, y la cuenta encaja a la perfección[65]. Murray nos presenta en su libro una lista de conventículos ingleses que impresiona por su habilidad en demostrar que cada uno suma trece miembros[66]. No obstante, las fuentes ofrecen tal diversidad de interpretaciones plausibles que, a la hora de la verdad, tanto se podría llegar a un resultado de doce como de catorce miembros. En cuanto a Urdax y Zugarramurdi no hay nada que nos infunda la sospecha de que hubiese *dos* conventículos, ya que en todo momento se habla de los brujos como miembros de un mismo grupo.

15. Grados

Varias veces hemos hablado de las brujas como pertenecientes a diferentes grados. Parece ser que sólo había tres categorías: 1) niños brujos y aspirantes; 2) novicios; 3) profesos[67].

Los niños brujos participaban en el aquelarre sin necesidad de haber renegado de su fe. El demonio les marcaba con un arañazo, y no tenían otro cometido que cuidar del rebaño de sapos[68]. No podían acudir a las juntas por sus propios medios, sino que tenían que ser buscados por sus maestros o por los brujos mayores[69]. Los brujos solían incluso llevar a los niños desde muy pequeños a los aquelarres, con o sin su consentimiento, siempre y cuando sus padres no les hubiesen colgado alguna medalla al cuello o les

---

[65] Véanse LB núms. 1-26, 29.
[66] Murray, 1921, apéndice III A, pp. 249-254.
[67] Véase *Relación segunda del auto de fe,* fols. 345v-346r, donde la división en tres grados aparece con más claridad. La clasificación de Julio Caro Baroja en siete grados, basada solamente en su interpretación del panfleto de Mongastón (Mongastón, *Relación),* parece poco convincente (véase Caro Baroja, 1961, pp. 249-251).
[68] Cf. cap. 4: 4 y 6, arriba.
[69] *Sentencia conjunta,* fols. 387v, 389v, 390v, 396v; *Méritos de Goiburu,* fol. 173r.

16. Los músicos del diablo tocan para la danza. Fragmento del aguafuerte de Ziarnko, 1613.

hubiesen bendecido o hecho la señal de la cruz antes de dormir[70]. En cambio, los niños algo mayores debían acceder voluntariamente a ir; pero los brujos solían engañarles diciendo simplemente que los llevaban a un lugar donde lo iban a pasar muy bien[71].

Eran novicios aquellos que, habiendo renegado de su fe, pertenecían a la secta sin tener acceso a todas las ceremonias. Por ejemplo, Juanes de Sansín había sido considerado demasiado joven a sus veinte años para ser iniciado en la totalidad de los misterios de la fabricación de venenos, y sólo se le permitía participar en la recogida de los ingredientes y en la desolladura de los sapos. En contraste, no le estaba vedado profanar las tumbas ni engullir los cadáveres[72]. El novicio estaba bajo la tutoría de su maestro. Éste era el que se encargaba de los sapos de sus discípulos y quien les untaba para ir al aquelarre.

Los brujos profesos conocían todos los secretos de la composición de los venenos. Disponían de sapos y podían, por tanto, acudir al aquelarre por cuenta propia. Además de los cometidos especiales que el demonio les encargaba y de las dignidades que les concedía, todos ellos tenían la obligación de hacer prosélitos y ser sus maestros[73].

16. Cargos

Dentro del grado de los brujos profesos existía una estructura jerárquica de pronunciada índole matriarcal. La vieja Graciana de Barrenechea confesó ser la bruja principal de Zugarramurdi, cosa que ya había quedado en claro en la acusación provisional, basada en el informe del comisario y en las declaraciones de las primeras brujas, en las cuales se denominaba a Graciana: «reina, caudilla y

---

[70] *Sentencia conjunta*, fol. 397r.
[71] *Ibid.*, fol. 396v; *Méritos de Sansín*, fol. 173r.
[72] *Ibid.*, fol. 173v.
[73] *Sentencia conjunta*, fol. 387v.

cabeza del aquelarre»[74]. Ella era quien dirigía las asambleas, instruía a los demás brujos a la hora de fabricar los venenos, y durante las misas negras ocupaba el lugar de preferencia al lado del demonio[75]. Entre las brujas le seguía en rango Estevanía de Navarcorena, de ochenta años de edad, y a ésta, María Pérez de Barrenechea, de cuarenta y seis años (ambas pertenecientes al primer grupo de prisioneras)[76].

Miguel de Goiburu tenía el título de «rey del aquelarre». Era el principal de los brujos varones, que le respetaban como cabeza; pero queda bien claro que estaba subordinado a la reina. Como reconocimiento a sus muchos años de servicio y a su fidelidad, el demonio le había concedido el cargo honorífico de transportar la olla de los venenos durante sus expediciones devastadoras[77].

Estevanía de Yriarte era, como ya hemos visto, la favorita de Satanás, y tanto ella como su hermana María estaban entre las más célebres entre las brujas profesas[78]. Juanes de Goiburu era el «tambor mayor» del aquelarre[79], y su primo Juanes de Sansín, pese a su poca edad y grado de novicio, el «tambor menor»[80].

17. Disciplina

Los brujos tenían obligación de asistir a las juntas. Si un miembro faltaba, el resto se presentaba en casa del ausente y le maltrataba cruelmente[81], como en el caso de la mujer del molinero, que se había quedado en casa la noche de San Juan para asistir a la fiesta porque su marido había sido nombrado «rey de los moros» (véase cap. 3: 2). Los brujos tenían voto de sigilo, y ni siquiera les estaba

---

[74] *Ibid.*, fol. 387r.
[75] *Ibid.*, fols. 391v, 398r.
[76] Véase cap. 3: 2, arriba.
[77] *Sentencia conjunta*, fol. 387r-v.
[78] *Ibid.*, fol. 387r-v.
[79] *Méritos de Goiburu*, fol. 171v.
[80] *Méritos de Sansín*, fol. 173v.
[81] *Sentencia conjunta*, fol. 397r.

permitido hablar entre ellos después de las reuniones para comentar los acontecimientos del aquelarre[82].

18. *Zugarramurdi y otros conventículos*

Los brujos se mantenían en contacto con otros conventículos y, a veces, se visitaban unos a otros. El grupo de Zugarramurdi tenía relaciones con los brujos de Ciboure, Ascain, Trapaza y otros pueblos del otro lado de la frontera en el Pays de Labourd[83]. Por regla general, los brujos efectuaban estas visitas en manada, capitaneados por su señor. Cada conventículo tenía su jefe, y todos ellos respetaban los territorios de los demás. En una ocasión en que el señor de Zugarramurdi acudió a la costa para dañar a unos barcos, tuvo que obtener permiso del señor de Ascain para pasar por su distrito[84].

19. *La asamblea general*

Siguiendo el concepto de Murray, el grupo de Zugarramurdi pertenecía a una gran organización española de brujos, que cada ciertos años convocaría a los miembros de sus diversos conventículos a una asamblea general. En la extensa relación de la sentencia conjunta (de Graciana de Barrenechea y sus dos hijas más Miguel de Goiburu) se habla de una asamblea general, celebrada «habría veinte años» (sobre 1590) en Pamplona. El señor de Zugarramurdi había acudido, a la sazón, con sus brujos, y había saludado allí a otros doce demonios. En dicha ocasión se había repetido el protocolo y ceremonias habituales en las otras juntas, sólo que a un nivel mucho más alto. El señor de Pamplona era venerado por los demás como Señor de Señores, «por ser más hermoso y principal que todos, y los

---

[82] *Ibid.*, fol. 391r-v.
[83] *Ibid.*, fol. 391r.
[84] *Ibid.*, fol. 397v.

demás aunque no eran tan bien dispuestos como el señor del aquelarre de Pamplona, todavía eran blancos y de buen parecer y sólo el de Zugarramurdi era feo, negro y espantoso». Pese a ello, era el segundo en rango y durante todo el tiempo ocupó el asiento junto al del señor de Pamplona. Fue asimismo el primero en presentar a sus brujos a la hora de rendir pleitesía al señor de Pamplona y besarle debajo del rabo[85].

Ignoro a cuál de los brujos debemos tan célebre descripción, pero no está muy errado sospechar que fuese Miguel de Goiburu. Por la correspondencia de la Suprema se sabe que los brujos varones habían hecho unas declaraciones valiosísimas acerca de algunos conventículos en otras zonas de Navarra, y poseemos evidencia de la fantasía y agudeza que el sexagenario pastor mostró durante las audiencias. Posiblemente tengamos que agradecerle asimismo el siguiente relato sobre la asamblea general de Pamplona, en el que su autor alcanza la cúspide de su arte narrativo:

> Hubo gran número de brujos que en sus trajes se conocía muy bien ser de diferentes lugares, y mucho ruido y música porque los señores trajeron sus oficiales tamborinos e instrumentos, y se holgaron mucho teniendo actos torpes, deshonestos y carnales. Y después cada uno de los dichos señores dio de comer en mesas diferentes a sus brujos. Y que después de se haber holgado mucho, le hicieron gran acatamiento y cortesía al señor del aquelarre de Pamplona y se despidieron con mucho amor y alegría, guardando él su severidad como el mayor de todos. Y que al cabo de tres horas, al tiempo que cantó el gallo, estaban de vuelta en el dicho lugar de Zugarramurdi[86].

20. ¿Existió un culto a la fecundidad en Zugarramurdi?

A la par que vuelvo a asumir mi propia identidad, no dudo que los partidarios de Murray señalarán el hecho irrefutable de que a la

---
[85] *Ibid.*, fol. 397r-v.
[86] *Ibid.*, fol. 397v.

asamblea general de los brujos asistieron trece demonios, y calcularán que los brujos de Zugarramurdi bien pudieron recorrer los setenta y cinco kilómetros hasta Pamplona en tres horas, suponiendo que lo hubieran hecho a caballo.

Pero los que no comulgamos con las ideas de Murray, ¿cómo explicaremos lo anteriormente expuesto? Ya hemos dejado sentado que las confesiones no fueron extraídas bajo tormento; tampoco hemos sido capaces de rebatir en lo esencial el hecho innegable, alegado por los inquisidores, de que las declaraciones de los reos se correspondían entre sí. Sin embargo, es evidente que la sentencia conjunta representa la suma de las confesiones de los cuatro brujos. Está bien claro que los inquisidores combinaron las declaraciones de Graciana, María, Estevanía y Miguel y se apresuraron a generalizar, sin tener en cuenta que algún rito o detalle sólo había sido testificado por uno de ellos. Leyendo los resúmenes de los procesos de Juanes de Goiburu y Juanes de Sansín, obtenemos la impresión de que el abigarramiento de detalles no fue tan impresionante como en el caso de los otros, si examinamos las confesiones de cada uno por separado.

Atendiendo a la descripción de la secta de brujos en general, nos encontramos con el problema de cómo podía ser posible que persona alguna desease pertenecer a una organización tan miserable. Los partidarios de Murray aducirán que gran parte de la malignidad y perversidad, obviamente exageradas, se deben a añadidos de los propios inquisidores, quienes eran incapaces de suponer que alguien pudiese encontrar la felicidad fuera del cristianismo, y por tanto no atribuían a los brujos cosa buena. Pero aun si nos ponemos en el caso de que esto fuese así y si intentamos raspar lo que podríamos llamar el «barniz teológico inquisitorial», no descubriremos nada que nos recuerde a una religión conocida, mientras que si, por el contrario, aceptamos la brujería vasca tal y como se nos presenta, con todas sus barbaridades y obscenidades, veremos que se trata de una serie sorprendente de ejemplos del principio de inversión, rasgo universalmente conocido de las creencias en la brujería. Tal como advierte la antropóloga inglesa Lucy Mair, vemos que el mayor fallo de las teorías de Murray consiste en que «si los brujos realmente fuesen adeptos a una religión, en el sentido corriente de la palabra, no existirían. En el resto del mundo los brujos son aquellos que rechazan toda noción moral, y uno de los signos de tal amoralidad es el infanticidio, con su consiguiente comilona de carne de niño» (Mair, 1969, p. 16). La noción del aquelarre, conocida también en sociedades primitivas, varía según las culturas, pero siempre representa una antisociedad donde todos los valores han sido trastocados. La bruja o el brujo representan todos aquellos sentimientos e inclinaciones humanas repudiadas por la sociedad, pero que existen clandestinamente en el subconsciente de cada individuo. Por eso, en la fantasía de muchas personas, los brujos viven una vida exuberante, cuya representación puede ser proyectada hacia individuos aislados, a quienes se les fuerza a desempeñar el papel de enemigo número uno de la sociedad. «Brujos reales» no encontramos nunca ni en sociedades civilizadas ni en las sociedades llamadas primitivas de hoy día.

Pero ¿cómo explicar las confesiones si los encausados eran realmente inocentes? Vuelvo a la hipótesis del lavado de cerebro mencionada en el capítulo anterior. Por lo que respecta a los encausados de Logroño, cabe la posibilidad de que éstos hubiesen sufrido un cambio radical de identificación personal. No tardaron en darse cuenta de que si se atenían a la verdad, sólo conseguirían la tortura y la hoguera, y comprendieron en cambio que podrían salvar sus vidas si admitían que eran brujos. Éste tuvo que ser el motivo de que todos los acusados, tras una vacilación más o menos larga, acabasen aceptando el papel negativo que se les atribuía. Combinando los rasgos más morbosos de su propia fantasía con lo que ya sabían sobre los brujos, y con lo que los inquisidores les iban diciendo, fueron sucesivamente fabricando las confesiones que se esperaban de ellos. María de Jureteguía le dijo abiertamente a su tía: «Que no podría salir jamás de la prisión, si no lo decía aunque fuese mintiendo» (DS doc. 14: 15).

No obstante, hay algo en las confesiones de los brujos que bien podría indicar la existencia de un culto de narcóticos. Puede señalarse como prueba que el sapo contiene, efectivamente, sustancias alucinógenas y que la secreción cutánea del animal realmente podría haber sido activada por medio del ropaje de paño que se les ponía. El etnofarmacólogo americano Michael Harner, con quien he mantenido correspondencia acerca de este fenómeno, me comunicó su convicción de que los excrementos de los sapos, a causa de su contenido alucinógeno, pudieron muy bien usarse en la fabricación de «ungüentos voladores» eficaces[87]. Muchos de los detalles que salen a relucir en las declaraciones de los reos podrían también explicarse como visiones y sensaciones producidas por este tipo de narcótico: por ejemplo, la descripción hecha por María de Jureteguia de cómo su tía la había empequeñecido cuando iban a salir por un agujero en la pared. Sin embargo, esto no es una prueba en sí, y teniendo en cuenta que también los inquisidores operaron con la posibilidad de que todo se debiese a un delirio producido por narcóticos, lo mejor es dejar la cuestión abierta para volver sobre ella más adelante, cuando analicemos las pesquisas realizadas por el tribunal con la intención de descubrir lo que había de cierto en sus sospechas.

Pero sacasen los brujos su inspiración de donde la sacasen, y aunque seguramente todo era mentira de principio a fin, hay que reconocer que la construcción levantada por los inquisidores sobre la base de las confesiones fue impresionante. En Zugarramurdi se había dejado al descubierto una secta de brujos con toda su crueldad. Solamente quedaban por confirmar los resultados a través de la pesquisa inquisitorial realizada por Valle en el lugar del delito.

---

[87] Harner/Henningsen, 28-XII-1970.

CAPÍTULO 5

LAS VISITAS DEL DISTRITO
Y EL EDICTO DE FE

El viaje realizado por Valle en 1609 a Zugarramurdi y otros pueblos del norte de Navarra y Guipúzcoa tuvo el carácter de una visita normal del distrito; del mismo modo que lo tendría el viaje de Salazar dos años más tarde. La misión especial encargada a los visitadores en conexión con el problema de las brujas fue llevada a cabo siempre dentro de los límites trazados por las ordenanzas inquisitoriales relativas a los viajes de visita[1].

Por medio del servicio de inteligencia inquisitorial, el tribunal conseguía abundante información. A veces, la inquisición hecha a los prisioneros ponía al descubierto cómplices, que a su vez podían conducir al descubrimiento de nuevas células de herejía en diversos lugares, donde los inquisidores descubrirían luego todo un movimiento herético. Estas pesquisas eran realizables gracias a que los tribunales intercambiaban continuamente información

[1] *Nota bibliográfica.* Se ha escrito poquísimo sobre este tema tan fundamental para la comprensión de la Inquisición española. Véanse Lea, 1906-1907, vol. II, pp. 91-101, 238-241; Dedieu, 1978; Contreras, 1982, pp. 470-525. Cf. también las referencias documentales reunidas en WA, p. 472, n. 1.

por conducto de la Suprema. No obstante, es indiscutible que los tribunales conseguían los informes más importantes durante las visitas que sus miembros realizaban periódicamente al distrito de su jurisdicción, ya que los inquisidores recorrían extensas áreas e iban tomando nota de todo.

A cada tribunal le incumbía comisionar a un visitador una vez al año para que inspeccionase una buena parte de su distrito[2]. La ruta se trazaba de antemano, con el fin de asegurarse de que toda el área, zona por zona, quedaba visitada, y una vez cumplido este requisito, volvía a hacerse el recorrido desde el principio[3]. Estaba estipulado que los viajes de visita debían durar cuatro meses[4], y que el inquisidor a quien tocase el turno debía salir el primer domingo de Cuaresma[5]. (Imposible escoger mejor fecha, ya que aquellos que no atendían a misa con regularidad, lo hacían al menos en dicha ocasión con el fin de cumplir con el precepto pascual)[6].

El objetivo primordial de las visitas a los pueblos del distrito era publicar el edicto de fe. Dicho edicto no era más que un cuestionario de inquisición en cuyos ocho folios se enumeraban, uno por uno, toda clase imaginable de delitos de herejía[7]. En cuanto el visitador inquisitorial llegaba a un pueblo, hacía circular copias del edicto para que se leyese en voz alta desde los púlpitos de las iglesias y de las capillas de los conventos de los alrededores[8].

De acuerdo con las instrucciones impresas que acompañaban al edicto, la publicación tenía que hacerse al domingo siguiente. La víspera, el pregonero municipal se encargaba de hacer la ronda y proclamaba que todo el mundo tenía obligación de acudir a la iglesia al día siguiente, en compañía de sus hijos y demás miem-

---

[2] Argüello, *Instrucciones*, fol. 13v.
[3] *Lib* 497, fols. 270r-272r (Carta acordada, núm. 225, 25-I-1607, § 3).
[4] *Ibid.*, fol. 191r-v (Carta acordada, núm. 119, 21-VI-1578); cf. Lea, 1906-1907, vol. II, p. 240.
[5] Carta acordada, núm. 225 (n. 3, arriba), § 1.
[6] Rodríguez Lusitano, 1598, vol. I, pp. 162-163.
[7] Sobre el desarrollo histórico del edicto de fe, véase mi aportación en WA, pp. 473-474, n. 7.
[8] *Orden que se ha de guardar en la visita*, fol. 131r.

bros de la casa (con excepción de los niños menores de catorce años y las niñas menores de doce). Se les ordenaba atender a la misa solemne con el sermón y a la proclamación del edicto de fe, bajo amenaza de quedar excomulgados y expuestos a la acción legal del Santo Oficio[9].

Al siguiente día, durante la misa mayor, tras la lectura del Evangelio, toda la congregación juraba solemnemente ser leal a la Inquisición, y declaraba que estaba de parte de la santa fe católica; prometía asimismo asistir al Santo Oficio en su empeño de descubrir herejes, y revelar los nombres de aquellos que encubrieran o, de cualquier otro modo, ayudasen a los herejes[10]. Posteriormente se leía el extenso edicto de fe, lectura que debería de llevar una media hora.

El preámbulo variaba en los diferentes tribunales. El del edicto de la Inquisición de Logroño comenzaba así:

> Nos los Inquisidores Apostólicos contra la herética pravedad y apostasía en todo el reino de Navarra, obispado de Calahorra y la Calzada, condado y señorío de Vizcaya, con la provincia de Guipúzcoa, con toda la tierra y jurisdicción que cae en el arzobispado de Burgos, de los montes de Oca a esta parte, y su distrito, por autoridad apostólica, etc. A todos los vecinos y moradores...[11].

A partir de la enumeración de los nombres de las localidades del distrito, el texto del edicto de fe era análogo en todos los tribunales. Comenzaba por un saludo cristiano y proseguía comunicando que el fiscal del tribunal había comparecido ante los inquisidores y expuesto el hecho de que una vasta zona del distrito no había sido visitada durante largo tiempo, por lo que era presumible que en ella se hubiesen cometido delitos contra la santa fe católica de los cuales el tribunal no tenía noticias. (Tal párrafo

---

[9] BN, MS 2440, fol. 427r, «Instrvccion. El orden que se a de tener en publicar el Edicto de Fè, y Anathema...».
[10] *Lib* 1244, fol. 127v, «Juramento», copia impresa, sin fecha, pero al parecer de principios del siglo XVII; cf. WA, p. 474, n. 10.
[11] *Edicto de Logroño,* fol. 228.

OS LOS IN-
QVSIDORES APOS-
tolicos, contra la eretica pravedad, y Apostasia,
en todo el Reyno de Navarra, Obispado de Calahorra, y la Calçada, Códado y Señorio de Vizcaya,
con la provincia de Guipuzcoa, con toda la tierra, y juridicion que cae
en el Arçopispado de Burgos, de los montes de Oca a esta parte, y
su distrito, por autoridad Apostolica &c. A todos los vezinos, y moradores, estantes, y residentes, en todas las ciudades, villas, y lugares deste
nuestro distrito, de qualquier estado, y condicion, preeminencia, o
dignidad que sean, esentos, o no esentos, y cada vno, y qualquier
de vos, a cuya noticia llegare lo contenido en esta nuestra carta en
qualquier manera; Salud en nuestro Señor IESVCHRISTO, que es
verdadera salud, y a los nuestros mandamientos, que mas verdaderamen
te son dichos Apostolicos, firmemente obedezer, guardar, y cumplir.
Hazemos saver, que ante nos parecio el promotor Fiscal del Santo Offi
cio, i nos hizo relacion diziendo; Que bien saviamos, y nos era notorio
que de algunos días, y tiempo a esta parte, por nos en muchas ciudades,
villas, i lugares deste distrito, no se avia hecho Inquisicion, ni visita Gene
ral, por loqual no avian venido a nuestra noticia muchos delitos que se
avian cometido, i perpetrado, contra nuestra Santa Fè Catolica, i se esta-
A   van

17. Portada del edicto de fe con el escudo de armas de la Inquisición (una rama de olivo, la espada y la cruz con espinas) y el lema de la Inquisición: «Levántate Señor, y juzga tu causa». Ejemplar del tribunal de Logroño, primera mitad del siglo XVII, Archivo Histórico Nacional, Madrid.

era naturalmente una pura formalidad, ya que, como recordaremos, el fiscal era un subordinado de los inquisidores, con obligación de comparecer ante ellos en cuanto se lo exigiesen). Por esta razón, proseguía el edicto, los inquisidores habían prometido a su fiscal efectuar un recorrido de visita a aquellos lugares, de modo que todos sus moradores estaban obligados a presentarse ante el Santo Oficio y declarar si sabían o habían oído decir que tal o cual persona, viva o muerta, ausente o presente, había dicho, hecho o pensado algo que atentara contra los principios de la fe católica[12].

A continuación venía la enumeración de las muchas formas de herejía. En primer lugar se refería a gran número de costumbres judías y conceptos judaicos. Posteriormente se hacía una descripción semejante de la fe de Mahoma, del protestantismo y de la secta de los alumbrados. Estos grupos religiosos minoritarios eran el objeto principal del celo inquisitorial[13].

Continuaba el edicto con una miscelánea que incluía ejemplos de blasfemias, tales como «Reniego contra Dios [si lo que digo no es cierto]», y de opiniones heréticas como: «No hay paraíso o gloria para los buenos ni infierno para los malos y que no hay más de nacer y morir». Después de esto seguía un párrafo particularmente interesante para el presente estudio, ya que se inquiría si alguno de los presentes amonestados tenía conocimiento de ciertas personas que practicaban artes sobrenaturales; o que invocaban a los demonios o poseían ciertos espíritus familiares; o que trazaban círculos mágicos y hacían preguntas a los demonios; y finalmente, si alguien sabía o había oído decir que fulano era brujo o bruja, o que había pactado con el demonio[14].

El edicto contenía un sección dedicada a libros prohibidos, y por último hacía hincapié en las ofensas que se hubieran podido cometer contra el Santo Oficio: la posibilidad de que alguno hubiese dejado de informar a la Inquisición de ciertas actividades

---

[12] *Ibid.*, fol. 228r-v.
[13] *Ibid.*, fols. 228v-230v.
[14] *Ibid.*, fols. 230v-231r.

heréticas; o de que tuviese conocimiento de personas que habían prestado testimonios falsos o sobornado a otros para que lo hicieran; si alguna persona, después de ser castigada, había dicho que no era cierto lo que había confesado y que lo había dicho por miedo o por otras razones; si alguna persona había roto la promesa de guardar silencio dada al Santo Oficio; y finalmente si se sabía o había oído decir que personas quemadas por la Inquisición habían muerto inocentes y, por tanto, eran mártires[15].

Toda persona con conocimiento de delitos cometidos contra cualquiera de los puntos arriba indicados quedaba, bajo amenaza de excomunión, obligada a declarar lo que sabía al Santo Oficio, sin mencionar el asunto a nadie. El plazo concedido para cumplir con dicha obligación era de seis días. A los confesores se les recordaba la prohibición de absolver a cualquier persona culpable de herejía o que, con conocimiento de actividades heréticas no las hubiera denunciado a la Inquisición[16].

Por regla general, una vez leído el edicto, se pronunciaba un sermón sobre el tema. De acuerdo con las instrucciones impresas, el sacerdote tenía que exhortar a todos los vecinos del pueblo a cumplir con su obligación de cristianos y denunciar todo cuanto sabían; y al dirigirse a los herejes deberían advertirles que el Santo Oficio mostraba siempre gran indulgencia con aquellos que voluntariamente se presentaban a confesar sus errores[17].

Al domingo siguiente, expirado el plazo concedido a la gente para presentarse, se proclamaba el anatema desde el púlpito. Al igual que con el edicto de fe, el pregonero se encargaba la víspera de comunicar a todo el pueblo la obligación de acudir a la iglesia al día siguiente[18]. El anatema, como el edicto, se leía después del Evangelio, pero era breve, y su tono, desde el principio, mucho más duro[19].

[15] *Ibid.*, fol. 231r-v.
[16] *Ibid.*, fols. 231v-232r.
[17] *Loc. cit.*, n. 9, arriba.
[18] *Ibid.*, n. 9, arriba.
[19] Aquí y en adelante cito a un anatema impreso sin fecha, *Anatema de Valladolid*, que presumo es de principios del siglo XVII; cf. WA, p. 474, n. 19.

En primer lugar se hacía constar que el pueblo había dispuesto ya de seis días para pensar sobre lo que debían declarar. No obstante —y aquí repetían el estribillo habitual—, el fiscal del tribunal se había presentado de nuevo ante los inquisidores, pero esta vez con la intención de denunciar a aquellos que en su desobediencia obstinada hubieran incumplido su obligación para con la Santa Madre Iglesia. Los inquisidores, por tanto, declaraban que los réprobos serían expulsados de la sociedad cristiana[20].

El anatema proseguía explicando puntillosamente el modo en que se ejecutaría la excomunión.

> Y así os mandamos, en virtud de la santa obediencia y so pena de excomunión mayor, que el día que esta nuestra carta fuere leída y publicada a la misa mayor, estando el pueblo congregado a los Divinos Oficios, los denunciéis por públicos excomulgados, anatematizados a todos los sobredichos, así rebeldes e inobedientes, y los anatematicéis esparciendo agua bendita para que huyan los demonios que así tienen a los tales rebeldes detenidos y ligados con sus lazos y cadenas [aquí debemos imaginarnos que el predicador acompañaba sus palabras con una rociada simbólica de agua bendita en todas las direcciones, sobre las cabezas de la congregación entera, puesto que aún no se habían revelado los nombres de los pecadores] suplicando y rogando a nuestro Señor Jesucristo sea servido de reducirlos y volverlos al gremio y unión de nuestra Santa Fe Católica y de la Santa Madre Iglesia Romana, y no permita que sus días fenezcan y acaben en tal dureza y perversidad.

Se le concedía luego a cada cristiano un plazo de tres días para interrumpir sus relaciones con aquellas personas que hubiesen sido excomulgadas, bajo amenaza de quedar fulminados por el anatema quienes no lo hiciesen[21].

En este punto, el predicador exhortaba desde el púlpito a todos los eclesiásticos presentes a que, «con hábito decente», se acercasen a celebrar la ceremonia de la excomunión. A las palabras «con hábito decente», los monjes y clérigos que estaban prepara-

---

[20] *Anatema de Valladolid*, fol. 422r.
[21] *Ibid.*, fol. 422v.

dos en la sacristía, aparecían en la nave de la iglesia revestidos con sus albas, portando cirios encendidos. Salían en procesión encabezada por la Cruz envuelta en paño negro; los religiosos, que marchaban tras la Cruz con velas en las manos, cantaban «Deus laudem meam, ne tacueris». Concluido el «Deus laudem meam», daban comienzo a la antífona «Media vita in morte sumus», seguida del responso «Revelabunt coeli iniquitatem judae». Llegada la procesión al altar, bajaban la voz y proseguían cantando suavemente, procurando así acompañamiento de fondo a la última y más terrible parte del anatema[22].

Desde el púlpito se dejaban oír las extremecedoras frases de excomunión pronunciadas por el sacerdote, realmente comparables a los conjuros mágicos que podría recitar cualquier hechicero: «La indignación de Dios todopoderoso y su maldición, y de la gloriosa Virgen Santa María, su madre, y de los bienaventurados apóstoles San Pedro y San Pablo, y de todos los Santos del cielo, venga sobre ellos y sobre cada uno de ellos». Se les comunicaba luego a los excomulgados que iban a ser afligidos por todas las plagas de Egipto y que las miserias de Sodoma y Gomorra recaerían sobre todos ellos. «Sean malditos en su comer y beber, y en su velar y dormir, en su levantar y andar... y el diablo esté siempre a su mano derecha. Y cuando fueren al juicio, salgan condenados, y sus días sean pocos y malos, y sus bienes y hacienda sean pasados a los extraños y los gocen otros, y sus hijos sean huérfanos y siempre estén en necesidad. Y sean alanzados de sus casas y moradas, las cuales sean abrasadas. Y todo el mundo los aborrezca y no hallen quien haya piedad de ellos». El anatema finalizaba invocando «todas las maldiciones del Viejo y Nuevo Testamento» sobre las cabezas de los individuos y deseándoles quedasen con «Lucifer y Judas y con todos los diablos del infierno», los cuales serían en adelante «sus señores y compañía»[23].

---

[22] *Ibid.*, fols. 422v-423r; *Lib* 1325, fol. 249r, «El orden que se a de tener qvando se lea la carta de Anathema».
[23] *Anatema de Valladolid*, fol. 423r.

Al llegar el lector a las palabras «señores y compañía», los monjes y clérigos paraban sus canturreos y respondían en coro con un resonante «Amén». Por medio de un ritual simbólico se representaba la excomunión. Uno a uno, los eclesiásticos iban arrojando sus cirios encendidos en un recipiente con agua bendita, al mismo tiempo que pronunciaban las palabras: «Así como mueren estas candelas en esta agua, mueran sus ánimas de los tales rebeldes y contumaces, y sean sepultados en los infiernos». Concluida la ceremonia, sonaban las esquilas y tañían, durante algún tiempo, las grandes campanas de la torre como en los funerales. La excomunión seguiría vigente mientras el réprobo no se arrepintiera y se presentase a demostrar que merecía el perdón de la Iglesia[24].

Con anterioridad a 1632, fecha en que se modificó el edicto de fe, el texto variaba considerablemente de un tribunal a otro[25]. Según un anatema impreso de Logroño (sin fecha, aunque probablemente de principios del siglo XVII), a los excomulgados se les concedían algunos días más de plazo para presentarse a declarar, pues los inquisidores tenían la sospecha de que muchos se abstenían de denunciar a sus amigos y parientes, permitiendo que la consideración hacia ellos (u otros motivos) se interpusiera en el camino de sus deberes de cristianos[26]. Pero aunque el texto del anatema haya podido variar, parece ser que la ceremonia de excomunión fue la misma en todos los tribunales a principios del siglo XVII.

Sería interesante hacer un estudio de los efectos que las exhortaciones del edicto de fe y las maldiciones del anatema causaban entre los fieles. Sin embargo, hay motivos para creer que la gente se fue volviendo poco a poco inmune, aunque naturalmente los documentos de la Inquisición no nos proporcionan más que atisbos ocasionales. Como cuando en 1581, durante una visita de

---

[24] *Ibid.*, fol. 423r; *Lib* 1325, fol. 249r (cf. n. 22, arriba); *Orden que se ha de guardar en la visita*, fols. 132v-133v.
[25] Los pormenores de aquellas variaciones necesitan un estudio detallado. Sin embargo, tengo la impresión de que los anatemas variaban mucho más que los edictos de fe.
[26] *Lib* 1244, fols. 243r-244v.

inspección en Galicia, un vecino de Racamonde fue instando a la gente a que callase la boca cuando leyesen la «excomunión» al domingo siguiente en la iglesia, pues, si alguno hablaba, otros muchos le seguirían y entonces estarían todos perdidos. Les dijo, además, que no se preocupasen por la excomunión, pues no era más que una orden pronunciada por un juez terrenal, y que Dios no permitiría que todos fuesen anatematizados por haber callado. El hombre fue requerido por la Inquisición, y el caso quedó resuelto con una amonestación y una multa[27].

En el año 1611, cuando Salazar estaba haciendo la visita en Vitoria, una mujer respetada, residente en la ciudad, denunció a dos personas por cometer adulterio. Confesó a Salazar que había tenido sus dudas sobre si debía exponer el asunto a la Inquisición, y se excusó de no haberlo hecho antes alegando que mucha gente le había dicho que aquello era una nimiedad y que no tenía obligación alguna de denunciarlo[28]. Durante el mismo recorrido de inspección, Salazar descubrió que el comisario del Santo Oficio de Irún, un clérigo de ochenta años, tenía fama de mujeriego, y era particularmente peligroso en el confesionario. Por propia seguridad, a la hora de leer el edicto de fe en la iglesia, el viejo cura había saltado el párrafo relativo a la obligación de denunciar a los confesores solicitantes. Al regresar a Logroño, Salazar leyó los registros del tribunal y se cercioró de que el caso del comisario de Irún no era en modo alguno único[29].

Los testigos eran interrogados siempre por el inquisidor, y su secretario anotaba las declaraciones en el llamado *libro de visita*. De acuerdo con unas instrucciones de principios del siglo XVII, cada inquisidor debía asegurarse de que se preguntara a todos los testigos si conocían a otras personas que pudiesen corroborar sus afirmaciones. Se anotaban minuciosamente los nombres de todos, de modo que el inquisidor pudiera requerirlos para interrogarlos

---

[27] *Leg* 2042, exp. 8, fol. 14r.
[28] *Memorial primero de Salazar,* fol. 359r § 9.
[29] *Ibíd.,* fols 359v-360r § 13. El nombre del comisario era Juan de Ribera Yrigoyen.

en el momento oportuno. Las instrucciones aconsejaban que el inquisidor visitador empezara a interrogar a la gente inmediatamente, «porque si dejase los contestes para la postre le será muy molesto»[30].

Además de la publicación del edicto de fe y de la recepción de denuncias, el inquisidor comisionado tenía otros deberes. En todos los lugares que visitase debía asegurarse de que los sambenitos de los reos quemados por la Inquisición colgaban en las iglesias con sus respectivos letreros, y de la renovación de los que se hallaban demasiado deteriorados. Los inquisidores iban provistos de listas con los nombres de los reos, para comprobar que no faltaba ningún sambenito[31]. A través de las listas de la visita de Salazar, vemos que algunos de los sambenitos llevaban colgados más de cien años (los más antiguos databan del año 1500)[32]. Los sambenitos colgaban en todas las iglesias de España en recuerdo constante de los crímenes de los herejes contra la fe católica y para vergüenza permanente de sus descendientes.

El visitador iba provisto también de las listas secretas del tribunal con los nombres de personas particularmente sospechosas, con el fin de conseguir informes adicionales sobre las mismas. Finalmente, durante su recorrido tenía que informarse sobre la conducta de los representantes locales del Santo Oficio, para asegurarse de que llevaban la vida ejemplar que se exigía de ellos, y de que cumplían con su deber sin abusar del cargo[33].

Para el ciudadano corriente, la Inquisición consistía en los autos de fe celebrados en la ciudad donde el tribunal tenía su base, en las visitas que hacía a la región y en los sambenitos que colgaban en las iglesias. El resto de las actividades inquisitoriales permanecían en la oscuridad.

La Inquisición se mostraba tan celosa de su prestigio durante los recorridos de inspección como en los autos de fe. Cuando el

---

[30] *Orden que se ha de guardar en la visita,* fol. 132r-v.
[31] *Lib* 497, fols. 121r-123v (Carta acordada, núm. 51, 26-XI-1569, § 3).
[32] Cf. *Memorial primero de Salazar,* fol. 367r, §§ 51-52.
[33] Carta acordada, núm. 51, 26-XI-1569 (n. 31, arriba), §§ 2 y 10.

inquisidor visitador se acercaba al lugar en que iba a celebrarse la audiencia, mandaba recado por delante para que los representantes de las autoridades eclesiásticas y civiles salieran a recibirle y le acompañaran a su alojamiento. El secretario del inquisidor, que le acompañaba en todos los recorridos, tenía órdenes de ir anotando los detalles del recibimiento que se les hacía en cada sitio, si se les había recibido con suficiente pompa o si la acogida había sido calurosa o fría[34]. Además de proporcionar alojamiento al Santo Oficio, los moradores de los pueblos tenían que preparar un local en el que pudiera establecerse temporalmente la sala de justicia inquisitorial. En la sala se colocaba una mesa, donde se sentaba a presidir el inquisidor bajo un palio que llevaba consigo. A lo largo de la pared se situaba el altar portátil del tribunal, en el que el inquisidor y su séquito celebraban misa todas las mañanas antes de emprender la labor del día[35].

A comienzos del siglo XVII, la visita conservaba aún algo del aspecto de una sala de justicia ambulante, pero se trataba sólo de una apariencia, pues ya hacía tiempo que los tribunales se habían establecido en una sede permanente. El deber del visitador no era otro que obtener evidencias, aunque también se resolvían casos de mínima importancia en el acto, con amonestaciones o multas. No obstante, cuando existía sospecha de que el reo intentaría escaparse, el inquisidor tenía poder para hacerlo arrestar. Todos los demás asuntos debían discutirse en el tribunal al término de la visita de inspección[36].

Después de regresar al tribunal, el visitador tenía que hacer un informe de todos los casos surgidos durante el viaje, con una relación de cuántos *contestes* habían sido interrogados en cada caso. Esta relación de la visita se remitía luego al Consejo de la Inquisición, y meses más tarde, quizá años, se ejecutaban las detenciones de los acusados[37].

---

[34] Véase Lea, 1906-1907, vol. II, p. 239.
[35] Sobre el palio, véase pp. 301, 350, abajo; sobre el altar portátil, p. 314, abajo.
[36] Carta acordada, núm. 51, 26-XI-1569 (n. 31, arriba), §§ 8-12.
[37] Orden que se ha de guardar en la visita, fol. 133v.

Como el inquisidor que hacía la visita imponía a todos los testigos la obligación de guardar silencio, el Santo Oficio podía aparecer y desaparecer en un pueblo sin que nadie supiera lo que había descubierto[38]. Sin embargo, siempre se escapaba algo por alguna brecha; por mucho que el inquisidor se propusiera guardar todo en secreto, resultaba imposible mantenerlo a lo largo de todo el recorrido. Las lenguas de la gente entraban en movimiento antes y después de los interrogatorios; además, aunque los testigos refrenasen sus lenguas, la promesa de anonimato no siempre les protegía. En una sociedad pequeña, donde todo el mundo se conocía, no podía por menos de notarse cuando alguien se ausentaba, de repente, del pueblo después de haber oído la lectura del edicto de fe; y, por regla general, era posible adivinar lo que éste o aquél tendría que contar a la Inquisición.

El hecho de que muchos informantes fueran maltratados después queda demostrado en un gran número de relaciones de causas contra personas acusadas de haber puesto impedimento «al libre y recto ejercicio del Santo Oficio». Los ejemplos de que tenemos noticia son francamente admirables a causa de las penas tan benignas impuestas a los acusados[39].

Las regulaciones de la Inquisición estipulaban que la visita de inspección del distrito se realizara una vez al año; sin embargo, la duración e incomodidad de los viajes representaban un duro deber para los inquisidores. La correspondencia entre la Suprema y los tribunales —tal como Lea señala muy oportunamente— está pespunteada de órdenes al inquisidor de turno para que parta a hacer la visita y de disculpas de los tribunales por demorar la partida[40]. El inquisidor a quien tocaba hacer la visita de inspección el primer domingo de Cuaresma, «sin falta»[41], rara vez salía de viaje

---

[38] Todos los testigos eran obligados a guardar secreto. Véase la fórmula utilizada en García, *Orden de procesar,* fols. 1v-2r.
[39] Véase, por ejemplo, «Relación de causas de la Inquisición de Galicia, 1619-1620», núms. 1 y 11 *(Leg* 2889).
[40] Lea, 1906-1907, vol. II, p. 240.
[41] *Lib* 497, fol. 270r (n. 3, arriba).

antes del verano. Es probable que la razón de que los inquisidores no tuvieran más remedio que cumplir con esa misión poco agradable se halle en las regulaciones de 1578, con arreglo a las cuales los inquisidores que no habían visitado el distrito no recibirían los subsidios anuales[42]. La ayuda de costa representaba la sexta parte del salario anual de un inquisidor. No obstante, parece ser que el Consejo de la Suprema optaba por aceptar las excusas de los inquisidores. Si tomamos, por ejemplo, el período de 1600 a 1620 en la Inquisición de Logroño, observaremos que se efectuaron visitas al distrito solamente en 1607, 1609, 1611, 1616 y 1617[43]; pero todos los años se pagó la ayuda de costa a los inquisidores.

---

[42] *Lib* 497, fol. 191r-v (n. 4, arriba).
[43] En 1607 la visita fue hecha por Becerra (cf. cap. 4, n. 38, arriba), en 1609 por Valle (cf. cap. 5), en 1611 por Salazar (cap. 10), en 1616 otra vez por Salazar (véase cap. 12: 7). Una lista algo diferente de las visitas del distrito de Logroño puede verse en *Examen de Salazar en Valencia,* fols. 781v-782r.

CAPÍTULO 6

LA VISITA DE VALLE

1. La misión

El 21 de julio de 1609 la Suprema tuvo necesidad de repetir su orden a Valle para que saliese a hacer la visita del distrito[1]. Sin embargo, parece ser que el Consejo contaba con la dilación constante del viaje de Valle a Zugarramurdi, pues tres días más tarde volvió a escribirle una carta con las últimas instrucciones. En ella se le ordenaba visitar en primer lugar los pueblos de donde procedían los presos: Zugarramurdi y Urdax. Allí habría de llevar a cabo interrogatorios y recibir las confesiones a que diese lugar la cuestión de aquella secta que, como escribe la Suprema, «nos pone a todos tanto cuidado». Valle debería asimismo escribir con frecuencia al tribunal para orientar a sus colegas sobre la marcha del asunto. Por medio de interrogatorios a miembros de la secta, así como a personas ajenas a ella, debería intentar, antes que nada, verificar los hechos confesados por los reos, la posesión de sapos,

[1] *Lib* 332, fol. 251v (C./T. 21-VII-1609).

la fabricación de polvos y ungüentos, el asesinato de niños y el desenterramiento de cadávares de niños y adultos. Debería investigar profundamente todos estos daños que los brujos se habían atribuido en sus confesiones por medio de preguntas a los perjudicados o a otros que tuvieran conocimiento de los hechos, con el fin de asentar si todo ello era real o imaginario. Valle debía buscar los ungüentos, los polvos, los sapos y todas las demás cosas usadas por los brujos para sus maleficios, en los sitios en que los brujos decían tenerlas escondidas, y luego haría que todo ello fuera examinado con la mayor minuciosidad por médicos y boticarios. «Pues —como concluía el escrito de la Suprema— el principal juicio de esta materia consiste en la prueba y verificación que se hiciere de estos actos y cosas visibles y permanentes»[2].

Esta instrucción[3] era un suplemento a la anterior del 2 de marzo de 1609, «Las catorce preguntas de la Suprema» (véase cap. 3: 4). En ella se demuestra que el Consejo, lejos de sentirse convencido por la lectura de las diez confesiones obtenidas hasta entonces, se seguía aferrando a la idea de que el tribunal debería suplir sus interrogatorios con los resultados de las pesquisas realizadas en el escenario del crimen.

2. La visita de Zugarramurdi

En Logroño, las cartas de la Suprema se recibieron el 7 de agosto, y el domingo 16 del mismo mes partió por fin Valle para la visita[4]. Iba acompañado de don Francisco Pardo de la Fuente[5], secretario inquisitorial, quien llevaba consigo, en su arca de documentos, el fruto de los esfuerzos de aquella primavera. Allí había copias de todo cuanto los brujos habían confesado ante el

---

[2] *Ibid.*, fols. 252r-253v (C./T. 24-VII-1609).
[3] Las instrucciones a Valle no deben confundirse con el modo de proceder en causas de brujería que fue enviado al tribunal en la misma ocasión, pero que desafortunadamente se ha extraviado (cf. p. 101, arriba).
[4] *Lib* 794, fol. 462 (T./T. 22-VIII-1609).
[5] *Examen del libro de visita de Valle,* fol. 1525v.

tribunal; tampoco faltaba el material acusador contra sus cómplices, que aún andaban libres por Zugarramurdi; y llevaba también informes que el tribunal esperaba conducirían al descubrimiento de nuevos brujos en otras partes de Navarra (véase cap. 3: 5). En su viaje hacia Zugarramurdi, Valle pasó por Pamplona, donde se detuvo y, probablemente, permaneció la noche del martes[6].

El miércoles, a las seis de la tarde, cansados de la dura jornada por los empinados y pedregosos caminos del paso de Velate y a través del verde, pero caluroso, valle de Baztán, llegaron Valle y su comitiva al monasterio de premostratenses de Urdax. Fueron recibidos con repique de campanas de la iglesia. Fray León y sus monjes saludaron efusivamente a los recién llegados y celebraron la llegada de Valle con una fiesta digna de un obispo. Al día siguiente, 20 de agosto, Valle informó satisfecho de todo ello al tribunal, e interpretó en su carta los muchos honores recibidos como señal de simpatía hacia la Inquisición.

El lugar, en cambio, según indica Valle en la misma carta, no era ideal para emplazar la sala de audiencias, debido a su excesiva proximidad con la frontera francesa. Por este motivo, había decidido limitarse a hacer publicar el edicto de fe en las iglesias del valle de Baztán; pero incluso con esta limitación, pensaba que algunos tendrían que recorrer más de cinco leguas, por montaña y valle, para acercarse hasta él. En cuanto al comisario inquisitorial de Lesaca, a quien el tribunal había elegido como intérprete de vascuence, en el monasterio le habían informado de que, pese a ser persona honrada que trabajaba con entusiasmo, era ya viejo y lento. En vista de lo cual había resuelto llamar al comisario de Arano, padre Juan de Monterola (véase cap. 3: 2), para que le asistiese como intérprete. Y Valle finalizaba su carta refiriendo las primeras impresiones sobre el asunto de la brujería basándose seguramente en las palabras que el abad, fray León, le había dicho después de su llegada:

---

[6] Sobre el paso de Valle por Pamplona, véase al final del cap. 6: 3, abajo.

Toda esta tierra —así por las partes de Navarra como por las de Francia— está muy inquieta con esta materia de brujas. De manera que [viniendo hacia aquí oíamos cómo ellos] por los caminos de sus labranzas daban voces diciendo ¡jorguiñas, jorguiñas! [vascuence *sorgiñak:* «brujas»]. En Francia proceden contra ellos en los lugares cercanos a éste —que son muchos donde los hay— con grande rigor. Y van quemando y hacen las causas con mucha brevedad, aunque me dicen que el juez [Jean d'Espaignet] procede bien... Es un presidente del parlamento de Burdeos que los lugares donde hay esta mala secta lo fueron a pedir. Trae cuatro meses de término para su comisión, que está toda la tierra inficionada, especialmente de aquí a Bayona, que hay cinco leguas. Y yo creo que está tan malo por todas estas montañas de Navarra, y de lo que se ofreciere iré dando cuenta a Vuestra Merced [inquisidor Becerra]... [7].

Valle se apresuró a proclamar el edicto de fe. Al domingo siguiente de su llegada se leyó desde los púlpitos de las iglesias del valle de Baztán, y siete días después se anunció el anatema contra todos aquellos herejes que no se hubieran delatado, y contra aquellos cristianos que, sabiendo algo de otros, lo callaran[8]. Solamente cinco brujas se presentaron ante la Inquisición, y tres de ellas lo hicieron después del final del plazo. El flaco resultado vino a confirmar abundantemente las sospechas del tribunal sobre el terror con que el demonio tenía sometidos a sus súbditos para que no se atreviesen a hablar.

Las cinco personas que violaron la prohibición diabólica eran todas muchachas jóvenes de Zugarramurdi, de edades comprendidas entre doce y veinte años, y dos de ellas (quizá cuatro) tenían a sus madres presas por brujas en las cárceles del tribunal de Logroño (véase LB, núms. 103-107). Valle interrogó también a María de Ximildegui, la chica francesa que había descubierto a las primeras brujas de Zugarramurdi. Como recordaremos, ya había dejado de ser bruja, por lo que actuó como testigo ajeno a la secta[9].

[7] *Lib* 794, fol. 459r-v (Valle/T., Urdax 20-VIII-1609).
[8] *Lib* 794, fols. 461r-v, 464r (T./C. 25-VIII-1609).
[9] Idoate, *Documento,* pp. 59, 73-75; cf. cap. 1: 3, arriba.

Aunque las confesiones de las cinco brujas se han extraviado, adivinamos su contenido gracias a una carta a la Suprema, de 15 de septiembre de 1609, en la que Becerra y Salazar expresaban cuanto habían sabido por su colega. Los dos inquisidores hacían notar al Consejo que la información proporcionada por las cinco mozas concordaba con todo lo manifestado por los brujos y brujas presos. En su escrito se hacen eco de la carta que el tribunal había recibido de Valle, en la que exponía que especialmente las confesiones de las cuatro más jóvenes demostraban hasta qué punto Satanás solía coartar la libertad de sus brujos por miedo a que éstos le descubriesen. Pero el demonio había discurrido una nueva estratagema: había empezado a llevar a los brujos menores al aquelarre en cuanto se quedaban dormidos, «por dar correspondencia a la opinión que ha habido de que pasa todo entre sueños».

Sin embargo, habían salido a relucir algunos detalles nuevos. Se había descubierto que, en la noche de San Juan, los brujos y brujas invadían la iglesia de Zugarramurdi, tiraban las cruces y las pisaban. Mientras tanto, el demonio esperaba fuera. Asimismo, se había llegado a saber que en los días santos, Satanás se vestía de cura, y celebraba misa y daba de comulgar en su aquelarre. Al ser alzada la hostia, la asamblea de brujos pronunciaba «ciertas palabras no significativas», pero las cinco brujas confesas aseguraban que querían decir: «¡Cabrón abajo, cabrón arriba!». Los brujos pronunciaban esas mismas palabras cuando iban a misa a la iglesia, en el momento en que el sacerdote elevaba la hostia y el cáliz para que los fieles los adorasen.

Valle seguía explicando en su carta cómo, durante la audiencia concedida a las cinco mozas, había conseguido verificar algunos acontecimientos concretos, descritos por los presos en las cárceles del tribunal. María Chipía, de veinte años (quizá identificable con María de Lecumberri la mayor; LB núm. 103), había narrado detalladamente cómo el demonio y sus compinches intentaron raptar a María de Jureteguía, y cómo echaron a perder su jardín y estropearon el molino en venganza por no haber podido conseguir sus propósitos. La explicación de esta moza venía a corroborar lo manifestado por la propia María de Jureteguía ante el tribunal, y las cinco muchachas estaban de acuerdo en que el resto de los brujos que no entraron en la casa se quedaron esperando en el jardín, transformados en yeguas y cerdos. Acerca de esto último, Valle había obtenido la testificación de una persona que nada tenía que ver con la secta, pero que afirmaba haberlo visto. Es posible reconocer en este testigo ocular al suegro de María de Jureteguía, Petri de Navarcorena, quien aseguró a Valle que aquella noche y en aquella hora, al llegar a casa, vio en el jardín gran número de cerdos. Valle había oído a Martín de Amayur, quien ratificó el hecho diciendo que las brujas le atacaron aquella noche por el camino, haciéndole rabiar de lo lindo (cf. cap. 3: 7, arriba).

El tribunal había recibido también copia de las declaraciones de los testigos no brujos, y Salazar y Becerra las consideraron tan importantes que las remitieron a la Suprema. En su carta, los dos inquisidores hacían notar que los informes del molinero, así como los del testigo que había observado en el jardín la presencia de los brujos, estaban totalmente de acuerdo con lo confesado por los presos.

Proseguían los inquisidores señalando que, en cambio, algunas declaraciones recibidas por Valle en relación con fray Pedro de Arburu, del monasterio de Urdax, les estaban proporcionando no poco dolor de cabeza. Varios frailes atestiguaban haber visto a fray Pedro presente en el monasterio en momentos en que los brujos aseguraban haberle visto en el aquelarre. Ambos inquisidores admitían en su carta a la Suprema que este detalle les había hecho dudar; pero el hecho de que los resultados de los interrogatorios se hubieran visto confirmados de una forma tan rigurosa les inclinaba a rechazar la coartada del religioso y a explicar su presencia en el monasterio como un ardid satánico: «Sospechamos que en lugar del fraile dejaría el demonio otro semejante o que algunas veces dejaría de ir corporalmente [al aquelarre], porque si siempre se quedara no pudieran ser tan uniformes las testificaciones de todos los confitentes que le veían en el aquelarre... en su propio cuerpo y hábito de fraile». Ambos inquisidores tenían la esperanza de conseguir más detalles esclarecedores acerca del fenómeno de los dobles que ocupaban en casa el lugar de las personas que acudían al aquelarre, asunto nuevo que había salido a relucir durante la visita del distrito.

Una de las brujas de Zugarramurdi (posiblemente María de Lecumberri la mayor) le había dicho a Valle: «como al tiempo y cuando se iba al aquelarre veía cómo en su lugar se ponía y quedaba otro cuerpo fantástico como el suyo»[10].

Al recibir de nuevo carta de su colega, Becerra y Salazar escribieron a la Suprema sobre la coartada de fray Pedro. Valle les había encargado que interrogasen a los brujos presos acerca de si habían visto que semejantes figuras les sustituían mientras tomaban parte en las juntas. De verificarse la existencia de tales cuerpos falsos, podrían salir de las dudas restantes. (Parece ser que esta cuestión alcanzó vital importancia para los inquisidores, no sólo en el caso del religioso de Urdax, sino también en el de otras dos personas a que se hace referencia en la carta de Valle). Entretanto, Valle había realizado un valioso descubrimiento: era imposible despertar al fraile cuando éste dormía, hecho que reafirmó a los inquisidores en la sospecha de que el cuerpo que yacía en la cama no podía ser el del monje[11].

La otra carta del tribunal a la Suprema continuaba narrando cómo Valle había interrogado también sobre las muertes y daños de los que los brujos presos en Logroño se habían confesado autores. El inquisidor había interrogado a los parientes de las víctimas sobre todo ello, confirmando dichos testigos que tales muertes y daños fueron cometidos realmente por los brujos, quienes habían hecho de las suyas con sus venenos y habían chupado la sangre a sus víctimas. Existían grandes diferencias en las explicaciones sobre cómo se habían cometido aquellos delitos, ya que siempre habían ocurrido de noche, mientras todos dormían.

---

[10] *Lib* 794, fols. 404r-405r (T./C. 15-IX-1609).
[11] *Ibid.*, fol. 440r (T./C. 26-IX-1609).

A juzgar por las cartas del tribunal, las pesquisas de Zugarramurdi habían dado los resultados esperados: los nuevos brujos describían los ritos de la secta exactamente igual que lo habían hecho los encausados de Logroño; las víctimas habían verificado la realidad de los daños cometidos, y varios testigos, no involucrados en la brujería, habían declarado que vieron a los brujos en las ocasiones que estos mismos habían referido. Pero Valle no había conseguido sapos vestidos, ungüentos ni otras pruebas materiales de la existencia del supuesto culto satánico, tal como exigía la Suprema.

La coartada del monje, que al principio había traído al retortero a los inquisidores respecto a la autenticidad de cuanto decían los brujos, fue aceptada en virtud de la teoría de los dobles diabólicos, apoyada por declaraciones posteriores de los encausados ante el tribunal[12]. A través de las fuentes vemos que los inquisidores continuaron interrogando a los reos durante la ausencia de Valle, y en dichas ocasiones solían preguntarles sobre los nuevos detalles, de los que Valle les informaba a medida que salían a relucir durante la visita. Por ejemplo, se preguntó a los presos qué sabían de las misas celebradas por Satanás en los días festivos y de la profanación de la iglesia de Zugarramurdi. Si hemos de guiarnos por los informes que proporciona la correspondencia del tribunal, estos detalles se desconocían antes de la salida de Valle a visitar el distrito, y, por tanto, debieron ser añadidos por los reos a las confesiones que hicieron avanzado el verano[13].

Otro factor que pudo contribuir a la semejanza entre las confesiones de los brujos en Logroño y de los confesos de Zugarramurdi fue que Valle interrogó a unos y otros. Por otra parte, esto no debe conducirnos a pensar que los inquisidores se valían de preguntas contestadas. Cabe la posibilidad de que así fuese, pero no nos es posible comprobar hasta qué punto, puesto que se ha extraviado el material original de los interrogatorios llevados a cabo tanto en Logroño

---

[12] *Sentencia conjunta*, fol. 399r; cf. WA, p. 477, n. 19.
[13] Véase cap. 4: 8, arriba; cf. Idoate, *Documento*, pp. 163-165, que parece demostrar que ninguna de las primeras cuatro brujas, ni Graciana de Barrenechea, que murió en septiembre, hizo mención de la misa negra.

como en Zugarramurdi. Los seis casos (LB núms. 452, 457, 462-465) que se conservan del término de la visita de Valle muestran, en primer lugar, que éste realizó los interrogatorios con rigurosa legalidad y que, por regla general, se conformaba con las explicaciones que le daban los presuntos brujos; y, en segundo lugar, que éstos poseían un asombroso conocimiento de los pormenores de la brujería.

Me siento inclinado a creer que la conformidad entre las deposiciones de los testigos durante la visita de Zugarramurdi y las confesiones obtenidas por el tribunal podría explicarse de la siguiente manera: el parecido entre las descripciones de los ritos de la secta se debería a una base común de conocimientos, procedentes de la tradición local de creencias y cuentos populares, o, simplemente, de rumores que circularon por el pueblo con anterioridad al arresto de las cuatro primeras mujeres. Lo mismo podría decirse sobre la correspondencia entre los testimonios de los «brujos» y de otras personas ajenas a la «secta». Muchas de estas últimas, seguramente, habrían contado a la gente cómo y cuándo habían visto a las brujas actuar por la noche, y sus chismes habrían llegado a los oídos de las acusadas antes de dar con los huesos en las cárceles de la Inquisición. Respecto a los crímenes confesados, cabe pensar que los reos interrogados por el tribunal se limitaron a relatar hechos y acontecimientos ocurridos en el pueblo, de los que se consideraba culpables a las brujas. En cuanto a los crímenes no confesados en las audiencias preliminares, éstos pudieron perfectamente haber sido añadidos más tarde a los puntos de la acusación, que no se les leyó hasta mucho después de que Valle saliera para Zugarramurdi (véase cap. 3: 5).

Con todo, no puede decirse que la información conseguida por Valle durante el mes en que se hospedó en el monasterio fuese muy abundante. Por las referencias a páginas del libro de visitas extraviado, vemos que las deposiciones de los brujos, junto con las de otros testigos, no llenaron más de ciento ochenta y cuatro páginas, pues las notas de la segunda sesión aparecen ya en el folio 93[14]. Quizá la simpatía mostrada a la Inquisición, de la que Valle hacía alarde, no

---

[14] *Examen del libro de visita de Valle,* fol. 1524v.

alcanzaba más allá de los muros del monasterio. Sólo las cinco mozas de Zugarramurdi se habían acusado de brujería; el resto, las personas a las que Valle convocaría para interrogarlas personalmente, se limitaron, al parecer, a confirmar hechos conocidos de antemano por la Inquisición.

Lo último que hizo Valle antes de abandonar Zugarramurdi y Urdax fue arrestar a una serie de personas. Becerra y Salazar le habían enviado una lista con veintidós nombres de individuos seleccionados, de los cuales se le encargaba arrestar a no más de catorce, entre ellos a fray Pedro de Arburu y al padre Juan de la Borda y Arburu. Se había incluido a ambos en la lista, no sólo por las muchas testificaciones en su contra, sino también porque el tribunal necesitaba su colaboración. Así lo explicaron los inquisidores en una carta a la Suprema: «Siendo como son sacerdotes sabrán el castellano o por lo menos latín y tendrán discurso y razón para que con ellos podamos mejor descubrir y entender los fundamentos, marañas y secretos de esta diabólica secta».

Para no llamar la atención, el tribunal dio orden a Valle de que arrestase al religioso unos días antes que a los demás, y como medida preventiva —quizá para que no se enterase su primo el cura de Fuenterrabía— se camuflaría la detención del siguiente modo: Valle se pondría de acuerdo con el abad para que fray Pedro fuese enviado en una misión supuesta. Le acompañarían un fraile del monasterio y un mozo, con órdenes secretas de conducirle a Logroño. Una vez en el camino, había tiempo de sobra para explicar a fray Pedro adónde se dirigían[15].

El 26 de septiembre Becerra y Valle escribieron al Consejo, comunicándole que ya habían recibido al fraile, al sacerdote y a otros trece prisioneros enviados por Valle[16]. O sea, que mandó uno más de lo ordenado por el tribunal.

---

[15] *Leg* 1679, exp. 2, 1.°, núm. 40, fol. 1r-v (T./C. 4-IX-1609).
[16] *Lib* 794, fol. 433v (T./C. 26-IX-1609); cf. *Relación de gastos,* fol. 161v: «A un religioso que hace oficio de cura en Zugarramurdi que asistió con Juan del Yerro, portero, a la prisión, ciento y ochenta reales». El cura que asistió con el transporte de los prisioneros se deja identificar como fray Felipe de Zabaleta, el mismo que al principio había tratado de resolver los problemas en Zugarramurdi, sin que interviniese la Inquisición.

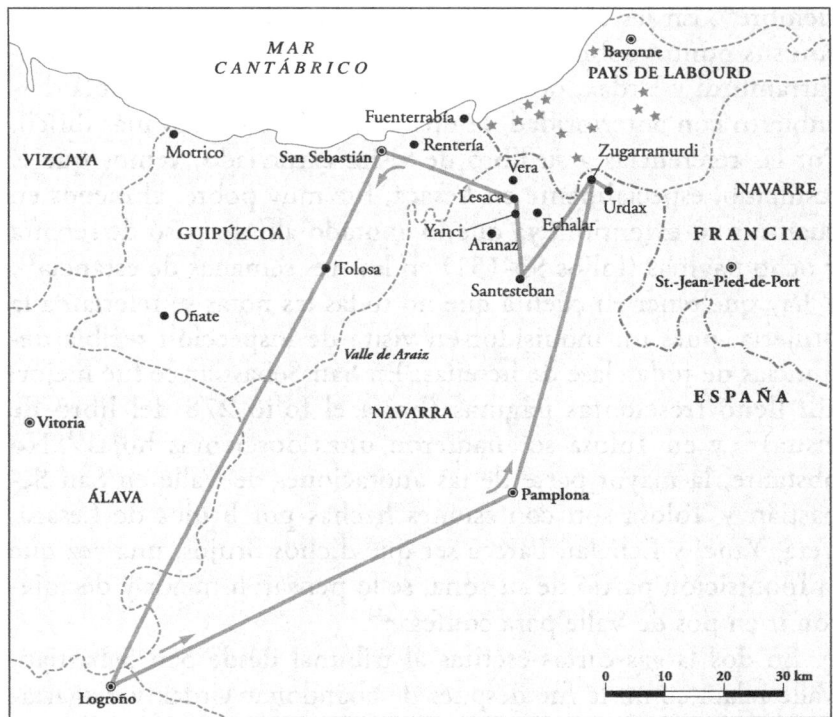

Mapa 2. La ruta de Valle en su visita de 1609. Las estrellas indican aquelarres en Francia descubiertos por Pierre de Lancre el mismo año.

3. *El resto del viaje*

La siguiente etapa de la visita tuvo lugar en Lesaca, donde Valle se detuvo desde el 23 de septiembre hasta el 14 de octubre[17]. De allí pasó a San Sebastián[18], donde permaneció hasta el 20 de noviembre. Finalmente salió para Tolosa, donde celebró la última sesión de la visita[19], y donde aún le encontramos el 14 de di-

---

[17] *Examen del libro de visita de Valle,* fol. 1525r.
[18] Cf. *Lib* 794, fol. 443 (T./C. 24-X-1609).
[19] *Examen del libro de visita de Valle,* fol. 1530v; sobre la fecha de 20 de noviembre, véase WA, p. 478, n. 27.

ciembre[20]. En las tres etapas del viaje se publicó el edicto de fe con sus puntos sobre la brujería. Pero después de la visita a Zugarramurdi y Urdax, donde el asunto de los brujos se había descubierto con anterioridad, la misión de Valle se hizo más difícil. Por las referencias a su libro de visita extraviado, vemos que el resultado, especialmente en Lesaca, fue muy pobre, al menos en cuanto a su extensión, ya que lo anotado allí no pasó de setenta y ocho páginas (folios 93-131) en las tres semanas de estancia[21]. Y hay que tener en cuenta que no todas las notas se referían a la brujería, pues un inquisidor en visita de inspección recibía denuncias de toda clase de herejías. En San Sebastián le fue mejor; allí llenó trescientas páginas (hasta el folio 278 del libro de visita)[22]; y en Tolosa se añadieron unas doscientas hojas[23]. No obstante, la mayor parte de las anotaciones de Valle en San Sebastián y Tolosa son confesiones hechas por brujos de Lesaca, Vera, Yanci y Echalar. Parece ser que dichos brujos, una vez que la Inquisición partió de su zona, se lo pensaron mejor y decidieron ir en pos de Valle para confesar[24].

En dos largas cartas escritas al tribunal desde San Sebastián, Valle relata cómo le fue después de abandonar Urdax y Zugarramurdi. En la primera[25], fechada el 13 de noviembre, dice que, contando los cuatro de Zugarramurdi, había ya quince brujos menores de edad que habían confesado haber renunciado a la fe cristiana. El inquisidor pedía a sus colegas la venia para reconciliar a esos niños, a causa de que sus padres eran pobres y no podían pagarse el viaje a Logroño para acompañar a sus hijos. Valle refiere a continuación que había descubierto un conventículo de brujos en Lesaca, siete de cuyos miembros, niños de edades

---

[20] Véase LB, núm. 465, y nótese la fecha de su audiencia en Tolosa.
[21] *Examen del libro de visita de Valle*, fols. 1524v-1525r.
[22] *Ibid.*, fol. 1530r-v.
[23] Nótese la referencia al libro de visita de Valle: «folio 375» en el *Tomo «F» del libro de visita de Salazar*, fol. 165v.
[24] Véanse LB, núms. 452, 457, 462-465, que son los seis procesos originales preservados de la visita de Valle.
[25] *Lib*, fols. 448r-449v, 445r (Valle/T., San Sebastián, 13-XI-1609).

18. Marcas del demonio detalladamente dibujadas y descritas en el acta del proceso incoado por el conde de Aranda en 1631 contra Ana Marco de Epila por brujería y hechicería. Manuscrito procedente del archivo de la Inquisición de Aragón, ahora en Bibliothèque de la Ville, Burdeos. Foto del autor, 1970.

comprendidas entre doce y quince años, se habían presentado ante él para declarar.

En la segunda carta[26], escrita una semana más tarde (20 de noviembre), informaba de que tres miembros más del conventículo de Lesaca se habían denunciado a sí mismos. Se trataba de dos mujeres adultas, de cincuenta y cinco y treinta y tres años, respectivamente. Con toda seguridad fueron las dos primeras confesiones de personas adultas obtenidas por Valle después de la de María Chipia en Zugarramurdi. Resulta obvio que las brujas menores de edad constituían la mayoría, y si comparamos el balance con las referencias a las páginas del libro de visita, constatamos que, en efecto, el resultado de la caza de brujas emprendida por Valle fue relativamente modesto.

Así y todo, las cartas del inquisidor dan la impresión de que se sentía muy satisfecho; en varias ocasiones expresa espontáneamente sus sentimientos a este respecto. Por ejemplo, cuando explica con aire de triunfo cómo había tenido ocasión de examinar ciertas marcas del diablo:

> Verdad es lo de la marca que el Demonio les hace, porque ya lo tengo experimentado en éstos de Lesaca. Y la marca es pequeña y en algunos se echa, poco de ver más de que tocándolo con una punta de un alfiler, aunque se apriete bien no lo sienten, ni tampoco [si] el alfiler entra aunque se hunde. Las señales que yo he visto son del tamaño de una cabeza de alfiler pequeño y un poco hundidas. Heme maravillado de verlo[27].

Pero nada oímos sobre las pruebas concretas que Valle, según orden de la Suprema, debía procurarse. Todo lo contrario, las cartas de Valle dan a entender que el asunto de la brujería había tomado un nuevo cariz, por lo que dudaba que le quedase ya tiempo para ocuparse de ese cometido. Lo más importante para él era no perder el tiempo, porque Satanás no perdía el suyo. Solamente en

---

[26] *Lib* 794, fol. 447r-v (Valle/T. 20-XI-1609).
[27] *Ibid.*, fol. 445r (Valle/T. 13-XI-1609).

Lesaca, en el mes transcurrido desde que la Inquisición abandonó el lugar, el Enemigo había reclutado a doce niños para sus filas. Valle rogaba al tribunal que, «al servicio de Dios», hiciese arrestar a dos o tres mujeres de aquel pueblo, «las mayores bellacas miembros e instrumentos del Demonio que hay en el mundo». Proseguía Valle: «Pescan cuantos muchachos hay en aquella villa, con halagos y ciertas manzanas que les dan y aunque no sean más que de nueve o diez años, los hacen renegar luego en llegando [al aquelarre]»[28]. Por su parte, él había dado orden de que se tratase de persuadir «por buenos medios» a las brujas de Lesaca para que se entregasen, con lo que había conseguido, ya que, además de aquellas que se presentaron ante él en San Sebastián, otras le hubieran dado noticia de que pensaban llegarse hasta él cuando estuviera de visita en Tolosa, «de que estoy muy alegre, porque es grande la perdición de aquel lugar y están testificadas cerca de setenta personas»[29].

Al parecer, el demonio tampoco perdía el tiempo en Rentería, pueblo a mitad de camino entre San Sebastián y Francia. En su carta del 20 de noviembre dice Valle: «En la villa de Rentería, sólo una mujer ha hecho, desde el día de San Martín a esta parte, que son ocho días, más de quince brujos y todos han acudido a mí. La mayor parte es de edad de cinco años y otros, siete; ocho son de once y trece, y una moza francesa de veinte años». Los padres estaban indignados y el pueblo andaba revuelto. Las autoridades locales habían prendido a la mujer para evitar su linchamiento, y luego se habían dirigido a Valle para que se hiciese cargo de la detenida; pero éste les había dado largas con el fin de ganar tiempo para consultar con el tribunal. «Me huelgo que esté presa», escribe Valle a sus colegas, y prosigue: «porque sin duda huyera si no lo estuviera y se pasara a Francia, aunque no fuera por otra ocasión más que el temor de que le han de matar»[30]. La mujer a que se refiere el inquisidor es María de Zozaya, vieja de ochenta años.

[28] *Ibid.*, fols. 449v, 445r.
[29] *Ibid.*, fol. 447r-v (Valle/T. 20-XI-1609).
[30] *Ibid.*, fol. 447v.

Según un informe de 1618, la tal María de Zozaya había sido descubierta por un notario de Rentería, Miguel de Michelena, quien a su vez había tenido noticias de ella a través de las manifestaciones de unos niños y de las declaraciones hechas por una tal Juana la loca durante el proceso civil que contra ella se incoó. Dicha bruja era del pueblo próximo de Pasajes, había sido arrestada en San Sebastián y, más tarde, puesta en libertad por chiflada[31]. En diciembre de 1609 se trasladó a María de Zozaya a Logroño junto con otro brujo de Rentería, Juanes de Lambert, de veintiséis años de edad[32].

Entretanto, el viaje de visita de Valle no había transcurrido sin dificultades. El inquisidor refirió detalladamente cómo, en medio de todo, se dio cuenta de que el Consejo Real de Navarra estaba haciendo lo posible para desacreditarle e impedir su trabajo. Esto lo sabía por un notario del valle de Baztán, el mismo que había ayudado al tribunal a interrogar a los primeros testigos de Zugarramurdi (véase cap. 3: 1).

El caso era que «tres o cuatro personas infamadas de brujas», a las que debían añadirse otras tantas que actuaban en nombre de parientes muertos de las acusadas, se habían presentado ante la Corte Real de Navarra, a la que habían sido citadas dos mozas por difamadoras e injuriosas. Dichas «mozas honradas», como las llamaba Valle, fueron a verle en Lesaca y le aseguraron que aquellas personas tenían fama de brujas. Pero en Navarra los alcaldes de la Corte Real habían tomado nota del caso enviando un comisario a la comarca para que lo investigase, interrogase a testigos y realizase las detenciones oportunas, según se quejaba Valle en su carta, donde refería que su primera medida había sido acudir al doctor Ximenez de Oco, uno de los jueces del tribunal navarro. En una carta que Valle le dirigió criticaba severamente que se hubiese incoado proceso contra alguien basándose en «la poca razón que había para administrar semejantes querellas». Después le advertía que estaba obstaculizando el trabajo del Santo Oficio y que «nin-

---

[31] BN, MS 2031, fol. 133r.
[32] *Lib* 795, fol. 6r-v (T./C. 2-I-1610).

guno se atrevería a venir a descargar su conciencia y a hacer sus declaraciones en él, viendo que por ello habían de ser castigados»[33].

En su carta de 20 de noviembre, Valle adjuntó otra muy amable que acababa de recibir del doctor Oco[34] comunicándole que el Consejo Real de Navarra había decidido retirar al comisario antes de que éste arrestase o llevase a nadie a juicio. Mientras la Inquisición trabajara en el asunto de las brujas, el tribunal supremo navarro no pensaba admitir quejas sobre injurias relacionadas con acusaciones de brujería[35]. Con ello, el caso había tomado un rumbo favorable para los inquisidores. Pero a Valle le quedaba todavía un triunfo que poner sobre la mesa: «Y lo bueno es que tengo descubierto un aquelarre en aquellos lugares que están junto a la villa de Santesteban, con dos testigos cómplices, uno de dieciséis y otro de quince años, y están testificadas las personas que acusan»[36]. Por desgracia, las fuentes no nos aclaran si los dos testigos eran las mismas «mozas honradas».

Las cartas remitidas desde San Sebastián no sólo informan copiosamente del transcurso del viaje, sino también de los planes de Valle relacionados con la última fase de su visita. Por la carta de 13 de noviembre vemos que el tribunal le había enviado copia de un proceso de brujería de 1596, incoado por el señor de Andueza contra cuatro brujas del valle de Araiz. En conexión con el citado caso, Valle pudo informar al tribunal de que, al pasar por Pamplona de camino hacia Urdax, le habían dicho que «ha trece o catorce años» la Corte Real de aquella ciudad había arrestado a muchas personas de aquel valle por brujas, y que unas habían muerto en prisión, mientras otras habían sido puestas en libertad. Así pues, esperaba que, con la ayuda de los documentos enviados por el tribunal, tendría la suerte de descubrir algo en el valle de Araiz, situado a 11 kilómetros de Tolosa. Al menos tenía la intención de

---

[33] *Lib* 794, fols. 448v-449r (Valle/T. 13-XI-1609).
[34] *Ibid.,* fol. 449r-v.
[35] *Ibid.,* fol. 446r (Oco/Valle, Pamplona 1-XI-1609).
[36] *Ibid.,* fol. 449v (Valle/T. 13-XI-1609).

mandar publicar allí el edicto de fe, y luego «si fuere necesario iré personalmente al dicho valle y estaré en él todo el tiempo que sea necesario, aunque se haya pasado el de la visita»[37].

El 17 de diciembre, tras la ausencia obligada de cuatro meses y un día, Valle regresó al tribunal de Logroño[38]. Parece ser que, después de todo, no halló necesario presentarse en el valle de Araiz y pasar allí la Navidad.

4. Las relaciones con Francia

A lo largo de 1609 Valle se había convertido en el experto en brujería del tribunal. La base principal de su peritaje había sido el estudio de los antiguos procesos, los interrogatorios hechos a los encausados por el tribunal y sus experiencias del viaje de visita. Pero a todo ello había que añadir un fértil contacto con los jueces de brujas franceses, contacto que probablemente estableció durante su estancia en Urdax y que le descubrió nuevas dimensiones en el ámbito oculto de la brujería.

Mientras Valle se encontraba aún en el tribunal, antes de salir a la visita, ya se habían empezado a notar en Logroño las consecuencias de la persecución de brujos en Francia. El 19 de julio el comisario de Motrico, un pueblecito de la costa, había comunicado que dos agentes franceses se habían presentado el día anterior ante él con una denuncia contra una tal Catalina de Lesalde, quien hacía seis meses que vivía en el pueblo. Los dos franceses habían pedido a las autoridades de Motrico que arrestasen a Catalina y se la entregasen para que pudieran devolverla a Semper, donde estaba acusada de brujería[39]. («Semper» se desconoce como lugar de Labourde. Debe de ser el modo español de decir Saint Pée, donde el juez del distrito, Jean d'Amou, tenía su palacio, y donde Espaignet y Lancre habían asentado su cuartel general).

---

[37] *Ibid.*, fol. 448r.
[38] *Lib* 795, fol. 6r-v (T./C. 2-I-1610).
[39] *Lib* 794, fol. 451r (Juan de Bidazabal/T., Motrico 19-VII-1609).

Posiblemente los dos agentes franceses prosiguieron hasta San Sebastián, pues cinco días más tarde el comisario inquisitorial de dicha ciudad informó de un caso parecido. Su carta iba provista de una detallada descripción de la situación en Francia y, aunque nada menciona directamente sobre el asunto, se ve claro que debió de haber alguna gestión parecida a la de Motrico.

> Muchos días ha que anda por aquí un rumor grande de que en el Valle de Laburt [sic], que confina con esta provincia, van haciendo captura de muchas brujas, y que al haber[se] descubierto gran número de ellas, el rey de Francia ha cometido el conocimiento de este crimen a un presidente y [un] oidor del parlamento de Burdeos. Los cuales han venido ya y residen en el propio valle donde han hecho captura de gran número de ellas y de algunos sacerdotes franceses, que son acusados de este delito. Para cuya averiguación tenían presa a una mujer viuda, natural del lugar de Semper en Francia. Y como mujer caudalosa de mucha hacienda se dice [que] sobornó el alcaide de la cárcel y se ausentó y pasó a España.
>
> Según se entiende su ausencia ha hecho mucha falta para la averiguación de este delito, por tener por cierto era una de las principales. Y aunque ha andado por diversas tierras de España ha venido a parar y esconderse en una casilla remota de vecindad que hay en jurisdicción de esta villa[40].

(Aquí, como en otros casos, las fuentes nos proporcionan interesantes detalles acerca de la situación en Francia con anterioridad a la famosa cacería de brujas organizada por Lancre).

Tanto en Motrico como en San Sebastián, las brujas fugitivas habían sido ya interrogadas y detenidas; pero ante la duda de si el asunto pertenecía o no a la jurisdicción civil, se habían remitido las causas a los mencionados comisarios, quienes las habían pasado a los inquisidores de Logroño[41]. De una carta del tribunal a la Suprema, fechada el 22 de agosto, se desprende que las causas fueron devueltas a los comisarios con una nota en la que se seña-

---

[40] *Ibid.*, fol. 458r-v (Licenciado Juan Pérez de Mutio/T., San Sebastián, 24-VII-1609).
[41] *Ibid.*, fol. 458v.

laba que la Inquisición no había sido informada de que aquellas mujeres fuesen brujas, ni siquiera de que hubiesen cometido delito alguno en territorio español, por lo que se dejaba a juicio del tribunal civil lo que había de hacerse con ellas. En su carta, el tribunal sugería a la Suprema que, en principio, la Inquisición se prestase a la entrega de fugitivos franceses a las autoridades de aquel país, ya que parecía estar cerca el día en que ellos necesitarían la ayuda de los franceses para perseguir y detener a los brujos españoles que se refugiasen al otro lado de la frontera[42].

El 24 de agosto el tribunal recibió una nueva carta, esta vez de un juez de Oñate, quien había detenido y abierto proceso contra una tal Mariana de Yriarte y otros dos franceses más. Los tres habían huido desde Usteritz hasta aquel rincón de Guipúzcoa, y el juez de Oñate sospechaba que eran brujos. Aconsejado por el comisario inquisitorial del pueblo, enviaba las causas al tribunal para su examen[43].

Al día siguiente, Becerra y Salazar escribieron a la Suprema, ostensiblemente preocupados por la situación. Según ellos, podía apreciarse por los informes recibidos que «los brujos que han huido del castigo de Francia y metídose en estos reinos son muchos, y se puede temer que harán grandes daños en los lugares donde fueren a parar». Los inquisidores exponían la opinión de que la huida masiva de los brujos franceses a España era una estratagema de Satanás, cuya intención era la de «inficionar y perder estos reinos». En réplica a este truco del diablo —explicaban—, habían escrito a Valle para que se pusiese en contacto con los jueces franceses y les pidiese una lista con los nombres de los brujos y brujas huidos, de modo que la Inquisición pudiera seguir la pista a los que se encontrasen en territorio español. En su carta a la Suprema, los dos inquisidores advertían que dicha tarea sobrepasaba las fuerzas de los comisarios de distrito. Para limpiar toda la zona de un modo eficaz se necesitaba la asistencia de las autoridades civi-

---

[42] *Ibid.*, fols. 462r-463r (T./C. 22-VIII-1609).
[43] *Ibid.*, fol. 460r-v (Francisco Espilla/T. Oñate, 19-VIII-1609).

les. Con este motivo, el tribunal rogaba a la Suprema que ordenase el despacho de cédulas reales a todos los alcaldes de pueblo para que vigilasen a todos los franceses que, sin causa legítima que les pusiera fuera de sospecha, se hospedaban en el pueblo[44]. Ignoro si se despacharon semejantes cédulas reales; pero en el libro de Lancre sobre la persecución en el Pays de Labourd hallamos más información sobre la huida masiva de los brujos a España y la carta de los inquisidores:

> A nuestra llegada huyeron muchos por tierra y por mar... y en la frontera española crecía el número de ellos cada hora que pasaba. Fingían ser peregrinos de camino a Santiago de Compostela y Monserrat... Mas Navarra y España se hallaban en gran alarma, de modo que los inquisidores españoles que se habían llegado hasta la frontera, nos escribieron pidiéndonos les enviásemos los nombres de los brujos y brujas fugitivos, la edad de dichos y sus señas personales, y en deteniéndoles nos los devolverían, cosa que harían con mucho gusto. Mas nosotros contestamos que mejor era que tuviesen buen cuidado de ellos y les impidiesen volver a sus casas, pues deberían compadecerse tanto de nosotros como para librarnos de su vuelta. Se trata de una mercancía de la que no se precisa hacer inventario (Lancre, 1613, p. 38).

Parece ser que en lugar de una lista con los nombres de los brujos, los jueces franceses enviaron a Valle copia de algunos procesos ya concluidos por ellos. Así lo atestigua una carta a la Suprema, fechada el 26 de septiembre de 1609, en la que se informa que Valle ha recibido dos cartas, una de d'Espaignet, la otra del señor de Urtubie, así como «siete procesillos de actos comprobados de las cosas que han confesado estos brujos»[45]. Se señala que las cartas contienen anotaciones de los jueces sobre los siete «procesillos». Desgraciadamente se han extraviado tan interesantes documentos. El Consejo, una vez examinados los papeles, los devolvió al tribunal. Al propio tiempo, la Suprema escribió, el 10 de octubre de

---

[44] *Ibid.*, fols. 461r-v, 464r (T./C. 25-VIII-1609).
[45] *Ibid.*, fol. 433v (T./C. 26-IX-1609).

1609, una carta alentadora a los inquisidores, en la que se les comunicaba que quedaban en libertad para actuar en todos aquellos casos de brujería que se presentasen, aunque, en última instancia, debían consultar con el Consejo[46].

Es indudable que la persecución de brujos en Francia había aumentado el prestigio del tribunal de Logroño a los ojos del Consejo en Madrid. Con relación al aspecto teórico del asunto, podía aducirse que los jueces franceses no abrigaban la menor duda acerca de la existencia de la secta de brujos; y en cuanto al lado práctico, podía señalarse el peligro inminente de que los brujos y brujas franceses se refugiasen en gran número en España.

5. *El aplazamiento del edicto de gracia*

A los pocos días del regreso de Valle al tribunal, se recibió una carta de la Suprema que sorprendió un tanto a los inquisidores. El inquisidor general había tomado la decisión de hacer publicar un edicto de gracia. Así es como la Suprema acostumbraba a atajar la apostasía en masa de las gentes, pero en este caso, motivado por la vieja duda en materia de brujos, el inquisidor general había abierto la mano considerablemente. En el edicto de fe que el tribunal debía publicar, se declaraba que se librarían de la confiscación de bienes y otras penitencias todos aquellos que se entregasen dentro de un plazo señalado. Valle debería recibir órdenes de alargar su visita al distrito y esperar nuevas noticias. Tanto los dos inquisidores del tribunal como el tercero ausente por la visita tenían obligación de comprobar que el edicto era publicado en todas aquellas comarcas donde se sospechaba la existencia de brujos. Al expirar el plazo del Edicto de Gracia, la Suprema deseaba ser informada del efecto causado y del número de personas que se habían valido de él[47].

---

[46] *Ibid.*, 333 fol. 8r-v (C./T. 10-X-1609).
[47] *Ibid.*, fols. 27v-28r (C./T. 23-XII-1609); cf. *ibid.*, fols. 22v (C./T. 10-XII-1609) y 24r-25r (C/ Inquisidor General 11-XII-1609). Al parecer no se había conservado copia

En su carta del 2 de enero de 1610, el tribunal se limitó a notificar a la Suprema que no podían complacer sus deseos de prolongar la visita, ya que Valle se encontraba de vuelta entre ellos. La carta, firmada por Becerra y Salazar, explicaba que Valle estaba excedente de su trabajo ordinario para entregarse de lleno a la elaboración del informe sobre su viaje de visita. Pero según él mismo había manifestado, el viaje, a través de las regiones más abruptas y desiertas del Pirineo, había resultado muy duro y, además, muy costoso para el tribunal. La pobreza de los habitantes de la zona había obligado a Valle a dar de comer a aquellos que vinieron hasta él desde lejos para hacer sus declaraciones. Había tenido incluso que llevarse consigo a algunos de los niños brujos, pues éstos temían que los brujos mayores se vengasen de ellos por haber confesado. (El resto de la carta trata de unos brujos recién llegados al tribunal procedentes de Rentería, junto con un escrito en que el pueblo pedía permiso para quemarlos allí mismo cuando llegase el día, de modo que sirviera de ejemplo a unos y de consuelo a otros por los muchos sufrimientos que como padres de las criaturas embrujadas habían padecido)[48].

Para Valle debió de ser un gran golpe ver que el inquisidor general —después de todo lo que había salido a la luz durante su viaje de visita— seguía aferrado a sus dudas e, incluso, estaba dispuesto a dejar en libertad a tantos cómplices del demonio, sin más condición que la de delatarse a sí mismos. Jamás fue esa su intención el día en que pidió la venia para reconciliar a los niños brujos durante la visita[49]. Es, pues, muy probable que la carta que los tres inquisidores enviaron el 9 de enero al Consejo, solicitando permiso para aplazar la publicación del edicto de gracia hasta des-

---

alguna del Edicto de Gracia (véase primera edición, p. 130, n. 47). Sin embargo, hace algunos años que conseguí copia de un ejemplar que había aparecido en la colección del finado embajador y bibliófilo francés Fréderic Max. Son tres páginas impresas en Logroño sin fecha (cortesía de madame Max).
[48] *Lib* 795, fol. 6r (T./C. 2-I-1610).
[49] Véase p. 172.

pués del auto de fe y de la detención de los cabecillas de los brujos, se escribiese a iniciativa suya[50].

El 25 de enero la Suprema contestó comunicando que había aceptado la proposición del tribunal y que deseaba que el viaje de visita del año en curso se aplazase asimismo hasta después del auto de fe[51]. Dicho escrito fue recibido por el tribunal el 5 de febrero y motivó gran contento entre los inquisidores, quienes agradecidos respondieron a los pocos días al inquisidor general asegurándole que todo cuanto éste decía en su carta lo estimaban «guiado y encaminado por orden del Espíritu Santo»[52].

6. *La caza de brujos en las Cinco Villas*

Las Cinco Villas era el denominador común para los pueblos de Vera, Lesaca, Echalar, Yanci y Aranaz, en el valle de Bertizaun, que en conjunto constituían el archiprestazgo más remoto del norte de Navarra[53]. La persecución de brujos originada en el otoño de 1609 fue una consecuencia directa de la estancia de Valle en Lesaca. Ya vimos cómo cuando partió para Guipúzcoa, a mediados de octubre, había dejado instrucciones a los religiosos para que continuasen predicando en contra de los brujos, con el propósito de forzarles a entregarse, y vimos asimismo cómo Valle consiguió recoger los primeros frutos de su campaña propagandística.

---

[50] Este escrito se ha extraviado, pero se conoce su contenido a través de otras dos cartas: *Leg* 1679, exp. 2, 1.°, núm. 35, fol. 1r (C./T. 8-II-1611), e *ibid.*, núm. 22, fol. 1r (T./C. 9-II-1611).

[51] *Lib* 333, fols. 33v-34v (C./T. 25-1610).

[52] *Lib* 795, fol. 9r (T./C. 13-II-I610).

[53] Las Cinco Villas pertenecían a la jurisdicción civil de la merindad de Pamplona, que a su vez estaba sujeta a la Corte Real de Navarra. Navarra se hallaba dividida en cinco merindades (Pamplona, Estella, Tudela, Sangüesa y Olite). Un censo de 1637 calculaba la población total de Navarra en 27.942 vecinos (o sea, 139.710 habitantes) (Yanguas y Miranda, 1964, vol. II, pp. 428-430 [el art. «Población»]). Con arreglo a la jurisdicción eclesiástica, las Cinco Villas comprendían un arciprestazgo dependiente del obispado de Pamplona. Fue uno de los cuatro arciprestazgos que hasta 1567 pertenecieron a la jurisdicción del obispo de Bayona (cf. cap. 2: 5, arriba). Según un censo de 1645/1646 (AGN, Sección de Estadística, legajos 1-2), las Cinco Villas comprendían una población total de 2.730 habitantes.

No hay motivo para juzgar a Valle duramente por creer en la realidad de la brujería. Las seis confesiones que se han conservado, procedentes del libro de visita de Valle (LB núms. 452, 457, 462-465), dan la impresión de haber sido hechas sin presión alguna. Los seis brujos eran de Lesaca y Echalar y se denunciaron ante Valle durante las sesiones que éste celebró en San Sebastián y Tolosa. Sus descripciones de los ritos concordaban asombrosamente entre sí y, aparte de algunos detalles nuevos, venían a verificar lo confesado por las brujas de Zugarramurdi. Pero ninguno de ellos había embrujado a personas, animales o cosechas. La diferencia entre la caza de brujos de Zugarramurdi y la de las Cinco Villas era que aquí se estaba llevando a cabo una persecución regular de herejes. Las acusaciones decisivas eran participar en las asambleas, renegar de la fe cristiana e intentar reclutar nuevos miembros para la secta.

Sin embargo, podríamos censurar a Valle por haber olvidado su misión principal —conseguir pruebas palpables que permitiesen un análisis crítico del fenómeno de la brujería—, convirtiendo su viaje de visita en una auténtica cruzada contra las personas sospechosas de brujería. Pero lo que éste descuidaba, pronto sería ejecutado por otro lado. Efectivamente, antes de que Valle regresase a Logroño, alguien había metido ya la mano en la masa.

Las Cinco Villas pertenecían a la jurisdicción del obispo de Pamplona, Antonio Venegas de Figueroa, hombre entrado en años y de gran influencia[54]. Al llegar a sus oídos los rumores del

---

[54] Antonio Venegas de Figueroa nació hacia 1550. Era hijo de don Luis de Venegas y Figueroa, embajador de Felipe II en Viena, y doña Guiomar de Saá, dama de honor de la infanta Doña María. Estudió teología en Salamanca, donde obtuvo su licenciatura. Debió de llegar a ser canónigo de Toledo poco después, porque éste era su título en 1592, año en que entró al servicio de la Inquisición (véase *Leg* 1371, núm. 4). Desde 1596 hasta 1599 lo hallamos ocupando el cargo de inquisidor en Granada *(Leg* 2607). Fue miembro de la Suprema de 1600 a 1606 *(Lib* 1338, fol. 27r; *Lib* 367², fol. 147r); así pues, Venegas debió conocer a Valle cuando éste estuvo de secretario de cámara del inquisidor general Acevedo (véase cap. 11: 3, arriba). En 1612 Venegas fue trasladado de Pamplona al rico y ambicionado obispado de Sigüenza. Murió el 8 de octubre de 1614, a raíz de ser nombrado presidente del Consejo de Castilla. Esperemos que algún día se escriba la biografía de tan interesante personaje. De momento, tendremos que conformarnos con lo que sobre él se menciona en Toribio Minguella y Arnedo, *Historia de la Diócesis de Sigüenza y de sus Obispos,* Madrid, 1910-1913, vol. III, pp. 10-14.

escándalo causado por la cuestión de los brujos, decidió tomar cartas en el asunto e investigar personalmente lo que pasaba[55]. Sin embargo, no se dirigió directamente a la zona asolada por la brujería; posiblemente para dar la impresión de que se trataba de un viaje normal de inspección, comenzó por visitar la zona del este de Guipúzcoa, que pertenecía a su obispado. Por una carta que los inquisidores escribieron más tarde a la Suprema, vemos que la intervención del obispo sorprendió totalmente a los miembros del tribunal. En su carta refieren cómo Valle, al abandonar Lesaca para dirigirse a San Sebastián, había tenido noticias de que el obispo y su gente estaban visitando también la zona. La sorpresa del tribunal fue en aumento al enterarse de que el obispo se adentraba en Navarra, llegándose hasta Lesaca, Vera y los demás lugares que Valle acababa de visitar[56].

Cualquier otro obispo lo habría pensado bien antes de cruzarse en el camino de la Inquisición; mas parece ser que Venegas nada tenía que temer del tribunal de Logroño. Había sido inquisidor en Granada y, más tarde, miembro del Consejo de la Inquisición[57]. Los documentos nos muestran que el obispo se encontraba todavía de visita en Lesaca a principios de marzo de 1610[58]. Sin embargo, pronto debió de continuar su camino, pues sobre el 10 del mismo mes le encontramos realizando la visita por el Valle de Baztán[59].

Durante este viaje, Venegas reunió una parte importante del material que un año más tarde formaría la base de su informe al inquisidor general (DS docs. 5, 7 y 8). Las pesquisas realizadas por el obispo le llevaron a la conclusión de que el fenómeno de la brujería se basaba total y enteramente en embustes e ilusiones, conclusión que comunicó al tribunal mientras aún se hallaba en Lesaca[60]. El

---

[55] *Carta primera del obispo.*
[56] *Leg* 1679, exp. 2, 1.°, núm. 28[b], fols. 1r-5v (T./C. 14-II-1611).
[57] Véase la biografía en n. 54, arriba.
[58] Véase n. 60, abajo.
[59] Archivo parroquial de Errazu, «Libro de cuentas de fábrica», visitación núm. 22.
[60] Desafortunadamente, este documento importantísimo se ha extraviado, pero aparece mencionado en *Carta primera del obispo,* fol. 2r, y aparentemente también en la carta del tribunal al Consejo de 14 de febrero de 1611 *(Leg* 1679, exp. 2, 1.°, núm. 28[b], fol. 1r-v; cf. WA, p. 482, n. 72).

hecho de que el obispo recogiese sus informes a los pocos meses de estallar la persecución nos brinda una oportunidad excepcional de seguir la evolución de una persecución de brujos desde sus comienzos.

Con su investigación, el obispo se proponía principalmente cerciorarse de cuándo se había comenzado a hablar de la existencia de brujas en las Cinco Villas. Tras una serie de interrogatorios, comprendió que nadie había oído hablar de ellas antes de iniciarse la persecución al otro lado de la frontera. Resultó que varias personas de las Cinco Villas habían ido a Francia para presenciar la quema de brujas y oído la lectura de sus sentencias. Basándose en lo que supieron por la lectura de las causas de brujería y en los rumores que alcanzaron el lado español de las Vascongadas, pronto muchos estuvieron en situación de dar noticias sobre la secta de brujas. Esto fue lo que Venegas comunicó al inquisidor general en su carta, fechada el 4 de marzo de 1611 (DS doc. 5)[61]; y en el informe que envió a continuación, el 1 de abril del mismo año (DC núm. 8), formuló, en términos mucho más explícitos, su asombrosa tesis de que el pueblo no había tenido de antemano conocimieno alguno acerca de la brujería:

> Aunque el mismo licenciado [Valle] Alvarado visitó las Cinco Villas y otros lugares con su misma persona no se entendió en ellas hubiese ninguna persona inficionada de esta mala secta. Y con haber muchas personas ancianas en ellas ninguna sabía qué cosa era ser brujo, ni cosa que oliese a esta mala arte, ¡ni qué cosa era aquelarre![62]

No cabe duda de que cuando Venegas asegura que Valle no había sacado nada en limpio durante su estancia en Lesaca refleja la opinión de las gentes del lugar. No obstante, ello no era totalmente cierto, pues Valle ya había conseguido la primera confesión de brujería de la zona, precisamente durante su visita a Lesaca. Esta confesión la realizó el 10 de octubre de 1609 Diego de Marticore-

---

[61] *Carta primera del obispo*, fol. 2v.
[62] *Informe del obispo*, fol. 2r.

na, muchacho de catorce años, procedente de Echalar[63]. Pero como la confesión del joven brujo, según el precepto inquisitorial, se había oído en secreto, no es de extrañar que el obispo no supiese nada del asunto.

No se ha conservado lista alguna de las personas que se denunciaron a sí mismas ante Valle en Lesaca. Por tanto, no podemos saber si el caso de Diego de Marticorena fue o no único. En cambio, sabemos de los demás brujos de las Cinco Villas, cuyos nombres han llegado hasta nosotros, que éstos confesaron durante las sesiones celebradas en San Sebastián y Tolosa, donde se atestiguó una vez más la existencia del conventículo de Echalar. Dicha testificación provino de la bruja de nueve años María de Yturría, quien denunció a once cómplices[64]. En esa misma ocasión se confirmó la existencia del conventículo de Lesaca, ya conocido con anterioridad, a través de las confesiones de otros catorce brujos, cinco niños y nueve adultos[65]. (Se conservan cinco de dichas confesiones y entre todas denuncian a un total de noventa y cuatro brujas; es decir, que uno de cada trece de los mil ciento noventa habitantes del pueblo resultaba ser brujo)[66]. Dos niños brujos, muy jóvenes ambos, descubrieron que en Vera existía también un conventículo de brujos, y otro parecido se descubrió en Yancí gracias a las declaraciones de una niña de ocho años, llamada Mari Juri, quien también había hecho su confesión en Tolosa[67]. Sin embargo, en Aranaz, la quinta de las villas, cosa extraña, no se descubrió conventículo alguno hasta un año después de la visita de Valle (cap. 9: 3, abajo).

---

[63] *Relación de causas, 1610/1611 (B)*, fol. 456v, núm. 53. Aquí consta que Diego de Marticorena «confesó en la visita a 10 de octubre de 1609» y que «vino al tribunal en 22 de noviembre» de 1610, donde fue reconciliado.

[64] *Tomo «F» del libro de visita de Salazar*, fol. 172r-v. Entre las denunciadas por la niña bruja (LB núm. 465) encontramos a «María de Berrizaun y Endara alias Olandrea» y a «Catalina de Topalda, serora».

[65] Sobre los catorce brujos de Lesaca, véanse pp. 172-173; cf. mi cálculo en WA, p. 482, n. 78.

[66] *Tomo «F» del libro de visita de Salazar*, fols. 70r-72v, 108r-117v, 144r-150v, 156r-158r, 164r-165v (LB núms. 452, 457, 462-464).

[67] *Ibid.*, fol. 101r-v (LB núm. 456), donde hay mención de Mari Juri y su confesión al inquisidor Valle en Tolosa; cf. WA, pp. 482-483, n. 80.

A través de las declaraciones de una de las brujas de Lesaca, María Martín de Legarra, de treinta y tres años, entrevemos la campaña propagandística puesta en marcha por Valle durante la visita al pueblo. La mujer declaró que mientras la Inquisición se hallaba aún en Lesaca se habló mucho, tanto en la calle como en la iglesia, en contra de la malvada secta, y se decía que «las brujas se iban al infierno»[68].

El informe de Venegas nos da una idea más exacta del modo en que los curas de Lesaca y Vera complacieron los deseos de Valle para que continuasen sus esfuerzos para conseguir, «por buenos medios», la entrega de los brujos. El obispo refiere que, una vez partido Valle, los curas comenzaron a echar truenos y relámpagos contra los miembros de la secta secreta, conminándoles a que se entregasen antes de que fuera demasiado tarde. Los curas sostenían que se encontraban en su posesión listas con los nombres de los sospechosos, y aseguraban que tres cuartas partes de los habitantes de los dos pueblos habían caído en las garras del demonio. En resumidas cuentas, si nadie había sabido antes lo que era un aquelarre, a partir de entonces lo supieron todos. Desde sus púlpitos, los curas pintaron, hasta con el menor detalle, las ceremonias y ritos licenciosos y crueles practicados por aquella secta secreta que, hasta entonces, había existido sin ser notada por nadie, pero sobre la que se había conseguido un profundo conocimiento gracias a los procesos celebrados en Francia[69]. Los brujos, en otras palabras, venían a considerarse como lo que modernamente llamaríamos una quinta columna.

El promotor principal de la caza de brujos fue el párroco de Vera, Lorenzo de Hualde, un joven licenciado oriundo del Pays de Labourd, donde aún vivían sus padres. Era buen amigo del señor de Urtubie (véase cap. 1: 1, arriba), quien también poseía el castillo de Alzate, que el rey de España le había concedido en feudo. Como señor feudal tenía derecho a hacer nombramientos en

---

[68] *Tomo «F» del libro de visita de Salazar*, fol. 109v.
[69] *Informe del obispo*, fol. 2r-v.

Vera. Hacía algunos años que el señor de Urtubie había nombrado a Hualde párroco del lugar, pese a las violentas protestas de sus habitantes, que no querían un francés. En el transcurso de 1609, Hualde llegó a hacerse tan experto en brujería como Valle, pues durante los procesos celebrados en el Pays de Labourd pasó todo el verano al lado del señor de Urtubie y de Pierre de Lancre, a los que sirvió como consejero e intérprete[70]. Al llegar la Inquisición a las Cinco Villas, Hualde aseguró a Valle que la secta de brujos también estaba extendida por aquella zona y prometió hacer lo posible para ayudar a desenmascararla (véase la nota 79 más adelante). En recompensa, Valle mencionó a Hualde la posibilidad de nombrarle comisario inquisitorial[71].

En Lesaca predicaron el octogenario cura y comisario inquisitorial Domingo de San Paul y su ayudante Juan Martínez de San Paul. Este último había sido nombrado por Valle notario de la Inquisición, por lo que tenía especial empeño en demostrar su celo cristiano[72]. En Yanci debió predicar el sabio sacerdote licenciado Martín de Yrisarri, quien al principio apoyó sin reserva la caza de brujos[73], pero más tarde pasó a ser uno de sus más encarnizados adversarios. En cambio, no hay seguridad de que se predicase en Echalar contra los brujos, puesto que tanto el párroco, licenciado Labayen, como otros dos sacerdotes del pueblo, los doctores Miguel de Oragaray y Tomás de Urrutia, se mostraron escépticos y no tardaron en poner en práctica sus propias pesquisas, que comentaré más adelante. Ignoro la posición de los párrocos de la quinta villa de Aranaz, que, como ya indiqué, se había librado hasta entonces de la persecución.

Aparte de los esfuerzos realizados desde el púlpito, se acudió a otros métodos. Según el informe del obispo, los curas de Lesaca

---

[70] *Ibid.*, fol. 1r-v; cf. Lancre, 1613, pp. 407-408, 414-415, que parecen referirse a Hualde.
[71] Esto lo deduzco de varias fuentes; sobre todo del final de la carta de Hualde, citada en p. 195, abajo.
[72] *Examen del libro de visita de Valle*, fol. 1525r.
[73] *Carta primera de Solarte*, fol. 2r.

trataron con dureza a aquellos niños que se negaban a confesar. Los mantenían encerrados día y noche en unos cuartos, y dos mujeres que cuidaban de ellos les apremiaban a confesar, con amenazas y promesas[74]. No he encontrado este dato en otras fuentes; pero por María Martín de Lagarra, criada de Domingo de San Paul, sabemos que éste ejerció presión sobre muchos de ellos para que confesasen. Esto lo reveló María Martín dos años más tarde, cuando se retractó de la larga confesión que hiciera el 17 de noviembre de 1609 ante Valle, en San Sebastián (sin haber dicho entonces una palabra de que era criada del cura). Dicha retractación tuvo lugar durante la visita de Salazar, y en las declaraciones que la ex criada del cura efectuó ante el inquisidor, afirmó que jamás había sido bruja y explicó cómo había cometido perjurio presionada por su señor, el viejo cura y comisario de la Inquisición:

> Estando ésta, habrá dos años poco más o menos, sirviendo a don Domingo de San Paul, vicario de esta dicha villa y comisario de este Santo Oficio, en tiempo que se trataba mucho de la complicidad de brujos en esta villa y de su castigo. Y se decían y comunicaban comúnmente entre muchas gentes las cosas que hacían y pasaban las tales brujas. Y muchos niños —y otras personas también— decían y nombraban las personas nombradas en él. De que ésta comenzó a tomar noticia de todo.
>
> Y preguntándola entonces el dicho su amo si también lo era ésta, vino a decir y confesar que lo era, refiriéndolo en la forma que de la plática común de esta villa lo había deprendido [*sic*. «tomado»]. Y que así por orden y mandatos que tuvo muy apretados del dicho su amo se redujo a querer confesarlo, como lo dijo y confesó en efecto, en este Santo Oficio ante el señor licenciado Juan de Valle Alvarado estando visitando la villa de San Sebastián[75].

Sin embargo, la confesión de María Martín en San Sebastián no se basaba tan sólo en rumores populares. El cura la había prepara-

---

[74] *Informe del obispo*, fol. 4r.
[75] *Tomo «F» del libro de visita de Salazar*, fol. 118r-v.

do durante largo tiempo, y constantemente la había aleccionado sobre lo que debía decir a la Inquisición[76]. Leyendo las confesiones de María Martín llega uno fácilmente a dudar de cuándo dice la verdad y cuándo miente; de si es falsa la retractación o la confesión. Su descripción de los ritos de los brujos no es sólo admirablemente detallada; está asimismo llena de colorido y de rasgos realistas que sugieren la participación personal de la criada en todos ellos. En cambio, su lista de personas sospechosas es menos digna de crédito; contenía los nombres de sesenta y una personas (diecisiete varones, treinta y siete hembras y siete niños), todas de Lesaca menos una, que era de Echalar. Se trataba de la hermosa y rica viuda María de Endara, propietaria de una herrería del pueblo y perteneciente a la aristocracia de la comarca[77].

Al igual que el de Lesaca, el párroco de Vera, Hualde, recurrió al método de encerrar a los niños. El obispo Venegas refiere que el cura reunió gran número de niños y adultos de todos los barrios del pueblo. Durante cuarenta días estuvo tratando de convencerles para que confesasen, y en todo ese tiempo no permitió que nadie abandonara la casa parroquial, a excepción de unos cuantos ancianos a quienes dejó ir a casa[78]. Resultado de semejante acción fue que el 11 de enero de 1610 Hualde pudo escribir al inquisidor Valle comunicándole que, por fin, la secta de brujos había sido descubierta:

> De ver que no salían las cosas a medida de mis deseos en lo que Vuestra Señoría me mandó, me [a]congojaba y abrasaba en las entrañas, y que las pláticas que yo hacía del púlpito no lucían ni sacaban fruto, sea por esto, o porque Nuestro Señor ha querido mirar por su Santo Evangelio y Fe Católica... se ha dignado de descubrir en esta villa la maldad y herejía de la brujería, de que yo siempre recelaba y decía a Vuestra Señoría cuando platicábamos. He apretado tanto la cosa, que la información que va con ésta dará testimonio de mi tra-

---

[76] *Ibid.*, fol. 118v.
[77] *Ibid.*, fols. 108r-II7v.
[78] *Informe del obispo*, fol. 5r-v; cf. Mongastón, *Relación*, fol. 8v, e Idoate, *Documento*, pp. 170-171.

bajo y luz que dan los niños de 6, 7, 8, 9, 10, 11 y 12 años, y en particular la vieja francesa[79].

En su carta, Hualde rogaba encarecidamente al tribunal que diese orden de arrestar a unas cuantas mujeres, quienes, según sus averiguaciones, habían resultado ser las nocturnas portadoras de los niños al aquelarre. Eran Mari Juan de Aguirre (LB núm. 7) «y esa francesa», Beltrana de la Fargua (LB núm. 16). Dichas brujas debían ser sacadas del pueblo lo antes posible, pues la multitud estaba a punto de lincharlas y «cuatro días ha» les hubieran cortado el cuello de no ser por la intervención de Valle[80].

Hualde continuaba refiriendo cómo tenía la casa parroquial llena de niños, enviados a él por sus padres con la esperanza de que pudiese ayudarles. Del contenido de la carta se desprende que se trataba de aquellos niños a quienes los brujos habían llevado al aquelarre y obligado a renegar de su fe. Hualde no se había atrevido, por propia iniciativa, a darles la absolución, pero hacía todo cuanto podía por impedir que los brujos se los llevasen al aquelarre. Su remedio consistía en un conjuro cristiano en latín:

> *Jesus ✠ Nazarenus ✠ Rex ✠ Judeorum ✠*
> *Verbum caro factum est.*
> *Jesus, Maria, Joseph.*

El cura ponía esta fórmula escrita en un papel, junto con pan bendito, hierbas benditas, una vela de cera, agua bendita y un crucifijo o una estampa de la Virgen, en el aposento donde dormían los niños. Además, hacía que los niños se persignasen antes y después de dormir. Debían hacer tres veces la señal de la cruz sobre el corazón mientras decían: «Jesus propitius esto mihi peccatori». Y según el cura, después que los niños confesaban y se protegían con aquellos remedios, ya no eran llevados al aquelarre, por lo que solicitaba del tribunal que reconociese tales remedios.

---

[79] *Lib* 795, fol. 99r (Hualde/T., Vera, 11-I-1610).
[80] *Ibid.*, fol. 495; cf. *Relación tercera del auto de fe*, fol. 367r, y WA, p. 483, n. 95.

Solicitaba asimismo permiso para devolver los niños a sus casas, pues él no podía seguir teniendo de treinta a cuarenta niños en la suya[81].

No debemos interpretar esto último como una señal de que Hualde empezaba a cansarse de cazar brujas. ¡Todo lo contrario! Lo que necesitaba era la venia del tribunal antes de dar nuevos pasos. En su carta se trasluce su ferviente deseo de seguir adelante, y aunque intenta contener su entusiasmo para no parecer demasiado ansioso, advierte al tribunal que, si éste así lo desease, estaría dispuesto a indagar a fondo en el asunto y detener a «esta francesa», para confrontar a ella y a los niños con varios adultos sospechosos de brujería que no se decidían a confesar[82]. Proseguía explicando por qué no creía que tal misión pudiera ser llevada a buen término por los dos agentes que la Inquisición ya tenía en Lesaca:

> Aunque el buen vicario viejo de Lesaca tenga buenos deseos de acertar, está pesado y no es el negocio para viejos cansados. Y don Juan [Martínez de San Paul], el notario, tiene harto que hacer en Lesaca. Piden que vayan los de Vera allá, y ellos [los niños brujos] mas quieren parecer delante de mí e yo los traigo a casa desde la escuela y acá hago mis diligencias y preguntas a solas. Y si fuesen a Lesaca se temerían más de la justicia. E yo les predico que les ayudaré a remediar y alcanzar perdón y misericordia del Santo Oficio, si me dicen sus culpas, etcétera[83].

Con sólo analizar lo que el propio Hualde descubre acerca de su técnica inquisitorial, nos damos perfecta cuenta de las razones por las que se resistía a enviar los brujos a Lesaca. Como él mismo explicaba, las confesiones que remitía adjuntas a su carta habían sido anotadas por él mientras interrogaba a los niños en la casa parroquial, uno a uno, a solas en un cuarto. Concluida la inquisición de

---

[81] *Lib* 795, fol. 99v (Hualde/T., Vera, 12-I-1610).
[82] *Ibid.*, fol. 99v.
[83] *Idem.*

cada niño, llamaba a los testigos y, en su presencia y la del niño, leía las confesiones de éste, y hacía luego firmar a los testigos que cuanto habían oído y había sido anotado era cierto y verdadero[84].

La larga epístola de Hualde termina con un *post-scriptum*, donde se refleja vivamente la situación en la casa parroquial el 12 de enero de 1610:

> Todo lo de atrás escribí anoche y habiéndose acostado la gente menuda con las prevenciones dichas. Y preguntado hoy, me han respondido que ya los llevaron a las juntas y todos lo han ratificado. Y desde las once de ella [esto es, de la noche] adelante en mi casa y en la de [al] lado han andado de tal suerte que parece quitaban los tejados a las casas, echando unas veces alaridos grandes y otras veces risadas que toda la vecindad se atemorizó, aunque yo no lo sentí; y sospecho me echaron alguna hierba para que no me despertara.
>
> Y habiendo los niños confesado cómo los llevaron y azotaron porque descubrían [la brujería] hubo grandísimo alboroto, y si no fuera por consejo de algunos hubieran muerto a las viejas que los llevan. Y así torno de nuevo a suplicar a Vuestra Señoría y al Santo Tribunal, sin que sucedan vías de hecho, se sirvan de remediar sin dilación alguna.
>
> Y entre los acusados y acusadas hay tanta insolencia y atrevimiento que ni perdonan a clérigo ni lego sin decir mil bellaquerías y afirmando que no hay brujos, sino que yo los hago en casa, y lo que yo digo del púlpito es mentira y fábula y no se me debe dar crédito y que por amenazas y halagos hago [a los niños] decir lo que no hay, etcétera. ¡Mil insolencias en público y secreto dicen de esta suerte! Y yo estoy resuelto de no hablar en secreto cosa hasta que el Santo Tribunal me dé más orden y comisión. De día en día, de hora y en hora, se enconan más los ánimos de los vecinos.
>
> Yo de mi parte ofrezco de hacer todo lo que fuere posible y ayudaré con mucho cuidado y diligencia como hasta aquí lo he hecho. Y no le parezca a Vuestra Señoría lo hago esto por los deseos que tengo de ser comisario; que sin serlo me emplearé de bonísima gana por servir a Dios y a la Santa Inquisición...[85].

---

[84] *Ibid.*, fol. 99v.
[85] *Ibid.*, fol. 100r.

Aquel mismo día se discutió el asunto por vez primera en el concejo municipal de Vera. El concejo había mantenido sus dudas durante mucho tiempo con respecto a la caza de brujas organizada por Hualde, pero después de haber oído las declaraciones de los niños, parece ser que optó por apoyar al cura en su empeño. Al menos escribió al tribunal después de celebrar su asamblea, y en su carta solicitaba que se le diesen poderes a Hualde y a otros miembros de la clerecía y personas seglares para arrestar a los culpables. El concejo informaba de que, hasta la fecha, veinte niños y cierto número de adultos habían confesado públicamente ser brujos; y la carta terminaba con un renglón añadido por el propio Hualde: «Por evitar superfluidades de firmas se sella ésta con el sello de la villa y firmaron dos solos por los demás»[86]. Quizá la verdad es que no había nadie más en el concejo de Vera que desease poner su firma debajo de dicha solicitud.

La carta fue recibida en Logroño el 16 de enero, y aquel mismo día se remitió a Madrid con un escrito de los inquisidores, en el que decían:

> Y aunque estamos en muy grande ánimo de resistir con todas nuestras fuerzas a la insolencia del Demonio, todavía nos acorta mucho en la ejecución el ser forzoso caminar por los justificados pasos del Santo Oficio, que el Demonio, como los conoce, los acorta cuanto puede con impedir que las testificaciones... sean tan enteras como es menester[87].

La presunta existencia de un conventículo de brujos en Vera ya había sido corroborada por dos declaraciones hechas ante Valle durante la visita de éste. Pero los inquisidores reconocían en su carta que ambas testificaciones adolecían del mismo fallo que las nuevas recibidas de Hualde, porque en los dos casos los testigos habían sido niños de muy corta edad. La carta finalizaba con un ruego a

---

[86] *Lib* 795, fol. 98r-v (Concejo de Vera/T., Vera, 12-I-1610). La carta está firmada por Juanes de Zaldúa y Pedro de Alzate.
[87] *Lib* 795, fol. 101r (T./C. 16-I-1610).

la Suprema de que dispensase de la regla de que las personas de origen extranjero no podían admitirse al servicio de la Inquisición. Era cierto que los padres de Hualde eran extranjeros, pero ambos habían nacido en el Pays de Labourd, donde todos eran también buenos católicos. Además, el tribunal tenía gran necesidad de un comisario en Vera, y consideraban que Hualde se prestaba mejor que nadie al puesto a causa de su rectitud y sabiduría[88].

Desconocemos cómo estalló la persecución de brujos en la tercera de las Cinco Villas, Echalar. Sin embargo, basándonos en lo que sabemos sobre los dos niños brujos de dicho pueblo (cf. p. 188), podemos contar con que el lugar, ya durante la visita de Valle, se hallaba afectado por la epidemia onírica. Diego de Marticorena, el muchacho de catorce años que había confesado el 10 de octubre de 1609, lo hizo dos semanas después de la publicación del edicto de fe en la comarca[89]. Su proceso no se ha conservado; sí tenemos, en cambio, el de María de Yturría, quien había confesado el 14 de diciembre en Tolosa. A través de su confesión vislumbramos por primera vez lo que los niños experimentaban realmente en sus sueños. María de Yturría era hija de un carbonero de Echalar. Explicó a Valle que su padre había querido presentarla ante la Inquisición durante la visita a Lesaca (o sea, antes del 14 de octubre, en que Valle siguió su viaje); pero la noche anterior, el diablo la atemorizó, de modo que volvieron a casa sin realizar su propósito[90].

Esta niña de nueve años comenzó su confesión acusando a Catalina de Topalda de haberla convertido en bruja. Dicha Catalina de Topalda era una joven sacristana *(serora* en vascuence) de Echalar. Un día de principios de septiembre, por la fiesta de Nuestra Señora, se encontró María de Yturría con ella, y la mujer le preguntó si quería que la llevase a un lugar donde lo pasaría muy bien. Aquella misma noche la sacristana se presentó junto a su

---

[88] *Ibid.,* fols. 101r, 102r; *Lib* 795, fol. 99r (Hualde/T. 11-I-1610); cf. WA, p. 484, n. 103.
[89] Véase n. 63, arriba.
[90] *Tomo «F» del libro de visita de Salazar,* fol. 170r-v (LB núm. 465).

cama, en la que yacía al lado de su abuela. Pese a estar dormida —explicó María de Yturría— sintió cómo Catalina de Topalda la sacaba de la cama y salía con ella por la ventana, transportándola a toda velocidad por los aires hasta llegar a un prado desconocido para ella. Una vez allí, la niña se despertó y vio a Catalina de Topalda, enteramente vestida, a su lado. En su declaración, María describió al demonio como un cabrón negro con cara de hombre. Se hallaba sentado en una silla dorada, mientras los brujos bailaban en el prado delante de él. La sacristana la llevó aparte, al sitio donde estaban los niños brujos, y le dio una varita para que ayudase a cuidar de los «sapos vestidos». Después de que los brujos y brujas se divirtieron un buen rato, desaparecieron junto con el cabrón. La sacristana regresó a toda prisa por los aires con María a casa de ésta, donde la dejó al lado de su abuela, y tan pronto como se halló la niña de nuevo en la cama, quedó profundamente dormida y no se despertó hasta bien entrado el día. Cuando al día siguiente María le contó todo aquello a su padre, éste se sorprendió mucho y no podía creerlo. Pero la sacristana volvió a buscarla para llevarla al aquelarre durante nueve noches. A la sexta noche le hizo abjurar de su fe cristiana, obligándola a adorar al demonio. Después Satanás la marcó con la pezuña en el hombro izquierdo. Cuando la niña se lo contó a su padre al día siguiente, éste se compadeció y la llevó a la iglesia para que el cura leyese algunos exorcismos sobre ella. Mas como la sacristana continuaba llevándola al aquelarre por la noche, y ella quejándose a su padre, éste decidió conducir a su hija a Lesaca, donde el inquisidor se encontraba haciendo la visita. Llegaron al pueblo un miércoles por la tarde, y se quedaron a dormir en casa de una parienta. Pero aquella misma noche, la mujer la volvió a buscar para llevarla al aquelarre. (Parece ser que también ahí los días de las juntas eran los lunes, miércoles y viernes). Fue presentada ante el demonio, quien le dio órdenes terminantes de no decir una palabra, y la amenazó con enseñarle un mar terrible y negro, donde la ahogaría si hablaba[91].

[91] *Ibid.*, fols. 170r-172r.

Es muy difícil determinar si la niña creía realmente que todo aquello había ocurrido de verdad o si simplemente se hallaba horrorizada a causa de sus extraños sueños. Lo que sí sabemos es que, dos años más tarde, se retractó de su confesión ante Salazar y declaró que jamás había sido bruja. Habían sido su padre y otras personas quienes la obligaron a declararse bruja —explicó la niña a Salazar durante la visita de éste—[92]. Pero mientras hubiese gentes como Valle, que pensaban que el diablo se llevaba a los niños a sus juntas mientras dormían para fomentar así la teoría de que todo era sueño, lo que los niños creyesen tenía poca importancia. El juicio de la sociedad tenía que ser, necesariamente, lo esencial. En el año 1609 todo el mundo andaba atemorizado por cuanto se decía sobre las fechorías de los brujos en Francia, por lo que en el lado español de la fontera se tomó la decisión de adelantarse a la llegada del demonio. Siendo esto así, no se podían aceptar las explicaciones de los niños (para nosotros, meros síntomas de expansión de la psicosis de masas) que aseguraban que todo ello era algo que soñaban. Cuando en 1611 Salazar visitó el distrito, al llegar a las Cinco Villas, se encontró con que la epidemia de brujería estaba llegando a su término. Lo que más preocupaba entonces a todos era el gran número de personas que habían sido tachadas de brujas. A la sazón el Santo Oficio había recibido las confesiones de casi cien personas, solamente en Vera, Lesaca, Echalar, Yanci y Aranaz (cf. p. 273)[93], y a esas cien habría que añadir setecientas más cuyos nombres habían salido a relucir en las confesiones de los primeros, quienes aseguraban haberlas visto en los aquelarres. Es natural que mucha gente desease la retractación de los brujos, para dejar a sus vecinos libres de toda sospecha.

Ya durante la visita del obispo Venegas de Figueroa al distrito, los escépticos habían dejado oír sus voces. En Echalar se había llegado a discutir varias veces sobre el asunto, y los clérigos

---

[92] *Ibid.*, fol. 173r.
[93] Cf. mis cálculos sobre las confesiones y denuncias de las Cinco Villas en WA, p. 484, n. 109.

Labayen y Oragaray, apoyados por el visitador Zalba y otros acompañantes del obispo, sostuvieron la opinión de que «era cosa de risa la materia de brujas». Más tarde, los inquisidores informaron de estos episodios a la Suprema con profundo sentimiento:

> Comenzaron a levantar disputas y a proponer imposibles y perturbar [a] la gente con diversas opiniones afirmando que no era posible hubiese brujas, y que todas eran invenciones y levantamientos. Y aún algunas de las disputas fueron en presencia del sñr. obispo y en público; y sin recato ninguno de los daños que podían resultar. Y los comisarios nos dieron aviso cómo de ello había resultado grande impedimento a las confesiones y testificaciones que se iban haciendo y cómo ya llegaba al atrevimiento de los dichos clérigos a que públicamente afirmaban que todo era mentira y amenazaban a los testigos. Por lo cual dimos comisión para que sobre ello se recibiese información [de cómo Labayen y Oragaray se oponían a la Inquisición][94].

En la misma carta, los inquisidores daban cuenta, enojados, de cómo los dos sacerdotes de Echalar habían hecho ir a la casa parroquial en varias ocasiones a dos brujas, «ambas mozas de buen parecer», y las habían hecho quedarse allí bajo pretexto de velar con ellas. Al día siguiente solían preguntarle a los niños si habían visto a aquellas mujeres por la noche en el aquelarre, a lo que los niños respondían que sí[95]. Las dos mujeres jóvenes a que se refieren los inquisidores eran la sacristana Catalina de Topalda y la rica viuda María de Endara. Sobre ambas habían recaído sospechas de brujería durante la visita de Valle, por lo que habían sido detenidas a comienzos de marzo de 1610[96]. Cuando al verano siguiente se descubrió que María de Endara estaba en cinta, ésta señaló al clérigo Labayen como padre de la criatura, circunstancia que fue pronto aprovechada por los inquisidores para

---

[94] *Leg* 1679, exp. 2, 1.°, núm. 28[b], fols. 1v, 3v (T./C. 14-II-1611).
[95] *Ibid.*, fol. 2r.
[96] Sobre las denuncias de aquellas dos brujas, véase más arriba en esta sección y n. 64. Sobre su detención, véase WA, p. 482, n. 72.

tachar el experimento de las noches en vela de falsedad y mera disculpa para gozar de las bellas brujas[97].

No ha quedado evidencia de cuándo la epidemia onírica alcanzó a los niños de la cuarta villa, Yanci. La confesión que la niña de ocho años Mari Juri hizo a Valle, en Tolosa, en el mes de noviembre o diciembre de 1609 (véase p. 188, arriba), sugiere que ya había algo en ciernes ese mismo otoño, aunque no parece que la caza de brujos entrase en su fase de plenitud hasta comienzos de 1610. El párroco del lugar, Martín de Yrisarri, apoyaba, como ya se dijo antes, a la Inquisición, pero no parece haber sido tan fanático como sus colegas de Vera y Lesaca. Al menos no se dieron tantas confesiones de brujería en Yanci como en los demás pueblos: después de un año de persecución, solamente habían confesado diez personas. Pero cuando Salazar visitó el pueblo en 1611, tres de las brujas revocaron sus confesiones. Se trataba de tres muchachas de doce, trece y quince años, respectivamente, las cuales habían hecho sus declaraciones ante el viejo comisario de la Inquisición de Lesaca el 3, el 20 y el 23 de febrero de 1610, respectivamente. En los procesos de las tres[98], por fortuna conservados, hallamos un claro ejemplo de cómo la persecución de brujos en las Cinco Villas fue en realidad una caza de herejes. De las tres mozas, a ninguna se la acusó de hechizar a personas, animales o cosechas; su crimen no era otro que haber renegado de la fe católica y participado en las juntas de brujas. Dos terceras partes de las actas de sus procesos están compuestas por listas con nombres de personas a quienes acusan de ser sus cómplices. Ésta es precisamente una de las características de esta clase de procesos masivos: la denuncia de cómplices. Las tres chicas delataron a cuarenta, cincuenta y dos y veintinueve personas de Yanci, respectivamente, de las que la mayor parte eran niños. Pero a Salazar le explicaron más tarde que habían declarado en falso a causa de las amenazas

---

[97] *Lib* 795, fol. 3r-v (T./C. 30-VIII-1610); sobre María de Endara y el clérigo Labayen, véase WA, p. 485, n. 113.
[98] *Tomo «F» del libro de visita de Salazar,* fols. 83r-89v, 91r-96r, 99r-104r (LB núms. 454-456).

de sus padres, quienes las obligaron a admitir que eran brujas porque los niños brujos del pueblo aseguraban haberlas visto en el aquelarre. La niña de trece años Juana Fernández de Arbiza manifestó que durante varias noches, su padre había llegado borracho a casa, la había arrastrado hasta un campo y allí la había maltratado diciéndole que la Inquisición la quemaría viva si no se decidía a declarar[99].

A principios de febrero de 1610, las autoridades locales de Vera, Lesaca, Echalar y Yanci (nótese que falta la quinta villa, Aranaz) decidieron dirigirse a la Inquisición para que interviniese en el asunto de la plaga de brujos. El 5 de febrero llegó un correo con las cartas de los cuatro concejos al tribunal de Logroño. Algunos días antes, el tribunal había recibido un ruego parecido de Rentería[100].

En una carta fechada el 13 de febrero, los inquisidores informaron a la Suprema sobre la situación y comunicaron que tenían la intención de arrestar a dieciséis de los brujos más peligrosos. Con ello esperaban refrenar el avance del Demonio y, al mismo tiempo, apaciguar a las gentes de aquellos pueblos, de modo que tuviesen más paciencia mientras esperaban la solución que los inquisidores habían prometido para combatir el problema. El 3 de marzo llegaron al tribunal los dieciséis inculpados. Seis de ellos procedían de Vera, y el resto, de Lesaca, Echalar, Yanci y Rentería[101].

Avanzado el verano, Valle envió su informe sobre la visita del distrito al Consejo de la Inquisición. El informe no se ha conservado, pero sí una carta adjunta del tribunal, por la que adivinamos que contenía testificaciones contra doscientos ochenta brujos, a los que se sumaban gran cantidad de niños a los que no se había tenido en cuenta por haber participado en las juntas satánicas sin haber abjurado de su fe. Los inquisidores reconocían que

---

[99] *Ibid.*, fol. 105r.
[100] *Lib* 795, fols. 8r-9v (T./C. 13-II-1610).
[101] Véanse LB núms. 7, 16, 18, 64-69, 71; cf. la reconstrucción de la lista completa de los dieciséis prisioneros brujos en WA, pp. 260-261 (tabla 8), 515-516 (n. 111).

las pruebas en contra de muchos de los acusados eran un tanto flojas; pero tales pruebas se habían visto reforzadas por nuevos detalles que salían a relucir en los nuevos casos de brujería que eran descubiertos constantemente por los comisarios de la zona[102].

A lo largo de su viaje, Valle nombró muchos comisarios y familiares para reparar los agujeros de la red de inteligencia de la Inquisición. Además de los sacerdotes de Vera y Lesaca, nombró al abad del monasterio de Urdax, fray León de Araníbar, comisario inquisitorial del valle de Baztán. Este monje iba a desempeñar un papel muy importante en la gran persecución de brujos que estalló durante el otoño de 1610. Aquí se repetiría el modelo de la «pequeña cacería» de las Cinco Villas, sólo que en dimensiones mucho mayores y más cruentas. Pero, de momento, la cacería iba decreciendo. El encarcelamiento de los dieciséis brujos había surtido efecto: el tribunal tenía trabajo de sobra con ocuparse de las causas que deberían estar listas para el auto de fe. Quizá, repercutiese también el nombramiento de Hualde como comisario[103].

---

[102] *Lib* 795, fol. 41r (T./C. 10-VII-1610). Cf. mi reconstrucción del libro de visita de Valle, LB núms. 103-150.
[103] *Lib* 333, fol. 37r (C./T. 3-II-1610).

CAPÍTULO 7

EL PROCESO
Segunda parte

1. Los nuevos prisioneros

De los quince brujos que Valle envió al tribunal en septiembre de 1609, sólo sabemos que seis eran varones y nueve hembras, y que el monje Pedro de Arburu y el sacerdote Juan de la Borda se encontraban entre ellos[1]. Aparte del sacerdote, que era de Fuenterrabía, todos los prisioneros procedían de Urdax y Zugarramurdi. Entretanto, si combinamos estos datos con los del informe del auto de fe (DS doc. 2) y con los de las cuentas del coste de manutención de los prisioneros (donde parece ser que se calculaba con un gasto de un real por día), nos encontramos con que es posible reconstruir la lista con los nombres de los quince presos (LB núms. 11-25).

En noviembre se recibió en el tribunal a un brujo más, un viejo carbonero que había huido a Guipúzcoa, donde fue aprehendi-

---

[1] *Lib* 794, fol. 43 (T./C. 26-IX-1609); cf. *Lib* 832, fols. 163r-164r (petición de don Juan de la Borda al tribunal, 23-IX-1613).

do por Valle (LB núm. 26)². En diciembre, María de Zozaya y Juanes de Lambert, ambos detenidos por las autoridades de Rentería, fueron trasladados a Logroño (LB núms. 27-28). Hacía ya tiempo que la cárcel secreta del tribunal se hallaba repleta, por lo que se había empezado a instalar celdas en la casa de penitencia³.

Los dieciséis brujos detenidos en las Cinco Villas y Rentería para complacer a las autoridades locales llegaron a Logroño hacia el 3 de marzo de 1610, y éstas fueron las últimas detenciones anteriores al auto de fe. Las doce mujeres de este grupo fueron instaladas en las celdas de la casa de penitencia, pero hubo que pedir a los monjes del monasterio de dominicos que por caridad se hiciesen cargo de los hombres⁴. Dos de aquellas mujeres, la viuda María Juanto y la mendiga Beltrana de la Fargua, así como uno de los hombres, el herrero de Echalar, de cuarenta años de edad (LB núms. 29-31), salieron en el auto de fe; el resto tuvo que esperar en prisión casi nueve meses a que se ocupasen de sus causas. Contando los diez procesos de la primavera anterior (LB núms. 1-10) el tribunal alcanzó la cifra de treinta y una causas de brujería, las cuales tenían que concluirse para el auto. A estas causas había que sumarles veinticuatro más tocantes a delitos de herejía; y también éstas tenían que estar listas para el auto de fe⁵. Al Santo Oficio le era imposible abarcar más.

2. Las dos epidemias en las cárceles

Antes de celebrarse el auto de fe en el otoño de 1610, dos epidemias consecutivas se encargaron de mermar las filas de los brujos en las sobrecargadas cárceles. La primera brotó durante el caluro-

---

² *Lib* 794, fol. 448v; *ibid.*, fol. 447r; *Relación de gastos*, fol. 161v. Sobre el brujo y carbonero Juanes de Odia y Barrenechea, véase además WA, p. 486, n. 2.
³ Durante la visita de inspección de 1619-1620 consta que las cárceles secretas de la Inquisición de Logroño tenían veinte celdas, «las nueve de ellas altas y las once bajas» (Leg 1683, exp. 1, fols. 197r-201v).
⁴ *Lib* 795, fols. 8v-9r (C./T. 13-II-1610).
⁵ *Relación segunda del auto de fe*, fols. 350v-351v, núms. 32-51.

so mes de agosto de 1609, y hacia Navidades se habían ido de este mundo seis de los veintiséis brujos que por aquella época se encontraban en las cárceles. La segunda comenzó en agosto de 1610, llevándose a siete brujos más.

Los seis muertos en 1609 pertenecían al primer grupo de prisioneros, a excepción de Juanes de Echegui, quien había llegado en septiembre. La primera víctima de la epidemia fue Estevanía de Navarcorena, de cuya muerte Salazar y Becerra dieron parte a la Suprema el 22 de agosto de ese año.

En su carta los inquisidores explicaban que la pobre nonagenaria estaba más sorda que una tapia, por lo que habían desistido de controlar sus declaraciones. Mas para que la anciana pudiera morir como cristiana, los inquisidores la habían reconciliado, para que pudiera confesar y comulgar. Los otros nueve brujos estaban todos enfermos, según informaba la carta. Como eran testigos principales en el caso de los otros brujos de Zugarramurdi, el tribunal se estaba aplicando a ratificar sus declaraciones *ad perpetuam*, para asegurarse de que éstas podrían utilizarse como materia acusatoria, aun en el caso de que los testigos muriesen mientras tanto[6].

Un mes más tarde, los inquisidores comunicaban a la Suprema que la «reina de los brujos», Graciana de Barrenechea, y una de sus hijas, Estevanía de Yriarte, también habían fallecido. Becerra consiguió reconciliar a la última antes de su muerte; pero al pedirle que ratificase su confesión, la mujer había empezado de súbito a delirar. Todo ello era un tanto sospechoso —comentaban los inquisidores— porque al llegar Becerra a la casa de penitencia, había hallado a Estevanía casi sin fiebre, aunque bastante débil. Mientras él le levantaba la excomunión y la reconciliaba, se encontraba totalmente lúcida; pero al preguntarle luego si recordaba haber dado testimonio contra alguien ante el Santo Oficio, la mujer empezó a esforzarse por levantarse de la silla. «Y preguntándola a qué se levantaba dijo que para enseñarles por aquella ventana unas lindas arboledas». Al día siguiente, Becerra volvió a la

---

[6] *Lib* 794, fol. 462v (T./C. 22-VII-1609).

19. Las cárceles secretas de la Inquisición de Granada. Dibujo anónimo del siglo XVII. Museo Británico.

casa de penitencia, con la intención de reconciliar también a la hermana, María de Yriarte. Al principio se la veía sana y podía mantenerse en pie, pero durante la ceremonia se puso cada vez más débil, y cuando el inquisidor llegó a pedirle su ratificación, «le sobrevino mucha aflicción y no quería hablar ni responder, aunque al fin se ratificó».

Manifestaban Becerra y Salazar en su carta que se inclinaban a creer que el demonio andaba enredado en tan extraordinarias enfermedades, pues cuando ya creían a los brujos fuera de peligro, se ponían de repente a morir, a pesar de haber sido declarados sanos por el médico, quien les había dado permiso para levantarse. Esta sospecha se vio reforzada por las declaraciones de algunas brujas, que afirmaban que el demonio las visitaba en la casa de penitencia, donde tenía acceso carnal con ellas. También los médicos convenían en que había algo extraño en todo ello

—proseguían los inquisidores— «y desde ayer son de parecer que convendrá hacerles nuevos vestidos y camas y quitarles los que tienen». Los inquisidores habían llegado a la conclusión de que, en caso de verse confirmadas sus sospechas por nuevos resultados de sus pesquisas, habría que instalar una enfermería provisional en la cárcel secreta, para cuyo fin sería necesario incautarse de la vivienda del carcelero. Las habitaciones eran ciertamente pequeñas y no demasiado apropiadas para tal propósito, pero al menos los presos se verían libres de la molestia del diablo, ya que la experiencia había demostrado que Satanás nunca se había atrevido a entrar en las cárceles secretas donde estaban los demás brujos.

El 28 de noviembre notificaron Becerra y Valle la pérdida total de seis brujos. Desde la última vez habían fallecido: el «rey del aquelarre», Miguel de Goiburu, Mari Pérez de Barrenechea y uno de los negativos[8]. Es posible identificar a este último como Juanes de Echegui (LB núm. 21). Los inquisidores habían hecho grandes esfuerzos para moverle a confesar, pero hasta el último momento el hombre se había declarado inocente, en vista de lo cual se le había dejado morir sin sacramentos[9].

El 21 de agosto de 1610, el tribunal tuvo que informar a la Suprema de los estragos ocasionados por una nueva epidemia, y el 30 de agosto comunicaba la muerte de otros seis: Martín de Vizcar, Juanes de Odia, María de Zozaya, María de Echalecu, Estevanía Petrisancena y Mari Juanto[10]. Otra bruja más sucumbiría a la epidemia: María de Yriarte. Había sido arrestada en febrero de 1609 y había estado en la cárcel dieciocho meses. El documento de su sentencia especificaba que desde el día de su confesión se había portado como una buena católica y había dado señales evidentes de contrición, y en el lecho de muerte no dejó de pedir fervientemente

---

[7] *Ibid.*, fol. 433r-v (T./C. 26-IX-1609).
[8] *Ibid.*, fol. 444v (T./C. 28-XI-1609).
[9] *Relación tercera del auto de fe*, fol. 368v.
[10] *Lib* 795, fol. 2r (T./C. 30-VIII-1609). Sobre la identificación de los seis brujos cuyos nombres no constan en la citada carta, véase WA, p. 488, n. 28.

perdón a Dios[11]. Algo hay en todo ello que parece indicarnos que aquella mujer de cuarenta años, que tan dramáticamente se había comportado en la sala de la audiencia, acabó por identificarse con el rol de bruja que Valle y Becerra habían ido infiltrando en su personalidad a lo largo del lavado de cerebro a que la sometieron.

En su carta de 30 de agosto, los tres inquisidores daban cuenta de las conversaciones mantenidas con los médicos sobre las causas de la enfermedad de los brujos. Por un lado, pensaban que la enfermedad se debía a causas naturales: «que como son gentes de montaña, frescas y ejercitadas en el trabajo, criadas con leche y diferentes mantenimientos, traídas a esta tierra, como se les muda todo y se les altera su natural, atribuyen a esto sus enfermedades». Por otra parte, los médicos no se atrevían a negar que las enfermedades y las muertes tenían algo de sobrenatural. De lo último no les cabía duda alguna a los inquisidores, y así lo reflejan en su carta: «Y nosotros tenemos por cierto que será así, porque van muriendo las personas de mayor importancia para encaminar la averiguación y descubrimiento de los aquelarres»[12].

De los treinta y un encausados cuyos procesos se leyeron en el auto de fe, solamente dieciocho sobrevivieron para oír el veredicto de los inquisidores. Los demás habían fallecido en prisión en el transcurso de los dos años que duró el proceso, por lo que en el auto fueron juzgados en efigie. A cinco de ellos les correspondía haber sido quemados vivos, de modo que la epidemia fue mucho más benigna con sus personas; pero los cadáveres fueron cuidadosamente conservados. Estos restos mortales iban a representar a los que un día habían estado vivos, y, luego, junto con sus efigies, serían arrojados al fuego[13].

---

[11] *Sentencia conjunta,* fol. 400r; cf. LB núm. 6, donde consta que los gastos de su manutención, a un real por día, fueron 526 reales, correspondiendo al período de 27-II-1609 a 9-VII-1610.

[12] *Lib* 795, fol. 2r-v (T./C. 30-VIII-1610). Cf. *Memorial segundo de Salazar,* fol. 7v, § 35. Posiblemente los brujos murieron de una epidemia de tabardilla; véase la petición del carcelero Martín de Ygarzabal al tribunal, de 25-I-1613 *(Lib 795,* fol. 504r-v).

[13] *Relación tercera del auto de fe,* fols. 366v-367r, 368r-v.

El Santo Oficio no detenía la acción de su justicia ante la muerte. En contraste con otros tribunales terrenales, la Inquisición se proponía traspasar las puertas de la eternidad. El auto de fe emulaba, en varios aspectos, al día del Juicio Final, y como se verá en el siguiente capítulo, los inquisidores perseguían conscientemente esta semejanza.

3. *Las confesiones*

De los veintiún nuevos encausados, cuyos procesos estuvieron listos para el auto de fe, solamente nueve confesaron. Cuatro de ellos eran de Zugarramurdi, y cinco procedían de Vera, Echalar y Rentería. A excepción de María de Zozaya, cuya sentencia comentaré aparte, no se conocen más que algunos fragmentos de sus confesiones.

De Zugarramurdi procedía María Chipia de Barrenechea, de cincuenta años de edad, mujer de un carpintero, quien confesó haber hecho bruja a su sobrina María de Jureteguía (véase cap. 3: 2). También admitió haber iniciado en la brujería a una sobrina de su marido[14]. El resto de sus declaraciones se desconocen. María de Echegui, mujer de cuarenta años, era hija de Juanes de Echegui, de quien sabemos que murió declarándose inocente, pese a que su hija había testificado en su contra. María también había declarado que hizo bruja a una de sus hijas, y había admitido que perteneció a la secta durante trece años[15], y que la vieja Graciana de Barrenechea había sido su maestra. Estando recién parida, la visitó Graciana y le ofreció llevarla a un lugar donde gozaría mucho, y recibiría dinero y todo cuanto necesitase; y como María se hallaba tan pobre, no se hizo mucho de rogar. Aquella misma noche fue a buscarla la vieja Graciana y la untó para llevársela al aquelarre[16].

---

[14] *Ibid.*, fol. 366r.
[15] *Ibid.*, fols. 366r, 368r.
[16] Idoate, *Documento*, pp. 51-52.

Del octogenario Martín de Vizcar, campesino, sabemos que confesó serios crímenes, homicidio y actos de venganza, y que había declarado ser guardián de los niños brujos en las juntas. También dijo que él y Miguel de Goiburu habían actuado de acólitos durante las ceremoniosas misas negras y que tenían que levantarle las ropas al diablo cada vez que los brujos se acercaban a «adorarle»[17]. Además, manifestó que había sido brujo desde niño, aunque el diablo no tuvo relaciones carnales con él hasta que fue mayor. La primera vez le había ocasionado una gran hemorragia. Como estaba casado, al llegar a casa, su mujer le había preguntado por qué sangraba, y él se disculpó diciendo que se había arañado en una pierna con una rama[18]. Seis meses antes de ser detenido (o sea, en marzo de 1609), su mujer había comenzado a sonsacarle y apremiarle para que dijese si era brujo. Así y todo, él había conseguido conservar su secreto frente a su mujer y todos los de la casa. El motivo de que nadie le echara de menos durante sus escapadas nocturnas era, según explicó el campesino a los inquisidores, que el demonio solía poner una figura que le representaba en la cama. Se le parecía como una gota de agua a otra y permanecía en su cama el tiempo que él estaba fuera; y a su vuelta, la figura le decía: «¿Venís ya?», o algo parecido, y su mujer le encontraba siempre dormido[19]. Es evidente que Martín de Vizcar era tan gran narrador como Miguel de Goiburu.

Las dos hermanas, María Presona, de setenta años, y Mari Juanto, de sesenta, confesaron que eran brujas desde los doce años, y que su madre las había iniciado en el arte. Pertenecían al conventículo de Zugarramurdi, pero en los últimos años habían comenzado a asistir a las juntas de Vera[20]. Precisamente Mari Juanto se había mudado a Vera, donde vivía un hijo suyo, y allí solía visitarla su hermana[21]. Ambas mujeres manifestaron que vie-

---

[17] *Relación tercera del auto de fe*, fol. 367r.
[18] Mongastón, *Relación*, fol. 11r; cf. Idoate, *Documento*, p. 141.
[19] *Ibid.*, p. 158.
[20] *Relación tercera del auto de fe*, fol. 366r-v.
[21] *Leg* 1679, exp. 2, 1.°, núm. 27, fol. 1r (Hualde/T. 10-I-1611). Cf. Mongastón, *Relación*, fol. 8r; Idoate, *Documento*, p. 152, y *Lib* 794, fol. 433v (T./C. 26-IX-1609).

ron cómo los brujos castigaban cruentamente a algunos niños por haberse ido de la lengua con sus padres y haber delatado a quienes les llevaban al aquelarre[22]. También admitieron las dos hermanas que cada una había dado muerte a un chiquillo de la otra: en una ocasión en que Satanás las había reconvenido porque hacía mucho tiempo que no cometían maldad alguna, acordaron para complacerle que una de ellas envenenaría al hijo de la otra, y ésta, a su vez, envenenaría a la hija de la primera[23].

María Juanto, al igual que Martín de Vizcar, tenía un diablo que la sustituía mientras se hallaba en las juntas. Una noche fueron a su casa unas vecinas para comprar huevos; pero el diablo gritó desde dentro, imitando su voz, que no tenía. Al regresar Mari Juanto del aquelarre, el diablo le contó lo ocurrido; y cuando ella supo que las vecinas se habían tenido que ir sin nada, le dijo que para otra vez les diese los huevos que solía tener en un vasar de la cocina[24].

En Vera el tribunal mandó prender a «la francesa» que había confesado en 1610 ante el experto en brujos Hualde. Su nombre era Beltrana de la Fargua y estaba casada con un mendigo. Ante el tribunal depuso haber asistido a «diversos aquelarres» en Navarra y haber tomado parte en todos los abominables ritos brujeriles. Había convertido a la brujería a tres niños, dos de los cuales eran sus propias hijas. Admitió también que tenía un «sapo vestido», y que en varias ocasiones lo había amamantado. Algunas veces, mientras daba de mamar a su criatura, el sapo se estiraba desde el suelo hasta alcanzarle el pezón. Otras veces se convertía en un niño para que ella le cogiese en brazos y le diese el pecho[25].

Sobre Juanes de Yribarren, de cuarenta años, herrero de Echalar, dice el resumen de su causa que:

[22] Mongastón, *Relación*, fol. 8r-v.
[23] *Relación tercera del auto de fe*, fol. 366r-v; cf. Idoate, *Documento*, p. 127.
[24] *Ibid.*, p. 159; Mongastón, *Relación*, fol. 11v.
[25] *Relación tercera del auto de fe*, fol. 367r; Mongastón, *Relación*, fol. 7r; cf. Idoate, *Documento*, p. 108; *Relación de un oficial (A)*, fol. 400r.

[...] fue testificado por cuatro muchachos de once hasta catorce años que era brujo en el aquelarre de Echalar y el que hacía oficio de verdugo, y por mandado del Demonio los azotaba. Habiendo sido traído por yerro a este Santo Oficio fue retenido en él por la dicha testificación para tener con él algunas audiencias. Y en la primera confesó ser brujo y que lo había sido con creencia y apostasía desde muy pequeño[26].

En el transcurso de las audiencias que siguieron, manifestó que hacía varios años que había dejado de ser brujo y que no asistía a las juntas[27]; pero parece ser que recayó en la culpa, pues en el momento de su detención admitió haber sido verdugo del aquelarre de Echalar. Explicó, además, que a los niños les pegaba con el látigo cada vez que se iban de la lengua y descubrían a las brujas. El látigo estaba hecho de varas de espino, y las espinas solían quedársele en la carne a los niños cuando el herrero les pegaba. La mayoría de las veces el demonio les curaba con una pomada especial, pero siempre quedaba alguna espina hincada en la carne, y Juanes de Yribarren había visto muchas veces cómo la gente de Echalar tenía que sacarles las espinas con un alfiler a aquellos niños que él mismo había azotado la noche anterior en el aquelarre[28]. Declaró también que poseía una marca en el estómago hecha por el demonio. Examinaron los inquisidores tal marca pinchándole con una aguja, y vieron que podían introducir la aguja profundamente en la carne sin que el reo notase lo más mínimo[29].

Por medio del panfleto impreso de Mongastón conocemos dos fragmentos más de las confesiones de Juanes de Yribarren. El primero contiene un detalle que no aparece en ninguna de las confesiones de los otros brujos. Menciona una antorcha hecha con el brazo izquierdo de un niño sin bautizar; dicha antorcha era usada por los brujos en sus andanzas nocturnas, cuando el demonio no

---

[26] *Relación tercera del auto de fe*, fols. 367v-368r.
[27] *Ibid.*, fol. 367v.
[28] Mongastón, *Relación*, fol. 8r; cf. *Relación tercera del auto de fe*, fol. 367v.
[29] Mongastón, *Relación*, fol. 4v; cf. Idoate, *Documento*, p. 99.

iba con ellos para darles luz[30]. El segundo trata de una experiencia que Juanes de Yribarren aseguraba haber tenido. La primera vez que había tomado parte en la destrucción de las cosechas se olvidó de la prohibición de nombrar a Dios. Volando por los aires, los brujos produjeron un ruido tremendo, como el galope de cuarenta caballos; y él, sorprendido, exclamó: «¡Jesús!». Al momento desapareció todo. Él cayó en un campo, y allí se quedó medio sin sentido. Al poco rato oyó las campanas de la iglesia, comprendió que se hallaba cerca del pueblo y empezó a arrastrarse lo mejor que pudo, siguiendo el sonido de la campana. Al llegar a su casa se desplomó sin sentido y durante varios días estuvo enfermo del susto. La siguiente vez que fue al aquelarre los brujos le castigaron dándole de latigazos, por haber mencionado el nombre de Jesús[31]. Este pasaje podría muy bien ser interpretado como un caso auténtico de alucinación de un narcotizado; hay que admitir que el episodio narrado por el herrero tiene visos de realidad. Incluso explicó un detalle interesante para los inquisidores: hasta que no miró la lumbre del hogar no cayó desmayado[32]. Pero, una vez más, las fuentes nos fallan, pues no nos dan prueba alguna que demuestre la veracidad de esta interpretación.

Juanes de Lambert, de veintisiete años, procedía de Rentería y era también herrero. Era originario de Labastide, en el lado francés de Navarra, fronterizo con el Pays de Labourd, lugar donde su padre había sido quemado por brujo. Siendo muy pequeño, Juanes había sido iniciado por su padre en la brujería, pero un sacerdote le había ayudado a dejar de ser brujo y durante muchos años no acudió a las asambleas. En el resumen de sus confesiones puede leerse que hacía catorce meses que se había instalado en Rentería. Allí le sedujo María de Zozaya, quien le hizo brujo de nuevo y le llevó al aquelarre de ese pueblo. También había ayudado a la dicha María a llevar a un niño a las juntas con la intención de ha-

---

[30] Mongastón, *Relación*, fol. 11v.
[31] *Ibid.*, fols. 9v-10r.
[32] Idoate, *Documento*, p. 86.

cerle brujo[33]. María de Zozaya, la última de los nueve brujos confitentes, no parece haber dado testimonio en contra de Juanes de Lambert; por lo menos no se le nombra en el largo y detallado resumen de su proceso.

Poseemos conocimientos muy escasos sobre los doce negativos. Pero como todos, con la excepción de Juan de la Borda, eran de Urdax y Zugarramurdi, y al ser todos ellos negativos, es poco probable que aportasen informes sobre la «secta de brujos» que no conozcamos de antemano.

El contenido del proceso contra Juan de la Borda, sacerdote de Fuenterrabía, de treinta y cuatro años de edad, queda referido en lo que los inquisidores llamaban *méritos*. De dicho resumen se desprende que después de la primera audiencia, tal como el Santo Oficio tenía por costumbre, se le preguntó si sabía por qué había sido detenido. Tras contestar que no, se le leyó el formulario de rutina, en el cual se le advertía que la Inquisición no solía arrestar a nadie que no hubiese sido culpado de herejía, etc. Lo único que se le vino a la memoria al sacerdote fueron unas palabras contra el dolor de muelas, el dolor de estómago y las lombrices que había aprendido. Reconoció haber usado algunas veces tales fórmulas mágicas, y recitó sus palabras sin que los inquisidores les concedieran gran importancia. Después de reflexionar algo más, dijo que creía posible que los brujos conducidos por la Inquisición a Logroño hubiesen levantado falso testimonio contra él y su madre, así como contra una tía suya y su primo el monje. Podía ser que le hubieran acusado a él y a sus parientes de brujería en la creencia de que así lograrían salvarse; pero todo ello estaba inspirado por el demonio[34].

De la septuagenaria María de Arburu, tía de Juan de la Borda, sabemos que fue acusada de ser la sucesora de Graciana de Barrenechea en la dignidad de «reina del aquelarre», pero como ya indicamos, negó hasta el último momento haber sido bru-

---

[33] *Relación tercera del auto de fe*, fol. 367v.
[34] *Méritos de Juan de la Borda*, fol. 156r-v.

ja³⁵. En cuanto a los otros diez, sabemos que se mantuvieron durante todo el proceso «protervos, impenitentes negativos».

4. La confesión de María de Zozaya

La causa mejor conocido es la de María de Zozaya. Ya expliqué cómo había sido descubierta en Rentería (p. 175) y mostré cómo, en el plazo de ocho días (del 12 al 20 de noviembre) había reclutado a quince brujos nuevos, quienes más tarde dieron testimonio de ello a Valle en San Sebastián. Una vez que Becerra y Valle vieron las actas del proceso incoado por las autoridades de Rentería contra ella, opinaron que no era necesario entregarla a la Inquisición. Tanto fue así, que los inquisidores devolvieron las actas con una nota indicando que las mismas autoridades locales podían proseguir el proceso. Pero en caso de que resultase haber cometido delito contra la santa fe católica, las actas volverían a ser remitidas al tribunal para que éste examinase de nuevo la causa³⁶.

Tal intercambio de cartas condujo finalmente a la entrega de María de Zozaya al Santo Oficio. A los pocos días del regreso de Valle, la mujer fue trasladada a las cárceles de Logroño. Durante los primeros días se hallaba enferma y, según parece, su interrogatorio no comenzó hasta entrado el mes de marzo. No es posible averiguar hasta qué punto las declaraciones de María ante las autoridades civiles de Rentería fueron voluntarias o se le extrajeron por medio del tormento; pero sí sabemos que en el tribunal no se empleó violencia física alguna contra ella. Las revelaciones de María de Zozaya han sido reproducidas minuciosamente en las cuarenta y dos páginas que comprende el acta de su sentencia, leída en el auto de fe. El siguiente análisis se basa precisamente en dicho texto³⁷.

---

[35] *Relación tercera del auto de fe,* fol. 368v.
[36] *Lib* 795, fol. 6v (T./C. 2-I-1610).
[37] *Sentencia de María de Zozaya,* fols. 401r-420r. Otros fragmentos de sus confesiones pueden verse en Mongastón, *Relación,* fols. 7r, 11v, 14r; en Idoate, *Documento,* pp. 49, 55, 68, 108, 115, 122-123, 130-131, 138, 143, 148-149, 152, 159-160; y en *Relación tercera del auto de fe,* fol. 368r.

María de Zozaya y Arramendi había nacido alrededor de 1530, en Oyeregui, un pueblo cercano a Santesteban, en Navarra. A los catorce años, sus padres la llevaron a Elizondo, en el valle de Baztán. A los veinte, la encontramos en Rentería, donde ejerció de criada en varias casas. Cumplidos los treinta, heredó una casita de una de sus señoras. Todavía habitaba en ella cuando fue detenida en 1609[38]. Ignoramos de qué vivió los últimos cincuenta años de su vida.

Con el fin de ilustrar las creencias en la brujería extendidas a la sazón por Rentería, dejaré, como en el caso de Zugarramundi, de lado todo aquello que concierne a los ritos secretos y me concentraré en lo que cualquier persona, sin tener nada que ver con la brujería, podría haber observado por sí misma. Considerando esa parte de su deposición, nos damos cuenta de que la situación de María de Zozaya no era exactamente la misma que la de las brujas de Zugarramundi.

Tan sólo en dos casos de embrujamiento, del total de ocho de los que María se había reconocido culpable, resultó que había un motivo de venganza personal. En uno de ellos había acusado a una vecina de robarle una gallina. Como la mujer negó haber robado nada, María se indignó tanto que la mató dándole una manzana envenenada. En el segundo, ocurrido hacia 1605, el motivo fue que, al encargar una saya a una vecina modista, le había pedido que se la dejase holgada, pero aquélla se la dejó justa. María protestó, y la vecina le ofreció comprarle más tela y hacerle una saya nueva. Pero la bruja no pudo contener su ira y la mató con una pera envenenada. Lo raro fue que la mujer no murió hasta seis meses más tarde. En el resto de los casos, los actos de brujería consistieron en dar muerte, chupándoles la sangre, a varios niños de sus vecinas, y en haber asustado y maltratado en otra ocasión a un capitán de barco, quien de resultas de ello quedó paralítico. No parece que en ninguno de los últimos casos mencionados existieran conflictos personales previos[39].

---

[38] *Sentencia de María de Zozaya,* fols. 403r, 405r, 417v.
[39] *Ibid.,* fols. 412v-414v.

Lo que sí resulta obvio es que, a estas alturas, la tal María de Zozaya ya había entrado en la segunda fase de su *rol* de bruja; es decir, se había convertido ya en el *chivo expiatorio* de toda la comunidad. En varias ocasiones se había acusado a la buena mujer de entrar en las casas para maltratar a los niños que los padres habían dejado solos en sus cunas mientras iban a trabajar; y cada vez que el joven cura del pueblo volvía de cazar sin haber conseguido presa, también le achacaba su mala suerte. De esto último tenía ella misma la culpa, porque siempre que el cura pasaba por delante de su puerta, María solía decirle: «¡Ea señor fulano!, traiga muchas hebras y dará lebrada a los vecinos». No cabe duda de que el cura la maldeciría para sus adentros, pues, como todo el mundo sabe, lo peor que se le puede hacer a un cazador es desearle suerte cuando va de caza. Ante los inquisidores María declaró que, una vez que el cura había pasado de largo, ella se convertía en una liebre y corría todo el día delante de él y de sus perros sin que pudiesen alcanzarla, con lo que regresaban a casa extenuados. Este acontecimiento se había repetido ocho veces en el transcurso del año 1609[40].

María de Zozaya confesó haber convertido a la brujería a un total de veinte personas. Cinco de ellas hacía ya mucho tiempo que habían profesado en la secta, una «puede haber sobre seis o siete años» (o sea, hacia 1603). A las otras quince —una joven francesa y catorce niños de edades comprendidas entre tres y cuatro años— las había empezado a llevar al aquelarre «hacía tres o cuatro meses». Teniendo en cuenta que el interrogatorio de esa mujer no empezó hasta febrero o marzo, estos informes concuerdan perfectamente con lo que afirma Valle en su carta de 20 de noviembre de 1609[41]. Todo parece indicar que María de Zozaya había adquirido fama de bruja varios años antes de que empezase la persecución, por lo que resulta natural que los ojos de todos se fijasen en ella en 1609, época en que la preocupación por las bru-

---

[40] *Ibid.*, fol. 415r; cf. Mongastón, *Relación*, fol. 14r.
[41] *Sentencia de María de Zozaya*, fols. 415r-417r. Sobre las fechas de prisión y de primera audiencia, véase WA, p. 490, n. 58.

jas, bajo el influjo de los acontecimientos de Francia, entró en una fase de pánico. No obstante, es indudable que su mala fama se incrementó notablemente a lo largo de aquel año.

La vida oculta de María se remontaba a la época en que residía en Oyeregui (o sea, hacia 1540). Sólo tenía entonces diez años. Una vecina, la misma que le había hecho bruja, se había acercado a ella en varias ocasiones, hablándole de unos dioses muy hermosos que ella conocía y que deseaba mostrarle. Al principio, María no quería ni oír hablar del asunto; pero un día se dejó convencer y prometió a la vecina que la acompañaría para ver a aquellos dioses. Aquella misma noche, sobre las diez, mientras se desnudaba a la luz de una vela sin acordarse para nada de su promesa a la vecina, ésta se presentó acompañada de Satanás en forma de un hombre feo y lúgubre. Le preguntaron qué hacía, y ella contestó que estaba rociando el cuarto con agua bendita para que no le sucediese nada malo. El demonio y la vecina le dijeron que arrojase aquel agua, porque ellos le darían algo mucho mejor. Como María vacilaba, le dijeron de malos modos: «¡Ea, pues, esta noche nos habemos de ir!». Y ella respondió: «¡Jesús! ¿Esta noche?». Pero tan pronto como la niña pronunció el nombre de Jesús, desapareció el demonio «con un poco de ruido». La vecina permaneció a su lado, y le explicó que en adelante no debería mentar más el nombre de Jesús porque ella le enseñaría algo mucho mejor. Al rato volvió el demonio portando un tarro. La mujer despojó a María de la ropa, y metiendo un dedo en aquel tarro sacó un poco de ungüento y untó a la niña en la cara, el pecho, los hombros, las rodillas y las plantas de los pies y las manos. Acto seguido, la vistió y le puso una falda vieja por encima. Todo ello ocurrió muy deprisa; en un abrir y cerrar de ojos, la vecina y el diablo la sacaron por una ventana y, volando por el aire, la llevaron hasta un prado «que está como un cuarto de legua de la dicha villa... que los vecinos... llaman el prado de Macharena. Y entre los brujos le llaman Acheguin Soro que es vascuence y en romance quiere decir prado de placer»[42].

---

[42] *Ibid.*, fol. 403r-v.

20. «¡Esta noche nos habemos de ir!». Fragmento de la pintura de Goya de 1798.

En el prado, la pequeña María vio dos figuras sentadas con gran majestad en sendas sillas negras. Una de las figuras era un hombre enorme, feo y terrible, con un cuerno en la frente y largas garras en las manos y los pies. A su izquierda, una hermosa mujer ocupaba la otra silla. Era algo más alta que una mujer normal y vestía elegantemente de negro; un chal ocultaba parte de su rostro. Delante de dichas figuras, a la luz de una gran hoguera que ardía en medio del prado, danzaba una gran turba de hombres y mujeres en medio de un ensordecedor estruendo de tambores y flautas. Los brujos bailaban formando numerosos grupos pequeños, pero de vez en cuando se juntaban en una gran rueda, con más de doscientas personas, y seguían danzando en corro alrededor de la hoguera. Mientras tanto, el demonio les azuzaba para que saltasen dentro de las llamas, y les decía que tenían que probar a meterse en aquel fuego, porque así era el del infierno, que ni quemaba ni chamuscaba, y por tanto no debían temerlo. Además de la luz que despedía la fogata, había una extraña claridad que iluminaba toda la pradera. Aquella luminosidad procedía del cuerno que el Demonio tenía en medio de la frente, y era más brillante que la luz de la luna y tan clara que podían distinguirse todos los presentes y ver todo cuanto ocurría en el prado[43].

La confesión de María de Zozaya continúa con la descripción de su ingreso en la secta de brujas a la edad de diez años: «Por mandato de su maestra dijo que le recibía por su Dios y Señor... y luego se levantó y le adoró besándole en la mano izquierda, en la cara, pechos, partes vergonzosas, y él para este efecto se acomodó y volvió un poco sobre el lado de la silla y alzó la cola que tenía como de borrico muy hedionda y asquerosa y le besó debajo de ella...»[44]. Luego habla de su participación en las juntas de Oyeregui, Elizondo y Rentería. En este último lugar la ascendieron al grado de profesa. Su ascenso tuvo lugar poco después de que María se mudara a su nueva casita. Con motivo de la ceremonia, el demonio y su vecina acudieron desde Oyeregui para entregarle su «sapo vestido», con el que en adelante podría transportarse al aquelarre por sí misma. Sus descripciones de misas negras, orgías sexuales, violación de tumbas, ingestión de carne de cadáveres, fabricación de venenos, devastación de los campos y cosechas, y daños perpetrados en personas y animales concuerdan sorprendentemente con todo lo expuesto por los brujos de Zugarramurdi[45]. Parece muy probable que Valle y Becerra ayudaran concienzudamente a la mujer a encontrar las respuestas apropiadas; aunque cabe también la posibilidad de que hubiera coincidido en la cárcel con alguna bruja de Zugarramurdi y que ésta la instruyera sobre lo que debía decir en los interrogatorios. Así lo advirtió Salazar a la Suprema, en su escrito de 2 de marzo de 1611, para que tuviesen en cuenta tal posibilidad a la hora de juzgar las confesiones de los brujos. En dicho escrito refirió ciertas irregularida-

---

[43] *Ibid.*, fols. 403v-404r.
[44] *Ibid.*, fol. 404r.
[45] *Ibid.*, fols. 404r-412v.

des que, a este respecto, se habían cometido en el tribunal, ya que el contacto mutuo entre los presos, como consecuencia de la falta de espacio en la prisión, resultó un grave problema para los inquisidores, porque un *buen confitente* podía con facilidad instruir a un *mal confitente* en cuanto ambos se juntasen en la misma celda[46].

En cambio, las declaraciones de María de Zozaya con respecto a la fornicación con el diablo son francamente únicas. Cada lunes, miércoles y viernes, a la hora de salir al aquelarre, la mujer sacaba su sapo y le zurraba. Unas veces lo hacía a mediodía y otras por la noche; pero cuando lo hacía a mediodía, solía acudir el demonio, en forma de hombre o de cabrón, para mirar mientras ella azotaba al sapo. En cuanto el bicho expulsaba los excrementos, María lo metía de nuevo en su caja y luego, explicaba, Satanás tenía relaciones carnales con ella:

> [...] por las partes ordinarias y por las traseras, y cuando por las delanteras tenía el mismo contento que si fuera hombre aunque con algún dolor por ser el miembro grande y duro. Y cuando por las traseras tenía más dolor que contento, y para tener los dichos actos le echaba en el suelo. Que muchas veces el Demonio iba a su casa de noche y se acostaba con ella, a su lado, como si fuera hombre corporal y tenía con ella los accesos carnales por las vías que quería. Y las carnes y todos los miembros estando en la cama parecían como de hombre en el tacto y en todo lo demás. Y él la abrazaba y besaba y ella a él. Y se aunaban y trataban tan familiarmente como si fueran marido y mujer. Y las carnes tenía más frescas que de hombre y no se calentaban aunque estaban abrazados juntos, ni por eso recibían más calor. Y ordinariamente estaba con ella dos y tres horas, y se iba un poco antes de amanecer[47].

La descripción presenta tal realismo que da la impresión de reflejar experiencias personales. Sin embargo, en el caso de María

---

[46] *Memorándum de Salazar de 2 de marzo de 1611*, fol. 22r.
[47] *Sentencia de María de Zozaya*, fol. 406r-v.

de Zozaya parece razonable, por una vez, admitir la posibilidad de que nos encontramos ante un caso de neurosis sexual. Ello explicaría el siguiente párrafo contenido en sus confesiones:

> [...] y así nunca confesó ser bruja sino una vez, habría veinte años, al vicario de la dicha villa de Rentería, el cual le dio buenos consejos y puso unas nóminas conque ella propuso de dejar aquel mal oficio de bruja, aunque le duró poco este buen propósito.

A los veinte días de abandonar, a instancias del cura, la brujería, había vuelto de nuevo a las andadas. Muchas veces, antes y después de esto, se había confesado; pero sólo en aquella ocasión se acusó de ser bruja[48].

Si nos aventurásemos a tomar en serio la historia de los «sapos vestidos», encontraríamos en ella una explicación no solamente a las experiencias eróticas de María de Zozaya, sino también a muchas de las cosas que cuenta sobre su vida secreta de bruja. Es muy posible que se tratara de algo que experimentaba después de untarse con el líquido que extraía del sapo. Ya advertí anteriormente que el sapo contiene una sustancia alcaloide; sin embargo, en el caso de María de Zozaya carecemos de nuevo de elementos de juicio que prueben que éste fuera efectivamente el caso.

Según explicó a los inquisidores, en el momento de ser detenida se encontraban en su casa: 1) su propio sapo vestido, guardado en un puchero con tapa de madera; 2) otros cinco sapos vestidos, destinados a sus aprendices, y escondidos detrás de un arca; 3) un puchero con ungüento de brujas que estaba obligada a llevar siempre consigo a los aquelarres; 4) una vasija con ungüentos venenosos; 5) un puchero con polvos venenosos; 6) un frasquito con «el agua amarilla»; 7) pieles de sapo pulverizadas, empaquetadas con un papel. Una vez efectuada la detención, las autoridades registraron su casita de Rentería sin hallar nada. María lo atribuyó al demonio; él tenía que haberse llevado todas aquellas pruebas para que los inquisidores no las encontraran[49]. No cabe duda que

---
[48] *Ibid.*, fol. 418r-v.
[49] *Ibid.*, fol. 4

para Valle y Becerra el caso estaba clarísimo: una vez más el demonio había demostrado estar dispuesto a emplear todo su poder para evitar que los inquisidores obtuviesen pruebas en contra de su secta. En cambio, a su colega Salazar cada vez le resultaba más difícil creer que las brujas, gracias a la constante ayuda del demonio, fueran capaces de impedir a los inquisidores averiguar la verdad. El resultado negativo del registro efectuado en casa de María fue precisamente uno de los argumentos que utilizó cuando criticó por primera vez los fundamentos de todo aquel proceso.

5. *El proceso*

En su carta de 26 de septiembre de 1609, el tribunal informaba a la Suprema de que ya había recibido a los quince prisioneros enviados por Valle. Becerra y Salazar explicaban que les era imposible procesar a más personas porque ya no daban abasto: «Y no nos determinamos a que por ahora se traigan más por parecernos imposible poder con la ocupación que nos han de dar, que según las largas testificaciones y marañas de esta materia no han de bastar las fuerzas ni aun para esto». La carta continúa hablando sobre el proceso contra los primeros brujos, que había tenido que interrumpirse a causa de la epidemia, y sobre las audiencias preliminares que se pensaba dar a los recién llegados:

> Teníamos diputados estos días para dar las acusaciones a los que estaban acá, y ha nos atajado el poder hacerlo, el haber caído todos enfermos y estar tan debilitados. Y así entraremos en las primeras audiencias de los que han venido que todos muestran ánimo de negar [50].

Hasta el 13 de febrero —o sea, medio año más tarde— no se informó a la Suprema de la evolución del proceso. De la cifra de veintiocho brujos alcanzada por el tribunal, catorce habían confe-

---

[50] *Lib* 794, fol. 433v (T./C. 26-IX-1609).

sado, y sus causas ya estaban listas para sentencia, a excepción de dos reos cuyas causas aún no se habían terminado de examinar. Los catorce restantes negaban su culpa; a todos ellos se les habían leído las acusaciones y ya había llegado la hora de leerles las declaraciones de los testigos. A causa del gran número de testificaciones, los inquisidores acordaron leerles las declaraciones de seis testigos *in extenso* y hacerles un resumen del resto. En caso de que el abogado defensor, a la vista de tan copiosas y abrumadoras pruebas, desistiera de presentar testigos en favor de los catorce encausados, sus causas estarían listas para el auto de fe en un futuro próximo —según aclaraban los inquisidores[51].

El 10 de julio envió el tribunal los procesos de los treinta y un brujos a la Suprema[52]. Entretanto se habían concluido las causas, y habían sido sometidas a votación en una serie de consultas de fe consecutivas. El 8 de junio de 1610 se celebró, al parecer, la última consulta de fe. La proporción entre «confitentes» y «negativos» era la siguiente: nueve de los brujos recién llegados habían confesado, con lo que se alcanzó la cifra de diecinueve «confitentes». Los inquisidores proponían que todos éstos fueran reconciliados y sometidos a penitencia, a excepción de María de Zozaya. A ella no se la podía perdonar. La tenían que condenar a la hoguera debido a su categoría de «dogmatizante» y a su responsabilidad en la perdición de muchas personas. Mientras que todos parecen haber estado de acuerdo al votar las causas de los diecinueve confitentes, el tribunal se mostró disconforme respecto al destino de los doce «negativos». Salazar, que no estaba convencido de su culpabilidad, votó a favor de que se les interrogase bajo tormento; mientras que Becerra, Valle, el ordinario del obispo y los demás consultores consideraron la causa cerrada y los condenaron a la hoguera.

Posiblemente ésta fue la ocasión que aprovechó el fiscal del tribunal, doctor San Vicente, para enviar los doce puntos de su dic-

---

[51] *Ibid.*, fols. 8v-9v (T./C. 13-II-1610). Los nombres de los cuatro brujos que confesaron no constan en esa fuente, pero se pueden identificar; véase WA, p. 491, n. 80.
[52] *Lib* 795, fol. 41v (T./C. 10-VII-1610).

tamen a la Suprema. Dicho dictamen se conserva aún, pero no lleva más fecha que la de «1610». En él aconsejaba San Vicente que se procediese sin blanduras con los brujos, y exigía que todos fuesen condenados a la hoguera, y se confiscaran sus bienes. Mencionaba como ejemplos de pena de muerte los casos estudiados en el archivo del tribunal, de los cuales se desprendía que, en 1508 y 1509, el Santo Oficio había quemado un gran número de brujos sin tener ni la mitad de las pruebas existentes en la actualidad. San Vicente concluía su carta advirtiendo a la Suprema que el gran proceso formado contra los brujos por el tribunal debería verse a la luz de la política internacional: «Este año [1610] —escribe— han sido quemados numerosos brujos y brujas en Francia y, entre ellos, dos sacerdotes». Francia miraba ahora con ansiedad hacia España, para ver lo que ésta hacía con sus brujos. Demasiada blandura, advertía el fiscal, no sólo traería como resultado la pérdida del prestigio de España, sino también que los brujos y brujas franceses, quienes temían por sus vidas, huyeran a través de la frontera en busca de un lugar donde sentirse más seguros[53].

Finalmente, los inquisidores enviaron, junto con los treinta y un procesos y el dictamen del fiscal, un extenso memorial, fechado el 10 de julio, poniendo a la Suprema al corriente de la situación de los brujos en general (pp. 104-105 y 202 y ss., arriba). Acerca de las causas, manifestaban los inquisidores:

> Aunque son tan pocas para el gran número que se espera, no nos rinden los ánimos el mucho trabajo que nos han costado. Porque consideramos que como en materia nueva y no cursada habemos tenido obligación a proceder como lo habemos hecho por mucho tiempo y con muchas preguntas para venir a entender la substancia y fundamentos de ella. Para adelante como en secta asentada habrá lugar de encaminar con mayor gravedad y certidumbre[54].

Dicho en otras palabras: el terreno ya estaba abonado para proceder contra la multitud de sospechosos e incoar los procesos en

---
[53] *Memorándum de San Vicente*, fol. 355r-v; cf. Henningsen, 1969, p. 90.
[54] *Lib* 795, fol. 41v (T./C. 10-VII-1610).

masa que se divisaban en lontananza, al término del auto de fe y del plazo del edicto de gracia... Un auténtico holocausto se estaba urdiendo en el horizonte vasco.

Precisamente esta carta fue en la que, como indiqué anteriormente, el tribunal pedía licencia a la Suprema para efectuar un careo entre los brujos en la sala de audiencia, porque —según explicaban los inquisidores— ello ahorraría mucho tiempo. Seguidamente referían el experimento realizado con María de Yriarte y su familia (véase cap. 3: 6, arriba) y las experiencias con el grupo de los quince, que habían sido enviados por Valle desde Zugarramundi. Entre estos últimos reos, varios se hallaban totalmente convencidos de que los primeros brujos detenidos por la Inquisición en Zugarramurdi ya habían sido quemados por haber confesado la verdad. Martín de Vizcar y María de Presona, informaban los tres inquisidores, eran de los que compartían esta opinión, y proseguían: «Con sólo traer en su presencia alguno de ellos a la sala se rindieron a confesar los engaños en que el Demonio los ponía si confesaban»[55]. Las fuentes no indican si la Suprema dio o no licencia para ejecutar la confrontación de los reos. Todas las cartas de la Suprema al tribunal pertenecientes a ese período pasan por alto la solicitud de los inquisidores.

El 9 de septiembre, la Suprema devolvió los treinta y un procesos, con anotaciones sobre lo que debería hacerse en cada caso. Como ya señalé varias veces, los procesos se han extraviado, y esto nos impide averiguar si la Suprema introdujo algún cambio en las sentencias. Sin embargo, con excepción de lo relativo a las causas contra el monje y el sacerdote, que comentaré más abajo, al parecer la Suprema siguió en todo al tribunal. Al menos ésa es la impresión que dan las tres cartas anexas, con fecha de 9 de septiembre de 1610, que conocemos a través del libro de copias del Consejo[56].

---

[55] *Ibid.*, fols. 41v-42r.
[56] *Lib* 333, fols. 98r-v, 99r-v, 95v-96r (C./T. 9-IX-1610 (a), (b) y (c)); cf. WA, pp. 491-492, n. 88.

En la más extensa se alaba a los inquisidores, al fiscal y a los demás empleados del tribunal por la rapidez y el esfuerzo con que habían llevado a cabo aquel proceso. El inquisidor general les quedaba altamente agradecido por ello y lo tendría en cuenta para el futuro. La carta proseguía recalcando al tribunal que tuviese cuidado de que los brujos transferidos a él por las autoridades civiles no fuesen procesados de nuevo por aquéllas una vez cumplido el castigo impuesto por el Santo Oficio (véase la petición de

21. El tormento era algo corriente en los tribunales de la época, pero a la hora de usar este medio como prueba, la Inquisición española era muy moderada. La investigación reciente ha demostrado que sólo el diez por ciento de los acusados fueron torturados. El grabado del francés Bernard Picart, de 1722, pretende mostrar los métodos empleados por la Inquisición. Alzar al reo atado con las manos a la espalda, el tormento de cuerda y el de agua, eran métodos reconocidos, pero la aplicación de hierros candentes bajo las plantas de los pies era algo desconocido en la Inquisición. También es incorrecto que se diese tormento a varios reos a la vez, como muestra el grabado. Sería contrario al principio del secreto que observaban los inquisidores (cf. AB 1, fol. 166, fig. 12).

Rentería de quemar a sus brujas, cap. 6: 5). Puesto que las causas ya se habían concluido, reza el final de la carta, los inquisidores quedaban en libertad para celebrar el auto de fe cuando quisieran; no tenían más que informar de ello a la Suprema con antelación. El tribunal debía encargarse de publicar la fecha del auto, tanto en Logroño y sus alrededores como en los pueblos y ciudades más lejanos, donde se presumía que el suceso tendría interés; debería asimismo procurar que el pregón se hiciera con la necesaria antelación, teniendo en cuenta que muchos desearían ir a Logroño para presenciar el castigo de los brujos[57].

6. *La tortura*

El tormento era un medio de conseguir la confesión del reo, que la Inquisición sólo empleaba cuando concluía la causa y se estimaba que el acusado no había dicho toda la verdad. Durante el tormento, el reo debía estar desnudo; después del mismo, el verdugo tenía que curar a su víctima de los daños infligidos por el mal trato. Sin embargo, el historiador Henry Charles Lea tiene toda la razón cuando afirma en su gran obra sobre la Inquisición española que:

> [...] la opinión popular de que las cámaras de tortura inquisitoriales habían sido escenario de tormentos increíblemente crueles y refinados, de métodos especialmente aptos para producir dolor, y de una perseverancia poco común en el empeño de arrancar confesiones a los reos, se debía a malos entendidos provocados por escritores sensacionalistas, cuyo esfuerzo iba dedicado a aprovecharse de los incrédulos. El sistema era cruel en la teoría y en la práctica, pero el Santo Oficio no era el responsable de su implantación, y, por lo regular, se mostraba bastante menos cruento en la práctica que las autoridades civiles. Precisamente la Inquisición se limitaba al uso de unos pocos métodos reconocidos[58].

[57] *Lib* 333, fol. 98r-v (C./T. 9-IX-1610 (a)).
[58] Lea, 1906-1907, vol. III, p. 2.

El tribunal de Logroño no empleaba otro método que el del potro. Se acostaba al reo sobre un banco y con una serie de cuerdas se le ataba por diversas partes del cuerpo. Las cuerdas se apretaban con un garrote hasta el punto de cortar la carne. De acuerdo con el reglamento inquisitorial, debían hallarse presentes los tres inquisidores y el ordinario del obispo; y cada paso dado en el tormento tenía que ser anotado en el protocolo.

Precisamente, el cuarto escrito de la Suprema, fechado el 9 de septiembre de 1610, se refería a los procesos del padre Juan de la Borda y de fray Pedro de Arburu[59]. Si el Consejo Supremo de la Inquisición había seguido la voluntad del tribunal en lo referente a la pena de muerte para los negativos, en los casos de De la Borda y Arburu se dejó influir por el voto contrario de Salazar y dio órdenes al tribunal para que sometiese a los dos religiosos a la tortura[60].

El 12 de octubre, los inquisidores comunicaron a la Suprema que se habían cumplido sus órdenes, pero que los religiosos sufrieron la tortura sin confesar. El tormento, aclaraban, consistió en darle «ocho garrotes». Con fray Pedro de Arburu habían tenido un tropiezo. Una vez que el verdugo dio la primera vuelta a todos los garrotes, cuando se disponía a darles la segunda, una de las cuerdas reventó, antes de apretarla del todo. Volvió a ponérsele la soga, y el verdugo apretó la primera vuelta. Cuando ya se hallaba listo para la segunda, los inquisidores dieron orden de que le apretara la cuerda con la que tenía atado el brazo derecho; pero entonces el fraile comenzó a gritar: «¡Déjenme, que yo diré la verdad!». Sin embargo, en cuanto se detuvo el tormento, volvió a negar más intensamente que nunca. Se dio orden al verdugo de que continuase apretando la soga que rodeaba el brazo izquierdo. Al dársele la segunda vuelta vieron que el fraile, evidentemente enloquecido de furia, no notaba nada; de modo que decidieron

---

[59] *Lib* 333, fol. 99v (C./T. 9-IX-1610 (d)).
[60] *Relación tercera del auto de fe,* fol. 369r-v; *Méritos de Juan de la Borda,* fol. 156r-v.

interrumpir la tortura. Con respecto a don Juan de la Borda, los inquisidores declararon que, después de darle la primera vuelta a las ocho cuerdas, se desmayó súbitamente, por lo que no creyeron prudente seguir con el tormento.

En su escrito comunicaban a la Suprema que, en consideración a los muchos testigos que habían declarado en su contra y al hecho de que las madres de ambos iban a ser quemadas, el tribunal había vuelto a someter a voto sus causas, acordándose que deberían recibir un castigo equiparable a la pena de muerte. Por tanto, los inquisidores y sus consultores habían pronunciado, por unanimidad, la siguiente sentencia: saldrían al auto de fe con hábitos de media aspa; se les leería la sentencia, abjurarían de su herejía *de vehemente*, se les despojaría de sus cargos religiosos y, después, se les condenaría a «remo sin sueldo» en la galeras de Su Majestad; y por último (en el caso de que sobreviviesen a las galeras), se les recluiría en un monasterio hasta el final de sus vidas.

El resto de la carta trataba de los once «negativos» condenados a la hoguera. Sólo seis de ellos vivían aún, porque como ya dije anteriormente, a partir del mes de julio el tribunal había padecido los efectos de otra epidemia. Los inquisidores dudaban de lo que deberían hacer en el caso de que los «negativos» decidiesen confesar al informarles de que iban a morir (la comunicación solía hacerse la tarde anterior al auto de fe). Asimismo deseaban saber qué hacer si los reos confesaban en el mismo auto de fe, o después de haber sido entregados a las autoridades civiles para que éstas los quemasen. Los inquisidores contaban con la posibilidad de que los «negativos» confesasen en el último momento, pero en el reglamento inquisitorial no se hallaba prevista la solución de estos casos individuales[61].

En otra carta, también del 12 de octubre de 1610, informaban los inquisidores que el auto de fe se celebraría el 7 de noviembre,

---

[61] *Lib* 795, fol. 1r-v (T./C. 12-X-1610).

Vestitus pœnitentis qui vocatur Sambenito.

22. Hereje con sambenito. La cruz de San Andrés roja sobre fondo amarillo indicaba que el reo estaba sentenciado a pena menor. Grabado de Andreas Schoonebech, en *Historia inquisitionis*, de Philip van Limborch, Ámsterdam, 1692.

porque para entonces habría finalizado la vendimia y pasado la fiesta de Todos los Santos. Para ahorrar tiempo, esta vez el tribunal no envió sus misivas por la diligencia, sino que mandó un correo, con la esperanza de que la Suprema respondería urgentemente, ya que a los ocho días pensaba pregonar la fecha de la celebración del auto[62].

El miércoles 20 de octubre el Consejo contestó, exigiendo que se le mandasen de nuevo los procesos del clérigo y del fraile para examinarlos una vez más y decidir las sentencias, pues había necesidad de volver a echar un vistazo a la lista de testificaciones en su contra. También esta carta fue enviada por un correo particular, con orden de esperar la respuesta[63].

El sábado por la noche, entre las diez y las once, regresó el correo a Logroño con la respuesta de la Suprema, y el domingo por la mañana salía camino de Madrid con las actas del proceso, la lista de declaraciones de los testigos y una carta para la Suprema. En ella los inquisidores comunicaban al Consejo que, además de lo que éste les había pedido, enviaban una copia de los veredictos de las causas de María de Arburu y de los demás «negativos», porque dichos veredictos contenían argumentos y motivos a los que los inquisidores habían hecho referencia al votar por segunda vez en las causas de los dos religiosos.

El escrito concluía informando del pregón del auto de fe. (Era la primera noticia que el público tenía referente al gran suceso preparado durante tanto tiempo por la Inquisición). La reacción de la gente había sido positiva, afirmaban los inquisidores a la Suprema:

> El auto se publicó el martes 19 de éste, con gran aplauso de toda esta tierra y entendemos que lo mismo se ha hecho en todas las demás partes del distrito, y que el concurso de gente ha de ser muy grande, porque toda la tierra está conmovida para venir al auto,

---

[62] *Ibid.*, fol. 74r (T./C. 12-X-1610).
[63] *Lib* 333, fol. 108r-v (C./T. 20-X-1610).

mayormente los que viven en aquellas partes, como tan afligidos con tan gran miseria[64].

7. *Disensión en el tribunal*

Los detalles acerca de las desavenencias entre Salazar y sus dos colegas, a las que hice alusión al principio (véase cap. 4: 4 y 6, arriba), proceden de fuentes de fecha algo más tardía. Ateniéndonos tan sólo a la correspondencia de 1609 a 1610, obtendremos la impresión de un tribunal en armonía, que se esfuerza unánimemente por medir el castigo de cada individuo con la mayor justicia posible. Las cartas reflejan un tribunal que había dejado lejos aquellas dudas acerca de si la secta de brujos realmente existía o no. Con la mayor paciencia, los inquisidores habían acumulado prueba sobre prueba y testimonio sobre testimonio, en una medida que sobrepasaba las exigencias de un juicio en cualquier otro caso de herejía; y sobre la marcha, los ritos y las creencias de dicha secta se habían sistematizado hasta el último detalle. Los resultados de sus investigaciones quedaron plasmados en los extensos y minuciosos documentos que iban a ser leídos durante el auto de fe, a fin de informar al público del contenido de aquel proceso secreto, cuyo desarrollo había durado dos años.

De no haber sido por el voto contrario de Salazar en el caso de María de Arburu, la madre del fraile, creeríamos que el tribunal llegó al día del auto en perfecta armonía. Pero el voto de Salazar demuestra todo lo contrario. Debemos al azar el hecho feliz de la conservación de tal voto, pues sólo lo conocemos a través de una transcripción de las actas originales referentes a la votación, protocolo que se perdió junto con el resto del archivo del tribunal de Logroño. La copia es de puño y letra de Salazar, y se ve que más tarde le añadió a modo de rúbrica: «Votos. Para la causa de María de Arburu y las demás que salieron [al] auto»[65].

---

[64] *Lib* 795, fol. 10r (T./C. 24-X-1610).
[65] *Voto de Salazar,* fol. 1r.

La votación tuvo lugar durante una consulta de fe, en la sala de juicio del tribunal, el día 8 de junio de 1610 por la tarde, y el jurado estaba compuesto por los tres inquisidores y otros cinco consultores, uno de los cuales era el ordinario del obispo[66]. Según las reglas de votación, los primeros en dar su veredicto debían ser los consultores, después el ordinario y a continuación los inquisidores, empezando por el menos antiguo. El voto de cada uno debía anotarse inmediatamente en las actas del protocolo, antes de que votara el siguiente; y el más antiguo de los inquisidores tenía la obligación de velar para que cada individuo pudiese dar libremente su opinión[67]. Los cinco que votaron delante de Salazar, al igual que más tarde Becerra y Valle, lo hicieron a favor de la pena de muerte en la hoguera. El único que manifestó falta de convencimiento en cuanto a la culpabilidad de los acusados fue Salazar; y su voto fue contrario al de los demás[68].

Comenzó señalando que no consideraba que hubiese suficiente evidencia para condenar a María de Arburu a la hoguera. Por un lado, cabía pensar que, al ser una campesina ignorante, no se había atrevido a confesar por temor a ser condenada a muerte, tal como varios de los encausados creían que había ocurrido con algunas de las personas detenidas antes que ellos por la Inquisición (véanse pp. 227-228). Por otro lado, las declaraciones de los testigos adolecían de una serie de graves defectos. En lugar de existir conformidad entre los puntos más importantes, se habían hecho las acusaciones en términos generales, difusos y de doble interpretación. Por ejemplo: los testigos no habían sido capaces de señalar qué noche exactamente habían visto la iniciación de la acusada en la secta, y algunos de ellos hasta se habían contradicho a sí mismos en ese punto (véase cap. 3: 4). Tampoco eran de fiar los testigos en sus delaciones de cómplices, porque aumentaban y sustraían cuanto querían, aun cuando se tratase de personas de las

---

[66] *Ibid.*, fol. 1r.
[67] Argüello, *Instrucciones*, fol. 32v, § 40.
[68] *Memorial cuarto de Salazar*, fol. 10r.

que ellos y otros, en varias audiencias, habían sostenido que eran brujos. Salazar advirtió además:

> Algunos por contrario han perseverado hasta hoy en dejar de nombrar a don Juan de [la] Borda, clérigo, y a fray Pedro de Arburu, como son María de Xumeldegui [Ximildegui], María de Lecumberri, Juana de Garagarre, María de Burga, Mari Pérez de Burga —que son las cinco mujeres solteras que espontáneamente testificaron en Zugarramurdi ante el señor inquisidor Juan de Valle Alvarado[69].

Esto, proseguía Salazar, era tanto más extraño por cuanto que los demás brujos testigos habían asegurado que los dos (el cura y el fraile) eran tan prominentes que el demonio les mostraba gran deferencia, teniéndoles siempre a su lado y permitiéndoles que le asistiesen en la celebración de la misa negra. Parecía, por tanto, increíble que nadie hubiera podido verlos[70].

También observó Salazar que ni María de Jureteguía, ni Graciana de Barrenechea, ni Estevanía de Navarcorena, ni ningún otro de los primeros prisioneros habían mencionado que los brujos solían confesarse con el diablo, ni la misa negra, ni los sermones del demonio, a pesar de que todos estaban considerados como «buenos confitentes», y de que aquellas cosas tenían, por fuerza, que ser conocidas de todos.

Tampoco había un solo testigo que hubiese visto a María de Arburu renegar de su fe; ni había testigos de la renegación de la fe de los demás (a excepción de la maestra que acompañaba al novicio). Miguel de Goiburu había, eso sí, comenzado a decir que presenció cómo ciertas personas abjuraban de su fe; pero se expresó en términos muy generales. Los demás manifestaron que suponían que tales y tales personas debían haber abjurado de la fe, puesto que participaban en el aquelarre, bailaban y adoraban al demonio, y cooperaban con los demás en echar a perder las cosechas y otras brujerías; y como no estaba permitido hacer todo ello

---

[69] *Voto de Salazar*, fol. 1r.
[70] *Ibid.*, fol. 1r.

sin haber renegado de la fe, contaban con que lo habían hecho. En resumidas cuentas —convino Salazar—, estamos llegando a la conclusión de que esas personas son culpables del delito de apostasía, basándonos en testificaciones de que han sido vistas en el aquelarre, lo que se considera igual a haber renegado; pero tratándose de una prueba decisiva como ésta, no debe considerarse cumplida si sólo está basada en suposiciones y sospechas. Además, advierte Salazar, debe recordarse que cabía la posibilidad de que el acusado asistiera al aquelarre sin haber renunciado a su fe:

> [...] como se ha verificado de los niños de poca edad y de otros de mayor, que estando allí no quisieron renegar; [lo] cual se ve en la testificación que hay contra María [de] Zozaya, y lo testifica de sí María [de] Xumeldegui [Ximeldegui], francesa, que nunca quiso hacer el reniego como se lo mandaban aunque frecuentó los aquelarres.
>
> *Ítem* que habiéndose verificado con lo que dicen los doctores de estas materias (y también por lo testificado de la coartada y sueño de fray Pedro de Arburu, puesto en su proceso) que muchas veces van espiritual y mentalmente en sueños, aunque otras veces vayan corporalmente; todavía ninguno de los testigos de esta culpa sabe distinguir en su deposición entre estos modos; antes con ser tan diferentes el un modo del otro afirman todos que asisten real y corporalmente.
>
> Y así como son engañados en punto tan palpable será muy verosímil que también lo estén en los culpados que nombran. Y que siendo tan fácil y usado al Demonio simular personas y figuras supuestas, como también dicen los doctores, y acá algunos lo afirman con los que dicen quedan en su lugar cuando salen de la cama (especialmente María [de] Zozaya, Miguel de Goiburu, Mari Juanto, María de [E]chegui, Beltrana de [la] Fargua y lo hicieron también las personas que refiere María de [E]chegui) sería contingente haber hecho tal suposición en algunos casos de los más perjudiciales a los reos. Pues aun en la testificación de Juan de la Bastida [alias de Lamben] hay testigos que dicen haberle visto en el aquelarre en los mismos días y tiempo que ha estado recluso en las cárceles secretas de esta Inquisición.
>
> Y también se engañan todos los testigos en decir que Martín de Amayur, molinero, dio con un palo a María Presona, siendo cosa

que ella misma niega en todas sus confesiones —con haberlas hecho tan copiosas contra sí y los demás.

Y no coadyuvan esta probanza los actos y cosas exteriores verificadas de fuera de los aquelarres, unturas y tratos con el demonio, y otras brujerías de que se ha hecho averiguación, porque algunas de ellas padecen la misma incertidumbre. Y en estos actos se ha comprobado lo contrario por el proceso de María [de] Zozaya [o sea, que no se encontraron los requisitos procedentes al registrar su casa; véase p. 224, arriba][71].

Salazar concluía sus cavilaciones declarando que el tribunal había considerado suficientes las pruebas en las causas de los «confitentes» por existir además sus propias confesiones para reforzarlas. En cambio, opinaba que, en el caso de María de Arburu y los demás «negativos», las pruebas no eran contundentes, o al menos no lo eran en puntos esenciales relativos a la apostasía. Por tanto, pedía que se sometiese a María de Arburu a tormento, de modo que pudiera aclararse cuál había sido su intención al efectuar los hechos que, según los testigos, había cometido[72].

El texto no expresa claramente lo que Salazar proponía con relación a los demás «negativos», pero es posible que aconsejase también que fueran sometidos a tormento, ya que era la única forma de salvarlos.

A continuación tuvieron lugar las votaciones de Valle y Becerra que, como ya dije, propusieron quemar a los «negativos». En un escrito a la Suprema, un par de años más tarde (DS doc. 13), se reprochaba Salazar a sí mismo no haber tomado medidas en contra de sus dos colegas, pues había sentido la necesidad de demostrarles cómo sus argumentos, en varios puntos, iban en contra de los hechos reales y del contenido del proceso. Su silencio se debió a que no sabía si las reglas de la votación le permitían agregar algo a lo dicho.

No obstante, la opinión de Salazar al dar su voto fue ya suficiente para que el inquisidor Juan de Valle Alvarado se convirtiese

---

[71] *Ibid.*, fol. 1r-v.
[72] *Ibid.*, fol. 1v.

en un enemigo mortal. Como le dijo después, podía estar seguro de que no le concedería una hora de paz si no se ceñía al voto de los demás. «Y otra vez», relata Salazar, «[dijo] con juramento y mayores voces [cuando estábamos] sentados en el tribunal y levantándose para ello de su silla que si le contradecía jamás en algo etcétera... con toda la cólera que pedía tal desgarro y contra el decoro debido a lo que estábamos todos tres votando entonces»[73].

Queda, pues, demostrado que con anterioridad a la caída del telón de las escenas de horror de Zugarramurdi, Salazar ya había puesto en entredicho la validez de las pruebas aportadas en el transcurso del proceso. Es difícil precisar a qué extremos había llegado su escepticismo por aquel entonces, puesto que, como hemos visto, estuvo de acuerdo con sus colegas en relación con las causas de los confitentes, y el tribunal votó por unanimidad una vez que los dos religiosos fueron interrogados bajo el tormento. Es posible que Salazar se resignara ante el hecho irrefutable de que sus colegas ya habían conseguido su auto de fe. El caso estaba ya tan avanzado que no se podía retroceder.

---

[73] *Memorándum de Salazar de 2 de marzo de 1611*, fol. 20v.

CAPÍTULO 8

EL AUTO DE LAS BRUJAS

1. Los últimos preparativos

A la vez que concluían las causas contra los brujos, se habían preparado también veinticuatro causas de herejía ordinaria para el auto de fe[1]. Seis personas iban a ser juzgadas por judaizantes[2], una por mahometismo, una por luteranismo, una por bigamia[3], trece por proposiciones heréticas o blasfemas[4] y dos por haberse hecho pasar por agentes de la Inquisición[5]. Éstas eran las categorías de delincuentes que normalmente se veían en un auto de fe. Así pues, es significativo que, muchos años después de la celebración del auto de Logroño 1610, en círculos inquisitoriales se hiciera mención de éste como «el de los brujos»[6].

---

[1] *Relación tercera del auto de fe,* fols. 346r-360v, núms. 1-24.
[2] *Ibid.,* núms. 17-22.
[3] *Ibid.,* núms. 24, 23, 16.
[4] *Ibid.,* núms. 3-15.
[5] *Ibid.,* núms. 1-2.
[6] Véase *Autobiografía de Salazar,* fol. 4v (Henningsen, 1978a, p. 585).

En España, un auto de fe era algo que se celebraba con mucha pompa, algo así como la representación del día del Juicio Final; pero al mismo tiempo era una fiesta pública[7]. Lo mismo que en el resto de Europa la gente viajaba muchas leguas para presenciar cómo ahorcaban o decapitaban a un hombre, en España los autos de fe atraían también a gran cantidad de público. En todas partes, la ejecución de un delincuente tenía dos funciones: la de prevenir y asustar, y la de consolidar las normas y valores en que se basaba la sociedad, tanto si se trataba de proteger la propiedad como de defender la pureza de la fe.

En Logroño no se había celebrado un verdadero auto de fe en muchos años. En la Catedral habían tenido lugar unos autillos, en 1601, 1602, 1603 y 1604[8], pero fuera, en la plaza de la ciudad, no se había visto un *auto público* desde hacía once años[9]. La quema de herejes había decaído notablemente desde finales del siglo XVI, y los autos de fe eran cada vez más raros. Sin embargo, el Santo Oficio no dejaba pasar ocasión de demostrar su poder y prestigio; cuando por fin se celebraba un auto de fe, se hacía con toda ceremonia y suntuosidad.

A mediados del otoño de 1610 se preguntó al tribunal sobre la fecha de la celebración del auto. La pregunta venía de Lerma, pueblo a una jornada de Logroño, donde se encontraba Su Majestad Felipe III, por lo que los inquisidores interpretaron que el rey pensaba honrarles con su asistencia al auto. Más tarde, les fue comunicado que Su Majestad, por razones ajenas a su voluntad, no podría asistir. Los inquisidores, desilusionados, se dedicaron a redactar un memorial para que el rey, al menos, pudiese leer algo sobre el gran proceso de los brujos[10]. Mientras el tribunal dedica-

---

[7] Sobre el auto de fe, véase Lea, 1906-1907, vol. III, pp. 209-229; cf. *Lib* 1259, fols. 121r-130v (descripción de un auto de fe en Córdoba de 21-I-1590, y sobre el ceremonial en general).

[8] Las relaciones de estos autos están en *Lib* 835, fols. 17r-27r, 28r-35v, 64r-89v y 96r-IIIr.

[9] Véase *Lib* 834, fols. 802r-815r, relación del auto de fe de 14-XI-1599.

[10] *Lib* 795, fol. 24v (T./C. 1-XI-1610); *Lib* 835, fol. 385r; *Lib* 795, fol. 10r (T./C. 24-X-1610); *Lib* 835, fol. 343r (T./Rey 31-X-1610); *ibid.*, fol. 341r (T./Duque de Lerma 1-XI-1610). Cf. WA, pp. 173-175.

23. Auto de fe en España. En primer plano se ve al obispo despojando a un clérigo de los símbolos de dignidad sacerdotal, antes de juzgarle como hereje. Al fondo, el altar donde se celebra la misa. A la izquierda del altar, la tribuna de los inquisidores, y a la derecha, la del gobernador provincial. Un inquisidor se sitúa frente al gobernador para recibir su juramento de fidelidad al Santo Oficio. En el extremo derecho del grabado se ven las gradas de los reos. Al otro lado, detrás del púlpito desde el que se leen las sentencias, vemos las gradas del público. Fragmento del grabado de A. Schoonebech, *op. cit.*, 1692.

ba los últimos días anteriores al auto a elaborar el informe para el rey, en la ciudad los esfuerzos se concentraban en terminar todo aquello que debía estar dispuesto para la celebración del gran acontecimiento.

En la plaza, los carpinteros se afanaban en levantar la escena con los bancos para los espectadores. Se trataba de un cadalso de madera de ochenta y cuatro pies (25 metros) por cada lado[11]. Uno de los lados daba al Ayuntamiento, delante del cual habían construido los carpinteros una tribuna de once gradas, con mil plazas para espectadores. En el centro de la grada superior se había instalado un palco para los inquisidores; dicho palco enlazaba directa-

---

[11] Mongastón, *Relación*, fol. 2r-v.

mente con el último piso del Ayuntamiento. Había sido idea de los inquisidores, para que —como explicaron en una carta a la Suprema— pudieran subir por la escalera interior de la casa y aparecer con mayor dignidad en el balcón, ante los ojos de la muchedumbre. Al lado opuesto de lo que iba a ser el escenario, los carpinteros levantaron una tribuna menor, con bancos para los delincuentes[12]. La descripción no dice claramente si la escena estaba abierta por los otros dos lados; es probable que el tablado estuviera algo elevado del suelo para que los espectadores que tuviesen que conformarse con estar de pie en la plaza pudiesen ver lo que ocurría en él. En el medio se levantaba un estrado, al que habrían de subir, uno por uno, los delincuentes, mientras se les leía el resumen de su causa y la sentencia. En la escena había asimismo dos púlpitos desde los que se efectuaría la lectura[13], y el resto del tablado se llenaría con bancos sueltos[14]. Por el pago de 42 reales, los inquisidores habían alquilado las ventanas de las casas de la plaza, con el fin de utilizarlas como palcos para sus invitados[15]. La escena con sus plazas de espectadores le salió al tribunal por un total de 1.500 reales, equivalente a lo que su portero ganaba al año[16].

Aquí y allá, en diversos talleres de la ciudad, se estaban confeccionando los sambenitos que los penitentes vestirían para salir al auto; incluso las efigies saldrían vestidas con sambenitos en representación de los reos muertos que serían juzgados *in absentia*. Tanto los hábitos como las efigies, que eran muñecos de tamaño natural, los hacía un tal Cosme de Arellano, quien recibió 142 reales por su trabajo. Más tarde fueron pintados y decorados con los símbolos tradicionales del Santo Oficio por el artista Mateo Ruiz, que recibió 130 reales. Finalmente, los carteles de los sambenitos fueron impresos por Juan de Mongastón, y costaron

---

[12] Ibid., fol. 2v; *Lib* 795, fol. 17v (T./C. 13-XI-1610).
[13] Mongastón, *Relación*, fol. 2v.
[14] *Ibid.*, fol. 2v; cf. *Relación de gastos*, fol. 160v.
[15] *Ibid.*, fol. 161r.
[16] *Ibid.*, fol. 160v; cf. *Lib* 367², fol. 273r.

31 reales[17]. Un asiento en la cuenta, de 397 reales por trece partidas, no puede ser otra cosa que trece partidas de leña encargadas por el tribunal en un momento en que se contaba con que los trece «negativos» serían quemados[18]. Contados algunos asientos más, el gasto total del auto de fe ascendió a 2.541 reales; no puede decirse que fuera caro en comparación con lo que gastaban otros tribunales de la Inquisición española en ocasiones semejantes[19].

2. *El sábado*

El sábado 6 de noviembre, víspera del auto, Logroño se llenó de forasteros que, procedentes de las más diversas partes, afluían al lugar del acontecimiento. Un empleado del tribunal describió en una carta al tesorero Pedro Gámiz, residente en Vitoria, la invasión de que fue objeto la ciudad del siguiente modo:

> Hasta la víspera del auto tuve por sin duda no dejara Vuestra Merced de hallarse en él, y particularmente teniendo posada tan cierta en la de cualquiera de estos señores que con tanto gusto recibieran a Vuestra Merced. Yo tuve la mía hasta dicho día desocupada por si acaso Vuestra Merced se quisiera servir de ella. Y no me costó poco, pues certifico que los nacidos no han visto tanta gente en esta ciudad. Pues a lo que se puede colegir pasaron de treinta mil almas las que concurrieron de Francia, Aragón, Navarra, Vizcaya y diferentes partes de Castilla por el gran estampido que había dado las premisas de haberse de descubrir en este auto la pésima secta de brujos, que Vuestra Merced sabe hasta aquí han estado en dudosas opiniones si los había o no[20].

La cifra de treinta mil forasteros habrá que tomarla con cierto escepticismo, pero no cabe duda de que la respuesta al pregón del auto de fe fue abrumadora. En una carta a la Suprema (13 de no-

---

[17] Véase *Relación de gastos*, fols. 160v-161r.
[18] *Ibid.*, fol. 161r.
[19] *Ibid.*, 160v-161r.
[20] *Relación de un oficial (A)*, fol. 391r.

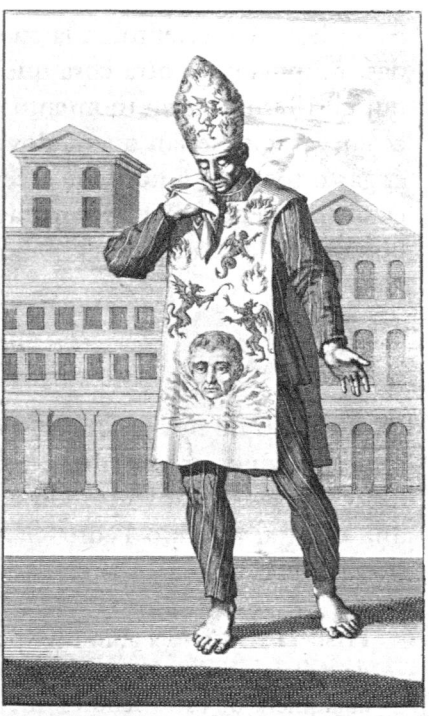

Vestitus post latam sententiam Pœnitentis qui vocatur Fuego revolto.

Vestitus relapsi vel impœnitentis comburendi qui vocatur Samarra.

24 a y b. Herejes con sambenito y coroza en un auto de fe español. El reo de la izquierda lleva una vela y un rosario como signo de penitencia. Las llamas de su sambenito apuntan hacia abajo, en señal de que será admitido a reconciliación. A la derecha, un hereje con símbolos que indican que va a ser quemado: demonios, llamas vivas y la cabeza de Jano. Grabado de A. Schoonebech, *op. cit.*, 1692.

viembre), puede leerse que había acudido tanta gente de todas las partes del reino, así como del extranjero, que había sido imposible alojar a todo el mundo en la ciudad. Muchos tuvieron que hospedarse en los pueblos de los alrededores y, a pesar de ello, las calles de Logroño estaban abarrotadas de gente[21]. Es muy posible que muchos de ellos tuvieran que pernoctar a cielo raso.

[21] *Lib* 795, fol. 17v (T./C. 13-XI-1610).

A las dos de la tarde tuvo lugar la solemne procesión de la Cruz verde, a modo de preámbulo de la celebración del auto propiamente dicho. (La Cruz con ramas verdes era el símbolo del Santo Oficio). El estandarte de la Cofradía de San Pedro Mártir encabezaba la comitiva compuesta por unos mil familiares, comisarios y notarios con sus varas y sus emblemas de oro. Después iba el pleno de las órdenes religiosas de la ciudad: dominicos, franciscanos, mercedarios, trinitarios y jesuitas, seguidos de sacerdotes y frailes de toda la región. La Cruz verde, enarbolada por el prior del monasterio de franciscanos y consultor del tribunal, daba comienzo a la tercera y última sección del desfile. Precedían a la Cruz gran número de cantores de la iglesia y músicos, seguidos de dos dignidades de la iglesia colegial. Tras el prior con la Cruz verde, venían los inquisidores y demás oficiales del tribunal y, por último, cerrando la procesión, el alguacil empuñando su cetro.

La comitiva desfiló serpenteante por las abigarradas calles de la ciudad y fue a desembocar en la plaza. Allí, con toda ceremonia, se transportó la Cruz verde hasta la última grada de la tribuna de espectadores, y se la plantó en lo más alto de ésta. Al descender la oscuridad sobre la plaza se encendieron los faroles, cuya luz iluminaba el macabro escenario dándole un aire de fiesta, y los cofrades de la Hermandad inquisitorial se quedaron a velar junto a la Cruz verde toda la noche[22].

En la plaza ya no hubo más actividad aquel día; pero tras los muros inquisitoriales, los seis reos condenados a las llamas estaban siendo informados de sus destinos. Unos frailes velaron con ellos durante la noche en las celdas, para acompañar la soledad de aquellos desdichados en las pocas horas que les quedaban de vida. Los inquisidores conservaban aún la esperanza de que la noticia de la pena de muerte hiciese efecto en el ánimo de los seis «negativos» y les moviese a confesar, en cuyo caso se librarían de la hoguera[23].

[22] Mongastón, *Relación,* fol. 2r; cf. *Lib* 795, fol. 17v (T./C. 13-XI-1610).
[23] Cf. p. 232; sobre los monjes, véase la nota siguiente.

No obstante, los seis se mantuvieron firmes en su postura: María de Arburu (madre del fraile), María Baztán de la Borda (madre del sacerdote), Graciana Xarra, de sesenta y seis años de edad, María de Echachute, de cincuenta y cuatro años, Domingo de Subildegui, de cincuenta años, y Petri de Juangorena, de treinta y seis. Todos resistieron la noche entera sin caer en la tentación de salvar sus vidas a cambio de una mentira.

3. El domingo

A la mañana siguiente, domingo, antes de la salida del sol, los reos fueron conducidos a la sala del tribunal, donde se les revistió con los sambenitos y se les ofreció pasteles. A este último desayuno (que le salió al Santo Oficio por 147 reales) asistieron también los frailes que habían velado con las víctimas y los *familiares* que iban a conducirlas a la escena del auto de fe[24], pues el edificio del tribunal se hallaba en las afueras de la ciudad.

Serían las siete cuando los reos comenzaron a desfilar por la puerta del tribunal. Iban descalzos y flanqueados cada uno por dos cofrades. En primer lugar aparecieron por la puerta veintiún hombres y mujeres, y por los símbolos pintados en sus sambenitos podía colegirse que sólo iban a ser castigados por delitos menores (proposiciones heréticas, blasfemias, bigamia, etc.). Seis de ellos llevaban un látigo al cuello en señal de que iban a ser azotados.

A continuación salieron otros veintiún procesados con sambenitos y corozas. Las llamas vacilantes, que como manchas amarillas llevaban pintadas en los hábitos y corozas, eran señal de que habían sido perdonados y se les iba a reconciliar. Solamente catorce de los veintiún reos acudieron en persona, ya que los siete brujos muertos durante el proceso como «buenos confitentes» estaban representados por sus efigies.

---

[24] *Relación de gastos*, fol. 161r: «De pasteles para almorzar los presos y familiares y frailes que los velaron, 147 reales».

25. Procesión de reos camino del auto de fe. En primer plano se ve un abad con el estandarte de la Inquisición. Grabado de A. Schoonebech, *op. cit.,* 1692.

Por último aparecieron once reos cuyos sambenitos y corozas estaban pintados con demonios y llamas ondeantes. Se trataba de los once brujos condenados al fuego de la hoguera; de ellos, sólo seis todavía con vida, y los otros cinco en efigie. Estas imágenes de cartón piedra eran transportadas en lo alto de unos palos, y detrás de cada una seguía un hombre con un pequeño ataúd sobre la cabeza. Dichos ataúdes contenían los restos mortales de los reos, piadosamente conservados para la ocasión, y destinados a ser quemados junto con sus efigies.

El total de cincuenta y tres procesados era conducido por una escolta de cuatro secretarios inquisitoriales a caballo. Entre los caballos, a lomos de una acémila, se transportaba un cofre guarnecido de terciopelo, en cuyo interior se guardaban las actas de las sentencias que serían leídas durante el auto. Detrás, portando el estandarte del Santo Oficio, cabalgaba el fiscal, doctor San Vicente, y finalmente los tres inquisidores seguidos por varias celebridades de la ciudad. Por fin, cuando el cortejo alcanzó la plaza, los reos fueron acompañados a sus asientos situados a un lado de la escena. Los once condenados a la hoguera fueron expuestos en la parte más alta, en el último banco, para que se les pudiese ver bien. Los destinados a la reconciliación ocuparon el lugar inmediatamente más bajo, mientras que los que sólo habían merecido castigos leves se sentaron en las primeras filas. Así, todos quedaron cara a cara con los numerosos espectadores que ocupaban la tribuna de enfrente, cuya masa ocultaba casi por completo el Ayuntamiento. Entretanto, los inquisidores subieron las escaleras por dentro del edificio, y tal como habían planeado, salieron majestuosamente a su palco ante los miles de ojos de la multitud. Luego tomaron arrogantes sus asientos, colocados bajo el palio del tribunal. A su derecha, en la grada superior, tenían a los representantes de las autoridades eclesiásticas, y a su izquierda, a las autoridades civiles. Más abajo, ocupando las otras gradas, se hallaban el resto de los empleados del tribunal, junto con gran número de personas invitadas especialmente para la ocasión. El resto de la gran tribuna, los bancos que rodeaban el escenario, así como las ventanas de las casas que bordeaban la plaza, estaban completamente ocupados por personas nobles y de calidad con sus familias, procedentes de los más diversos lugares.

En medio del mayor silencio se adelantó el prior de los dominicos, fray Pedro de Venero, uno de los que había votado las sentencias, y abrió la larga y complicada ceremonia del día con un sermón. Inmediatamente después del sermón se leyó en voz alta la declaración de fidelidad hacia el Santo Oficio, y un AMÉN ensordecedor, pronunciado por los miles de espectadores, resonó por toda la plaza.

A continuación dio comienzo la lectura de las sentencias. Uno a uno, los procesados fueron conducidos al estrado, donde tomaron asiento frente a los inquisidores mientras se les leía de viva

26. Preparando la hoguera. Fragmento del grabado de A. Schoonebech, citado anteriormente.

27. Herejes condenados a muerte conducidos por soldados al quemadero. Van acompañados por monjes que intentan, por última vez, convencerles para que se arrepientan, de modo que al menos sus almas se salven del infierno. Fragmento del grabado de A. Schoonebech, citado anteriormente.

voz el resumen de su causa y la sentencia. La lectura se hacía con voz recia, por lo que tuvieron que turnarse dos secretarios de la Inquisición, cada uno desde su púlpito. El primer día sólo se alcanzó a leer las causas de los once brujos condenados a la hoguera. Los resúmenes eran extensos y detallados, salpicados de citas de las actas originales. (Solamente la causa de María de Zozaya con sus cuarenta y tantas páginas de letra diminuta llevaría más de dos horas). Cuando la totalidad de los hechos horribles y abominables de los brujos quedó revelada ante la boquiabierta multitud, el sol ya se había puesto.

El día finalizó con la entrega de los seis «negativos» y las cinco efigies a las autoridades civiles para que éstas cumpliesen la sentencia. Escoltados por soldados, fueron conducidos hasta el quemadero, donde las piras de leña estaban esperando. A la vera de cada uno de los seis condenados iba un fraile, quien le preparaba para la muerte con palabras de reconvención y consuelo. Los inquisidores parecían haber esperado hasta el último momento la confesión de los «protervos, impenitentes, negativos». Pero los seis, tanto los varones como las mujeres, se mantuvieron firmes hasta el final; como escribieron los inquisidores a la Suprema pocos días después: «se relajaron a la justicia seglar sin que hubiese habido novedad ninguna que nos obligase a mudar de lo acordado»[25].

4. *El lunes*

A la salida del sol del día siguiente, los cuarenta y dos procesados restantes esperaban ya ocupando sus puestos en los bancos. Para no tener que ir de un lado a otro con los prisioneros, éstos habían sido hospedados por la noche en unas cámaras que el Ayuntamiento dispuso al efecto. Los actos del día dieron comienzo con el sermón del provincial de los franciscanos, fray Antonio de Villacre, que al igual que el predicador del día anterior había participado en la votación de las sentencias[26].

Terminado el sermón, se pasó a la lectura de aquéllas. Pero según informa el panfleto de Mongastón, testigo ocular de los hechos, no se empezó por las sentencias de los brujos, sino que se leyeron primero las de los veinticuatro procesados por otras clases de herejía[27]. A mediodía se había acabado ya con las causas de éstos, y pudo empezar la lectura de las confesiones de los dieciocho brujos «penitentes». Seguramente se empezaría por las sentencias de Miguel de Goiburu, Gracina de Barrenechea y sus dos hijas, quienes, como ya sabemos, habían fallecido en las cárceles secre-

---

[25] Las fuentes principales utilizadas para esta reconstrucción son: *Lib* 795, fol. 17v (T./C. 13-XI-1610); Mongastón, *Relación*, fol. 2r-v; *Relación tercera del auto de fe*, fols. 356r-360v, 365v-369r.
[26] *Lib* 795, fol. 17v (T./C. 13-XI-1610); Mongastón, *Relación*, fol. 2v.
[27] *Ibid.*, fols. 2v-3r.

tas. Para ahorrar tiempo, sus causas habían sido resumidas en una sola, donde, como ya se vio (cap. 4, arriba), se ofrecía una detalladísima descripción del culto satánico. La lectura de tantas páginas, escritas con letra apretada y diminuta, debió de llevar sus dos horas[28], y como las sentencias del resto de los brujos eran igualmente prolijas, a la caída de la tarde la lectura todavía estaba lejos de terminarse, por lo que los inquisidores ordenaron que se abreviasen las últimas causas [29].

Al llegar la noche, finalizada la lectura de las sentencias, se condujo a las siete efigies y los once brujos vivos al palco de los inquisidores. Los once vivos se arrodillaron y, en medio del más profundo silencio, dio comienzo la solemne ceremonia de reconciliación. Uno tras otro repitieron los reos un formulario por el que abjuraban de su herejía y aberraciones y manifestaban su deseo de volver a la fe católica, jurando que vivirían de acuerdo con ella el resto de sus días. A continuación, el inquisidor Becerra les levantó[30] la excomunión y los recibió de nuevo en el seno de la Santa Madre Iglesia Católica y Apostólica[31]. La ceremonia de reconciliación duró hasta media hora después del crepúsculo[32]. Finalmente, Becerra se acercó a la joven María de Jureteguía y la despojó de su sambenito mientras gritaba a la multitud que la Inquisición mostraba con ella tanta merced porque durante todo el proceso había expuesto su arrepentimiento sincero, y para que al mismo tiempo ello sirviese de ejemplo a otros herejes. Refiere el relato impreso de Mongastón que tal conducta por parte del inquisidor impresionó mucho a la multitud, que no dejó de alabar a Dios y a la Santa Inquisición[33].

El auto de fe llegó a su término y la Cruz verde fue devuelta a la casa del tribunal. Siguieron a la Cruz los músicos y cantores

---

[28] *Sentencia conjunta*, fols. 386r-400v.
[29] Mongastón, *Relación*, fol. 3r; *Lib* 795, fol. 17v-r *(sic)*, (T./C. 13-XI-1610).
[30] *Ibid.*, fol. 17r; Mongastón, *Relación*, fol. 3r.
[31] *Ibid.*, fol. 3r; cf. García, *Orden de procesar*, fols. 32v-34v.
[32] *Lib* 795, fol. 17r (T./C. 13-XI-1610).
[33] Mongastón, *Relación*, fol. 3r.

eclesiásticos en procesión, entonando un tedéum. Los inquisidores, junto con los reos «penitentes» que regresaban al tribunal, cerraban la procesión[34]. Ya era noche cerrada cuando se disolvió la multitud de la plaza. Las últimas líneas del panfleto de Mongastón reflejan el estado de ánimo de la muchedumbre mientras se dirigía a sus casas: «Y tras haber oído tantas y tan grandes maldades en dos días enteros que duró el auto, después de gran rato de la noche, nos fuimos todos santiguándonos a las nuestras [casas]»[35].

5. *Las sentencias*

Como ya hemos visto, sólo doce de los treinta y un brujos vivían todavía. Trece habían muerto en prisión y seis terminaron sus días en la hoguera. Las sentencias de muerte no eran expresión de una dureza especial motivada por el carácter del proceso. La muerte esperaba a todo «negativo» en los casos de herejía graves, siempre que se hubiese demostrado su culpabilidad. También era costumbre inquisitorial castigar a los «agitadores» con la hoguera, aun cuando, como en el caso de María de Zozaya, hubiesen confesado y mostrado su arrepentimiento. Si comparamos las sentencias del auto de fe de Logroño con lo que era práctica normal a la hora de medir el castigo por parte del Santo Oficio, tenemos que reconocer que algunas de las sentencias resultan extraordinariamente leves. María de Jureteguía, testigo principal a la hora de descubrir al resto de los brujos, fue condenada a reconciliación, confiscación de bienes, sambenito y un año de exilio. Pero ya le habían quitado el sambenito; al no poseer fortuna alguna, la confiscación de bienes no tuvo efecto; y el lugar del exilio era Urdax, donde su marido podría visitarla a diario[36]. Juana de Tellechea, de edad de treinta y ocho años, mujer de un molinero, quien había sido dete-

---

[34] *Ibid.*, fol. 3r-v.
[35] *Ibid.*, fol. 14v.
[36] *Relación tercera del auto de fe*, fol. 360v, núm. 25.

28. Auto de fe en Palermo, Sicilia, 6 de abril de 1724. Bajo el baldaquín, sobre la tribuna más alta, presiden los tres inquisidores españoles flanqueados por las autoridades seculares y eclesiásticas. Al lado contrario vemos las gradas de los reos y, delante de éstas, dos púlpitos desde donde se leen las sentencias. El escenario del auto de Logroño, descrito anteriormente (pp. 242-244), parece haber sido construido de forma similar a éste. Grabado anónimo en Antonio Mongitori, *L'atto publica di Fede*, Palermo, 1724.

nida junto con María de Jureteguía, se libró con un año de arresto en la casa de penitencia por haber confesado durante su primera audiencia[37]. Juanes de Yribarren, el herrero de Echalar, había confesado también durante la primera audiencia: escapó con un año de cárcel y seis de deportación de Guipúzcoa y Navarra. (Es posi-

[37] *Ibid.*, fols. 365r-366r, núm. 26.

ble que esto último se debiese a que había sido verdugo del aquelarre de Echalar)[38]. Beltrana de la Fargua, la mendiga francesa que confesó ante Hualde durante la visita de éste, recibió un año de cárcel, aunque luego iba a ser desterrada de Navarra y Guipúzcoa para toda la vida[39]. Juanes de Lambert, herrero de veintisiete años de edad, fue expulsado de inmediato de Navarra y Guipúzcoa, pero probablemente ello dio lugar a que regresase a su pueblo natal en el Pays de Labourd. Tan leve sentencia pudo deberse al hecho de que, al igual que otros muchos jóvenes, había sido seducido por María de Zozaya en Rentería[40].

Cinco de los brujos fueron condenados a prisión perpetua (LB núms. 9, 10, 11, 16, 17). En este grupo hallamos a Juanes de Goiburu, Juanes de Sansín, María de Presona, María de Echegui y María Chipía de Barrenechea (la tía de María de Jureteguía); todos ellos habían sido reacios a confesar. Sin embargo, rara vez estas sentencias significaban algo más que tres o cuatro años en la casa de penitencia, siempre y cuando el reo se comportase como un buen penitente [41].

Dos casos paradójicos fueron los de los religiosos Pedro de Arburu y Juan de la Borda, ya que a pesar de su reconocida inocencia parcial, recibieron las sentencias más duras. Después de la tortura y de la nueva votación del tribunal, la Suprema había examinado una vez más sus causas, y con dicho motivo decidió librarles del castigo de las galeras. Sin embargo, tanto el fraile como el sacerdote serían recluidos en un monasterio en las afueras de Navarra durante diez y tres años, respectivamente, y más tarde expulsados *ad perpetuam* de los obispados de Calahorra y Navarra[42]. Tan duro castigo rebasaba con mucho los límites de lo que se solía aplicar a aquellos que habían resistido la tortura sin reconocer su culpabilidad. Pero al menos se les libró de la vergüenza que suponía salir al

---

[38] *Ibid.*, fols. 367v-368r, núm. 42.
[39] *Ibid.*, fol. 367r-v, núm. 40.
[40] *Ibid.*, fol. 367v, núm. 41.
[41] Véase Lea, 1906-1907, vol. III, p. 160.
[42] *Relación tercera del auto de fe*, fol. 369r-v, núms. 54-55.

29. Era muy frecuente agarrotar al reo antes de quemarlo, mas las actas del auto de Logroño nada dicen de si se mitigó de este modo el sufrimiento de las víctimas. Fragmento de un grabado francés representando un auto de fe portugués, en Lisboa, a principios del siglo XVIII.

auto de fe; a última hora la Suprema dispuso que sus sentencias se leyesen en el tribunal, a puerta cerrada[43].

De cara al exterior no cabe duda de que el auto de fe supuso un gran éxito para la Santa Inquisición. La existencia de la secta

[43] *Lib* 333, fol. 112r-v (C./T. 30-X-1610); cf. *Lib* 1158, fol. 78r-v.

de brujos era ya un hecho indiscutible. ¿Quién se atrevía a dudar de la realidad de las brujas, tras haber sido juzgadas en ocasión tan solemne como la del auto de fe de Logroño? La proporción entre «confitentes» y «negativos» en el auto de fe había sido de diecinueve a diez (contando con que los otros dos «negativos» no habían sido expuestos en el auto)[44]. Esta gran mayoría de confesiones y expresión de arrepentimiento bastó para formar la opinión de que el proceso se había basado en fundamentos sólidos. La crítica de Salazar y sus esfuerzos por conceder a los encausados un proceso más justo no traspasaron los muros de la Inquisición. Todo lo contrario, ¡oh ironía del destino!, los rumores denunciaban a Salazar como el más «cruel y poderoso» en el curso del proceso, e incluso se le culpaba de que algunos brujos perecieran en la hoguera[45].

Sin embargo, el buen juicio de Becerra y Valle no tardó en verse puesto en duda por ciertas personas ajenas al tribunal. Se trataba de personas que trabajaban en favor del obispo de Pamplona, Antonio Venegas de Figueroa, hombre influyente y experimentado en política. Como ya vimos, éste adoptó desde muy pronto una posición crítica ante el avance de aquel proceso, que según su opinión se basaba, en su mayor parte, en embustes e ilusiones. Cuando el tribunal celebró su auto de fe, el obispo demostró su disconformidad no asistiendo al mismo, pese a las reiteradas invitaciones del tribunal[46].

---

[44] Sobre revocantes entre las diecinueve confitentes después del auto de fe, véase WA, pp. 498-499, n. 66.
[45] *Examen de Salazar en Valencia*, fol. 779r.
[46] *Lib 795*, fol. 159r (T./C. 15-VI-1611).

CAPÍTULO 9

LA GRAN PERSECUCIÓN

1. Nuevos brotes de brujería

La caza de brujos que se levantó tras el viaje de inspección de Valle tuvo lugar, como ya se vio antes, dentro de los límites geográficos de algunos pueblos. En Guipúzcoa, sólo Rentería fue víctima de la histeria colectiva, que se tradujo en el embrujamiento de varios niños. En Navarra la epidemia se limitó a los pueblos de Vera, Lesaca, Yanci y Echalar, mientras que Aranaz, la quinta de las Cinco Villas, se libró de ella. A juzgar por el testimonio de las fuentes, aunque se dieron confesiones y acusaciones aisladas en varios lugares, sólo hubo brotes de brujomanía en las zonas mencionadas[1].

---

[1] La mayor prueba del límite de expansión de los casos de brujomanía en 1609 y primera mitad de 1610 la hallamos en los procesos celebrados en Elgorriaga, en 1611 (AGN, Proceso 506; véase p. 282), y en Arráyoz (AGN, Proceso 5257; véase bibliografía). En ambos casos se interrogó a gran número de testigos sobre la fecha en que comenzaron las persecuciones de brujos, y todos coincidieron en que no habían cobrado fuerza hasta finales de 1610.

En Zugarramurdi, donde la epidemia parecía haber alcanzado su apogeo a principios de 1609, a la llegada de Valle, en el verano ya estaba decayendo. Una vez que el tribunal mandó encarcelar a los últimos dieciséis brujos (véase final del cap. 5), la tranquilidad volvió a apoderarse también de los demás pueblos. Parece ser que la paz y la tranquilidad reinaron durante todo el verano de 1610 en las montañas de Navarra y en Rentería, junto a la costa. No se tienen noticias de nuevas persecuciones, ni se conoce confesión alguna hecha en el período de tiempo que va de finales de marzo hasta mediados de agosto[2].

No obstante, con la llegada del otoño, resurgieron los temores en toda la región anteriormente contaminada. Las primeras noticias llegaron por mediación de fray León de Araníbar, quien en el ínterin había sido nombrado comisario inquisitorial. El 4 de octubre el abad escribió al tribunal para comunicarle que la situación de la comarca empeoraba por días, por lo que se veía forzado a recordar a los inquisidores su promesa de procurar una solución al asunto de la brujería. Fray León describía la gravedad del caso en términos simples y emotivos:

> Ha llegado el mal a tanto que ya no hacemos caso de que haya brujos (aunque se descubre multitud de ellos) como se abstengan de embrujar y inficionar a otros, particularmente a niños —¡que es cosa de llorar con lágrimas de sangre ver a sus padres de ellos dar voces al cielo pidiendo remedio!

El abad continuaba describiendo la desesperación de la gente al ver que nada podían hacer para oponerse a las brujas. De no ser por sus advertencias, ya habrían asesinado a algunas de las más famosas, tal como había ocurrido hacía «pocos días» en un pueblo

---

[2] Véase *Tomo «F» del libro de visita de Salazar*, fols. 77r-79r (confesión en Vera, 28-III-1610, LB núm. 453), 287r-290v (confesión en Tolosa, 28-VIII-1610, LB núm. 484). Sin embargo, la afirmación de los inquisidores, en su carta del 10-VII-1610, de que el tribunal seguía recibiendo nuevas confesiones a través de los comisarios residentes en el área infectada (véase más arriba, al final del cap. 6) indica que algunas de las confesiones de brujería extraviadas pudieron perfectamente pertenecer a dicho período.

de Francia. Allí, según fray León, habían linchado a una vieja. Aquel pueblo se hallaba solamente a dos leguas del monasterio. Dicha vieja había confesado su culpa, y así y todo, seguía llevándose a los niños al aquelarre. Después de reiteradas advertencias, la mujer había reconocido que le resultaba imposible dejar de llevar a los niños a las juntas, por lo que el pueblo, airado, la había quemado viva[3].

Fray León remitió con su carta las confesiones de cinco mozas de la comarca del monasterio. Se trataba de las jóvenes que habían declarado ante Valle, cuando éste estuvo allí de visita (véase cap. 5: 2, arriba). Las cinco habían reincidido en la brujería, y a pesar de acusarse de nuevo ante fray León y un notario del Santo Oficio, habían vuelto a participar en la junta del demonio. Ocurrió la misma noche en que se les concedió audiencia, pero como entre tanto el notario se había ido a su casa, fray León tuvo que anotar las últimas declaraciones de las mozas en presencia de dos monjes testigos[4]. La cosa había llegado hasta el extremo de que niños pequeños iban a buscar a otros niños para llevarlos a los aquelarres. Por ejemplo, la niña de trece años María de Burga había declarado que últimamente había llevado a dos niños a la asamblea[5]. Basándose en las últimas experiencias, el abad reconocía en su carta que no abrigaba ninguna esperanza de que las brujas se enmendaran. Por tanto —decía el abad al tribunal del Santo Oficio—, él consideraba que no se les debía dar más protección jurídica. Más valdría dejar que la gente acuchillase a aquellos que se llevaban a los niños a las juntas diabólicas, porque si no pronto la región entera estaría perdida[6].

Fray León concluía informando al tribunal de dos conventículos que estaban a punto de desmantelarse. Uno de ellos lo había detectado él mismo en Elgorriaga. Afirmaba el abad que en aquel

---

[3] *Lib 795*, fol. 75r-v (León/T. Urdax, 4-X-1610).
[4] *Ibid.*, fol. 75v.
[5] Fray León declara que María de Burga (LB núm. 36) también se apellida Barrenechea. Por tanto, debe haber pertenecido a la gran familia de brujas de Zugarramurdi (véase al final del cap. 1, arriba).
[6] *Lib 795*, fol. 75v (León/T. 4-X-1610).

pueblo cercano a Santesteban había «tanto mal que espanta»; pero aún no había ultimado sus pesquisas[7]. Al otro conventículo le había seguido la pista el prefecto fray José de Elizondo, quien había recibido los informes oportunos de una sobrina suya de trece años residente en dicho pueblo del valle de Baztán, donde el prior, por lo que se ve, tenía familia. El abad explicaba en su carta al tribunal: «El padre fray José ha procurado esto con mucho trabajo porque la muchacha tenía respetos y hacíasele de mal el declarar cómplices. Y el celo con que en sus sermones y confesiones acude a este ministerio merece que Vuestra Señoría [esto es: el inquisidor Valle] le haga toda la merced que ha lugar». Esto no era sino un refinado modo de proponer al tribunal el primer ruego del prior, que pretendía obtener licencia para dar la absolución a su sobrina[8]. Probablemente fray José le habría prometido a la chica que no sería acusada al Santo Oficio si confesaba la verdad ante él y le decía los nombres de sus cómplices[9].

En el informe, acerca de la visita de Valle al distrito, que los inquisidores mandaron a la Suprema en julio de 1610, se decía que hasta la fecha se habían descubierto veinte conventículos[10]. En otra carta, fechada el 1 de noviembre, se hace constar la cifra de veintidós[11]; posiblemente se habían añadido los dos conventículos arriba mencionados, que se incluyeron en la estadística del tribunal. Hacia Navidad los inquisidores volvieron a escribir preocupados a la Suprema, porque durante los dos últimos meses (o sea, desde mediados de octubre) estaban siendo inundados por las confesiones de nuevos brujos, las cuales demostraban que el mal estaba mucho más extendido de lo que se pensaba hasta entonces[12]. Tres días an-

---

[7] *Ibid.*, fol. 75v; cf. AGN, Proceso 506, fol. 33v, donde consta que el concejo de Elgorriaga mandó llamar a fray León. Sin embargo, hasta el mes siguiente (noviembre de 1610) no brotó la epidemia de brujería en este lugar *(ibid.,* fol. 26r).
[8] *Lib.* 795, fols. 75v-76r (León/T. 4-X-1610).
[9] Parece que el tribunal dio tal licencia, pues la sobrina del prior no se encuentra en la lista de brujos reconciliados; cf. *Relación de causas, 1610/1611.*
[10] *Lib* 795, fol. 41r (T./C. 10-VII-1610).
[11] *Lib.* 835, fol. 341r (T./Duque de Lerma 1-XI-1610).
[12] *Lib* 795, fol. 7r-v (T./C. 14-XII-1610).

30. El pueblo de Elizondo en el valle de Baztán. Foto del autor, 1970.

tes, el 11 de diciembre, el deán de Santesteban, licenciado Miguel de Yrisarri, se había presentado ante el tribunal para demandar en nombre de su pueblo que se procediese contra la plaga terrible que azotaba a Santesteban y Elgorriaga[13]. Ignoramos si el tribunal había recibido noticias de disturbios causados por las brujas en otros lugares. Lo que sí sabemos es que, después de Año Nuevo, la persecución sufrió un incremento y se extendió a todo el norte de Navarra.

No cabe duda alguna de que la ejecución del auto de fe estimuló esta evolución del tema de la brujería. Sin embargo, hay que reconocer que la veda de la caza de brujos se había levantado dos semanas antes de la celebración del auto; luego éste no puede haber sido la única causa del resurgimiento de la brujería. En lo que atañe a Urdax y Zugarramurdi, podríamos explicar el fenó-

[13] *Ibid.* fol. 7r.

meno por su proximidad con Francia. Ahora bien, ¿por qué de súbito los predicadores de Urdax salieron a pronunciar sus sermones a tanta distancia de su convento? ¿Por qué aparece fray León cazando brujas en Santesteban? ¿Por qué actuaba fray José en Elizondo? ¿Y por qué el deán Yrisarri, quien hasta entonces se había mantenido tranquilo, se convirtió de repente en un celoso cazador de brujas?

2. La cruzada de los predicadores

El reverdecer del campo brujeril se debe indudablemente a la simiente esparcida por los predicadores en la campaña iniciada en el otoño de 1610. Los inquisidores habían sugerido a la Suprema, en carta de 10 de julio de 1610, el envío de predicadores a aquellas montañas, para que las gentes que las habitaban fuesen instruidas en el cristianismo. Era precisamente lo que se había hecho en 1527 con motivo de una situación parecida, tal como indicaban los registros del archivo del tribunal. Lo que los inquisidores necesitaban era que el rey escribiese a los obispos de la zona de Logroño y sus inmediaciones, así como a los superiores de las diversas órdenes de predicadores, para que enviasen a sus religiosos a predicar en las zonas infectadas por el mal[14]. El 3 de agosto, el Consejo remitió al rey la propuesta de los inquisidores, con un informe sobre cómo la secta de brujos estaba a punto de extenderse por toda Navarra, debido a la ignorancia y simpleza de sus habitantes[15]. El 5 de septiembre Felipe III respondió escribiendo una carta a los obispos de Pamplona, Calahorra, Burgos y Tarazona; así como también a los superiores de los franciscanos de las provincias de Burgos y Vizcaya, a los provinciales de los dominicos y jesuitas de Castilla y a los superiores de otras órdenes. Todos ellos recibieron órdenes de enviar predicadores a las montañas lo antes posible, para devolver al

---

[14] *Lib* 795, fol. 42r-v (T./C. 10-VII-1610).
[15] *Lib* 333, fols. 85v-87v (C./Rey 3-VIII-1610).

rebaño a las ovejas descarriadas por la influencia de la secta diabólica[16].

Sin embargo, parece como si, mientras tanto, el tribunal hubiese empezado a tener dudas sobre el acierto de la idea, pues cuando en el otoño empezaron a llegar misivas, procedentes de diversos monasterios, notificando que se hallaban dispuestos a mandar a sus miembros a predicar a las zonas pertinentes, los inquisidores contestaron que esperasen hasta recibir su indicación[17]. A pesar de todo, varios meses más tarde, el tribunal supo que las zonas afectadas por la plaga de brujas habían sido recorridas por predicadores enviados por el obispo de Pamplona sin consultar al tribunal de Logroño[18].

Hacia el 21 de noviembre, un grupo de jesuitas había hecho acto de presencia en Lesaca[19]. Uno de ellos era Hernando de Solarte. Iba acompañado por otros dos o tres jesuitas; todos ellos procedían de un colegio de Vizcaya y dominaban la lengua vasca[20]. Se conformaron con visitar las Cinco Villas: Lesaca, Vera, Echalar, Aranaz y Yanci. La duración de su misión fue relativamente corta, pues hacia primeros de año volvieron a su colegio pasando por San Sebastián[21].

Por la misma época que los jesuitas —o quizá algo antes— habían llegado dos franciscanos, también procedentes de Vizcaya y conocedores de la lengua vasca[22]. Al igual que Solarte y sus compañeros recorrieron las Cinco Villas, pero visitaron además otros muchos sitios y probablemente llegaron hasta Zugarramurdi. Sea como fuere, no regresaron a su convento hasta el mes de marzo de 1611. Primero pasaron por Pamplona para informar al obispo Ve-

---

[16] *Biblioteca de la Real Academia de la Historia,* MS 9-29-5-5944, Varios Documentos, tomo 4, fol. 174r-v (Rey/Arzobispo de Burgos, 5-IX-1610; en una nota del mismo documento se nombran otras dignidades que recibieron copia de la misma carta).
[17] *Leg* 1679, exp. 2, 1.°, núm. 28 [b], fol. 2v (T./C. 14-II-1611).
[18] *Ibid.,* fols. 2v-3r; cf. *Carta primera del obispo,* fol. 1v.
[19] *Carta primera de Solarte,* fol. 1r.
[20] *Leg* 1679, exp. 2, 1.°, núm. 28 [b], fol. 2v (T./C. 14-II-1610); cf. WA, pp. 501-502, n. 23.
[21] *Carta de Solarte al obispo,* fol. 5v.
[22] *Lib* 795, fol. 152v (T./C. 9-IV-1611).

negas de Figueroa. Luego continuaron hasta Logroño, donde informaron a los inquisidores de la misión realizada. Uno de los franciscanos era fray Domingo de Sardo[23], quien unos meses más tarde acompañaría a Salazar en su viaje de visita.

Por lo que se refiere al viaje de los jesuitas, se conservan detallados informes en las cartas que Solarte escribió a su provincial de Valladolid y al obispo de Pamplona (DS docs. 3, 4, 9 y 10). También los franciscanos redactaron informes; pero éstos, por desgracia, no se han conservado. Sabemos, sin embargo, que el obispo de Pamplona hizo uso de ellos en la elaboración de su propio informe al inquisidor general, de 1 de abril de 1611 (DS doc. 8). Seguramente, lo más importante del viaje de los franciscanos queda referido en dicho informe, en el que se indica que cubre sólo el período comprendido entre junio y diciembre; pese a ello, se hace mención de sucesos ocurridos antes y después de las fechas citadas.

Noticias sueltas nos informan de que los franciscanos predicaron con gran celo contra los brujos. En el transcurso de las confesiones, convencieron a muchos de sus penitentes para que se entregasen a la Inquisición y declarasen ante ella. En cambio, el jesuita Solarte y sus acompañantes fueron volviéndose cada vez más escépticos, ya que en las confesiones salió a relucir que muchas personas habían declarado falsamente que eran brujas. Sin duda, al tener conocimiento de la misión de los jesuitas, los inquisidores se alegraron de que no hubieran sido enviados más predicadores de esta orden a la zona.

3. *La caza de brujos del tribunal*

Una vez que el Santo Oficio asumió la responsabilidad de combatir la brujería, estableció también la realidad de la misma. Las pruebas habían sido expuestas en el auto de fe, de modo que el

---

[23] *Lib* 795, fol. 153r. Otro de los franciscanos era fray Cigarroa; cf. *Tomo «F» del libro de visita de Salazar,* fol. 549v.

pueblo consideraba llegada la hora de atacar el mal por todos los lados. Los lugares azotados vilmente por la plaga, que habían esperado con tanta paciencia, podían recomenzar ya la lucha, y los comisarios inquisitoriales y otras almas celosas rastrearían aquellos pueblos en donde aún no se había descubierto nada. El tribunal debería enviar de nuevo a un inquisidor a visitar el área infectada y hacer las pesquisas necesarias en el escenario mismo de los hechos. Sin embargo, el tiempo pasaba y nadie hacía nada, por lo que el pueblo empezó a impacientarse.

Algunos días después de Año Nuevo el comisario de inquisición Hualde escribió desde Vera que ya había tenido que encerrar tres veces a los padres de los niños embrujados para impedir que asesinasen a los brujos, y en tono de reproche añadía:

> Temo que en la primera ocasión que se les ofrezca haya novedades sobre ello. Porque están muy enconados, ni esperan se ha de hacer justicia. Pues ha tanto que se hizo el auto y pensaban (como yo les decía y animaba) que hecho él, saldría Vuestra Señoría [Valle]. Y con la dilación de la salida todos se han enfriado y enmudecido[24].

En otros sitios, las autoridades civiles perdieron la paciencia y decidieron actuar por cuenta propia. La dinamita, elaborada por los inquisidores, había sido repartida por predicadores y agitadores y ahora empezaba a producir explosiones de tal magnitud que el tribunal perdió el control de la situación. Tres meses después del auto de fe, ardía toda aquella parte de los Pirineos. Desde Vera hasta Santesteban, atravesando el valle de Baztán y llegando hasta Zugarramurdi, apenas si había un pueblo en el que no se encontrasen niños «embrujados», los cuales eran llevados todas las noches al aquelarre, y luego señalaban a tales o cuales personas a quienes habían visto en el mismo[25].

En su informe al inquisidor general, el obispo de Pamplona refiere cómo todos los sospechosos de brujería corrían el peligro de

---

[24] *Leg* 1679, exp. 2, 1.°, núm. 27, fol. 1r (Hualde/T. 10-1-1611).
[25] *Informe del obispo*, fols. 6v-8v; AGN, Proceso 506, *passim; ibid.*, Proceso 5257, *passim*.

ser linchados: les arrojaban piedras, encendían hogueras alrededor de sus casas y a algunos les derribaron sus casas cuando se encontraban dentro de ellas. Los aldeanos recurrían a las formas más cruentas de tortura para obligar a los sospechosos a confesar: se ató a algunos a frutales y se les abandonó a la intemperie toda una noche de invierno; a otros se les ató y arrojó desnudos desde el puente al río helado, para luego volverlos a subir y arrojarlos de nuevo; se había obligado a otros a estar sentados con los pies metidos en un balde con agua fría hasta que el agua se congelaba. En algunos lugares, los «brujos» habían sido arrastrados fuera de sus casas y, atados uno por uno entre los peldaños de una larga escalera de mano, se les había obligado a andar con la escalera a rastras. De vez en cuando alguien se divertía levantando la escalera por un extremo y empujándola, de modo que los «brujos» caían de narices; luego volvían a tirar de la escalera en dirección opuesta y las víctimas caían hacia atrás. De esta guisa les habían hecho pasear durante toda la noche, en medio de gritos, aullidos y luces, calle arriba y calle abajo, mientras llovía sobre ellos un aluvión de improperios. La violencia popular en las montañas de Navarra produjo varias muertes aquel invierno. Entre las víctimas se encontraba una mujer encinta. Murió mientras la tenían atada sobre un banco y la gente le preguntaba, «en nombre de la ley», si era bruja[26].

La fuerza impulsora de tales desmanes era, aquí como en las Cinco Villas, una epidemia onírica, causada por los sermones de gran fuerza sugestiva que se pronunciaron durante la gran cruzada de los predicadores. Mujeres y hombres, pero sobre todo niños, soñaban que les sacaban de sus camas mientras dormían y les llevaban al aquelarre. Esta manifestación de lo que los psicólogos modernos llamarían «sueños estereotipados» se extendió de pueblo en pueblo como la lava. Pero antes de acusar a nadie, parece que la gente se refrenó ante lo inaudito del caso. Los padres de los niños «embrujados» no sabían a menudo qué creer, sobre todo en

---

[26] *Informe del obispo*, fol. 8r-v.

casos como el de un padre de Elgorriaga que se quedaba toda la noche a velar junto a su hijo, y veía que el niño no se movía de la cama[27]. En muchos lugares pasó algún tiempo antes de que los niños pudiesen precisar quién se los llevaba por la noche. En el pueblo de Aranaz, que —como ya vimos— se había librado de la epidemia el año anterior, no se empezó a perseguir a los brujos hasta noviembre de 1610. La causa fue que el padre de un niño había sonsacado a éste que el vaquero Yricia lo iba a buscar por las noches para llevárselo al aquelarre. El padre, presa de gran excitación, fue a ver al tal Yricia y, apretando un puñal contra su garganta, le preguntó por qué había embrujado a su hijo. Una vez que Yricia confesó que era brujo, le condujo ante el agente local de la Inquisición, quien anotó sus declaraciones y lo envió preso a Logroño. Al día siguiente treinta niños revelaron que el vaquero Yricia los había llevado también a ellos al aquelarre, pero tras su detención, los niños se pusieron pronto de acuerdo en que ahora los iba a buscar una viuda de sesenta años; y cuando se detuvo a esta última, los niños señalaron a otra mujer[28].

Gracias a los informes detalladísimos, no sólo podemos reconstruir de qué modo surge y se propaga una epidemia de brujería —algo que a los historiadores les ha sido imposible hacer en otras zonas—, sino también constatar que el histerismo masivo vasco estaba construido sobre el mismo armazón en todas partes: adoctrinamiento, sueños estereotipados y confesiones forzadas.

A los inquisidores ya no les hacía falta presionar a los brujos para que confesasen; de eso se encargaban los curas del pueblo, los concejales y los alguaciles, asistidos por los padres o parientes de los sospechosos. El principal cometido de los comisarios inquisitoriales era, por ello, tomar nota de sus declaraciones de un modo que respondiese a las exigencias de los inquisidores, porque la mayoría, como en el caso de Yricia, ya habían confesado ser brujos antes de ser presentados ante el comisario de la Inquisición.

---

[27] AGN, Proceso 506, fol. 28v.
[28] *Informe del obispo*, fols. 5r-6r.

El 9 de marzo, el tribunal informó al inquisidor general de la situación. La plaga de brujos, explicaban los inquisidores, era especialmente grave en un cinturón de 60 kilómertros de ancho, que se extendía desde el valle de Baztán hasta dos leguas al oeste de San Sebastián. Sólo en esta zona, el tribunal había descubierto brujos en veintisiete pueblos, y se hallaba plenamente convencido de su existencia en cada pueblo o ciudad de la comarca. Desde allí la abominable secta se estaba expandiendo hacia el oeste, siguiendo la costa, hasta las provincias de Vizcaya y Santander, por el este hasta Aragón, y por el sur a la parte baja de Navarra. Incluso en las cercanías de Logroño se estaban descubriendo adeptos. Contando con los pueblos en los que el tribunal tenía certeza de la existencia de brujos, aunque aún no hubiesen sido descubiertos, el número de poblaciones afectadas llegaba a cincuenta[29]. Adjunto al informe, enviaron los inquisidores una estadística (tabla 1) de las confesiones de brujería y personas sospechosas, ordenadas según los conventículos (por ejemplo, 1. Zugarramurdi y Urdax; 6. Aranaz y Sumbilla, etc.). Ésta es la causa de que sólo figuren cuarenta y dos conventículos, los cuales representaban a organizaciones de brujos de un total de cincuenta pueblos[30]. Podríamos dedicarle mucho tiempo a este documento estadístico, que quizá resulte una pieza única en la historia. Las cifras nos demuestran con toda claridad cómo la persecución de brujas del norte de Navarra y Guipúzcoa llegó a alcanzar una dimensión cercana a una catástrofe demográfica: de la población conjunta de los veintiún pueblos, que sumaba 6.030 individuos, 287 habían confesado ser brujos; a su vez, habían acusado a 1.271 personas más de brujería, lo que daba una cifra conjunta de 1.558 sospechosos, o sea, un 26 por 100 de la población. Pero, en algunos sitios, el porcentaje de habitantes sospechosos de pertenecer a la secta era aún mayor: en Vera, el 37 por 100; en Zugarramurdi y Urdax, el 52 por 100, y en la aldea de Donamaría, el 60 por 100. La estadística nos indica que la

---

[29] *Leg.* 1679, exp. 2, 1.º, núm. 20, fol. 1v (T./C. 9-III-1611).
[30] *Estadística de aquelarres.*

Tabla 1. Estadística del tribunal de brujos descubiertos, 9 de marzo de 1611

Lugares con conventículos (algunos pueblos van al mismo aquelarre)	N.º de habitantes	Brujos confesos	Personas sospechosas de brujería	Total de brujos
1. Zugarramurdi y Urdax	300	34	124	158
2. Vera	595	32	187	219
3. Echalar	425	19	82	101
4. Lesaca	1.190	23	230	253
5. Yanci	255	10	84	94
6. Aranaz y Sumbilla	650	19	110	129
7. Elgorriaga y Santesteban	440	50	119	169
8. Zubieta e Ituren	515	23	72	95
9. Donamaría	215	20	109	129
10. Gaztelu	70	4	9	13
11. Legasa	165	15	32	47
12. Oronoz, Narvarte y Oyeregui	570	17	73	90
13. Arráyoz y Ciga	370	20	40	60
14. Garzáin	270	1	0	1
Total en el norte de Navarra	6.030	287	1.271	1.558
15. Arriba de Araiz		2	9	11
16. Lezaeta		2	18	20
17. Tafalla		1	0	1
Total en toda Navarra		292	1.298	1.590
18. Fuenterrabía		4	162	166
19. Rentería		27	84	111
20. San Sebastián y Asteasu		7	41	48
21. Urnieta		2	9	11
22. Andoain		1	3	4
Total en Guipúzcoa		41	299	340
23. Eguino		3	6	9
24. Alegría		1	?	1
25. Labastida		1	1	2
26. Miranda de Ebro		1	3	4
Total en la provincia de Álava y lugares cerca de Logroño		6	10	16
Totales en 9 de marzo de 1611		339	1.607	1.946

Aquelarres a punto de descubrirse

27. Villa de los Arcos (Na)
28. Espelette (La)
29. Gorriti (Na)
30. Aoiz (Na)
31. Oyarzun (Gui)
32. Murieta (Na)
33. Pamplona (Na)
34. Puente la Reina (Na)
35. Ribafrecha (Lo)
36. Ajamil (Lo)
37. Bañares (Lo)
38. Sojuela y Medrano (Lo)
39. Haro (Lo)
40. Matute (Lo)
41. Brujero (no localizado)
42. Santander

274 EL ABOGADO DE LAS BRUJAS

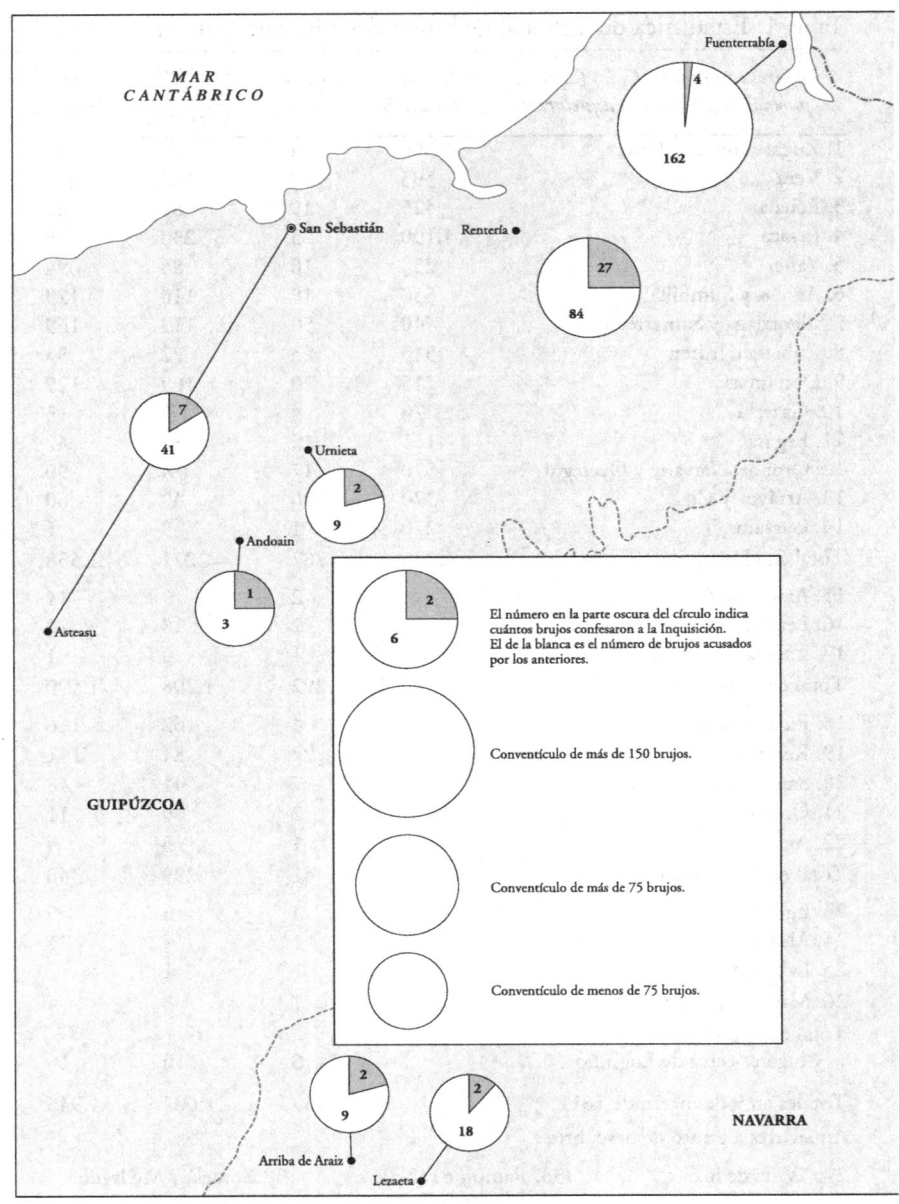

Mapa 3. La caza de brujos en el norte de Navarra y Guipúzcoa,

LA GRAN PERSECUCIÓN 275

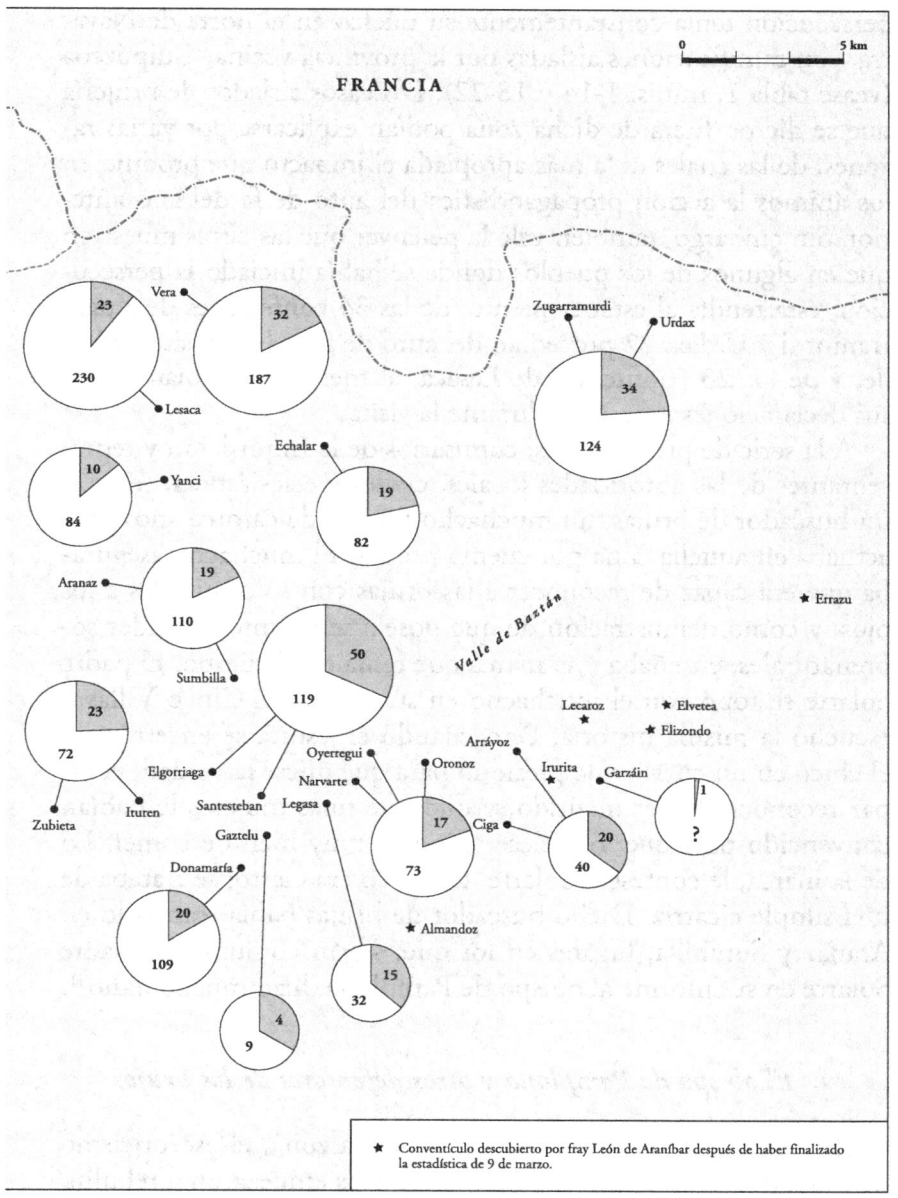

primavera de 1611.

persecución tenía constantemente su núcleo en el norte de Navarra, con ramificaciones aisladas por la provincia vecina, Guipúzcoa (véase tabla 1, núms. 1-14 y 18-22). Los casos aislados de brujería que se dieron fuera de dicha zona podían explicarse por varias razones, de las cuales es la más apropiada el impacto que produjo en los ánimos la acción propagandística del auto de fe del año anterior. Sin embargo, también vale la pena ver que las cifras muestran que en algunos de los pueblos donde se había iniciado la persecución, ésta tendía al estancamiento: de las 34 confesiones de Zugarramurdi y Urdax, 22 procedían del auto de fe y de la visita de Valle, y de los 23 confitentes de Lesaca, al menos 13 habían hecho sus declaraciones ante Valle durante la visita.

A la serie de predicadores, comisarios de la Inquisición y representantes de las autoridades locales, civiles y eclesiásticas, se unió un buscador de brujas, un muchacho francés de catorce años, que actuaba en aquella zona por cuenta propia. El muchacho aseguraba que era capaz de reconocer a las brujas con sólo mirarles a los ojos, y como demostración de que poseía semejantes virtudes sobrenaturales, enseñaba una marca que tenía en el cuerpo. El padre Solarte se topó con el muchacho en su viaje a las Cinco Villas y escuchó la misma historia. Pero cuando el jesuita se encerró con el chico en un cuarto y le presionó para que dijese la verdad, el rapaz reconoció haber mentido, y dijo que unas mujeres le habían convencido para que lo hiciese, dándole muy bien de comer. Lo de la marca, le confesó a Solarte, tampoco era cierto: se trataba de una simple cicatriz. Dicho buscador de brujas había trabajado en Aranaz y Sumbilla, lugares en los que, según comunicó el padre Solarte en su informe al obispo de Pamplona, hizo mucho daño[31].

4. *El obispo de Pamplona y otros defensores de los brujos*

Según se esparcía la histeria brujeril por la zona, el escepticismo de muchos fue en aumento, y los escépticos empezaron a rebullir.

---

[31] *Informe de Solarte al obispo*, fol. 6r-v; *Carta primera de Solarte*, fol. 2r.

Ya habían comenzado a dejar oír sus voces durante la epidemia del año anterior (véase p. 199); pero esta vez la cosa se estaba transformando paulatinamente en una pugna política entre el partido de los creyentes en la brujería y el de los escépticos. Al primero pertenecían el tribunal, los agentes de la Inquisición y la mayoría de las autoridades locales, civiles y eclesiásticas; al segundo, el obispo de Pamplona, los sacerdotes de Echalar, el padre Solarte y un número desconocido de párrocos y oficiales locales. En diciembre de 1610, el grupo de los escépticos consiguió un notable aliado, el párroco de Yanci, licenciado Martín de Yrisarri, quien abandonó el partido enemigo para pasarse al suyo. Hasta entonces había apoyado la persecución de brujos organizada por el Santo Oficio; su apoyo era, por lo demás, muy importante, ya que disfrutaba de cierto prestigio en el valle de Bertizaun, a causa de su sabiduría[32].

Al llegar el padre Solarte en diciembre a Yanci, último pueblo que visitaba de las Cinco Villas, Yrisarri se apresuró a informarle de sus experiencias en relación con el tema de la brujería. Le habló de las muchas pruebas conseguidas, que demostraban la existencia de la secta de brujas. Después de haber escuchado las explicaciones del licenciado durante algún tiempo, un día, mientras se hallaban solos, el padre Solarte le preguntó si no sería posible explicar aquellos fenómenos de otro modo; y para asegurarse bien, el jesuita adujo que él solía presentar sus explicaciones como meras probabilidades teóricas. Con esto quedó despierta la curiosidad de Yrisarri y, en adelante, escuchó al jesuita con la mayor atención. Después reconoció que aquellas posibilidades jamás se le habían pasado por la mente. Prometió a Solarte la mayor discreción[33], por lo que es de presumir que el jesuita continuaría hablándole de sus experiencias personales en los otros pueblos. En ellos, Solarte había comprobado, a través de confesiones y charlas confidenciales con varios de los llamados brujos, que éstos habían hecho confesiones falsas. Unos declararon ser brujos porque ha-

[32] *Ibid.*, fol. 2r.
[33] *Ibid.*, fol. 2r.

bían sufrido el tormento, otros porque habían sido amenazados y otros porque se habían dejado sobornar. En Vera, Solarte habló con un mozo de dieciséis años que le hizo confidencias sumamente comprometedoras sobre los agentes de la Inquisición y el párroco Hualde. El chico, que era precisamente sobrino de Hualde, refirió a Solarte cómo su tío le había atado a una cama, desnudo, y le había azotado porque no quería confesar que era brujo después de haber sido acusado por los demás chicos. Otros le habían confiado a Solarte cómo fueron maltratados por sus propios padres, quienes los habían amenazado con matarles si no confesaban. Algunos de ellos habían sido exhortados por sus parientes a declarar falsamente, ya que, según les explicaban, era la única forma de librarse de la hoguera y, además, el único modo de librar a sus familias del deshonor y la confiscación de bienes[34].

Sea como fuere, lo que el jesuita contó a Yrisarri consiguió sembrar tales dudas en el ánimo del párroco que, al día siguiente, éste mandó llamar a una moza de Lesaca, bruja de dieciséis años, famosa por haber acusado a muchas personas. Cuando Yrisarri inquirió si la moza había levantado falso testimonio contra alguien, la joven rompió a llorar y confesó que dos mujeres la habían amenazado de muerte si no acusaba a las personas que ellas le nombraron. Un sacerdote, Juan López, que estaba presente durante la inquisición, le comentó luego a Solarte que el licenciado Yrisarri se había puesto «blanco como un papel» cuando oyó pronunciar a la joven aquellas palabras[35].

Desde ese momento, Yrisarri comprendió, al parecer, lo que estaba pasando en los pueblos plagados de brujas, y se convirtió en uno de los defensores más enérgicos y denodados de los brujos. Poco después de su encuentro con Solarte, Yrisarri escribió a un buen amigo en Roma pidiéndole que consiguiese del papa una bula para todos los miembros de aquella secta de brujos[36]. Pues así los confesores podrían darles la absolución sin que el Santo

---

[34] *Carta primera de Solarte*, fol. 1r-v.
[35] *Ibid.*, fol. 2r.
[36] *Lib* 795, fol. 153r (T./C. 9-IV-1611).

Oficio interviniese para nada. Y seguro que tampoco le faltó tiempo para ponerse en contacto con otros sacerdotes escépticos de Echalar, de quienes ya hablé en un capítulo anterior (véase pp. 199-200).

El primero en cerciorarse de la oposición creada fue Hualde, en Vera. En una carta al tribunal, fechada el 10 de enero, se quejaba de que alguien le había dicho que si no cesaba de hablar de las brujas, acabaría expiando su locuacidad con la vida. Otros le habían amenazado con que pronto se vería en la cárcel[37]. Al día siguiente, Hualde, acompañado del notario inquisitorial Sebastián de Huarte, se presentó en Echalar para interrogar a cuatro personas que habían asegurado que estuvieron en la Asamblea General de los brujos, celebrada en Nochebuena, en Pamplona (véase cap. 4: 19). No obtuvieron más que vagos informes de dichas personas; pero mientras Hualde y el notario permanecieron en Echalar se enzarzaron en una seria disputa con el párroco Labayen, quien arguyó que no le era posible creer que existiese tanto mal en su pueblo, y prosiguió diciendo que los agentes de la Inquisición iban a salir malparados de aquel negocio, ya que se les haría responsables del daño causado. Al día siguiente, 12 de enero, Hualde escribió al tribunal dándole cuenta del episodio ocurrido en Echalar[38].

No obstante, de su carta se desprende claramente que, a pesar de los esfuerzos realizados por los religiosos escépticos, el pueblo estaba dominado por la histeria colectiva. Las gentes velaban noches enteras al lado de los niños «embrujados» para impedirles que se rindiesen al sueño, y lo que conseguían era que «las brujas» se llevasen a los niños al aquelarre a plena luz del día; pues apenas uno de los niños daba una cabezada, aunque lo despertasen de inmediato, aseguraba que acababa de estar con las brujas en el aquelarre[39].

Hualde tenía aún otra noticia desagradable que dar al tribunal. Durante su ausencia de Vera, en los días de la Navidad, Solarte y

---

[37] *Leg* 1679, exp. 2, 1.º, núm. 27, fol. 1r (Hualde/T. Vera, 10-I-1611).
[38] *Leg* 1679, exp. 2, 1.º, núm. 1, fol. 1r-v (Hualde/T. Vera, 12-I-1611).
[39] *Ibid.*, fol. 1r.

sus jesuitas se habían presentado en el pueblo. Allí habían escuchado la confesión de una viuda, pero le habían negado la absolución al afirmar ésta que ella misma había obligado a su sobrina, María de Peña, a confesar que era bruja, en vista de las muchas personas que habían atestiguado en su contra. Para animar a la joven, su tía le había dado un vaso de vino, que la misma chica había pedido. Los jesuitas ordenaron a la viuda que se presentase ante Hualde tan pronto como éste regresase, y le explicase la verdad para restablecer el honor de la joven sobrina. Hualde refería dicho episodio como ejemplo de la ingenuidad de los jesuitas y de su falta de solidaridad con quienes realmente tenían experiencia en el asunto, y concluía:

> De que colijo e infiero lo poco que nos han ayudado. Y por ello quizás han callado tanto los [brujos] de Lesaca e Yanci. Es cierto que si no persuaden a los brujos, no dirán cosa y con persuasiones y todo, harto mal se descubren a ellos con harta dificultad. Esto me parece más querer atarnos las manos que no descubrir el mal que hay[40].

En una ocasión, hacia el mes de marzo, el obispo Venegas celebró una reunión en Pamplona, a la que había invitado a aquellas personas que, más o menos directamente bajo sus órdenes, habían realizado pesquisas en la zona infectada de brujería. A los jesuitas no les fue posible asistir personalmente, pero Solarte envió al obispo un informe sobre su viaje (DS docs. 9-10). En cambio, los dos franciscanos se presentaron para informar al obispo[41], llevando consigo las primeras pruebas palpables de que la secta de brujos era una realidad. En el transcurso de sus andanzas por los vericuetos de los Pirineos, habían indagado la existencia de cuatro tarros con ungüento volador y le habían seguido la pista a algo

---

[40] *Ibid.*, fol. 1v. Cf. la confesión de María de Peña en *Tomo «F» del libro de visita de Salazar*, fols. 77r-80v, donde figuran cincuenta personas denunciadas como brujos, entre ellas la cuñada y el sobrino de Hualde.
[41] Véanse *Carta primera del obispo*, fol. 1v; *Carta segunda del obispo*, fol. 10r; *Carta de Solarte al obispo*, fol. 5r.

tan sensacional como un «sapo vestido»⁴². No obstante, por otro lado, uno de los franciscanos tuvo que reconocer que más de sesenta personas habían admitido haber declarado falsamente⁴³. De modo que, en resumidas cuentas, quedaba por ver qué beneficios había reportado a la Inquisición la ayuda de los franciscanos.

Los dos franciscanos continuaron su camino y llegaron a Logroño, donde entregaron los tarros al Santo Oficio. La noticia del hallazgo del «sapo vestido» se había adelantado a ellos, de modo que los inquisidores ardían en deseos de verlo. Pero los dos franciscanos tuvieron que desilusionarles: no habían podido conseguir el sapo. Era cierto que un brujo les había dado palabra de entregarles su sapo, pero, después de haberse dejado torear durante varios días, los monjes comprendieron que aquello era un imposible, ya que los sapos eran diablos.

El 9 de abril envió el tribunal a la Suprema un informe acerca de los cuatro tarros entregados por los franciscanos, y de otros tarros con polvos y ungüentos remitidos por el deán de Santesteban y el abad de Urdax. Los nueve tarros fueron examinados primero por los brujos presos en el tribunal, declarando éstos que algunos contenían ungüentos de los que usaban para untarse cuando querían ir al aquelarre, y los otros polvos venenosos para hacer daño. Después se llamó a cuatro médicos y a cuatro boticarios, «los más expertos de toda esta tierra», para que examinasen los tarros. Y tras conferenciar a solas en una sala del tribunal, todos habían declarado unánimemente:

> Ser no conocidas en medicina ni en arte de botica las dichas unciones ni las cosas de que podían ser fabricadas. Y si fueren las cosas con que curan las mataduras de los machos —como el dicho clérigo lo hizo entender al señor obispo— forzosamente las habían de conocer, pues son cosas de la botica.

Esta cita está sacada de la carta que escribió el tribunal el 9 de abril (el citado informe de la misma fecha parece haberse extravia-

---

⁴² *Lib* 795, fol. 152v (T./C. 9-IV-1611).
⁴³ *Carta de Solarte al obispo*, fol. 5r.

do). El clérigo al que se hace referencia es Martín de Yrisarri. Éste había asegurado al obispo Venegas que tres de los tarros proporcionados por los franciscanos procedían de unos carreteros, que usaban aquellos ungüentos para curar las heridas de sus mulas[44].

Indirectamente llegamos a saber que el erudito sacerdote de Yanci estuvo presente en la reunión de Pamplona, lo que tampoco puede sorprendernos. En efecto, Yrisarri estuvo varias veces en la capital navarra para examinar la situación con su obispo. En una de esas ocasiones llevó consigo a un cartero de Irún y a otras personas, quienes atestiguaron ante el obispo que un gran número de personas de las llamadas «brujas» habían sido sometidas a tortura por las autoridades locales. El resultado de aquellas audiencias fue que el Consejo Real de Navarra, a petición del obispo, demandó a los responsables[45].

Uno de los primeros procesos que se abrieron correspondió a dos jurados de Elgorriaga y sus cómplices, quienes fueron acusados de violencia, maltratos e injurias. Desde el 30 de abril de 1611 hasta mediados de junio del mismo año, el Consejo Real envió a un comisario a interrogar a los moradores de Elgorriaga. Los testigos del fiscal público eran casi todos personas que habían sufrido persecución por brujos. Por ello, este proceso (que se conserva y comprende varios cientos de hojas) es una ilustración preciosísima de la histeria brujeril en un solo pueblo, desde sus primeros brotes hasta su culminación; pero —y esto es muy importante— visto, constantemente, desde la óptica de los propios brujos. La causa se cerró en diciembre del mismo año. Uno de los jurados fue condenado a dos años de destierro del pueblo; el otro y sus tres cómplices obtuvieron, cada uno, un año de destierro[46].

El 15 de mayo de 1611, el deán de Santesteban se presentó ante el tribunal para notificar a los inquisidores el proceso que el

---

[44] *Lib* 795, fols. 158v-159r (T./C. 15-VI-1611); *ibid.*, fol. 152v (T./C. 9-IV-1611).
[45] *Lib* 795, fols. 157v, 158v-159v (T./C. 15 y 17-VI-1611. El nombre del correo mayor era Juan de Arbelaiz).
[46] AGN, Proceso 506.

Consejo Real estaba llevando a cabo en Elgorriaga[47]. El tribunal respondió escribiendo varias cartas de protesta al virrey de Navarra[48], pero esta vez no consiguieron que el Consejo Real retirase a sus comisarios de la empresa. El virrey, Juan de Cardona, contestó al tribunal con una carta en la que enunciaba todos los atropellos y maltratos de que habían sido objeto las víctimas de la persecución[49]. Como último recurso, el tribunal dirigió sus quejas a la Suprema. En la larga epístola del 17 de junio rogaban los inquisidores que se despachasen órdenes reales al Consejo de Navarra para que éste suspendiese sus manejos hasta que el tribunal hubiera concluido sus propias investigaciones[50]. Pero tampoco allí se escucharon los ruegos del tribunal. El 28 de junio contestó el Consejo de la Inquisición con una carta, que en muchos sentidos significaba un viraje total. En ella se exhortaba expresamente al tribunal a no inmiscuirse en los asuntos del Consejo Real y a dejar que éste realizase sus investigaciones en paz[51].

Ya en los comienzos de la primavera, el partido de los escépticos había estado a punto de contar con un nuevo aliado en la persona del inquisidor Salazar, quien estaba cada vez más disconforme con sus colegas. Tanto era así que el 2 de marzo informó sobre una serie de irregularidades a la Suprema. Acusaba a Becerra de querer gobernar el tribunal de un modo absoluto y de tomar decisiones sin consultar con sus colegas. Cuando, por ejemplo, el tribunal escribía a la Suprema, él dictaba la carta sin atender a las razones de Valle ni de Salazar. Recientemente Becerra había enviado, por cuenta propia, una carta amenazando al párroco de Echalar, Labayen, cosa que, además, había hecho mientras el tribunal estaba considerando si convendría arrestarlo por haber obstaculizado la libre actuación del Santo Oficio. Becerra había

---

[47] *Lib* 795, fol. 159v (T./C. 15-VI-1611).
[48] *Ibid.*, fol. 159v; cf. WA, p. 505, n. 67.
[49] *Lib* 795, fol. 160r (T./C. 15-VI-1611). Desafortunadamente el informe del virrey no ha aparecido entre los documentos del AHN.
[50] *Lib* 795, fol. 157r-v (T./C. 17-VI-1611).
[51] *Lib* 333, fols. 170v-171r (C./T. 28-VI-1611).

intentado prohibir a sus colegas investigar en su ausencia en los archivos del tribunal. Salazar se quejaba de que el tribunal estaba perdiendo demasiado tiempo con los procesos de brujería, y añadía que no se anotaba en las actas del protocolo cada vez que alguno de los presos había tenido contacto con otros por cualquier causa, bien por compartir la misma celda, o porque el tribunal intencionadamente les hubiese dejado encontrarse. Precisamente, en el caso de los brujos, explicaba Salazar, era este un punto decisivo, ya que un «buen confitente» podría instruir a un «negativo» o a un «mal confitente» sobre lo que debían decir en la audiencia (cf. p. 93). Salazar hacía saber al Consejo que él había advertido a sus colegas que no se estaban cumpliendo las regulaciones del Santo Oficio en relación con los interrogatorios; pero sólo en ciertas ocasiones había conseguido que se anotase todo en las actas. En esta misma ocasión Salazar dio cuenta a la Suprema del comportamiento impropio de Valle hacia él con motivo de la votación del caso de María de Arburu y los demás negativos (véase p. 239)[52].

El 3 de marzo, al día siguiente de haber escrito Salazar a la Suprema, el tribunal se reunió para decidir si convenía recibir a unos brujos en calidad de presos. Se trataba de tres mujeres y un hombre, a quienes las autoridades de Zubieta, por propia iniciativa, habían enviado a Logroño. Por ser el menos antiguo, le tocaba hablar primero a Salazar. Éste reconoció que era cierto que había muchos testigos en contra de ellos; pero para él era más significativo que las confesiones hubieran sido arrancadas a fuerza de tormentos y malos tratos, que se les hubiera arrojado al agua y dejado atados a un árbol durante varias noches sucesivas. En tanto no se investigasen aquellos sucesos, y se consultase el caso con la Suprema, Salazar no consideraba justa su detención.

A continuación votaron los dos inquisidores más antiguos. Ambos hicieron hincapié en hechos totalmente distintos. Había siete brujos «confitentes» que habían declarado en contra de los

---

[52] *Memorándum de Salazar de 2 de marzo de 1611*, fols. 19r-v, 22r-v.

acusados, y ellos mismos habían repetido sus confesiones voluntariamente ante el comisario del Santo Oficio, fray León de Araníbar. Por tanto, Valle y Becerra votaron a favor de su apresamiento. No era necesario tener en cuenta los malos tratos sufridos por los acusados; ello era comprensible a la vista del odio que las autoridades y los vecinos de Zubieta tenían que sentir hacia aquellas personas, que no hacían otra cosa que seducir a sus hijos y llevarlos a los aquelarres[53].

Aquí vemos, una vez más, cómo la creencia en la brujería no dependía de una argumentación más o menos racional, sino que se basaba en una evaluación del fenómeno como un hecho real e indiscutible. Efectivamente, los argumentos de Valle no eran en modo alguno menos razonables que los de Salazar; lo que ocurría era que ambas partes analizaban la situación partiendo de criterios distintos.

Por encima de los partidos de los escépticos y los creyentes se encontraba, como potencia neutral, el Consejo de la Inquisición. Pero según avanzaba la primavera, la Suprema tomaba decisiones que más bien favorecían al partido de los escépticos. Cuando Becerra y Valle quisieron detener al párroco Yrisarri, por oponerse a la empresa de la Inquisición, y Salazar votó en contra, el voto discordante fue enviado a la Suprema, y ésta paralizó los manejos del tribunal[54]. Tampoco tuvieron suerte en conseguir el apoyo del Consejo para detener al párroco de Echalar, Labayen, a causa de sus críticas[55]; antes al contrario, los inquisidores fueron amonestados para que se mostrasen más tolerantes y abiertos con las opiniones de los demás en lo referente a tan delicado asunto. Dicha amonestación iba incluida en la carta decisiva que la Suprema escribió al tribunal el 28 de junio (véase p. 283):

> Y si en esta materia algunas personas con celo de religión y piedad os quieren dar algunas razones que parezcan contrarias a lo que en ella

---

[53] *Leg* 1679, exp. 2, 1.º, núm. 32, fols. 1r-2v; cf. Caro Baroja, 1969, p. 290, y WA, pp. 505-506, n. 72.
[54] *Lib* 795, fol. 153r-v (T./C. 9-IV-1611).
[55] *Memorándum de Salazar de 2 de marzo de 1611*, fol. 19v.

vosotros, señores, juzgáis, no por eso mostraréis sentimiento. Antes los oiréis y admitiréis con mucha blandura y agradecimiento, de manera que se entienda que en todo tiempo tratáis de sacar a luz y conformaros con la verdad[56].

Aquella carta marcaba un viraje decisivo en la pugna sostenida entre el tribunal y «el partido de los brujos», como Becerra y Valle denominaban a los escépticos. A partir de entonces el tribunal se vio puesto a la defensiva, ya que el demostrar la existencia de una secta de brujos se había convertido en una cuestión de honor.

Pero ahora el interrogante era si se podría contar o no con el apoyo de Salazar. Hacía ya un mes que éste se encontraba de visita en los Pirineos; y allí se estaba dando cuenta de que las dudas que le habían asaltado en el tribunal, y sobre las cuales había llamado la atención a sus colegas, eran bien fundadas.

---

[56] *Lib* 333, fol. 170v (C./T., 28-VI-1611).

CAPÍTULO 10

LA VISITA DE SALAZAR

1. La misión

A comienzos de aquel año, el tribunal había sufrido una primera derrota infligida por el «partido de los brujos». Me refiero al recibo del edicto de gracia a los miembros de la secta de brujos, que el inquisidor general había enviado junto con las nuevas directrices referentes a la visita (DS doc. 6). Dichas directrices estaban fechadas en Madrid, a 26 de marzo de 1611, y se recibieron en Logroño cinco días después[1].

Antes de remitir las instrucciones, el inquisidor general había solicitado del tribunal, por carta de 25 de febrero, que se informase ampliamente al Consejo sobre la situación y que, a la vez, se sugiriesen las medidas más apropiadas para combatir la abominable secta. El inquisidor general Bernardo de Sandoval y Rojas, quien había sido obispo de Pamplona hacía unos diez años (1588-1596) y, por tanto, conocía personalmente la región, de-

---

[1] *Instrucciones de 26 de marzo de 1611.*

seaba que se tomasen medidas lo antes posible. Había reflexionado incluso sobre la conveniencia de trasladar el tribunal provisionalmente a Pamplona, con la intención de hallarse más cerca del área maltratada por las brujas. En conexión con esta idea, rogó al tribunal que le informase de si sería necesario requerir inquisidores y personal de otros tribunales, o si se estimaba que el de Logroño podía por sí solo con la tarea. El inquisidor general se encontraba evidentemente alarmado por los informes que durante los últimos meses le habían llegado de Logroño; la carta no sólo hablaba del edicto de gracia, sino que expresaba la urgencia de actuar con severidad en el caso de las brujas y su secta[2].

El 9 de marzo el tribunal replicó enviando una larga epístola, junto con la estadística sobre aquelarres descubiertos, de la que hablé en el capítulo anterior. Una vez expuestas las estremecedoras noticias sobre la situación en el norte de Navarra y Guipúzcoa, proseguían los inquisidores desarrollando un plan gigantesco, encaminado a la solución del problema: el Santo Oficio habría de expedir la prohibición de que se debatiese sobre la existencia real de la brujería; el rey debería dar orden de detener a todos aquellos que intentasen escapar de la zona; se publicaría un edicto de gracia concediendo a los brujos un plazo de cuatro meses para entregarse y delatar a sus cómplices; dos de los inquisidores del tribunal saldrían de viaje por la zona, para encargarse de la propagación del edicto; uno de ellos se dirigiría a la zona afectada, y el otro a otras partes del distrito para ver si se descubría algo en ellas. Al finalizar el plazo de gracia, se procedería duramente contra aquellos que no se hubieran presentado o hubiesen hecho confesiones imperfectas (por ejemplo, no delatar a todos sus cómplices). En consideración a estos hechos, había que prever procesos en masa, por lo que a su debido tiempo sería prudente requerir personal extraordinario, y quizá sería aconsejable que el tribunal se mudase a las proximidades del área invadida por

---

[2] La carta del inquisidor general no se ha conservado, pero se conoce a través de la contestación del tribunal, *Leg* 1679, exp. 2, 1.º, núm. 20, fol. 1r (T./C. 9-III-1611).

Satanás y sus brujas, tal como había propuesto el inquisidor general[3].

La *Endlösung* (solución final) del tribunal sin duda hubiera supuesto un holocausto de haberse llevado a la práctica el plan propuesto. Pero afortunadamente el inquisidor general consideró razonable consultar también a *otros* sobre el asunto. El 25 de febrero no sólo escribió a los inquisidores de Logroño, sino que también remitió documentos parecidos a los obispos de Calahorra y Pamplona, al humanista e historiógrafo real Pedro de Valencia y, probablemente, a otras personalidades del país[4]. A todos ellos les exponía el inquisidor general su deseo de que le enviasen propuestas sobre cómo debía conducirse en el tema de las brujas.

El primero en reaccionar fue el obispo de Calahorra. El 6 de marzo contestó comunicando que, gracias a Dios, no había brujas en su distrito; y como, por cierto, la carta se dirigía reiteradamente al obispo de Pamplona, suponía que se la había enviado a él por equivocación. En cuanto al obispado de Calahorra, podía notificar que ninguna persona de aquel lugar había sido sentenciada en el auto de fe del año anterior, y que tampoco se tenían noticias de que existieran brujos ni brujas antes. La carta se recibió en Madrid el 14 de marzo[5].

Aquel mismo día recibió también el inquisidor general la contestación de Antonio Venegas de Figueroa, obispo de Pamplona. Su carta llevaba fecha de 4 de marzo, y se trataba de una respuesta provisional (DS doc. 5), pues el obispo explicó que acababa de convocar una asamblea en Pamplona; tan pronto como hablase con los predicadores que había mandado por aquellas tierras y con otras personas que le traerían noticias, enviaría un extenso informe al inquisidor general. No obstante, ya en su contestación provisional el obispo deseaba hacer constar su opinión de que en el asunto de las brujas había mucha ilusión y embuste, «particular-

---

[3] *Ibid.*, fols. 1v-4v; cf. WA, pp. 228-229.
[4] Véanse notas 5 y 6, abajo, más cap. 10: 2.
[5] *Leg*, 1679, exp. 2, 1.º, núm. 14, fol. 1r (Obispo de Calahorra/Inquisidor General, Santo Domingo de la Calzada, 6-III-1611).

mente [en] todo lo de los muchachos». De ello había tenido ocasión de cerciorarse personalmente, cuando en el invierno de 1609 a 1610 hizo la visita a los pueblos infectados por aquel mal. En la mayoría de los casos se trataba de rumores esparcidos por niños y almas crédulas, por haber oído hablar de las brujas de Francia. Los inquisidores de Logroño eran los responsables de que la persecución se hubiera extendido al lado español de la frontera; habían empleado, además, métodos increíbles con el propósito de obligar a la gente a confesar. Algunos de ellos habían procedido por puro celo cristiano; otros, sin embargo, se habían aprovechado de la persecución para fines personales. La convicción a que llegó durante su visita a aquellos lugares, y de la cual había dado noticia a los inquisidores en una carta (p. 186), se había hecho más profunda en él después de su regreso a Pamplona. El obispo finalizaba su carta haciendo referencia a los informes de los párrocos del obispado y de los predicadores enviados a recorrer la comarca. Todos ellos le notificaron que muchos infelices se habían acercado hasta ellos torturados por los remordimientos, porque habían levantado falsos testimonios contra ellos mismos y contra aquellos a quienes habían acusado de complicidad[6].

La respuesta del humanista Pedro de Valencia, que será expuesta seguidamente, llegó demasiado tarde para influir en la decisión del inquisidor general a la hora de redactar las instrucciones de 26 de marzo. Lo mismo puede decirse de la segunda carta del obispo de Pamplona, fechada el 1 de abril, acompañada del informe anunciado y de dos escritos del padre Solarte (DS docs. 7-10). Pero la primera carta del obispo Venegas ya había sido suficiente para abrirle los ojos.

De ello resultó que las mencionadas instrucciones vinieran a favorecer al partido de los escépticos en casi todos sus puntos. El edicto de gracia tendría vigor durante *seis* meses, no cuatro como había sugerido el tribunal de Logroño. Se haría extensivo a todos los brujos y brujas, incluidos aquellos que se hallaban presos en

---

[6] *Carta primera del obispo*, fol. 1r.

las cárceles secretas del tribunal. De momento, sólo los «relapsos» quedarían exentos de participar en la gracia del edicto; el inquisidor general deseaba que los casos de esta índole le fuesen remitidos para juzgarlos a su debido tiempo. Sólo lo absolutamente esencial de las confesiones de los brujos sería anotado en las actas, y ni ellos ni sus cómplices serían interrogados, ya que lo demás sólo serviría para perder el tiempo. Se prohibiría a todo el mundo ejercer presión sobre los sospechosos para obligarles a confesar; y, a la inversa, ninguno de los que hubieran confesado habrían de sufrir represalias. (Nada se decía sobre la prohibición de discutir la realidad de la brujería). Los sacerdotes recibirían órdenes de no excluir a los supuestos brujos de los sacramentos de la Iglesia, una vez que hubieran confesado ante la Inquisición; y, en lo que concernía al tribunal, en ningún caso debería éste prohibir a los sacerdotes confesar a las dichas personas. Los inquisidores debían permitir que las autoridades locales, tanto civiles como eclesiásticas, procediesen libremente contra los brujos, ya que se daba por descontado que dichas autoridades remitirían las causas a la Inquisición en caso de que el acusado declarase haber hecho pacto con el demonio (con lo que habría incurrido en apostasía). Finalmente se exhortaba al inquisidor, encargado de hacer la visita, a que se esmerase en interrogar al mayor número posible de miembros del mismo aquelarre, para comparar y ver si las declaraciones concordaban entre sí[7]. Este punto no era sino una repetición de lo que hacía dos años se había inculcado al tribunal en una de las catorce preguntas del «cuestionario de la Suprema» (cap. 3: 4); pero en el intervalo de tiempo había tomado carácter de experimento científico, circunstancia que comentaremos más abajo.

El tribunal se había ido acostumbrando poco a poco a las instrucciones colmadas de escepticismo de la Suprema. Valle y Becerra, quienes desde que comenzara la causa en 1609 no se habían movido un ápice de sus convicciones, siempre habían cumplido las directivas recibidas según su propio albedrío. Por tanto, resul-

---

[7] *Instrucciones de 26 de marzo de 1611.*

taba decisiva la determinación de que «el inquisidor a quien toca hacer la visita del distrito este año» —que era Salazar— habría de realizar ésta *solo*[8]. De este modo, se facilitaba el camino para que se cumpliese con mayor minuciosidad lo preceptado por la Suprema, y para que las pesquisas se llevasen a cabo con mayor sinceridad y sentido crítico que hasta entonces.

Si el inquisidor general se hubiera dejado llevar por los deseos, en cierto modo razonables, del tribunal para que se enviasen dos inquisidores a realizar la visita, podemos estar seguros de que a Salazar le habrían permitido, como máximo, llevar el edicto a la zona del sur de Navarra, mientras que Valle o Becerra se habrían encargado personalmente de llevarlo a toda la zona septentrional aquejada de la brujería. Por un informe posterior de Salazar nos enteramos de que los dos inquisidores últimamente mencionados estaban dispuestos a salir a propagar el edicto, y de que ambos tuvieron dificultad para ocultar su envidia al enterarse de que la suerte recaía en él[9].

Los dos inquisidores, más antiguos en el cargo que Salazar, no tuvieron más remedio que aceptar quedarse en Logroño, mientras su más joven colega iba de un lado a otro llevando el edicto de gracia a la despreciable secta satánica. Según el parecer de los dos inquisidores, Salazar era demasiado inexperto para tal tarea, sobre todo porque se había concedido a los brujos la posibilidad de obtener la gracia en condiciones tan favorables, lo que acarrearía consecuencias catastróficas si no se administraba el edicto con la mayor precaución hacia cualquier posible ataque adicional del demonio.

2. *Las hipótesis de Pedro de Valencia*

El humanista —modernamente le llamaríamos filólogo clásico— Pedro de Valencia (1555-1620) era, en su categoría de historió-

---

[8] *Ibid.*, fol. 144r (introducción); cf. WA, p. 506, n. 10.
[9] Véase *Memorial cuarto de Salazar*, fol. 4v, § 21.

grafo real, una celebridad. Gozaba de la confianza de Felipe III y, posiblemente, se respaldara en el rey cuando, a principios de 1611, solicitó del inquisidor general la venia para emitir su juicio acerca de un impreso que acababa de publicarse sobre el auto de fe de Logroño, celebrado el año anterior. En su carta citada del 25 de febrero, la Suprema no sólo le concedía su venia, sino que le exhortaba directamente a que comunicase sus puntos de vista. Así pues, el 20 de abril envió Valencia su contestación en forma de un discurso erudito, cuya rúbrica reflejaba ya la posición escéptica del autor: «Acerca de los cuentos de las brujas»[10]. Sin duda, el inquisidor general, después de haber leído el juicio de Valencia, tuvo que sentirse aliviado ante el hecho de que su Consejo se hubiera dejado alarmar sólo temporalmente por los inquietantes informes de Logroño y de que hubiera vuelto rápidamente a su línea tradicional con respecto a los casos de brujería, influido, sin duda, por la opinión del obispo de Pamplona. La respuesta de Valencia no llegó a tiempo para ser tomada en cuenta a la hora de redactar las instrucciones del 26 de marzo, pero debió contribuir en gran medida a que la Suprema mantuviese en adelante su posición escéptica, que ni siquiera el asiduo bombardeo de que fue objeto por parte del tribunal de Logroño, y que creció en intensidad en el transcurso de la primavera y del verano, pudo derrumbar.

Las deliberaciones de Pedro de Valencia sobre «los *cuentos* [las cursivas son mías] de las brujas» merecen comentario especial, porque nos anticipan muchas opiniones de las que en el siglo XX han utilizado los científicos para explicar el fenómeno de la brujería (hecho que casi todos los historiadores han ignorado hasta ahora). Valencia abría su escrito deplorando profundamente que en el auto de fe se hubieran leído las sentencias con tantos pormenores procedentes de las confesiones de los brujos, y que, por añadidura, se hubiera impreso y publicado todo ello. Los crímenes confesados por aquellas personas (aquí Valencia, extremeño de

---

[10] *Discurso primero de Valencia*, fol. 608r.

origen y educado en la Universidad de Salamanca, nos da prueba de lo poco extendidas que por aquel entonces estaban las creencias en brujas por España) eran tan estremecedores y espantosos que hasta la fecha nadie había pensado que semejantes cosas fueran posibles. Mas ahora, una vez que se habían publicado todos ellos, no faltarían almas débiles que se dejasen tentar a imitar a los brujos[11]. Además, la publicación de aquellos hechos no podía más que considerarse como un borrón en la conducta del pueblo navarro, considerado hasta entonces como uno de los más cristianos e intachables de España. Por último, estimaba de vital importancia que el Santo Oficio, en consideración a su propia reputación, no hubiese demostrado mayor discreción; pues como señalaba el propio Valencia:

> Como en aquellas confesiones —aunque en el todo contengan verdad— se mezclan cosas tan poco verosímiles, muchos no se inducirán a creerlas, y dudarán del todo teniendo los tales por casos soñados que jamás han pasado en el mundo, ni se han escrito sino en poesías y libros fabulosos para entretenimiento y espanto de los niños y gente vulgar[12].

El aristocrático humanista no manifestaba directamente su opinión, pero ésta quedaba bien clara: la Inquisición se había expuesto a la risa, al menos en los círculos eruditos, por no haber tenido reparos en creer todos aquellos cuentos de brujas.

Seguidamente, Valencia pasaba a analizar las confesiones basándose en la narración impresa del auto de fe (que supongo sería el panfleto —ahora extraviado— publicado por Juan Baptista Varesio en 1611)[13]. Con gran acierto omitía las discusiones sostenidas por diversas autoridades teológicas sobre el asunto y, en su lugar, el sabio humanista se refería «sólo el caso presente para verificación de lo que concluyen o en lo que convienen estas de-

---

[11] *Ibid.*, fol. 608r-v.
[12] *Ibid.*, fol. 608v.
[13] Sobre el panfleto de Varesio, véase González de Amezua, 1912, pp. 155-156, n. 5.

posiciones y confesiones de Logroño», y proponía «tres maneras de reducirlas o componerlas para que parezcan haber pasado en hecho». Y para reforzar sus hipótesis, Valencia acudía de continuo a ejemplos del paganismo griego y romano, de modo que su discurso, salpicado de citas de los autores antiguos, se parece a una pieza de historia comparada de la Religión.

La primera hipótesis sugería que las asambleas diabólicas se celebraban realmente, pero sin la intervención del demonio. Los aquelarres debían estar compuestos por gentes que se reunían para satisfacer sus más bajos instintos y entregarse a los goces más abyectos. A dichas orgías se acudía a pie, y el «demonio» no era sino uno de los concurrentes, que disfrazado con una terrible máscara con cuernos en la frente, participaba en los conventículos. De esta guisa copulaba con las mujeres, a veces, utilizando un falo postizo («miembro hechizo»). Con esta explicación, que llena varias páginas de su discurso, vino Valencia a adelantarse a la teoría que Margaret Murray expuso en 1921, según la cual los brujos eran adeptos de un culto de fertilidad precristiano, presidido por un dios cornudo (véase cap. 4: 1)[14].

La segunda hipótesis sugería que los aquelarres no fuesen otra cosa que alucinaciones causadas por un ungüento tóxico. Los brujos aprenderían unos de otros a elaborar dicho ungüento, y al untarse con él creían volar al lugar de la asamblea, cuando lo cierto era que no se movían de donde estaban, sino que se sumían en un profundo sueño, durante el cual el demonio les permitía experimentar todos los goces del aquelarre. A Valencia no le quedaba más remedio que contar con el demonio a la hora de explicar por qué los brujos tenían exactamente los mismos sueños. Pero como segunda posibilidad admitía que quizá la similitud de los sueños se debiese única y exclusivamente a un efecto natural del ungüento[15]. Con ello, Valencia se pone al nivel de los científicos modernos, quienes intentan explicar el fenómeno de la brujería como

---

[14] *Discurso primero de Valencia,* fols. 608v-609r; cf. Murray, 1921, pp. 179-180.
[15] *Discurso primero de Valencia,* fols. 612v, 613v.

31. Pedro de Valencia, humanista e historiógrafo real. Retrato anónimo del siglo XVII. Fundación Instituto Valencia de Don Juan.

relacionado con un culto de drogas, y para los cuales las descripciones de los aquelarres no son otra cosa que *trips* suscitados por las propiedades alucinógenas de los ungüentos. El propio Valencia menciona una receta de uno de aquellos ungüentos, a base de cicuta, solano, beleño y mandrágora[16].

[16] *Ibid.*, fol. 613r.

La tercera hipótesis tenía un carácter más demoníaco, y consistía en admitir la posibilidad de que, algunas veces, el diablo transportaba a las personas al aquelarre, de modo que estuvieran de hecho presentes, mientras que otras los engañaba y les hacía vivir los hechos durante el sueño. Ésta era, según Valencia, la opinión más común entre la gente del pueblo, opinión que aparentemente corroboraban las declaraciones de los propios brujos. Sin embargo —razonaba Valencia—, ésta era una teoría fantástica y peligrosa. Pues se decía también que el demonio podía meter una figura en la cama para que nadie echase de menos al brujo o bruja; y, a la inversa, que era capaz de reproducir los cuerpos de personas inocentes en el aquelarre, mientras éstas en realidad dormían en casa, en sus camas. En resumidas cuentas, el humanista había llegado a la conclusión de que se encontraban ante un fenómeno cuya existencia o inexistencia eran imposibles de demostrar. La acusación no podría ser probada aunque cincuenta testigos afirmasen haber visto al acusado o acusada en el aquelarre. Y el inocente tampoco podría demostrar que lo era, pues su coartada de haber sido visto y haber hablado con personas normales a la hora en que se le acusaba de participar en el aquelarre no le valdría para nada, ya que se podía alegar que los testigos habían visto y hablado a un doble del reo, puesto ante ellos por el demonio para que nadie le echase de menos mientras se hallaba en compañía de las brujas[17].

Pedro de Valencia advertía que, en los tres casos, los brujos merecían severos castigos si se probaba que habían tenido intención clara y terminante de pactar con el demonio; sin embargo, propone también: «que se debe examinar si los reos están en su juicio o si por demoníacos o melancólicos o desesperados han salido de él». En dichas circunstancias estimaba Valencia que los azotes eran mejor cura que los castigos del Santo Oficio, mancilladores del honor y dañadores de la vida[18].

Finalizaba el discurso exhortando entrañablemente a que, al tratar los casos de aquella materia, se procurase siempre un *corpus*

---

[17] *Ibid.*, fols. 614r-615v.
[18] *Ibid.*, fol. 628v.

delicti, porque de lo contrario se podría sentenciar con facilidad al acusado por daños y perjuicios que nunca habían tenido lugar, o que podían explicarse como hechos naturales o desgracias posibles, y por tanto nada tenían que ver con brujerías[19].

A excepción de las explicaciones sociológicas, el siglo XX no nos ha proporcionado puntos de vista muy diferentes de los aquí citados, en cuanto se refiere a la interpretación del fenómeno de la brujería. Sin duda alguna, en la actualidad el problema se ha simplificado un tanto al poder prescindir del aspecto demonológico; pero esto no afecta a la aportación científica de Pedro de Valencia. Su discurso no fue publicado hasta principios del siglo XX[20], y hasta la fecha ha pasado inadvertido a la mayoría de los investigadores internacionales de la brujería. «Acerca de los cuentos de las brujas» es un aleccionador ejemplo de cómo los hombres inteligentes del pasado estuvieron en condiciones de analizar el fenómeno de la brujería con la misma clarividencia que los investigadores modernos. El lector habrá observado sin dificultad la similitud con Salazar en el pragmatismo con que Valencia ataca el problema, lo cual se pone especialmente de relieve en la parte jurídica de su argumentación. Sabemos que Salazar, algo más tarde, consiguió una copia del discurso de Valencia, pero nada hay que nos haga pensar que ambos tuvieran antes relación alguna. El concierto que evidentemente existe entre el modo de pensar de ambos personajes tiene su origen, más bien, en la circunstancia de que los dos estudiaron en Salamanca, cuya universidad, aún a finales del siglo XVI, respondía a su fama internacional, y se destacaba por su gran liberalidad de ideas.

3. *El viaje a las zonas afectadas*

El tribunal consumió casi dos meses en la preparación del viaje de visita de Salazar. A éste le suministraron copias de las trescientas

---

[19] *Ibid.,* fol. 629r.
[20] Serrano y Sanz, 1900. También se publicó el *Discurso segundo de Valencia,* véase Serrano y Sanz, 1906.

treinta y ocho confesiones de brujería que el tribunal había recibido a través de los comisarios para que, al llegar a aquellos lugares, pudiese mandar llamar a las personas en cuestión y reconciliarlas[21]. Parece que Salazar llevó consigo, además del edicto de gracia, otro en que se ordenaba mantener la tranquilidad a toda costa con respecto al asunto de las brujas[22]. Para facilitar los trámites de expedición de los numerosos casos, se imprimieron formularios con el texto del acto de reconciliación, de modo que sólo fuese necesario rellenarlos con el nombre y algunos informes adicionales[23]. Al final, como era habitual con motivo de los viajes de visita, Salazar recibió de sus compañeros varios ejemplares impresos del edicto de fe, informes sobre personas sospechosas, listas con los nombres de los agentes de inquisición y listas de los sambenitos pertenecientes a herejes condenados por el Santo Oficio en los cien años anteriores, con el fin de que controlase si dichos sambenitos, con sus respectivos letreros discriminatorios, seguían aún colgando en las iglesias parroquiales, o si era necesario que se volviesen a pintar o —cosa muy frecuente— si habían sido retirados por sus descendientes con la intención de borrar la memoria de tal o cual antepasado hereje.

El domingo 22 de mayo, día de Pentecostés, Salazar emprendió por fin el viaje, que iba a durar casi ocho meses (hasta el 12 de enero de 1612)[24]. Le acompañaban dos secretarios de inquisición, los licenciados Francisco de Peralta y Luis de Huerta y Rojas[25] y dos intérpretes del vascuence, quienes, además de traducir las preguntas y respuestas, pronunciarían sermones a la hora de publicar el edicto de gracia y asistirían en los actos de reconciliación. Ambos intérpretes poseían dotes especiales para esta

---

[21] Cf. *Memorial quinto de Salazar,* fol. 13v, §16.
[22] *Lib* 251, fols. 163v-164v (Copia de cédula real, Aranjuez, 25-IV-1611).
[23] *Instrucciones de 26 de marzo de 1611,* fol. 145v, § 6. Muestras de estos formularios pueden verse en *Tomo «F» del libro de visita de Salazar,* por ejemplo, fols. 402r-v y 414r.
[24] *Informe de Fuenterrabía,* fol. 1r; cf. *Memorial primero de Salazar,* fol. 357r.
[25] Véase *Memorial segundo de Salazar,* fol. 7v, § 33.

misión. Uno de ellos era el franciscano Domingo de Sardo, quien se había pasado todo el invierno anterior recorriendo la zona de un lado para otro para predicar contra los brujos. El otro era fray José de Elizondo, nada menos que la mano derecha del abad fray León durante la cacería de brujos organizada por éste desde su monasterio de Urdax el otoño anterior[26]. Al elegirles para misión tan honrosa, el tribunal les demostraba su reconocimiento por la ayuda prestada, y más tarde recibieron incluso apreciables sumas de dinero en pago de su colaboración como intérpretes[27].

La primera meta del viaje era Pamplona. En dicha ciudad, Salazar, tal y como había acordado con sus dos colegas, visitó al obispo Antonio Venegas de Figueroa y le hizo entrega de una carta, en la que el tribunal rogaba al obispo que exhortase a los párrocos de su diócesis a ayudar a Salazar en todo lo posible[28]. Venegas se hallaba de antemano informado de la visita, pues su representante en el tribunal ya había despachado al Santo Oficio los poderes necesarios para efectuar la visita por el obispado. Pero Salazar llevaba orden expresa de informar más a fondo al obispo acerca de la secta de brujas[29]. Es de suponer que Venegas, por su parte, le comentaría al inquisidor las investigaciones que él mismo había puesto en marcha, y que probablemente le hablaría también de los informes y cartas que había enviado al inquisidor general. Salazar ya conocía la opinión del obispo a través de la carta que éste envió al tribunal, mientras se encontraba en Lesaca (véase p. 186), pero seguramente ignoraba por completo todo lo relacionado con el informe que había enviado a la Suprema, puesto que, de acuerdo con la praxis inquisitorial, la Suprema no había enterado al tribunal sobre los informes que llegaban a ella a través de otros canales. No se ha conservado documento alguno que nos ponga al tanto de cómo transcurrió el encuentro entre los dos hombres, pero no cabe duda de que debió de reinar una atmósfe-

---

[26] *Memorial primero de Salazar,* fol. 357r.
[27] Véase *Relación de gastos,* fol. 161v.
[28] *Leg* 1679, exp. 2, 1.°, núm. 30 (T./Obispo de Pamplona, 21-V-1611).
[29] Cf. *Memorial cuarto de Salazar,* fol. 9r, § 39.

ra cordial, ya que el obispo le prestó a Salazar su propio palio de damasco, bajo el cual presidió el inquisidor las sesiones celebradas durante su largo recorrido de visita, no sin antes haber guarnecido el dosel con las armas de la Inquisición[30]. Y a su regreso al tribunal, Salazar debió de manifestarse tan satisfecho de sus conversaciones con el obispo que dio lugar a que sus colegas sospechasen que ambos se habían carteado y celebrado reuniones secretas. Sin embargo, si hemos de creer a Salazar, ninguna de estas circunstancias era cierta; su encuentro con el obispo en Pamplona fue la pri-

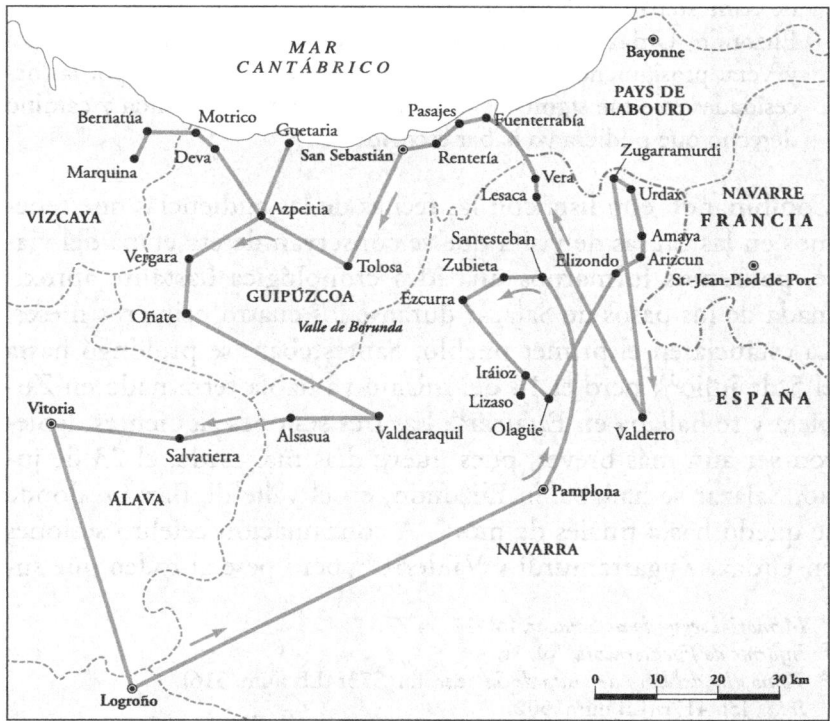

Mapa 4. La ruta de Salazar en su visita de 1611.

---

[30] *Lib* 795, fol. 487r (T./C. 23-III-1613); sobre el palio del obispo, véase el final del cap. 10: 11, abajo.

mera y última vez en que los dos defensores de los brujos tuvieron oportunidad de intercambiar opiniones[31].

En una larga epístola que Salazar escribió el 4 de septiembre al Inquisidor General desde el pueblecito costero de Fuenterrabía, junto a la frontera francesa, le informaba provisionalmente de los resultados de su visita a las zonas afectadas por las brujas en los Pirineos. Sobre la carta de Fuenterrabía hablaré más adelante; de momento me limitaré a citar lo que Salazar escribió sobre la ruta de la primera etapa de su viaje (mapa 4):

> He proseguido la visita por las montañas de Navarra en los lugares de Santesteban de Lerín, Zubieta, Ezcurra, Iráizoz, Lizaso, Olagüe, Elizondo, Urdax, Zugarramurdi, Valderro, las cinco villas de Lesaca y Vera, prosiguiendo así estas sesiones como van referidas por las necesidades que me significaban de cada parte y no la senda y camino derecho que pudiera yo haber escogido[32].

Combinando esta lista con las fechas de las audiencias que tenemos en las causas de visita que se conservan de esa etapa del viaje, podremos formarnos una idea cronológica bastante aproximada de los pasos de Salazar durante los cuatro primeros meses. La estancia en el primer pueblo, Santesteban, se prolongó hasta el 5 de julio[33]; pero el 14 del mismo ya había terminado en Zubieta y se hallaba en Ezcurra[34]. Las tres sesiones siguientes debieron ser aún más breves, pues nueve días más tarde, el 23 de julio, Salazar se hallaba en Elizondo, en el valle de Baztán, donde se quedó hasta finales de mes[35]. A continuación celebró sesiones en Urdax, Zugarramurdi y Valderro[36], pero pese al rodeo que su-

---

[31] *Memorial segundo de Salazar,* fol. 17r, § 77.
[32] *Informe de Fuenterrabía,* fol. 1r.
[33] *Tomo «F» del libro de visita de Salazar,* fol. 573r (LB núm. 516).
[34] *Ibid.,* fol. 417r (LB núm. 502).
[35] Fechas de audiencias en Elizondo: 23, 24, 29 y 30 de julio, *Tomo «F» del libro de visita de Salazar,* fols. 4r, 10r, 16r, 22r, 28r, 34r, 40r, 46r, 52r, 60r, 65r, 182r, 551r, 622r (LB núms. 441-451, 467, 514, 520).
[36] Sobre Urdax y Zugarramurdi, véase *Memorial segundo de Salazar,* fol. 8v 42; sobre Valderro, *ibid.,* fol. 16r 5 71.

puso visitar el último pueblo, vemos que el 8 de agosto estaba ya en Lesaca[37]. De aquí siguió a Vera, donde se hospedó del 16 al 19 de agosto[38], y tres días después, el 22 de agosto, había llegado a Fuenterrabía[39]. Allí se quedó hasta entrado el mes de septiembre.

En Fuenterrabía ya hacía tiempo que se había publicado el edicto de gracia (5 de junio de 1611)[40]. Así que cuando Salazar llegó al pueblo, se contentó con publicar el edicto de fe. Fue la primera vez que actuó de ese modo durante su viaje, pues a lo largo de la ruta recorrida no había publicado más que el edicto de gracia a los brujos[41].

Las fuentes no nos aclaran si fue obligatorio para todos los varones y mujeres mayores de catorce y doce años, respectivamente, asistir personalmente a la lectura del edicto de gracia, como en el caso del edicto de fe. Tampoco sabemos si se repartieron copias del edicto de gracia para ser leídas en las parroquias de los alrededores o si sólo se leyeron en el pueblo en que se estaba realizando la visita. De todos modos, no cabe duda de que se debió pregonar el acto con antelación, exhortando a la gente a que acudiese a la iglesia, tal como solía hacerse con la lectura del edicto de fe. Salazar no nos dice más que en cada sesión convocó a «los demás lugares o arciprestazgos que solían acudir a tales ocasiones, de suerte que sabiendo todos la visita y edictos de ella pudiesen, sin descomodidad, venir a buscarme»[42].

---

[37] Fechas de audiencias en Lesaca: 8, 11, 13 y 14 de agosto, *Tomo «F» del libro de visita de Salazar*, fols. 73r, 118r, 132r, 136r, 140r, 151r, 159r (LB núms. 452, 457, 459-463).

[38] Fechas de audiencias en Vera: 16 y 19 de agosto, *Tomo «F» del libro de visita de Salazar*, fols. 80r, 89r, 95r, 103r, 173r, 176r (LB núms. 453-456, 465-466).

[39] Fechas de audiencias en Fuenterrabía: 22, 23, 25 al 29 de agosto; *Tomo «F» del libro de visita de Salazar*, fols. 190r, 196r, 210r, 216r, 222r, 227r, 232r-v, 234r, 356r, 507r, 531r, 542r, 610r (LB núms. 468, 469, 471-475, 493, 510, 512, 513, 519).

[40] *Tomo «F» del libro de visita de Salazar*, fols. 226r, 230r.

[41] *Memorial primero de Salazar*, fol. 357r.

[42] *Ibid.*, fol. 357v.

4. La visita de Santesteban

Ya vimos que el edicto de gracia se había publicado primero en Santesteban, y ahora intentaré dar una idea clara de las actividades de Salazar en el transcurso de las cinco semanas que residió en dicho pueblo. El sábado 29 de mayo hizo publicar el edicto[43]. Lo leyó en voz alta, durante la misa mayor, el deán Miguel de Yrisarri, quien había sido nombrado recientemente comisario inquisitorial[44]. El pueblo se llenó rápidamente de «brujos», que llegaron de cerca y de lejos en busca de la gracia que les proporcionaba el edicto, y esperaron durante días a ser recibidos en audiencia. Esto último ya había sido previsto por el Santo Oficio, de modo que se había expedido una cédula real en la que se ordenaba a los habitantes del pueblo hacerse cargo de los forasteros[45].

De las audiencias dadas en Santesteban se han conservado trece procesos originales[46]. A través de ellos obtenemos noticias de primera mano acerca de los métodos de trabajo de Salazar. Las instrucciones le permitían anotar las confesiones en hojas sueltas y le daban derecho a hacerse asistir por otros para efectuar los interrogatorios. Incluso tenía licencia para enviar a sus ayudantes por los pueblos cercanos a que recibiesen a los brujos en confesión[47]. Vemos que Salazar apuró todos estos recursos al máximo, pese a que al principio, en Santesteban, prefirió tener a los ayudantes a su lado para que trabajasen bajo su vigilancia.

En ocasión posterior, Salazar nos revela que, al hacer la visita llevando el edicto de gracia, solía llenar cinco o seis locales en todos aquellos lugares donde paraba[48]. Los trece procesos nos demuestran cómo, en efecto, Salazar estableció un despacho para

---

[43] Cf. *Lib* 795, fol. 155v (T./C. 28-V-1611).
[44] Sobre el nombramiento de comisario de Miguel de Yrisarri, véase *Lib* 333, fols. 154v-155r (T./C. 29-IV-1611).
[45] *Memorial primero de Salazar*, fol. 358r, § 4; cf. WA, p. 228, § 5. No he logrado localizar la cédula real.
[46] LB núms. 502-509, 511, 515-518.
[47] *Instrucciones de 26 de marzo de 1611*, fols. 144v-145v, §§ 3, 6.
[48] *Carta de Salazar de Valencia*, fol. 2r.

causas de brujería, y pronto había formado una plantilla de ayudantes.

El día 2 de junio interrogó a Juana de Labayen, que por la numeración de la lista vemos que se trata de la octava bruja interrogada en su recorrido. El franciscano Domingo de Sardo y el deán Miguel de Yrisarri actuaron como intérpretes, y el secretario de inquisición Luis de Huerta y Rojas como escribano[49]. Por la tarde, al interrogar a la novena bruja, Salazar se bastó con la ayuda del intérprete fray Domingo de Sardo[50]. El 3 de junio por la mañana Salazar interrogó a su décima bruja; esta vez le asistieron como intérpretes Pedro de Aranguren y Miguel de Arramendía[51]. Pero a Miguel de Yrisarri ya se le había encomendado que interrogase a los brujos por cuenta propia, «por orden expresa del inquisidor Salazar Frías», como consta en el interrogatorio de Juana de Hualde, realizado aquel mismo día[52]. El motivo de que Salazar cambiase constantemente de intérpretes parece obvio: deseaba conocer a sus colaboradores antes de encomendarles la ejecución de los interrogatorios. En los días siguientes vemos que su plantilla de colaboradores crece paulatinamente, hasta llegar a un total de cuatro equipos dedicados a interrogar a los brujos[53].

Por la numeración sucesiva de las causas de brujería se ve cómo el número de éstas va aumentando a la par que crece el número de colaboradores de la Inquisición. El 2 de junio, dos días después de la publicación del edicto, Salazar sólo había podido interrogar a nueve brujos; el 3 de junio alcanzó la cifra de doce; el 4 de junio, veintiséis, y el 10 de junio habían sido interrogados cincuenta y seis brujos. A juzgar por los números del registro, el 4 de julio se había alcanzado la cifra de ciento veintiséis casos de brujería; pero es necesario advertir que los casos que se le enviaban de otros sitios eran incluidos también en el registro. Por ejemplo, los

---

[49] *Tomo «F» del libro de visita de Salazar,* fols. 468r-469v (LB núm. 507).
[50] *Ibid.,* fol. 516r-517v (LB 511).
[51] *Ibid.,* fol. 595r-596r (LB núm. 518).
[52] *Ibid.,* fol. 493r-v (LB núm. 509).
[53] Véase la reconstrucción de las audiencias en Santesteban, WA, pp. 240-241, tabla 7.

números 68 a 70 son confesiones enviadas por los comisarios de Fuenterrabía el 10 y el 11 de julio[54].

Sin embargo, la serie numerada del registro sólo incluía a aquellas personas que alcanzaban la edad necesaria para ser reconciliadas. Los brujos menores, según las instrucciones, debían ser absueltos *ad cautelam*, y éstos no estaban incluidos en la lista del registro; sus causas fueron concluidas, seguramente, con la mayor rapidez posible, ya que Salazar, en oposición a Valle, dedicaba un mínimo de tiempo a los niños brujos. Un tercer grupo lo componían niñas mayores de doce años y niños mayores de catorce, quienes habían declarado que participaban en el aquelarre sin haber renegado de su fe cristiana. Este grupo no necesitaba reconciliación; bastaba con que demostrase contrición y abjurase *de levi*. El cuarto y último grupo estaba compuesto por testigos no pertenecientes a la secta; o sea, personas que se presentaron ante Salazar para atestiguar sobre casos de embrujamiento de los que habían sido víctimas ellos mismos, o sus animales o propiedades, o para denunciar a tales o cuales personas por brujas[55].

Los trece brujos, cuyos casos se conservan, habían confesado previamente ante un comisario inquisitorial. Doce de ellos habían llegado desde Zubieta (a 8 kilómetros de San Sebastián); el decimotercero venía de Ciga (a unos 15 kilómetros de distancia). Todos declararon haberse presentado por voluntad propia, para alcanzar la gracia del edicto, aunque esto habrá que tomarlo con reservas. De la joven de dieciséis años, Gracia de Marquesarena, sabemos que un par de días antes la había interrogado el deán Miguel de Yrisarri, pero no había confesado nada[56].

Los interrogatorios de los trece brujos siguen todos el mismo patrón. Primero se procuraron las confesiones anteriores y, después de algunas preguntas de control, les fueron leídas para que los acusados verificasen su contenido. A continuación se les pre-

---

[54] Véase la reconstrucción del orden antiguo de los procesos en la serie de reconciliados, WA, pp. 510-511, n. 49.
[55] Sobre los distintos grupos de brujos, véase al final del cap. 11: 2, abajo.
[56] *Tomo «F» del libro de visita de Salazar*, fol. 469r (LB núm. 505).

guntó sobre las circunstancias de su conversión a la brujería y sus deseos de volver a la fe católica. La última fase de los interrogatorios se concentraba en el carácter de los llamados *actos positivos*. Como ejemplo, tomaremos el primero de los trece casos, el interrogatorio de Juana de Labayen, campesina de cuarenta años. Sus contestaciones a las preguntas de Salazar quedan resumidas del modo siguiente:

[Anotado al margen]	Y así mismo dijo que en todo el tiempo y ocasiones que ésta ha continuado ir a los aquelarres no se acuerda ni ha visto haber topado a persona ninguna en el camino, ida ni vuelta, de las personas de su complicidad ni de fuera de ella, aunque le parece que los conociera si los topara.
Actos positivos	Ni tampoco se acuerda haber sentido entonces en [la] ida, vuelta ni estada de los dichos aquelarres ruido de perros, ni de campanas, ni de otros semejante. Aunque le parece que desde el dicho puesto de los aquelarres se podía oír
mojábase	y entender muy fácilmente. Y solamente ha echado de ver que en la ida y vuelta suelen mojarse si llueve o nieva y que los niños particularmente, y algunas veces ésta y los mayores, suelen repararse en los fuegos que tiene el Demonio[57].

Los interrogatorios realizados por Salazar reflejan un escepticismo creciente por parte del inquisidor. Sus preguntas no han sido anotadas en el acta; pero puede leerse entre líneas el modo en que los acusados fueron inquiridos, no solamente con respecto a sí mismo, sino también con respecto a aquellas personas denunciadas por ellos.

El 3 de junio, por ejemplo, Salazar interrogó a Hernauton de Hualde, de Zubieta. El hombre, un obrero del campo, de sesenta años de edad, al escuchar la lectura de sus declaraciones anteriores, comenzó a retractarse de parte de ellas. Cuando había dicho que el demonio tenía acceso carnal con hombres y mujeres, no había sido exacto; realmente quiso decir que sólo lo tenía con las

---

[57] *Ibid.*, fol. 469r (LB núm. 507).

mujeres. En cuanto a los matrimonios que el demonio celebraba entre brujos y brujas, tenía que admitir que personalmente jamás había visto que se celebrasen en los aquelarres. Del mismo modo, a la hora de ratificar lo depuesto acerca de dieciocho personas, a las que antes había acusado de complicidad, quiso reducir, por un lado, y aumentar, por otro, los hechos; pero se hallaba tan aturdido, que el inquisidor no le dio crédito alguno y saltó ese punto, sin escribir nada sobre los cómplices. Y para que no quedase duda de su intención, añadió al margen que las declaraciones sobre los cómplices habían sido revocadas[58].

Al día siguiente, el 4 de junio, cuando Salazar interrogaba a Catalina de Yrurita, de dieciséis años, pidió al escribano que hiciese la siguiente anotación en el acta del proceso:

> Y porque en la ratificación de los cómplices que en su deposición tiene referidos mostraba poca constancia y mucha variedad en ratificarse en ellos, se advierte aquí para que se le dé poco crédito en este particular[59].

La joven era del pueblo de Zubieta y había denunciado nada menos que a cuarenta y seis de sus vecinos por brujos, y aseverado que había visto a todos adorar al demonio en el aquelarre[60].

Ni a Hernauton de Hualde ni a Catalina de Yrurita les pidió Salazar muestras concretas de «actos positivos», lo cual debe tomarse como prueba de que consideró tan poco dignas de crédito las declaraciones de ambos, que no le mereció la pena molestarse. Incluso es posible que evitase intencionadamente hacerles preguntas demasiado comprometedoras. Mientras sólo se retractasen de sus testimonios contra terceras personas, podían alcanzar la gracia del edicto; pero en el momento en que se retractasen de la confesión completa, la situación se complicaría lo suyo, pues, según las reglas de la Inquisición, esto les podría conducir a la hoguera[61].

[58] *Ibid.*, fol. 595r-v (LB núm. 518).
[59] *Ibid.*, fol. 584r (LB núm. 517).
[60] *Ibid.*, fol. 582r-v.
[61] Cf. Lea, 1906-1907, vol. II, pp. 582-585.

Tenemos también varios ejemplos del modo en que Salazar controlaba a sus ayudantes mientras éstos interrogaban a los brujos en las salas contiguas a la suya. Su escepticismo se pone así de manifiesto una vez más. El 4 de julio, Miguel de Arramendía interrogaba a un muchacho de catorce años. El acta del proceso se interrumpe súbitamente por una nota diciendo que el chico iba a nombrar a unos cómplices, pero que el inquisidor ordenó que no se le hiciese caso a causa de su corta edad[62].

En cuanto se había interrogado a un número prudente de brujos y brujas, Salazar reservaba unos días para llevar a cabo el acto de reconciliación, el cual se celebraba en la sala de juicio, en presencia de todos sus colaboradores y otros testigos. Por las actas de los procesos que se conservan, vemos que Salazar ejercía su cometido de un modo rutinario, encaminado a terminar las causas lo más rápidamente posible. Sólo el 28 de julio, Salazar reconcilió a ocho brujos, sobre los cuales se escribieron cuarenta y ocho páginas de resumen, seis páginas por cada proceso[63]. En un primer momento se ratificaban las declaraciones anteriores, y en esta fase aún se estaba a tiempo de retirar los nombres de personas acusadas de complicidad. A continuación tenía lugar la ceremonia de reconciliación, en la que se liberaba a los brujos de la excomunión que pesaba sobre ellos y abjuraban de sus errores, siguiendo el contenido del texto impreso, el cual, es de suponer, les sería traducido al vascuence. En las dos últimas páginas encontramos una sentencia firmada por Salazar. Los ocho brujos fueron sentenciados con penas insignificantes: recitar diez padrenuestros y diez avemarías a diario durante nueve meses, al mismo tiempo que pedían perdón a Dios por sus pecados. Durante ese tiempo tendrían que ayunar todos los viernes y confesar al menos una vez con su párroco. Por último, los reconciliados eran severamente amonestados y advertidos de

---

[62] *Tomo «F» del libro de visita de Salazar,* fol. 572v (LB núm. 516).
[63] Véanse *ibid.,* fols. 401r-403v, 426r-428v, 450r-452v, 458r-460v, 494r-496v, 564r-566v, 585r-587v, 597r-599v (LB núms. 502, 504, 505, 506, 509, 515, 517, 518).

que, en caso de recaer, no se tendría piedad alguna con ellos, sino que se cumpliría la ley hasta la última letra, tanto en sus personas como en sus propiedades (es decir: hoguera y confiscación de bienes).

Tan sólo el texto de la abjuración de la herejía se hallaba impreso, pero se ve que la mayor parte del resto también había sido escrito de antemano; incluso las sentencias mostraban huecos entre sus líneas, destinados a insertar los nombres de los acusados[64]. Es obvio que Salazar encargó a sus colaboradores escribir dichos formularios a mano, con espacios abiertos para los nombres, las fechas y las anotaciones breves; cosa que es de presumir tendrían que hacer en los ratos libres, en los intervalos entre las horas de audiencia, que, si se siguió el horario de apertura del tribunal, durante la visita, serían tres horas por la mañana y tres por la tarde. Muchos años después, uno de los secretarios, Francisco Ladrón de Peralta, recordaba el ritmo acelerado a que fueron sometidos durante todo el recorrido de aquella visita. Según Ladrón de Peralta, Salazar había trabajado tan de continuo que parecía imposible que algún ser humano pudiese abarcar más, y con su ejemplo contribuyó a que sus secretarios trabajaran también sin descanso[65].

Gracias a los resúmenes de los trece procesos que se conservan de la visita de Santesteban, ha sido posible obtener una visión de cómo abordaba Salazar el lado práctico del asunto. Es de suponer que la estancia en los demás pueblos, aunque duró mucho menos, transcurriera del mismo modo. Según parece, Salazar fue dando a sus colaboradores cada vez más posibilidades de actuar libremente. Al franciscano Domingo de Sardo, por ejemplo, le envió varias veces por delante para que publicase el edicto de gracia y empezase a recibir las confesiones de los brujos. Así, cuando Salazar llegaba a los pocos días, podía entregarse a la faena de reconciliar a los

---

[64] En un caso tenemos hasta los formularios impresos y manuscritos sin rellenar, véase Tomo «F» del libro de visita de Salazar, fols. 298r-300v (LB núm. 485).
[65] Leg 1683, exp. 2, fol. 431r (Examen de Ladrón de Peralta durante la visita del tribunal, Logroño, 9-IV-1620).

penitentes, ya que las instrucciones no le permitían delegar esta labor en otros[66].

5. Los embustes de los brujos

Es difícil juzgar si Salazar realmente creyó algo de las historias contadas por los acusados. Sin embargo, su escepticismo no le condujo a tomarse menos en serio las pesquisas que se le habían encargado sobre el asunto. Durante todas las etapas de la visita hizo que se apuntasen pacientemente en las actas del protocolo las declaraciones de los brujos, al mismo tiempo que juntaba prueba sobre prueba de que la supuesta secta de brujas no era sino una quimera. Si durante su recorrido de visita Valle se hubiese mostrado la mitad de abierto que Salazar, es probable que hubiera regresado a Logroño con otro resultado. Sólo una persona increíblemente ingenua podría tragarse semejantes patrañas.

En el segundo memorial de Salazar, que contiene un análisis detallado de las confesiones de brujería, hallamos el nombre de una moza de Arizcún, a la que hace referencia constantemente a causa de sus historias fantásticas. Se trata de Catalina de Sastrearena, de dieciséis años. Su proceso no se ha conservado, pero reuniendo todas las alusiones que a ella se hacen en otros procesos, tenemos suficientes datos para comprender que su caso fue algo excepcional[67].

Ahora bien, debemos andar siempre con pies de plomo antes de aplicar diagnósticos psiquiátricos en los casos de brujería. No cabe duda de que la gran mayoría de las víctimas de la persecución

---

[66] Véase p. 323; cf. *Tomo «F» del libro de visita de Salazar,* fols. 94r-95r, 103r-v (revocaciones de tres brujas ante fray Domingo de Sardo en Lesaca), 89r-v, 95r-96r, 103v-104r (ratificación de las mismas revocaciones ante Salazar en Vera), LB núms. 454, 455, 456.

[67] El proceso de Catalina de Sastrearena se ha extraviado; estaba en el tomo «E» del libro de visita de Salazar, fols. 391-411 (LB núm. 335). Fragmentos de su confesión pueden verse en Idoate, *Documento,* pp. 57, 60, 64, 67, 183, y en *Memorial segundo de Salazar.*

32. Una página del libro de visita de Salazar con el formulario para reconciliación. Está sin rellenar porque la bruja citada para dicho acto revocó su confesión anterior. Notamos que unas partes de dicho formulario están añadidas a mano, probablemente por los colaboradores en la visita de Salazar, como ya se ha explicado. Archivo Histórico Nacional, Madrid.

de brujos era gente normal, cuyo comportamiento debe considerarse normal teniendo en cuenta las circunstancias especiales. No obstante, en el caso de Catalina no es aventurado hablar de una personalidad sicópata. Según parece, el papel de bruja le vino como anillo al dedo para exteriorizar unas inclinaciones mitómanas que sin duda poseía de antemano.

Catalina se presentó en Elizondo para ser reconciliada, y empezó por decir que sus compañeros la habían seguido por los aires durante todo el camino. Salazar interrogó luego a una de las supuestas cómplices que la habían acompañado, sobre si era o no cierto lo manifestado por Catalina, y la amiga contestó que todo era un camelo, pues ella no había visto nada[68]. Catalina aseguró también que, mientras estaba esperando para ser reconciliada, había sido transportada al aquelarre[69], por lo que Salazar preguntó a unas cuantas de las que habían esperado con ella; todas contestaron que habían hablado, e incluso comido, con Catalina, sin que en momento alguno se apercibiesen del menor cambio[70].

En las confesiones hechas con anterioridad, la joven había referido raptos parecidos, ocurridos a plena luz del día. Encontrándose toda la gente de su pueblo reunida en la iglesia para escuchar el sermón de fray Domingo de Sardo acerca del edicto de gracia a las brujas, ella había sido transportada súbitamente al aquelarre; pero aquellos que se encontraban a su lado no notaron nada. Sin embargo, Catalina aseguraba que se había perdido todo el sermón por culpa de aquello[71]. (Esta anécdota es muestra del poder de sugestión de las palabras de fray Domingo). En otra ocasión, yendo la gente del pueblo de Catalina en procesión, ella y otras abandonaron la procesión religiosa para acudir a otra organizada por el diablo en el aquelarre[72]. Como la mayoría de los acusados, Catalina no sabía a ciencia cierta cómo explicar su transporte al aque-

---

[68] *Ibid.*, fol. 7r, § 30; y *Las glosas*, fol. 4r, glosa 50.
[69] *Ibid.*, fol. 2v, y *Las glosas*, fol. 2r (§ 8 con glosa 18).
[70] *Ibid.*, fol. 7r, § 29.
[71] *Ibid.*, fol. 2v, y *Las glosas*, fol. 2r (§ 7 con glosa 14).
[72] *Ibid.*, fol. 2v, y *Las glosas*, fols. 1v-2r (§ 7 con glosa 13).

larre[73]: pero como la moza tenía imaginación, dijo que volaba en forma de cuervo[74].

Catalina afirmó también que, en los aquelarres, los brujos acostumbraban vengarse de sus perseguidores. En la celebración de ciertas asambleas habían sido quemados en la hoguera el inquisidor Salazar, el párroco de Arizcún y el predicador fray Domingo de Sardo. Pero no se habían conformado con eso: en diversas ocasiones entraran también en los locales de la audiencia para vengarse. Al ser apretada Catalina para que se explicase mejor, manifestó que tal vez fueran quemados tan sólo en efigie; pero que en la sala de audiencia se vengaban directamente en las personas vivas[75]. Salazar nos refiere cómo Catalina y cuatro de sus secuaces habían decidido deshacerse de él cuando hacía la visita a Santesteban.

En compañía del demonio habían volado legua y media, desde Arizcún, donde celebraban la asamblea, hasta dicho pueblo. Salazar narra con inequívoca ironía el supuesto modo en que las brujas se habían introducido en la sala provisional de audiencia:

> A mediodía entraron en la sala y... estuvieron en ella personalmente cuando se hacía la audiencia, y que entraron de esta suerte allí más de cuarenta brujos, hombres y mujeres, y aunque en esto concordaron las personas que van apuntadas, todavía se confundieron con algunas réplicas, como siempre se confunde el mismo hecho de querer persuadir con toda eficacia tal mentira habiéndonos hallado todos presentes en la sala, que era un aposento tan bajo, corto y estrecho que con el altar para decir misa casi no quedaba en ella espacio desocupado donde cupiera nadie, cuanto más tantas personas, sino es con el privilegio que presuponen de haber estado invisibles, con que tampoco podrían sentirse[76].

Catalina y sus cuatro compañeros fueron examinados en esa ocasión. Uno era un muchacho de trece años, y el resto dos mozas de

---

[73] *Ibid.*, fol. 3r, y *Las glosas*, fol. 2r (§ 8 con glosa 17).
[74] *Ibid.*, fol. 2r, y *Las glosas*, fol. 1r-v (§ 2 con glosa 6).
[75] *Memorial quinto de Salazar*, fol. 13v, § 17.
[76] *Memorial segundo de Salazar*, fol. 4r-v, § 16.

trece y catorce años, respectivamente, y una tercera cuya edad no consta[77]. Los cinco jóvenes refirieron cómo habían condenado a muerte a Salazar en la asamblea de los brujos. Se había decidido que sería asesinado la víspera de Santiago por la noche, fecha en que la Inquisición se hallaba en Elizondo. La citada noche los brujos penetraron repetidamente en el aposento donde dormía Salazar, introduciéndole polvos venenosos por la boca[78]. También Pierre de Lancre, en el relato de sus pesquisas ejecutadas en el Pays de Labourd, refiere un atentado similar perpetrado contra su persona (Lancre, 1613, pp. 143-144). Pero mientras el juez francés habla con horror de dicho episodio, parece que nuestro inquisidor español no lo tomó demasiado en serio. Por la manera en que Salazar narra el intento de homicidio de los brujos, sacamos la consecuencia de que el español tenía buen sentido del humor:

> Y no es mucho que dejase de sentir esto, pues tampoco parece que sentí lo demás, ni otra ocasión en que haciendo audiencia en la dicha sala, teniéndome atado el Demonio y brujos por una parte, otros me encendían fuego a la persona y silla donde estaba sentado[79].

Catalina y sus compañeros tenían sobrada oportunidad de tejer en común nuevas patrañas mientras esperaban su turno para entrar en la sala de audiencia. Está claro que se habían conchabado entre ellos para representar la misma comedia según declaraban, uno a uno, en la sala; y tal como lo tenían planeado lo hicieron: en medio de la confesión se paraban, y con señas y ademanes daban a entender que les era imposible decir más, porque el demonio y las brujas maestras se encontraban presentes en la sala y los maltrataban cruelmente, por lo que no se atrevían a revelar más cosas. La circunstancia de que el episodio se repitiera el mismo día, en tres audiencias distintas, y de que las presuntas víctimas fuesen del

---

[77] *Ibid.*, fol. 4v, y *Las glosas*, fol. 3r (§ 16 con glosa 33). Los cuatro brujos compañeros de Catalina fueron LB núms. 311, 314, 331 y 538.
[78] *Ibid.*, fol. 4v, § 16.
[79] *Ibid.*, fol. 4v, y *Las glosas*, fol. 3r (§ 16 con glosa 37).

mismo pueblo llamó la atención de Salazar y le hizo sospechar que se trataba de un juego convenido entre los jóvenes[80].

6. *Los revocantes*

Poco después de haberse iniciado el plazo de amnistía de los brujos con la lectura del edicto de gracia en Santesteban, el deán Yrisarri (que no debe confundirse con el sabio sacerdote de Echalar, *Martín* de Yrisarri) le confió a Salazar los remordimientos de conciencia que atormentaban a varios de sus feligreses. Aquéllos habían confesado y habían sido reconciliados en Logroño, donde el tribunal, a partir del auto de fe, se había adelantado a la publicación del edicto de gracia y había permitido a algunos brujos beneficiarse de él. El deán Yrisarri demostró que, de diez personas, siete deseaban revocar sus confesiones, con lo que dejó claro que no se trataba de casos aislados, sino de una acción mayoritaria[81].

Salazar expuso el problema a sus colegas en una carta, en la que solicitaba permiso para aceptar las revocaciones de las personas que lo deseasen en el curso de su visita[82]. Pero el 6 de junio Becerra y Valle respondieron que era inadmisible la idea de aceptar semejantes revocaciones de personas que habían sido reconciliadas ceremonialmente por el Santo Oficio. Quienes lo intentasen deberían ser prendidos y enviados a las cárceles de Logroño, donde se les daría su merecido castigo (la hoguera). Sus colegas llegaron incluso a prohibir a Salazar que recibiese en audiencia a personas que se presentasen con semejantes pretensiones. Éste fue el motivo, se reprocha más tarde Salazar, de que se viera obligado a despachar con cajas destempladas a muchas personas, que se presentaban ante él con el deseo de retractarse de sus confesiones[83].

[80] *Ibid.*, fol. 4v, y *Las glosas*, fol. 3r (§ 16 con glosa 37).
[81] *Memorial primero de Salazar*, fol. 362r.
[82] Véase *Memorial cuarto de Salazar*, fols. 3v-4r, § 16.
[83] *Ibid.*, fol. 4r, § 16.

Ignoramos hasta qué punto se informó a la Suprema de dicho problema, pero sí sabemos que Becerra y Valle mencionaron el asunto en uno de sus largos informes. Fue en una carta fechada el 16 de junio, en la que el tribunal se quejaba de que el Consejo Real de Pamplona perseverara en las pesquisas, pese a sus reiterados ruegos. En relación con estas quejas, Becerra y Valle indicaron al inquisidor general que los brujos estaban siendo incitados en gran número a revocar sus confesiones[84].

La decisiva carta del 28 de junio de la Suprema vino a zanjar la cuestión. Los inquisidores, tal como se había prescrito anteriormente, no sólo deberían dejar trabajar en paz al Consejo Real, sino que deberían mostrarse amables e interesados cada vez que se hallasen en presencia de personas de opinión distinta a la suya en lo referente al problema de los brujos; y aún debieron tragar una amarga píldora:

> Y estaréis advertidos de que en cualquiera que los reos y testigos vinieren a hacer declaraciones o revocaciones, antes o después de ser reconciliados o sentenciados, se han de recibir y poner por escrito en sus procesos. Y así lo avisaréis a vuestro colega para que así lo guarde en la visita, y a los comisarios para que sin detener a los que quisieren hacer alguna declaración, den luego aviso de ello a ese tribunal o a vuestro colega[85].

Parece que el tribunal despachó las órdenes inmediatamente, pues ya el 14 de julio, Salazar admitió la primera revocación. Se trataba de un campesino de Zubieta, de cuarenta años de edad (véase cap. 10: 13), al cual sucedieron otros setenta y nueve revocantes, cuyas declaraciones se conservan en el tantas veces citado tomo «F» del voluminoso libro de visitas. Salazar estaba convencido de que muchos más se habrían atrevido a retirar sus confesiones anteriores de no haber sido tan duramente reprendidos los primeros por él cuando se hallaba haciendo la visita a Santesteban[86].

---

[84] *Lib* 795, fol. 159v (T./C. 15-VI-1611).
[85] *Lib* 333, fols. 170v-171r (C./T. 28-VI-1611).
[86] *Memorial segundo de Salazar,* fol. 13r, § 60.

7. El informe de Fuenterrabía

No se han conservado las cartas que Salazar escribió al tribunal durante su viaje a través de los Pirineos vascos. En consecuencia, la carta de 4 de septiembre que el inquisidor escribió directamente desde Fuenterrabía a su antiguo protector el inquisidor general, es de suma importancia. Ocupa cuatro páginas y refiere los pormenores de los cuatro primeros meses de su viaje. Tras describir la ruta del viaje (véase cap. 10: 3, arriba), Salazar prosigue contando cómo había sido recibido en todas partes con amabilidad. La publicación del edicto de gracia se había llevado a cabo con orden y tranquilidad, y todos cuantos se presentaron habían participado de la gracia. No se omitió reconciliar a persona alguna o concluir su causa. Todas las causas se despacharon con la mayor rapidez posible, y gracias al voto de sigilo del Santo Oficio, se había evitado que los interesados se viesen envueltos en un escándalo público. La nueva del edicto de gracia había llegado hasta Francia, y Salazar había recibido a personas de alta alcurnia del Pays de Labourd, quienes en medio del mayor secreto se acercaban a él para participar de la gracia del edicto. El inquisidor había oído las confesiones de dichas personas y las había reconciliado en igualdad de condiciones con los brujos españoles[87]. Las cifras desnudas presentadas por Salazar reflejan por entero el éxito alcanzado por el edicto de gracia:

> Cuando yo salí de Logroño solamente había manifestadas 338 confesiones (de que las 117 tenían edad de ser reconciliadas, porque las demás eran de niños), todavía ha sido Dios servido que hasta el día de hoy he despachado por acá de todas clases 1.546 personas, de esta manera: Las 1.199 de niños absueltos *ad cautelam* de doce y catorce años abajo; y 271 de ahí arriba reconciliados (en todas edades con muchos viejos y aún caducos); y 34 han abjurado *de levi*, y 42 revocantes de sus confesiones y algunos de ellos después de haber sido reconciliados en el Santo Oficio y aun estando en el artículo de la

---

[87] *Informe de Fuenterrabía*, fol. 1r.

muerte. Sin regular con todos los sobredichos otra gran copia de niños de cinco años abajo, a quien por acuerdo y orden que traje de mis colegas he dicho ciertos exorcismos de la Iglesia, que allá en el tribunal escogimos todos tres juntos para esto. Y así con beneficio tan general han recibido el consuelo que deseaban todos estados de la gente de toda la tierra, por su interés y por el de sus hijos y conjuntos[88].

Mientras que Valle, al visitar el distrito, propagó el terror a la brujería por dondequiera que pasó, parece que la visita de Salazar produjo el efecto contrario. Hubo ciertamente excepciones, ya que los intérpretes de vascuence que el tribunal le había deparado al principio trabajaban, evidentemente, siguiendo los métodos de Valle. Tanto es así que el pueblo de Olagüe, según Salazar, no tuvo problemas de brujas hasta que no llegó el franciscano fray Domingo de Sardo a predicar contra ellas con motivo de la publicación del edicto de gracia, de lo que resultó que, a los pocos días del sermón, los niños empezaron a soñar que el demonio los iba a buscar por la noche y se los llevaba al aquelarre. Un año más tarde, aún duraba la epidemia onírica en dicho pueblo[89]. Ya hemos observado antes algunos ejemplos del poder de sugestión que poseía el predicador franciscano (véase p. 313, arriba).

Por su parte, Salazar hizo cuanto pudo por restablecer la paz y atajar los chismorreos populares que intentaban atizar el fuego de aquellas aldeas de la montaña. Pronto comprendió el daño que la fiebre brujeril había causado ya:

La demasía que con buen celo de reducir todos los notados o testificados de esta secta (aunque lo fueran solamente por niños) ha sido tanta y tan rigurosa, y también la prohibición de no admitirlos a los Santos Sacramentos tan pública y general, que de todo esto se han conocido muchos inconvenientes[90].

---

[88] *Ibid.*, fol. 1r-v.
[89] Sobre el caso de Olagüe, véase *Memorial segundo de Salazar*, fol. 16r, § 71.
[90] *Informe de Fuenterrabía*, fol. 2r.

Salazar prosigue describiendo su intento de poner freno a la brujomanía. En todas partes hizo publicar el edicto que recomendaba silencio y orden en torno al asunto de la brujería, y no cabía duda de que tal edicto había surtido efecto. Además había encarecido a todo el mundo a que guardase la promesa de sigilo, y había empezado por él mismo, al oponerse a confiar a los comisarios inquisitoriales del distrito lo que los habitantes de los territorios de su jurisdicción habían confesado durante las audiencias de la visita[91].

Salazar explicó que el hecho de haber enviado el mencionado informe al inquisidor general se debía a ciertas dificultades surgidas en el curso de su recorrido, sobre las que ya había informado al tribunal. Pero al ver cómo pasa el tiempo sin que sus colegas respondieran, prefirió tomar el camino directo. El primer problema concernía a ciertas brujas, quienes, después de haber confesado y haber sido reconciliadas, volvieron a recaer. La carta refiere detenidamente dos casos, tanto más instructivos para nosotros cuanto que proceden del tomo «C» del libro de visita de Salazar:

> El 23 de julio acudió a mí una moza llamada María de Tamborín Xarra, de edad de dieciséis años, natural del lugar de Irurita, a quien yo había reconciliado antes a 23 de junio, y significando con muchas lágrimas su dolor de que después de haber sido reconciliada la habían vuelto a llevar dos veces al mismo puesto y junta de brujos, estando dormida, sin voluntad ni consentimiento suyo, ni haber hecho allá tampoco adoración ni acto de los que solía siendo bruja, antes teniendo a todas horas y tiempos gran pena y arrepentimiento de esta recaída. Me pidió remedio y nueva absolución, significando de su buen ánimo algunas prendas y actos exteriores de esto mismo y de su resistencia; aunque los actos exteriores, en que daba por conteste a su madre y otras personas que decía la habían visto volver [*orig.*: vuelto] de las juntas, no han salido ciertos.

---

[91] *Ibid.*, fol. 2r.

A este modo, a 3 de agosto pareció también Catalina de Echetoa, moza de catorce años, natural del lugar de Urdax, que a 28 de julio había sido reconciliada, y con otro tal dolor y continuas lágrimas suyas y de sus padres significó que había sido llevada después de acostada y dormida de la misma maestra que solía llevarla antes, sin haber sabido cómo ni cuándo la llevaban ni estar en su mano resistirlo. Y aunque a estas dos las he consolado y entretenido por ahora, quedo esperando la resolución que Vuestra Alteza fuere servido de tomar como la tiene reservada. La cual servirá para los semejantes que creo serán algunos, aunque ante mí solamente se han declarado hasta hoy otros dos niños de menos de diez años, de quienes por ser tan pequeños no refiero ahora particularmente sus confesiones[92].

Salazar continuaba refiriendo cómo había tenido problemas parecidos con respecto a muchos otros brujos, quienes por un lado eran «muy copiosos» en sus confesiones, mientras que por otro declaraban que seguían siendo arrebatados al aquelarre por las noches, después de quedarse dormidos. Ocurría sin que diesen su consentimiento o tuvieran voluntad de ello, y sin que les fuera posible explicar cómo. Algunos de los que se presentaban para ser reconciliados, confesaban haber concurrido al aquelarre la noche anterior. Dichas circunstancias, continúa Salazar, no parecían ser compatibles con la reconciliación con la Iglesia; pero después de consultar el caso con sus colaboradores fray Domingo de Sardo y fray José de Elizondo, habían llegado a la conclusión de que no existía motivo para posponer la reconciliación. A dichas conclusiones llegaron Salazar y los dos monjes:

> [...] considerando el modo de sus confesiones y la claridad que nos resulta de otros artículos que se han verificado por mandado de Vuestra Alteza para saber si van en sueño o corporalmente a las juntas, en que se hallaron muchas ventajas distintamente todo lo que para ello Vuestra Alteza desea saber como lo dirán los papeles de esta visita, que por ser ellos tantos y no estar del todo acabada también lo

[92] *Ibid.*, fol. 1v. Cf. *Memorial segundo de Salazar*, fols. 8r, 9r (§ § 37 y 42). Cf. también LB núms. 223 y 241.

reservo para cuando hubiere de dar la cuenta de ella si Vuestra Alteza no fuera servido de mandarme que lo anticipe[93].

Por fuentes más tardías sabemos que los citados intérpretes de vascuence y predicadores regresaron a sus conventos con una visión de la brujería completamente distinta de la que tenían al comienzo del viaje[94]. También sabemos, por otros canales, que Salazar, en plena campaña de visita, trabajó ardientemente en la elaboración de sus memoriales al inquisidor general[95]. La carta de Fuenterrabía demuestra que Salazar, a los tres meses de investigación, ya estaba entregado a la faena de ordenar y analizar el material recogido, y hacía tiempo que había contagiado su escepticismo a fray Domingo y fray José, cuya fe ciega en la brujería comenzaba a tambalearse.

La segunda cuestión abordada por Salazar en su carta fue la referente a las retractaciones. Pese a que se había permitido revocar las confesiones de brujería, el problema no estaba resuelto, porque una vez que los brujos habían revocado sus confesiones, los sacerdotes no se atrevían a darles la comunión. Varios párrocos se habían acercado a Salazar para solicitar de él licencia especial; pero Salazar, de acuerdo con las instrucciones de su visita, les advirtió de que eran ellos quienes debían juzgar si aquellos penitentes merecían recibir los sacramentos o no. A esto los párrocos habían objetado que necesitaban dicha licencia, ya que el tribunal, en ocasión precedente, les había prohibido suministrar el sacramento de la comunión a los brujos, sin tener en cuenta el hecho de que hubieran confesado o simplemente estuvieran bajo sospecha. Con este motivo, Salazar opinaba que era necesario que la Suprema procurase que se remitieran a los clérigos órdenes de no excluir a los revocantes de los sacramentos de la Iglesia[96].

---

[93] *Informe de Fuenterrabía*, fols. 1v-2r.
[94] Véase *Memorial cuarto de Salazar*, fol. 5r, § 24.
[95] Véase *Carta de los colegas de 24 de marzo de 1612*, fol. 1v.
[96] *Informe de Fuenterrabía*, fol. 2r-v.

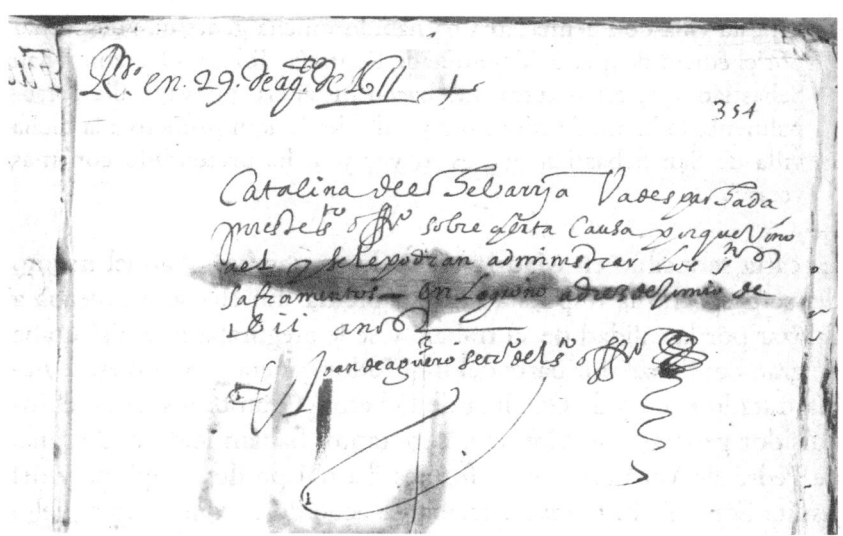

33. Certificado según el cual Catalina de Echevarría será admitida a la comunión, ya que «va despachada por este Santo Oficio sobre cierta causa... y se le podrán administrar los santos sacramentos». Tomo «F» del libro de visita de Salazar, fol. 354r. Archivo Histórico Nacional, Madrid.

El tercer problema que Salazar expuso a la Suprema era de índole puramente práctica. Solicitaba el beneplácito del inquisidor general para delegar la celebración del acto de reconciliación en sus colaboradores, en aquellos casos en que lo considerase pertinente. Resultaba un tremendo trastorno para su trabajo tener que efectuar personalmente todas las reconciliaciones. Por ejemplo, había supuesto una gran pérdida de tiempo para Salazar tener que dar un rodeo y pasar por Valcarlos para reconciliar a dos personas ancianas y enfermas, quienes habían confesado ser brujas ante los agentes inquisitoriales[97].

El escrito que Salazar envió al inquisidor general el 4 de septiembre concluía explicando cómo le llamaba la gente de los pueblos:

[97] *Ibid.*, fols. 2v-3r.

En esta villa de Fuenterrabía ha habido mucha gente que despachar por el edicto de gracia. Y porque de Rentería, Tolosa, Oyarzun y San Sebastián, que están cerca, me hacen instancia que vaya allá personalmente lo habré de continuar yendo desde aquí primero a la dicha villa de San Sebastián que es mayor y lo ha pretendido con más veras[98].

La carta se recibió en Madrid el 12 de septiembre, y aquel mismo día se despachó la respuesta de la Suprema. En ella se lisonjeaba a Salazar por la calidad de su trabajo y se le aseguraba que disfrutaba de gran confianza por parte del inquisidor general, con quien se había tratado el caso de Catalina de Echetoa. (Como es sabido, el inquisidor general y su Consejo, entretanto, habían leído el discurso de Pedro de Valencia y los informes del obispo de Pamplona y del jesuita Solarte). El Consejo estaba de acuerdo en que todo aquello no eran más que sueños y fantasías. Salazar podía absolver tranquilamente a la joven *ad cautelam*. Lo mismo había de hacer con María de Tanborín y con aquellos que se presentasen. En cuanto al problema de la negativa de los clérigos a dar la comunión, la Suprema se limitaba a señalar las instrucciones de la visita, dejando por lo demás manos libres a Salazar para actuar. Con respecto al acto de reconciliación, se le permitía delegar el cumplimiento de éste en sus colaboradores, pero con la condición de que Salazar examinase primero los procesos, con objeto de que él mismo se responsabilizase de si merecían o no los penitentes ser reconciliados[99].

Aquel mismo día, el Consejo escribió también al tribunal comunicándole la decisión del inquisidor general de prolongar el plazo de vigencia del edicto de gracia por cuatro meses, además de los seis que ya se habían concedido. (Así pues, la vigencia del edicto duró hasta el 29 de marzo de 1612). Los inquisidores quedaban obligados a publicarlo así y a informar de ello ante todo a su colega[100].

[98] *Ibid.*, fol. 2v.
[99] *Lib* 333, fols. 201v-202r (C./Salazar, 12-XI-1611).
[100] *Ibid.*, fol. 201v (C./T. 12-IX-1611).

La decisión de prolongar el período de gracia era totalmente razonable, en especial teniendo en cuenta que Salazar aún no había visitado Guipúzcoa y otras partes, en el vasto distrito de la jurisdicción del tribunal de Logroño, en las que se había descubierto la existencia de brujos. Mirándolo bien, si durante los cuatro meses transcurridos se habían expedido mil quinientas cuarenta y seis causas, seis meses no era demasiado tiempo para despachar el resto. Salazar no había pedido directamente dicha prórroga, pero su carta traslucía la necesidad de la misma. Entre líneas podía leerse la existencia de este cuarto problema, cuya solución se hacía urgente. Así pues, la decisión de la Suprema no sorprendió a Salazar; pero no ocurrió lo mismo con Becerra y Valle, quienes quedaron pasmados y muy resentidos al ver que el inquisidor general ni siquiera había consultado con ellos. Ninguno de los dos ocultó su disgusto al responder a la Suprema el 5 de octubre, con una de las cartas más largas escritas hasta entonces (siete folios de apretada escritura). En ella intentaban convencer al inquisidor general para que retirase su concesión de la prórroga del edicto.

Es conveniente que echemos una ojeada a los acontecimientos en Logroño, con el fin de observar el comportamiento de los colegas de Salazar durante la ausencia de éste, ya que evidentemente no habían estado mano sobre mano.

8. *Los últimos bastiones del tribunal*

Tras la partida de Salazar a finales del mes de mayo, Becerra y Valle decidieron cambiar su táctica de combate en lo relacionado con el asunto de las brujas. Con el mayor celo emprendieron la tarea de arrancar confesiones a los componentes del último grupo de prisioneros, arrestados, como se recordará, en marzo de 1610. De este grupo sólo habían confesado los tres (LB núms. 29-31) que salieron al auto de fe; otros cinco fallecieron en la cárcel siendo «negativos»[101]. Quedaban ocho hombres y mujeres[102], de quienes era de esperar que, después de quince meses de prisión en celdas aisladas, estuviesen descoyuntados moral y físicamente; no obstante, seguían manteniendo su inocencia. Lo mismo ocurría con Graciana de Amézaga (LB núm. 74), campesina de cuarenta años, aprehendida algo más tarde que los otros.

Entre el 26 de mayo y el 3 de julio se dio a conocer a los brujos el contenido del edicto de gracia[103]; pero los inquisidores no consiguieron más que dos confesiones[104]. Una de las confesantes fue la mencionada Graciana de Amézaga, y el 2 de junio ya había sido reconciliada y puesta en libertad[105]. La segunda fue María de Endara, la joven y distinguida viuda de Echalar, cuya fortuna había sido calculada por el Santo Oficio en 10.000 ducados de oro[106]. El 1 de julio se le leyó el edicto de gracia en la sala de juicio del tribunal y a los tres días confesó ser bruja, solicitando ella misma que se le concediese audiencia. Dirigió el interrogatorio Becerra, a quien asistió el familiar Martín de Aguirre, como intérprete de vascuence, lo que indica que María de Endara no debía de dominar el castellano.

Se ha conservado la confesión de María de Endara, cuyo contenido refleja su elevada alcurnia. Al llegar la rica viuda al aquelarre, el demonio en persona salía a recibirla con marcada cortesía; y después de pronunciar las palabras de renuncia a la fe cristiana, María besaba al demonio en la mano (en contraste con sus compañeros, que solían besarle en las partes traseras, debajo del rabo). El 15 de

---

[101] Con la excepción de Juanes de Aguirre Luberrisime de Vera, las fuentes no dan los nombres de los cinco de este grupo que murieron en las cárceles de la Inquisición. Parece que también fue el destino de Catalina de Topalda, la «serora» de Echalar; cf. WA, pp. 515-516, n. 111, 519, n. 155.
[102] LB núms. 64-69, 71. El octavo parece haber sido un pastor que murió en la cárcel durante el otoño de 1611 (véase p. 333, y cf. WA, pp. 260-261, tabla 8, y 515-516, n. 111).
[103] *Relación de causas, 1610/1611*, fols. 455v-456v.
[104] *Lib* 795, fol. 161r (T./C. 9-VII-1611).
[105] *Relación de causas, 1610/1611*, fol. 164v (LB núm. 74).
[106] *Memorándum de San Vicente de 9 de julio de 1611*, fol. 164v.

julio, la joven propietaria de la herrería de Echalar fue puesta en libertad, conservando toda su fortuna[107], excepto los costes de manutención durante los dieciséis meses de prisión que, siguiendo la costumbre de la época, se cobraba a los reos. (En el caso de la dama, era un total de 2.554 reales)[108]. Pero gozó poco de su recobrada libertad; falleció el 5 de noviembre de aquel mismo año. Sin embargo, su familia sí disfrutó de la recuperación de su honra, y pudo enterrarla con los honores debidos a una persona de su rango. No hallaron en el cura la menor oposición, ya que había sido precisamente uno de sus más arduos defensores; se trataba del doctor párroco de Yanci, el licenciado Martín de Yrisarri, quien celebró la ceremonia del entierro[109].

A la vez que se ocupaban de hacer confesar a los brujos presos en el tribunal, Becerra y Valle se habían propuesto descubrir nuevos aquelarres. Puesto que Salazar ya se ocupaba de las zonas del norte, ellos dos se encargarían de publicar el edicto en las cercanías de Logroño, donde se rumoreaba que existían conventículos de brujas. En las instrucciones de la Suprema había un *passus,* en virtud del cual el edicto podía publicarse independientemente de la visita del inquisidor. Esta posibilidad fue aprovechada rápidamente por los dos inquisidores, quienes proclamaron la amnistía a los brujos que confesasen en Olite y Tafalla, al sur de Navarra, y en Vitoria, San Millán, Santa Cruz y otros pueblos de la provincia de Álava[110]. Enviaron también el edicto de gracia a Salvatierra, pero allí se opuso el comisario del Santo Oficio a los deseos del tribunal negándose a publicarlo, porque, en su opinión, en su feligresía no existían brujos. Este valiente era el licenciado Domingo Ruiz de Luzuriaga, respetado por su sabiduría; en otro tiempo había sido «colegial mayor» de Alcalá[111].

[107] *Relación de causas, 1610/1611,* fol. 456v (LB núm. 69); Idoate, *Documento,* pp. 188-193.
[108] *Relación de gastos,* fol. 160v.
[109] *Leg* 1683, exp. 1, fol. 1072r.
[110] *Memorándum de San Vivente de 3 de octubre de 1611,* fol. 208r.
[111] *Leg* 1683, exp. 1, fol. 806r (Valle/Comisario de Salvatierra, 24-VII[1614]; *Memorial primero de Solazar,* fol. 365r § 41.

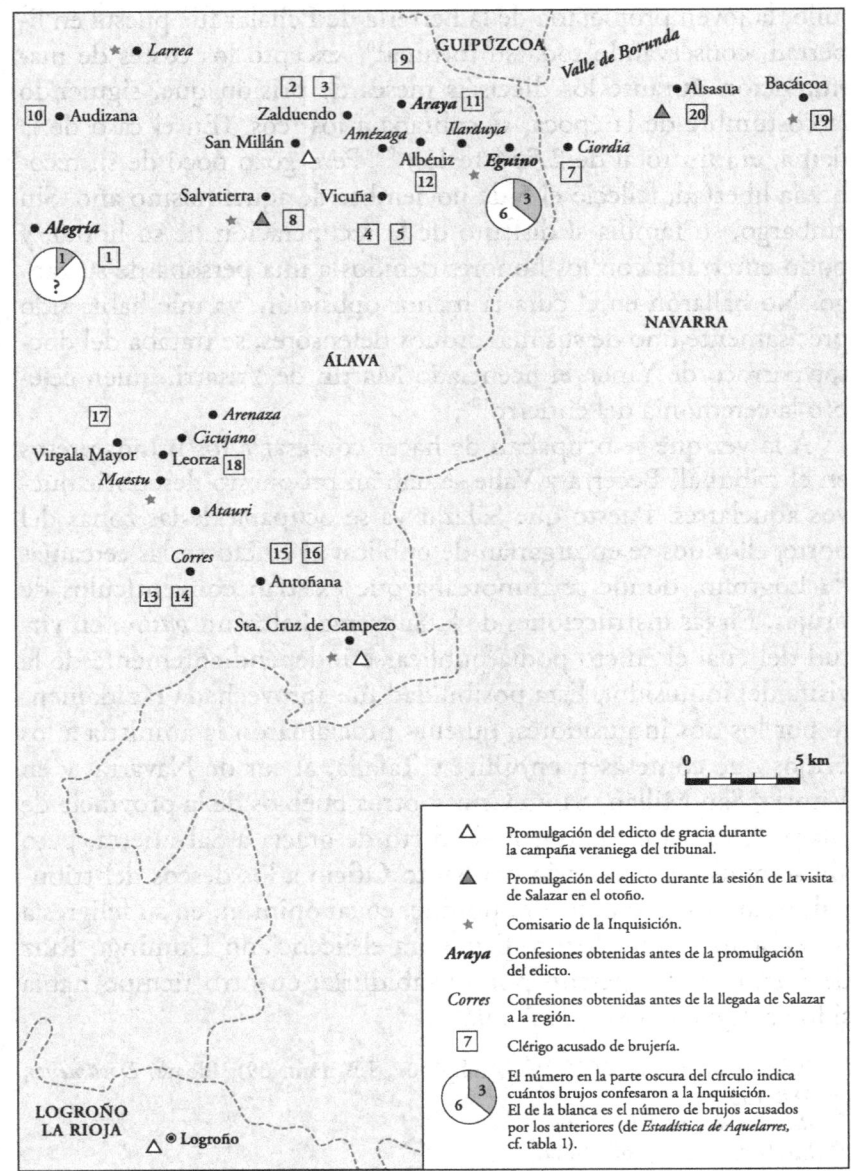

Mapa 5. La caza de brujas en Álava y en el valle de Borunda, 1611.

A pesar de los esfuerzos del tribunal para que se predicase reiteradamente en contra de los brujos en aquellos lugares donde se publicaba el edicto, apenas nadie se presentó a delatarse en Logroño. La única zona donde la campaña dio fruto fue en la parte este de Álava, en los alrededores de San Millán y Santa Cruz de Campezo. Pero es que allí la labor del tribunal se vio complementada por los sermones de los predicadores especialmente enviados a aquella zona. La estadística de 9 de marzo de 1611 (véase cap. 9: 3) ya registraba cuatro confesiones de brujas procedentes de la zona del este de Álava. En el transcurso del verano que se avecinaba aquella zona iba a ser escenario de la campaña de persecución más desenfrenada organizada por el tribunal de Logroño. Desconocemos los nombres de los cuatro brujos. Sólo sabemos que uno de ellos era de Alegría, y el resto de Eguino. En este último lugar, el comisario de distrito se llamaba Pedro Ruiz de Eguino. Era párroco, y pronto reveló grandes dotes de cazador de brujos. Ya a finales de marzo había conseguido una quinta confesión de brujería: en esta ocasión se trataba de un viejo de ochenta años del pueblo vecino de Araya, llamado Juan Díaz de Alda. Fue reconciliado el 21 de abril, en Logroño, después de repetir su confesión ante los inquisidores y denunciar a gran número de personas de su comarca[112]. Probablemente, el viejo realizó el viaje hasta Logroño en compañía de Pedro Ruiz, quien pese a su cargo de párroco de Eguino vivía la mayor parte del año en aquella ciudad, donde tenía su casa. Dicho comisario había actuado de intérprete de vascuence en la mayoría de los interrogatorios con los brujos detenidos. Ello quiere decir que se encontraba excepcionalmente bien informado, por lo que, a la hora de cumplir la decisión del tribunal de mandar enviados especiales a publicar el edicto a la zona este de Álava, nadie podía estar más calificado para la tarea que Pedro Ruiz de Eguino. El tribunal proveyó a Eguino de dos ayudantes, franciscanos y conocedores de la lengua vasca[113].

[112] *Relación de causas*, 1610/1611, fol. 457r (LB núm. 82); *Leg* 1679, exp. 2, 1.°, núm. 19, fol. lr (T./C. 12-VIII-1611).
[113] *Lib* 795, fol. 205v (T./C. 5-X-1611).

En el transcurso del verano, Pedro Ruiz se presentó varias veces en Logroño, y, cada vez que lo hacía, llevaba consigo a nuevos brujos confesos, quienes, después de repetir sus confesiones ante el tribunal, eran reconciliados[114]. El 2 de agosto se presentó con un clérigo de noventa y cinco años, Diego de Basurto. Este anciano «brujo» procedía del pueblo de Ciordia, en el valle de Borunda, fronterizo con Álava[115] pero solía acudir a la iglesia parroquial del comisario Eguino para celebrar la misa. Basurto fue minuciosamente interrogado en el tribunal, y poco a poco se consiguió componer una confesión de brujería coherente a base de las declaraciones del anciano, cuya memoria —como los mismos inquisidores admitían en una carta a la Suprema— se hallaba muy deteriorada a causa de su edad. El 12 de agosto, Becerra y Valle remitieron al Consejo las actas del proceso para que las examinase, y de paso informaron sobre la campaña contra la brujería puesta en marcha por ellos en Álava. Los inquisidores explicaban que el crecido número de brujos les había urgido a publicar el edicto antes de que su colega se presentara por aquellas regiones. El tribunal poseía nombres de más de cien personas sospechosas de brujería, y entre dichos nombres se contaban nada menos que los de diez clérigos. En su carta manifestaban que estos sacerdotes hacían todo lo posible por obstaculizar la labor del Santo Oficio y que en varias ocasiones habían amenazado a brujos confesos para que no dijesen una palabra más. Pero Basurto, sujeto sospechoso ya antes de haber confesado ser brujo, había testificado contra todos ellos y, además, contra dos clérigos del valle de Borunda[116]. Los inquisidores aseguraban a la Suprema que Basurto era un cura paupérrimo, ignorante y viejo, que gozaba de mala reputación entre los de su pueblo, donde había engendrado varios hijos. Por todo ello, Becerra y Valle proponían que, sin tener en cuenta la gracia del edicto, se le prohibiese ejercer como sacerdote[117]. Sin

---

[114] *Relación de causas, 1610/1611,* fol. 457 (LB núm. 83); cf. fechas de audiencias en WA, pp. 520-521, n. 156 (la tabla).
[115] *Relación de causas, 1610/1611,* fol. 457v (LB núm. 84).
[116] *Leg* 1679, exp. 2, 1.º, núm. 19, fols. 1r-2r (T./C. 12-VIII-1611).

embargo, el Consejo tampoco se doblegó en esto a los deseos del tribunal. El 23 de agosto devolvió el proceso de Basurto con orden de que se reconciliase al sacerdote en igualdad de condiciones con los demás[118]. El 3 de septiembre se le permitió al anciano regresar a su pueblo, y su causa quedó concluida[119].

Avanzado el verano, Felipe Díaz de Bujanda[120], párroco y comisario inquisitorial, comenzó a desarrollar una actividad semejante a la que el párroco de Eguino había desplegado en Maestu, parroquia situada algo más al sur. También él había enfocado con la luz de sus sospechas a los sacerdotes de los pueblos vecinos. El 22 de septiembre, Felipe Díaz interrogó a una viuda de cincuenta años, Magdalena de Elorza, del pueblo de Atauri. Examinándola acerca de las ceremonias de los brujos, le preguntó quién participaba además de ella en los aquelarres. Los únicos a quienes dicha mujer recordaba haber visto en las juntas eran seis clérigos de la vecindad, entre los que figuraba nada menos que el deán de Antoñana (a 6 kilómetros de Maestu)[121].

La caza de brujos perpetrada en Álava —sobre la que volveré más adelante— es de por sí digna de un estudio particular. Constituye un claro ejemplo de una campaña dirigida centralmente, y, en contraste con la campaña navarra —de inspiración local—, encontró, según parece, poco apoyo en el pueblo. Es cierto que llegaron a obtenerse varios cientos de nombres de sospechosos; pero las sospechas se basaban en los testimonios de menos de veinte «confitentes», de los cuales diez revocaron sus confesiones en cuanto Salazar hizo acto de presencia en la comarca.

A mediados de septiembre, Becerra y Valle enviaron al fiscal San Vicente a San Sebastián[122]. Allí se entrevistó con Salazar y, en pocos días, repasó las actas de su visita, formándose así una idea

---

[117] *Ibid.*, fol. 2r.
[118] *Lib* 333, fols. 189v-190r (C./T. 23-VIII-1611).
[119] *Relación de causas, 1610/1611*, fol. 457v.
[120] *Lib* 794, fol. 32r-v; *Leg* 1683, exp. 1, fol. 1456v.
[121] Tomo «F» *del libro de visita de Salazar*, fols. 322r-323r (LB núm. 488).
[122] *Leg* 1683, exp. 1, fol. 76r.

de los efectos producidos por el edicto de gracia. Es posible que los inquisidores recibieran una copia de la carta de Salazar desde Fuenterrabía, pues de otro modo resultaría difícil comprender por qué no pudieron esperar a que regresase a Logroño, en lugar de enviar al fiscal a espiarle. Al volver a Logroño, San Vicente supo que en su ausencia había llegado carta de la Suprema, con fecha de 12 de septiembre, en la que se les comunicaba la decisión de prorrogar el plazo de gracia. El fiscal no perdió el tiempo. Sobre la base del material que le proporcionaban sus notas, comenzó a elaborar un memorándum en el que desaconsejaba insistentemente la prolongación del plazo de gracia concedido por el edicto. San Vicente opinaba que ya había llegado la hora de dejarse de blanduras y de enfrentarse con violencia a la violencia:

> Hay algunos comisarios y ministros tan justamente medrosos que dicen que propagándose la gracia dejarán los oficios, desamparando sus haciendas y casas... Es en vano guardarles [a los brujos] por bien ni otro remedio más que el de la justicia, abrasándoles no en esta ciudad, sino en sus lugares, a las puertas de sus casas, para que quemando por lo menos los maestros, vengan a confesar los discípulos, y con este rigor resistirán a las persuasiones y engaños del Demonio y maestros de su diabólica secta, y se desengañarán de la ceguera en que el Demonio tan encarcelados los tiene[123].

Hacía ya algún tiempo que Becerra guardaba cama, y por ello Valle presidió sólo el día en que el fiscal, según el uso del Santo Oficio, leyó su memorándum ante el tribunal. No obstante, Valle prometió al fiscal que escribiría a la Suprema sobre el asunto y le mandaría el memorándum con la carta[124].

Al parecer, a los pocos días Becerra volvió a su puesto, pues su firma figura en la carta de siete páginas que se envió a la Suprema el 5 de octubre[125]. En dicha carta se profundizaban los argumentos del fiscal. Luego, refiriéndose a la visita de Salazar, se deploraba

---
[123] *Memorándum de San Vicente de 3 de octubre de 1611*, fol. 209r-v.
[124] *Ibid.*, fol. 209v.
[125] *Lib* 795 fols. 204r-207r (T./C. 5-X-1611).

que el inquisidor hubiera hecho caso omiso del deseo del tribunal de ser informado sobre los resultados de la amnistía a los brujos. Entretanto habían llegado al tribunal cartas procedentes de los comisarios del Santo Oficio residentes en las zonas visitadas por Salazar. Todos convenían en que:

> De tanta multitud como estaban testificados, muy pocos de los mayores gozaron de la gracia del edicto, de los que no estaban antes confitentes. Y así nos dicen que aunque se han remediado muchos menores, la tierra se quedó con los mismos daños y mayor perdición. Porque los viejos y maestros se han ensoberbecido con las treguas que por el edicto se les han dado de los seis meses. Y [piensan] que ya la Inquisición no tiene más que hacer y ellos quedan libres y seguros. Y así con mayor furia persiguen y maltratan [a] los Cristianos[126].

Becerra y Valle estaban totalmente de acuerdo en que el edicto de gracia, pese a haber beneficiado a los brujos jóvenes, no había valido de nada, o de muy poco, para conseguir el objetivo principal de la Inquisición: extirpar aquellas maldades[127]. Después de comentar la visita de Salazar, ambos inquisidores pasaban a informar acerca de las pesquisas realizadas por orden suya durante el verano.

De los brujos encarcelados no quedaba ya en el tribunal más que uno, un pastor. Éste había intentado repetidas veces hablar, pero no fue capaz de hacer una confesión completa. Ni a Becerra ni a Valle les cabía duda alguna sobre su culpabilidad; poseían abundantes testimonios contra él. Lo mismo había sucedido con una mujer que murió en la cárcel sin llegar a deponer sus culpas. Todos los demás habían confesado, «en medio de muchas lágrimas que mostraban su arrepentimiento sincero», y habían sido puestos en libertad[128].

Los inquisidores resumían los resultados de la persecución de brujos en la provincia de Álava del siguiente modo: doce adultos

---
[126] *Ibid.*, fols. 204v-205r.
[127] *Ibid.*, fol. 205r.
[128] *Ibid.*, fol. 205r.

habían confesado ante el tribunal, y se les reconcilió aprovechando la gracia del edicto; otros cinco habían hecho sus confesiones ante los comisarios del distrito, pero aún no se habían presentado en Logroño, donde serían reconciliados. De todos estos brujos, siete pertenecían a un conventículo de Álava, que contaba entre sus numerosos miembros nada menos que a doce clérigos. Los diez restantes estaban casi todos afiliados a otro conventículo que, al igual que el primero, se celebraba en la provincia de Álava, a «cinco leguas» al norte de Logroño; y se sospechaba que a este conventículo pertenecían otros cinco sacerdotes[129]. Gracias a las fuentes podemos identificar ambos conventículos con seguridad: se trataba de aquellos que creían haber descubierto los comisarios respectivos de Eguino y Maestu[130].

Proseguían los inquisidores su carta haciendo constar que los brujos habían empezado a actuar en el mismo Logroño, donde cada noche se reunían en la plaza de San Francisco para celebrar el aquelarre. El tribunal conocía los nombres de varios moradores de la ciudad a quienes los brujos perseguían y dañaban, y en un extenso pasaje describían el modo como había fallecido en su casa de Logroño el comisario don Pedro Ruiz de Eguino, en circunstancias harto sospechosas:

> Hasta en esta ciudad ante nuestros ojos pasan cosas de grande dolor, y ya todos tiemblan de mostrarse en favor de este Santo Oficio contra ellos, por las grandes persecuciones y males que les hacen [los brujos]. Y nos tiene con grande sentimiento el habernos muerto (como lo tenemos por muy cierto) a Pedro Ruiz de Eguino, comisario de este Santo Oficio e intérprete antiguo y persona de muy grande importancia y celo, a quien por su mucha inteligencia y ser natural de aquella tierra cometimos la publicación en la provincia de Álava. Y con su buena industria descubrió el grande aquelarre donde están testificados los doce clérigos, y no perdonaba a personas inficionadas parientes suyas. Y aquellos malos clérigos van haciendo y

[129] *Ibid.*, fol. 205r-v.
[130] Véanse mis cálculos en WA, pp. 519-520, n. 157.

hacen muchas diligencias para atajar que no haya más confitentes. Y han continuado de muchos meses a esta parte hacer grandes espantos en su casa del dicho comisario en esta ciudad, y con mayor continuación después que pusimos en su casa a don Diego de Basurto, clérigo confitente, que en sus confesiones declaró cómo el Demonio y muchos brujos continuaban a venir por él para le llevar al aquelarre; y que últimamente la víspera de Nuestra Señora de Agosto consintió que le llevasen tres de los dichos doce clérigos y un seglar principal y el Demonio —que fue entretanto que remitimos a Vuestra Señoría sus confesiones [véase p. 330]. Y aunque con estas turbaciones y amenazas y daños que en su casa hacían el dicho comisario estuvo melancólico y deseaba no se ocupar más en aquel ejercicio, habiéndole puesto en razón en este Santo Oficio, cobró tanto valor y esfuerzo que se determinó a poner por el servicio de Dios y honra suya mil vidas que tuviera. Y sabiéndose que estaba despachado con otra nueva comisión al valle de Borunda y otras partes donde había muchos brujos testificados, se halló al tiempo de la partida, una mañana, con un pegote en una pierna que con mucha dificultad quitó de ella. Y luego sospechó que los brujos que le tenían amenazado se le tenían puesto. Y le dio una calentura y a segundo día por la mañana halló en la boca y sintió en la garganta unos polvos como de ladrillo molido que decía sabían a queso. Y entonces se dio por rendido y dijo a los médicos lo que pasaba y pidió que luego se le administrasen los sacramentos. Y con unas cámaras y vómitos que son los efectos de aquellas ponzoñas murió el cuarto día. Y los médicos conocieron que su enfermedad procedía de venenos según los accidentes de ella[131].

Los dos inquisidores hablaban luego de los empleados del tribunal, quienes también habían sido víctimas de los intentos de las brujas de matarles con sus polvos venenosos. Todo ello, aseguraban Becerra y Valle, había tenido lugar *después* de la publicación del edicto de gracia, y aquellos agentes que contribuyeron a su publicación se quejaban a diario a los inquisidores. Todos anhelaban que expirase el plazo del edicto, para poder proceder con la

---

[131] *Lib* 795, fols. 205r-206r (T./C. 5-X-1611).

dureza que el caso requería. Por lo cual, Becerra y Valle se hallaban convencidos de que si se prorrogaba el edicto, se cometería una gran equivocación. Y sin parecer muy seguros de que sus palabras pesarían en el ánimo del inquisidor general, concluían asegurando a Su Excelencia que, si él tuviese los hechos tan a la vista como ellos, quedaría igualmente convencido de su veracidad[132].

El 25 de octubre la Suprema respondió que la prórroga del edicto se llevaría a efecto sin tener en cuenta los argumentos del fiscal. En cuanto a la muerte de Eguino y a los atentados contra la vida de oficiales del tribunal, se exigía que se realizasen pesquisas para aclarar el asunto. Los dos inquisidores deberían iniciar asimismo una investigación más a fondo de los aquelarres que, según se decía, tenían lugar en la ciudad, y efectuar nuevos experimentos con los ungüentos, venenos y polvos de los brujos. Por ejemplo, se podía dar de comer algo del veneno a unos animales y esperar veinticuatro horas para observar los efectos, «de manera que en tan confusa materia se averigüe lo que de ella se pudiere»[133].

El inquisidor general y su Consejo se mantenían obviamente impasibles ante los espantosos acontecimientos de Logroño; ni siquiera se impresionaron con la evaluación pesimista hecha por el tribunal de los resultados del edicto de gracia. Con el tacto acostumbrado, la Suprema exhortaba a sus servidores a documentar sus afirmaciones con pruebas empíricas.

Becerra y Valle prometieron, en carta de 15 de noviembre, complacer a la Suprema y, a su debido tiempo, enviar un informe sobre los resultados de una investigación empírica (pero al no ser tales experimentos el plato fuerte de nuestros inquisidores, parece que dicho informe no se realizó jamás). A continuación exponían al Consejo la nueva táctica política que deseaba seguir el tribunal. En primer lugar había que actuar en contra de aquellos brujos que, tras haber revocado sus confesiones, aconsejaban a otros que hicieran lo mismo. Se consideraba el problema especialmente gra-

---

[132] *Ibid.*, fols. 206r-207r.
[133] *Lib* 333, fol. 123v (C./T. 25-X-1611).

ve en la provincia de Navarra; por ello, Becerra y Valle solicitaban licencia para proceder contra aquellos «agitadores» sin tener en cuenta que aún no había expirado el plazo de gracia. En segundo lugar proponían que las dos únicas brujas que quedaban en la casa de penitencia después de la celebración del auto, María Chipia de Barrenechea y María de Echegui, fueran puestas en libertad; pues se consideraban injustamente tratadas después de haber visto cómo los brujos que habían perseverado en su negativa antes de publicarse el edicto, habían sido puestos en libertad después de su publicación[134].

El 29 de noviembre recibieron contestación de la Suprema. La propuesta de actuar contra los «agitadores» fue neutralizada siguiendo la receta acostumbrada: los inquisidores quedaban autorizados para proponer la detención de los cuatro o cinco individuos de peor fama y enviar luego su voto a Madrid, sin más. A la segunda propuesta repuso la Suprema positivamente. El inquisidor general accedía a que se les perdonase a las dos mujeres el resto de la pena de reclusión, y daba órdenes al tribunal para que las pusiera en libertad dejándolas ir a donde quisieran[135].

9. *Última parte del itinerario de la visita*

No es posible reconstruir la última parte del itinerario de Salazar con la misma precisión que la primera a través del norte de Navarra. Es cierto que Salazar, con su primer informe, envió al inquisidor general una lista enumerando los lugares donde se había detenido; pero se ve claramente que no nombra los pueblos en el orden en que los visitó. En la primera parte de la lista aparecen citados los valles de Burunda y Araquil, junto con los pueblos del norte de Navarra visitados por Salazar en la primera parte de su

---

[134] *Leg* 1679, exp. 2, 1.°, núm. 16, fols. 1r-2r (T./C. 15-XI-1611).
[135] *Lib* 333, fol. 241r-v (C./T. 29-XI-1611).

viaje. Sin embargo, el inquisidor no llegó a aquellos valles del occidente navarro hasta la segunda parte del viaje. La lista no es sino una enumeración de todos los lugares visitados por Salazar en los que se había publicado el edicto de gracia. Acerca de la segunda parte del viaje escribe:

> Y de la provincia de Guipúzcoa [he visitado] Fuenterrabía, San Sebastián, Tolosa, Azpeitia, Rentería, Los Pasajes, Vergara, Deva, Guetaria y Motrico; y de Vizcaya, Berriatúa, Marquina y Oñate; y de Álava, la villa de Salvatierra y ciudad de Vitoria[136].

Las fechas de las audiencias nos ayudan a dar un paso más; pero sólo se conservan los documentos de las sesiones de San Sebastián (12 de septiembre a 8 de octubre)[137], Tolosa (13 de octubre)[138], Alsasua, en el valle de Borunda (18 de noviembre)[139], Salvatierra (26 a 27 de noviembre)[140] y Vitoria (29 de noviembre a 27 de diciembre)[141]. Para saber cuándo visitó Salazar los demás pueblos tenemos que recurrir a otros métodos (véase mapa 4, p. 301).

Seguramente visitaría Los Pasajes y Rentería, en la parte norte de Guipúzcoa, de paso para San Sebastián. Salazar refiere en una ocasión que llegó por mar desde Pasajes y desembarcó a las dos de la madrugada, a poca distancia de San Sebastián, donde le esperaban los alcaldes del pueblo para recibirle. Este detalle sale a relucir en su mención de un nuevo atentado por parte de los brujos. Precisamente éstos habían salido también a recibirle, volando por los aires en manada, cosa que, como el mismo Salazar explica irónicamente, le había pasado desapercibida; no supo de ello hasta más

---

[136] *Memorial primero de Salazar*, fol. 357r.
[137] *Tomo «F» del libro de visita de Salazar*, fols. 295r (12 septiembre), 210v (16 septiembre), 197r (20 septiembre), 234v (23 septiembre), 235r (24 septiembre), 545r (1 octubre), 534v (8 octubre); véanse LB núms. 485, 471, 469, 475, 513 y 512.
[138] *Ibid.*, fols. 291r (LB núm. 484).
[139] *Ibid.*, fols. 378r (LB núm. 498).
[140] *Ibid.*, fols. 307v, 318v (LB núms. 486, 487).
[141] *Ibid.*, fols. 323r, 330r, 347r, 384r, 388r (LB núms. 488, 489, 497, 499, 500).

tarde, cuando se lo contó una de las brujas que habían formado parte del cortejo[142].

10. Las sesiones de San Sebastián y Tolosa

La visita de San Sebastián se inició con la publicación del edicto de gracia, el domingo 11 de septiembre[143], y en los días sucesivos se presentaron cincuenta y dos niños brujos, en su mayoría menores de siete años[144]. Es decir, que San Sebastián había sido ya atacado por la epidemia onírica que campeaba en otras partes. Al domingo siguiente se leyó en la iglesia el edicto de fe, y con este motivo pronunció el sermón un dominico del convento de San Telmo, fanático creyente en las brujas. A continuación de la misa, mientras Salazar estaba reunido en su alojamiento con un nutrido grupo de gente, dicho dominico manifestó ante todo el mundo «que cuantas tempestades de granizo, truenos o relámpagos había habido desde cuatro meses antes, no eran naturales sino violentas, fraguadas por brujas». Con gran dificultad, Salazar consiguió que se callase, proponiéndole pasar luego a una habitación para hablar a solas de esas cosas. Sin embargo, cuando el inquisidor le interrogó al día siguiente, el bueno del dominico no fue capaz de dar ni un informe concreto que el Santo Oficio pudiera examinar. Según refiere el propio Salazar, «no atinó a decir particularidad ni circunstancia de que tomar ni un mínimo principio para proseguir algunas diligencias, sino que reducido solamente a lo que oía por las calles quedó corrido de la mala satisfacción de su osado arrojamiento»[145].

Este suceso, ocurrido en el cuartel de Salazar, fue probablemente observado por el fiscal San Vicente, quien, como ya diji-

---

[142] *Memorial segundo de Salazar*, fols. 4v, 9r (§§ 16, 43).
[143] *Tomo «F» del libro de visita de Salazar*, fol. 279v.
[144] *Memorándum de San Vicente 3 de octubre de 1611*, fol. 208v.
[145] *Memorial segundo de Salazar*, fol. 15r, § 67.

mos, había sido comisionado para inspeccionar los documentos de la visita. En cambio, no se halló presente durante la lectura del anatema el 25 de septiembre, puesto que el 21 de aquel mismo mes ya se encontraba de vuelta en Logroño.

Durante las cuatro semanas que permaneció Salazar en San Sebastián, el inquisidor consiguió enemistarse de veras con los alcaldes de la ciudad, quienes por su parte no habían hecho sino concederle toda clase de honores, e incluso habían salido a recibirle a media noche, pese a que llovía mucho, cuando el barco, procedente de Los Pasajes, atracó en el puerto donostiarra. La desavenencia brotó a causa de catorce mujeres arrestadas por las autoridades civiles antes de la llegada de Salazar. Habían sido denunciadas por los niños brujos. Remitidas las catorce mujeres a Salazar, éste les dio audiencia, pero tan sólo una, de cuarenta años, se declaró bruja y fue reconciliada. De otra mujer, la más vieja y de peor fama de las detenidas, nos cuenta Salazar que rogó se la reconciliase, «pero jamás atinó a decir cosas de bruja, aunque procuró parecerlo». El resto se mantuvo firme en declarar su inocencia, de modo que el inquisidor devolvió aquellas mujeres a las autoridades civiles; entre ellas figuraba también la que no acertaba a acusarse de brujería alguna. No obstante, Salazar no omitió advertir a los alcaldes que no existía prueba de que las acusadas fuesen brujas[146].

En una carta al tribunal (San Sebastián, 28 de septiembre), Salazar refiere cómo los alcaldes quedaron defraudados al verse sin pruebas y, al mismo tiempo, se incomodaron con él porque, en contra de lo que esperaban, no había incoado proceso contra las trece. El pueblo entero se había puesto en contra de Salazar, al ver que éste defendía a aquellas mujeres:

> Y así no les aprovecha cuanto yo procuro aliviarles y consolar la fatiga común del pueblo que por un grito está puesto en pensar que infaliblemente son todas estas las brujas que llevan a sus hijos [al

---

[146] *Ibid.*, fol. 15r-v, § 68; cf. *Lib* 795, fol. 203r (Salazar/T. 28-IX-1611).

34. Es una creencia clásica que las brujas puedan provocar tormentas y tempestades. Grabado en madera del alemán Hans Baldung Grien, 1510. Graphische Sammlung Albertina, Viena.

aquelarre] y esperar que como a tales se ha de hacer justicia de ellas; o al menos recibirlas yo por presas del Santo Oficio[147].

También por culpa de la decimocuarta bruja tuvo Salazar líos con las autoridades. Éstas no eran capaces de aceptar que la mujer participara de la gracia del edicto en todos los aspectos y, por tanto, insistían en que al menos tenían derecho a desterrarla. Por un lado, el inquisidor deseaba proteger a la acusada; pero, por otro, no quería mostrarse demasiado intransigente con el pueblo, viendo que éste estaba a punto de desalentarse al advertir que Salazar se ponía de parte de su «bruja». En consecuencia, Salazar concluía la carta rogando a sus colegas que le aconsejasen en aquel caso[148]. (Dilema este que se repite constantemente en la historia de la brujería española: las autoridades civiles reconocían en todo momento la jurisdicción inquisitorial en las causas contra los brujos, pero no podían aceptar que fueran puestos en libertad sin castigo alguno).

Durante su estancia en San Sebastián, Salazar mandó llamar a dos muchachas de diecisiete años que vivían en Fuenterrabía[149], con la intención de preguntarles lo que sabían sobre el siguiente suceso. El sábado 10 de septiembre, cuatro mujeres habían almorzado juntas en la ladera de un monte en las afueras de Fuenterrabía.

Las cuatro tenían fama de brujas y ya habían confesado ante Salazar. Mientras comían en el campo, comentaron entre ellas con cuánta facilidad habían salido con bien de la audiencia. Reconocieron que cuando Salazar las mandó llamar, acudieron con miedo, por temor a que el inquisidor, para comprobar si habían dicho la verdad, les exigiese que le demostrasen cómo se celebraba un aquelarre. Sin embargo, aunque la audiencia había transcurrido sin contratiempo, se extrañaban de que los oidores se hubieran tragado to-

---

[147] *Ibid.*, fol. 203r.
[148] *Ibid.*, fol. 203r-v.
[149] *Tomo «F» del libro de visita de Salazar*, fols. 193r-197v, 205r-211v (LB núms. 469, 471).

das sus mentiras. Las cuatro mujeres, sentadas en la ladera del monte, se regocijaban pensando que ya había pasado el mal rato y se prometieron no decir nada a nadie de lo que habían hablado y mantenerse firmes en sus declaraciones. De las personas a quienes habían acusado de brujas no tenían nada que temer, pues eran todas tan pobres y simples que se las podía llamar brujas a la cara[150].

Los días 16 y 20 de septiembre, respectivamente, se interrogó en San Sebastián a las dos mozas de Fuenterrabía. A ambas se les refirió el mencionado suceso, pero ellas negaron tener noticias del asunto. Salazar les advirtió a cada una por separado que no cometiesen perjurio, ya que la Inquisición tenía noticias de que ambas jóvenes habían estado presentes en aquellas circunstancias. Según declaraciones de testigos, una de ellas, la sirvienta María de Azaldegui, había tomado parte en la conversación; pero, a pesar de todo, las dos sostuvieron rotundamente que no sabían nada de aquel asunto[151]. Por desgracia, se desconoce el desenlace de este interesante ejemplo del cinismo con que algunas «brujas» de Fuenterrabía habían intentado salvar su pellejo.

De San Sebastián, Salazar se dirigió a Tolosa. Allí, una niña de Asteasu, de doce años de edad, revocó la confesión que había hecho el otoño previo ante el comisario de la Inquisición[152]. Se ignora dónde fue Salazar después de visitar Tolosa, pues, como ya se dijo, se le pierde la pista durante todo el mes siguiente. Quizá no se dieron casos de brujería en esa etapa de su visita, pero las brujas surgieron de nuevo en cuanto Salazar pisó la zona abonada por sus colegas durante la campaña de aquel verano.

11. *Las tres últimas sesiones*

Se conserva el total de las actas de once procesos celebrados en el valle de Borunda y la provincia de Álava. Diez de ellos pertenecen

---

[150] *Ibid.*, fols. 197r-v, 211r-v.
[151] *Ibid.*, fols. 197v, 211v.
[152] *Ibid.*, fols. 287r-291v (LB núm. 484).

a hombres y mujeres que habían revocado sus confesiones en el decurso del verano[153]. El undécimo es un proceso contra María de Ulibarri, de treinta y seis años, quien, en contraste con los demás, se reafirmó en sus declaraciones, por lo que se le concedió la gracia del edicto y pasó a ser el número 289 de la lista de brujos reconciliados[154]. De los 290 casos de reconciliación efectuados en la visita de Salazar, vemos que 271 ya habían sido concluidos mientras Salazar se hallaba aún en Fuenterrabía (véase cap. 10: 7). Ello quiere decir que los diecinueve últimos de la lista de reconciliados han de repartirse entre las sesiones de la fase postrera del viaje[155], por lo que podemos asegurar que muy pocos brujos se presentaron, con deseos de participar de la gracia del edicto, durante las tres últimas sesiones celebradas en Alsasua, Salvatierra y Vitoria; y eso a pesar de que el tribunal tenía los nombres de varios cientos de personas. Salazar no tardó en comprender que el auténtico problema de la zona no eran las brujas, sino los comisarios inquisitoriales y los frailes enviados por el tribunal a predicar contra la secta del demonio e instruir al pueblo[156].

La visita al valle de Borunda comenzó el 18 de noviembre. En ese día, un sábado, se leyó el edicto de gracia en el pueblo principal, Alsasua, durante la misa celebrada por la mañana, en la que predicó fray José de Elizondo. Después de la ceremonia se acercó a Salazar un viejo clérigo que constantemente había estado rondando al inquisidor, y le comunicó que pensaba quedarse en el pueblo hasta el día siguiente, porque tenía algo de lo que deseaba hablarle. Aquella tarde, después de comer, envió Salazar a llamar al clérigo. Se trataba del nonagenario Diego Basurto, de Cicordia. El anciano empezó por contar cómo había sido ya reconciliado en Logroño; pero al preguntarle Salazar por qué le remordía la conciencia, el hombre se asustó y repuso que no tenía nada más que

---

[153] LB núms. 46, 47, 48, 49, 50, 57, 58, 59, 60, 61; cf. WA, p. 523, n. 182.
[154] Véase cap. 10: 2, abajo.
[155] Véase la última parte de la reconstrucción del extraviado tomo «E» del libro de visita de Salazar (LB núms. 336-355); cf. WA, pp. 523-524, n. 184.
[156] *Memorial primero de Salazar*, fol. 357v 4 2.

decir. Para ayudarle a soltarse, Salazar le preguntó si sabía algo del lugar donde se reunían los brujos, y cuánto tiempo hacía que había asistido a uno de aquellos aquelarres. Pero el anciano clérigo respondió: «Señor, la verdad es que todas esas cosas yo no sé ni he sabido jamás cosa ninguna ni podré responder con verdad a tales preguntas». Y prosiguió informando a Salazar de cómo había sido embaucado por el comisario Pedro Ruiz para que confesase ser brujo.

Ruiz y él se conocían de Eguino, donde el primero era párroco, y adonde Basurto solía ir a celebrar su misa diaria. Un día en que estaban ambos juntos, salió la conversación de los brujos, y Pedro Ruiz le dijo: «Vos también debéis ser brujo». Lo había dicho de broma y, por tanto, Basurto se sonrió y le contestó bromeando también. Pero Pedro Ruiz llevó la broma más lejos y le dijo que una cicatriz que tenía en la sien izquierda era señal de que era brujo. En este punto Basurto le interrumpió y le dijo con severidad: «Señor, yo no soy más brujo que Vuestra Merced». No obstante, a partir de entonces, cada vez que se veían, el comisario comenzaba de nuevo con sus bromas. En una ocasión Basurto le había contestado: «No soy más brujo que San Pedro». Otra vez, mostrándose el comisario excesivamente importuno con él, Basurto tuvo la debilidad de decir las siguientes palabras: «Si Águeda de Lezcano, vieja ya difunta natural del dicho lugar de Zubildegui, siendo yo niño no me untó —porque tenía allí fama de bruja—, yo no sé qué camino llevé el poder serlo como Vos decís».

El caso es que el comisario siguió importunando al clérigo con sus bromas, y un día invitó a Basurto a que le acompañase a hacer un viaje. El infeliz y paupérrimo clérigo fue lo suficientemente insensato como para aceptar sin preguntarle primero cuál era la meta del viaje. Acabaron en Logroño, donde el comisario invitó a Basurto a quedarse con él en su casa y le atendió bien en todos los aspectos. Mas Pedro Ruiz aprovechó la ocasión para presionar al clérigo a que admitiese que era brujo, cosa que él continuó negando con tesón. Por fin, el comisario perdió la paciencia, y amenazó a Basurto con entregarle a la Inquisición, en cuyas cárceles se pudriría si no confesaba antes. Aquellas palabras atemorizaron al pobre hombre, quien accedió a presentarse voluntariamente ante la Inquisición y confesar.

A los pocos días, Pedro Ruiz le acompañó al tribunal. Entraron en una sala en la que lo dejó solo en compañía de un inquisidor (probablemente Valle). Éste comenzó enseguida a interrogarle sobre todas las cosas que hacían las brujas y cómo fabricaban sus ungüentos. Como el viejo clérigo no fue capaz de contestar a las preguntas, el inquisidor se enfadó y, furioso, llamó a Pedro Ruiz. El comisario entró en la sala e, inmediatamente, fingiendo que el cura ya le había confesado todas aquellas cosas, empezó a bombardearle con sus preguntas para que, como le decía, «repitiese» su confesión ante el inquisidor. Si hasta ese momento no se habían empezado a anotar las declaraciones de Basurto en las actas, ahora sí se hizo, y se prosiguió haciéndolo en las audiencias que se le concedieron en días sucesivos. Pero todo cuanto Basurto confesó eran cosas que Pedro Ruiz le había obligado a decir; lo mismo —aseguraba el viejo sacerdote a Salazar— sucedía con las personas a quienes había acusado de complicidad. Basurto tenía la impresión de que todas ellas eran personas con las que Pedro Ruiz estaba enemistado. Entre otras cosas, le había presionado para que dijese que el deán de Alegría era brujo, a pesar de que Basurto jamás le había visto.

Al terminar el anciano su narración, rompió a llorar y pidió a Salazar que le perdonase, en nombre del Santo Oficio, por haber levantado falsos testimonios. Salazar le preguntó si había consultado con alguien aquel caso o si tenía otras razones, además de las que acababa de exponer, para desear revocar su confesión. El viejo sacerdote repuso: «Señor, solamente Dios y el Espíritu Santo me han movido a hacer esta declaración presente»[157].

La siguiente sesión se celebró en Salvatierra, pueblo principal de la provincia de Álava; y en dicho lugar Salazar descubrió nuevas cosas acerca de la persona de Pedro Ruiz. Dos mujeres de

---

[157] *Tomo «F» del libro de visita de Salazar*, fols. 378r-379r (LB núm. 498).

edad, que se contaban entre sus primeras víctimas y que habían confesado en el mes de junio, fueron llamadas ante el Santo Oficio para ser reconciliadas durante la visita. Las declaraciones de aquellas viejas se le habían enviado a Salazar desde Logroño. Los días 26 y 27 de noviembre les dio audiencia, y ambas revocaron todo cuanto dijeron con anterioridad sobre sí mismas y sobre otras personas a quienes habían acusado de complicidad.

Una de las ancianas se llamaba Catalina Fernández de Lecea. Tenía ochenta años y era de Araya, un pueblecito a pocos kilómetros de Eguino. Se leyó su confesión ante el comisario de Eguino; pero después de escuchar tantos actos perversos como se suponía que había cometido en el aquelarre, declaró indignada que quien había escrito todo aquello tenía que haberlo inventado, porque ella nunca confesó cosas semejantes. Ciertamente había confesado ser bruja, pero obligada por el comisario. Éste le dijo que tenía la marca de bruja en el ojo izquierdo, y que además conocía su condición por otras personas. De aquel modo, ella, pobre e ignorante mujer, había sido inducida a confesar que era bruja y a prestar testimonio falso contra otros inocentes[158].

La otra mujer era Ana Sáenz, de setenta años y viuda. Vivía en Ilarduya, a 2 kilómetros del pueblo del comisario. Confió a Salazar que Pedro Ruiz la había amenazado con enviarla a Logroño si no confesaba[159].

Se conservan los procesos de las dos mujeres, que demuestran que el comisario Pedro Ruiz obligó a sus víctimas a acusar a más de cincuenta personas de la comarca. En las listas de cómplices encontramos los nombres de Basurto y de otros once clérigos[160].

La última sesión tuvo lugar en Vitoria, y se extendió durante un mes. El edicto de gracia debió de leerse el 28 de noviembre[161] porque el 29 ya estaba Salazar en plena función de oidor. Por la

---

[158] *Ibid.*, fols. 307v-308r (LB núm. 486).
[159] *Ibid.*, fols. 318v-319r (LB núm. 487).
[160] *Ibid.*, fols. 305r-307r, 315r-318r (LB núms. 486, 487).
[161] Véase p. 346, arriba, donde consta que Salazar aún estaba en Salvatierra el 27 de noviembre.

mañana interrogó a María de Ulibarri (cuyo proceso comentaremos más adelante en una sección especial). El 30 de noviembre Salazar interrogó a tres mujeres a las que había mandado llamar. El tribunal ya le había enviado sus confesiones de brujería para que las reconciliase durante la visita. Al ser interrogadas de nuevo, las acusadas declararon que no eran brujas y se retractaron de cuanto dijeran en otra ocasión. Dos de ellas, mozas muy jóvenes, de trece y catorce años, respectivamente, revelaron a Salazar que el cura de Larrea, Martín López de Lezárraga, las había hecho ir a su casa y allí las había atado de pies y manos con una cuerda, amenazándolas con enviarlas a Logroño si no confesaban. De aquel modo, no sólo se les obligó a confesar que eran brujas sin serlo, sino que tuvieron que testificar contra sus madres[162]. Posiblemente estamos ante algunas de las primeras confesiones de brujería arrancadas por dicho clérigo para mandar al tribunal, pues acababa de concedérsele el cargo de comisario de distrito, en sustitución de Pedro Ruiz de Eguino, asesinado por «las brujas».

La tercera revocante fue la viuda de cincuenta años Magdalena de Elorza, de Atauri. Se retractó de todo cuanto había declarado ante el párroco de Maestu, Felipe Díaz, el 20 de septiembre[163]. Como dije antes, dicho sacerdote era también comisario inquisitorial, y fue el descubridor de la gran asamblea de brujos de Álava, a la que pertenecían, según se sospechaba, seis sacerdotes, y de cuya existencia era testigo principal Magdalena de Elorza.

Las dos mozas y la viuda hablaron, además, de una tercera persona que había colaborado a obligarlas a confesar falsamente. Se trataba del franciscano fray Pedro Ladrón, quien había participado en la caza de brujos de Álava en calidad de enviado especial del tribunal, y como tal había ayudado tanto al comisario de Larrea a atar a las chicas de pies y manos como al comisario de Maestu en su empeño de conseguir que la viuda delatase a los seis clérigos[164].

[162] *Tomo «F» del libro de visita de Salazar*, fols. 330r-v, 336r-v (revocaciones LB núms. 486 y 487).
[163] *Ibid.*, fols. 322r-325r (LB núm. 488).
[164] La firma de fray Ladrón aparece *ibid.*, fols. 323r, 328v, 335r.

Hacia Navidades, se presentó fray Ladrón ante Salazar en Vitoria. Iba a denunciar a cinco brujas de la comarca de Maestu. Las cinco habían estado ya aquel verano en Logroño y se les había hecho partícipes de la gracia del edicto tras su confesión. Sin embargo, ahora se dedicaban a ir de un lado para otro diciendo que no eran brujas. Salazar les dio cita en Vitoria, donde las interrogó entre el 22 y el 27 de diciembre. Una de ellas se mantuvo en lo dicho en Logroño[165]. Las otras cuatro reconocieron que no eran brujas, y descubrieron las amenazas e instancias de que habían sido objeto para obligarlas a confesar[166].

Gracia González, una joven campesina de Cicujano, dijo que había sido llevada a Logroño, junto con otras, un día del mes de julio. Al llegar allí, se les dijo que aquellas que confesasen conseguirían que su causa acabara rápidamente y sin castigo, mientras quienes no lo hiciesen serían retenidas en la ciudad. La joven campesina esperaba la vuelta de su marido de un viaje, y por eso decidió confesar lo que no era para poder reunirse con él. En las audiencias que le concedieron en el tribunal, repitió todo lo que había oído decir a personas que habían asistido al auto de fe el año anterior. Otras cosas se las contó una vecina, a quien habían llevado a Logroño junto con ella. El resto lo había adivinado por sí misma a través de las preguntas de los oidores, pues como explicaba Salazar: «Preguntándole si habían visto esto o aquello, de las mismas preguntas aprendía la respuesta que había de decir»[167].

Ana de Corres, viuda de cincuenta y cuatro años, de Maestu, relató a Salazar el modo en que se las había retenido a ella y a su hermana Inés en Logroño durante casi un mes, antes de ser reconciliadas y devueltas a su casa. Previamente a abandonar Logroño, habían ido a confesarse al convento de franciscanos. El confesor resultó ser un joven fraile a quien habían visto en la sala del tribunal. Pese a tal circunstancia, las dos hermanas confesaron

---

[165] LB núm. 94, cf. *Tomo «F» del libro de visita de Salazar*, fol. 384r (LB núm. 499).
[166] Las cinco brujas eran LB núms. 495, 497, 499, 500, 501.
[167] *Tomo «F» del libro de visita de Salazar*, fol. 392r-v (LB núm. 501).

que habían testimoniado en falso, pues no eran brujas. El fraile intentó calmar sus conciencias explicándoles que, aunque no lo fuesen, la reconciliación les había sido de provecho, ya que tenían muchos testigos en su contra. No obstante, Inés quedó tan conturbada a causa de su pecado que enfermó, muriendo al poco tiempo de su regreso de Logroño. Por este motivo, manifestó Ana de Corres, no sólo revocaba su confesión, sino también la de su hermana[168].

En Vitoria Salazar ordenó publicar también el edicto de fe. En principio debería haberse hecho el domingo 4 de diciembre, pero la lectura tuvo que posponerse a causa de un enfrentamiento entre Salazar y el cabildo catedralicio. El sábado de víspera, día en que se pregonó el acontecimiento, el inquisidor acudió a la catedral para ver el sitio donde iba a sentarse. Al indicarse el lugar, ordenó que colocasen el palio en lo alto. Pero los sacerdotes protestaron, y no querían consentir que un inquisidor se sentara bajo palio; Salazar, por su parte, defendía su derecho a tal honor, oponiéndose a que lo descolgasen. Sin embargo, cuando volvió más tarde a la catedral, se encontró con que lo habían hecho retirar y lo habían dejado en la sacristía. Este incidente fue la causa de que Salazar pospusiera la publicación del edicto e informara del caso a la Suprema[169].

El 13 de diciembre la Suprema contestó a Salazar, reprendiéndole severamente y dándole orden de publicar el edicto de gracia en cualquier iglesia, donde se sentaría sin palio y sin sillón y habría de conformarse con una banqueta con cojín y alfombra; y además debería esforzarse por no dar más que hablar[170].

De no ser por el choque con los sacerdotes del cabildo, Salazar hubiera podido regresar a Logroño a mediados de diciembre. Ya no quedaba nadie que necesitara ser reconciliado; y ocho días habían bastado para liquidar el asunto del edicto de fe. Sin embar-

---

[168] *Ibid.*, fol. 374r-375r (LB núm. 497).
[169] *Lib* 333, fols. 241v-242r [C./Salazar 10-X-1611 (dice), pero léase 13-X-1611; sobre la fecha véase WA, p. 525, n. 198].
[170] Véase la nota anterior.

go, pasó la Navidad en Vitoria, mientras la Suprema se carteaba con el tribunal y con las autoridades civiles de dicha ciudad. (Precisamente, las autoridades civiles se habían quejado a la Suprema por el episodio con los titulares del cabildo, y protestaban porque Salazar se hacía llamar Vuestra Señoría, pese a que sólo le correspondía el título de Vuestra Merced)[171]. Cabe pensar que Salazar utilizaría el tiempo de espera para poner en orden sus papeles de la visita y trabajar en su informe al inquisidor general.

12. *Mariquita de Atauri*

Poco antes de que Salazar llegase a Álava, se suicidó una anciana. El inquisidor recibió noticias del hecho a través de la hija de la finada, María de Ulibarri, mujer de treinta y seis años, reconciliada por él el 29 de noviembre en Vitoria[172]. La noticia le impresionó profundamente[173].

María de Ulibarri era mujer de un campesino de Corres. Había confesado ser bruja el 9 de septiembre al honrado comisario bachiller Martín Pérez de Carrasco, cura de Santa Cruz de Campezo[174] (uno de aquellos lugares donde se había publicado el edicto de gracia con anterioridad a la llegada de Salazar). Nunca sabremos por qué se aferró María de Ulibarri a sus primeras confesiones. Lo cierto es que no pidió más que borrasen a la mujer del alcalde de Corres y a otras cuatro personas a quienes había acusado de complicidad, pues Salazar, con sus preguntas, la hizo dudar de si las había visto realmente en el aquelarre[175]. Pidió también que borrasen los nombres de una serie de personas denunciadas por su madre mientras se encontraba en Logroño para ser reconciliada. La madre había muerto a principios de noviembre,

---

[171] *Lib* 795, fol. 224r (Salazar/C., Vitoria, 28-XII-1611).
[172] *Proceso de María de Ulibarri*, fols. 671r-683v (LB núm. 354).
[173] *Memorial segundo de Salazar*, fol. 13v, § 61.
[174] *Proceso de María de Ulibarri*, fols. 672r-676r.
[175] *Ibid.*, fol. 676r.

pero María recordaba hasta treinta y tres nombres de personas que su madre se había arrepentido de denunciar. María la había oído quejarse a menudo por haber levantado falsos testimonios contra ellas[176]. Pero no había avanzado gran cosa en su explicación, cuando María de Ulibarri no pudo más y descargó sus penas con el inquisidor, contándole que «veinte días» antes se había suicidado su madre.

La madre, Mariquita de Atauri, habitaba en el caserío de Atauri, a pocos kilómetros de Corres. Como regresó muy apenada de Logroño, su hija María había intentado animarla, diciéndole que pensase sólo en lo agradable que era saber que todo había pasado ya. Pero la madre le contestó, con profunda amargura, que ella ya no contaba con salvarse. Su alma estaba perdida a causa de las muchas personas inocentes a quienes había denunciado en Logroño; y todo porque dos individuos la presionaron para que afirmase que tales y cuales personas eran brujas.

Mariquita de Atauri no mencionó los nombres de quienes la obligaron a testificar en falso, pero por sus explicaciones la hija deducía que debió de tratarse de un tal fray Ladrón, el mismo franciscano que también intentó obligarla a ella a denunciar a unos sacerdotes.

En vista de que su madre seguía atormentada, María le aconsejó que acudiese a hablar con algún miembro del Santo Oficio. Mariquita fue a Maestu y se presentó ante el comisario Felipe Díaz; pero éste la arrojó de allí indignado, y la llamó «bellaca y mala hembra» por querer retractarse de cosas confesadas ante la Santa Inquisición. Y a gritos le dijo que como intentase borrar nombres de la lista a tontas y a locas, podía estar segura de que acabaría en la hoguera.

Tras regresar su madre con un nuevo fracaso, María le aconsejó esta vez que fuese a ver al párroco de Corres. Pero la madre no hizo caso y retornó a su caserío de Atauri. Allí la visitó María un domingo, y no volvió a verla más. Al poco tiempo le llegaron noticias de su muerte.

---

[176] *Ibid.*, fols. 680v-681r.

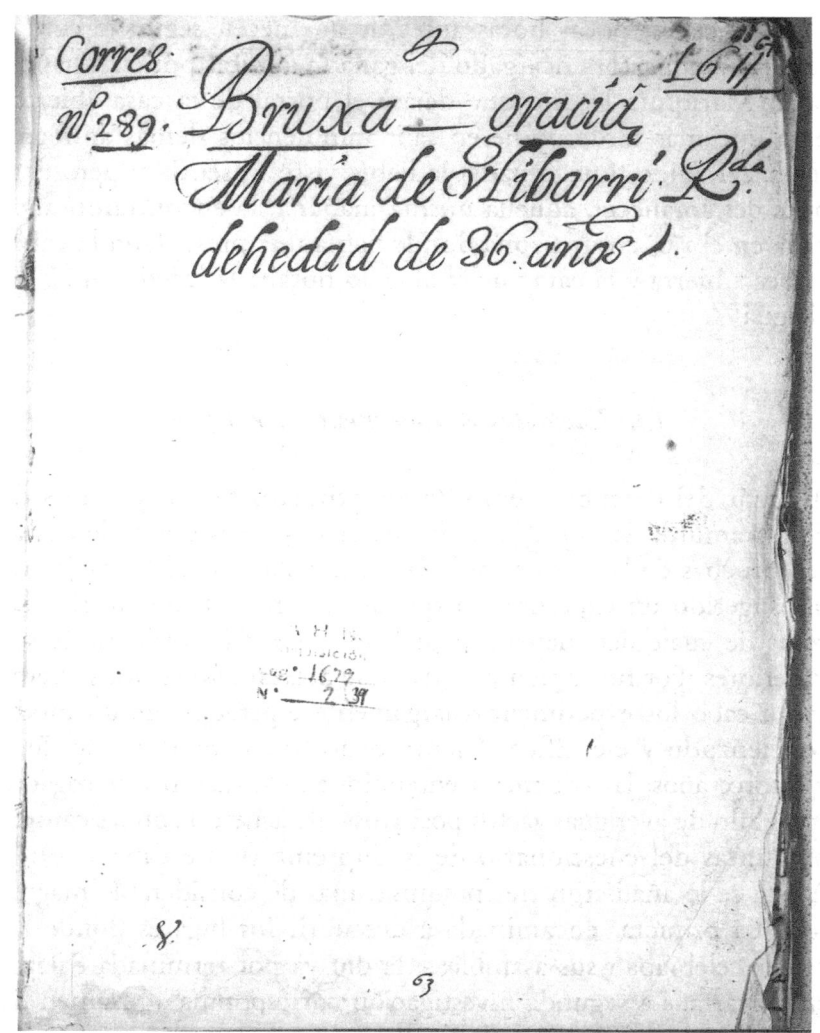

35. Portada del proceso de María Ulibarri. El «nº 289» indica que fue reconciliada como la reo doscientos ochenta y nueve de los expedidos durante la visita de Salazar. «Bruxa-gracia» se refiere al edicto de gracia. Después de su nombre, se da a conocer su edad, «de 36 años». En la parte superior izquierda figura el nombre de su pueblo, «Corres», y en la esquina de la derecha se ve el número de folio, «671», lo que indica que el proceso estuvo encuadernado en uno de los siete tomos perdidos del libro de visita de Salazar. Véase la causa 354 en p. 383. Archivo Histórico Nacional, Madrid.

Un viernes, pocas horas antes de amanecer, según le contaron, salió el pastor encargado del ganado a mirar por él. Cuando salía, Mariquita le dijo que dejase el portal de la casa abierto, para que más tarde pudiesen salir también los demás animales sin hacer ruido. Luego nadie la había visto ni sentido; pero después del amanecer, aquella misma mañana, la encontraron ahogada en el río, en una zona donde había una presa. Con la cabeza descubierta y la cara vuelta al cielo flotaba la infeliz mujer en el agua[177].

13. *Encuestas y experimentos científicos*

A partir del descubrimiento de los primeros brujos y brujas de Zugarramurdi, la Suprema pidió reiteradas veces que se le enviasen pruebas de la existencia de la secta diabólica. El Consejo había sugerido un experimento tras otro; pero el tribunal hizo las cosas de cualquier manera, o prefirió ignorar las órdenes de sus superiores. Por fin, durante la visita de Salazar al distrito, se llevaron a cabo los experimentos largamente esperados, de un modo concienzudo y científico. Ciento ocho brujas mayores de doce y catorce años, las «de mejor entendimiento», fueron interrogadas con el fin de averiguar «actos positivos», de acuerdo con las catorce preguntas del cuestionario de la Suprema (véase cap. 3: 4)[178]. A ésta se le añadieron tres pesquisas más de considerable magnitud. La primera, encaminada a descubrir los lugares donde las brujas celebraban sus asambleas, la dio ya por terminada Salazar en Navarra. La segunda investigación correspondía al examen de los polvos y ungüentos de las brujas; y con la tercera se pretendía contactar con testigos ajenos a la secta que pudiesen verificar los crímenes de que se inculpaba a sus miembros. Salazar realizó ambas pesquisas a lo largo del recorrido de su visita.

---

[177] *Ibid.*, fol. 678v-680r.
[178] *Memorial segundo de Salazar*, fol. 2r, § 4.

Respecto a los experimentos realizados para descubrir los emplazamientos de los aquelarres de las brujas, existían, como ya dije antes, detalladas instrucciones (26 de marzo de 1611, véase pp. 290-291). Se ha conservado un ejemplar con la letra de Salazar. Se trata del cuestionario que utilizó durante su visita, una copia de las instrucciones en cuyo texto Salazar, para mayor claridad, había introducido algunos cambios. Reproduciré el cuestionario en su totalidad, ya que es nuestra fuente más importante para estudiar este experimento único en la historia de la investigación científica:

> Con las personas brujas de un mismo aquelarre y complicidad que parezcan de mejor entendimiento y en el lugar mismo donde se hace la junta, o cerca de él, se han de hacer las verificaciones y comprobaciones siguientes:
>
> Que sin saber unas de otras sean llevadas, en diferentes días y horas, cuando no sean vistas, las tales personas con toda disimulación, y ante un comisario y notario diestros se vayan con ellas a este reconocimiento:
>
> 1º Reconozcan el lugar puntualmente donde se han juntado y concurrido, declarando cuanto hay desde su vivienda a él.
> 2º Que allí señalen el puesto donde se asienta el Demonio y hacen las demás cosas de danzas, comidas, bailes, ofrendas y lo demás.
> 3º Si cuando van al aquelarre están cerradas las puertas y ventanas de sus casas y por donde salen o les saca el Demonio, y si son llevadas por el aire y en qué forma los lleva y cuánto tardan en llegar allá.
> 4º Si van muchos juntos y allí se conocen distintamente unos a otros o si va cada uno solo.
> 5º Si a la ida o vuelta topan o han topado gente y la hablan o se apartan de ella.
> 6º Por dónde vuelven a entrar en sus casas y a qué hora suele ser lo uno y lo otro.
> 7º Si hay reloj o campanas, en dónde, y si los oyen o no.
> 8º Y las demás circunstancias concernientes y convenientes a lo dicho, que parezcan a propósito para el intento de la mayor claridad y certificación que se busca[179].

[179] *Leg* 1679, exp. 2, 1.º, núm. 30 [i], fol. 1r.

Este experimento fue realizado con un total de treinta y seis personas que se habían declarado miembros de diversos conventículos repartidos por los siguientes pueblos: Santesteban, Iraizoz, Zubieta, Sumbilla, Donamaría, Arráyoz, Ciga, Vera y Alzate[180], todos ellos emplazados en el norte de la provincia de Navarra. En cada lugar se eligieron cuatro brujos entre los ya confesos[181]. Cumplidos los requisitos experimentales con cada uno de los brujos por separado, se comparaban sus respuestas. En Vera y en Ciga hubo concordancia entre las declaraciones de los supuestos brujos, quizá debido a que con los rumores que corrían los acusados estarían ya preparados. En cambio, en el resto de los pueblos las personas objeto del experimento no acertaron más que a contradecirse. Incluso algunas contradijeron lo que ellas mismas habían declarado con anterioridad, mientras otras afirmaron sin rodeos que no tenían la menor idea de todas aquellas cosas[182]. Los brujos de Zubieta declararon que, mientras estaban en el aquelarre, no veían las casas ni los árboles de alrededor; por el contrario, el lugar aparecía desierto y convertido en una llanura[183].

Una de las personas sometidas al experimento en Zubieta fue el campesino Juanes de Arroqui, de cuarenta años de edad. Había sido reconciliado en Santesteban. El 6 de julio fueron a buscarlo a sus campos, donde andaba segando, y le condujeron al supuesto lugar de celebración del aquelarre. Le esperaba allí el secretario del Santo Oficio, Peralta. En cuanto éste comenzó a interrogar a Juanes de Arroqui sobre los pormenores de las juntas de brujas, el hombre aseguró que «no era brujo ni había sídolo jamás sino que por amenazas y malos tratamientos de la justicia y miedos violentos que le pusieron había confesado... Y que la verdad cierta era

---

[180] *Memorial sexto de Salazar*, fol. 17r; cf. *Memorial segundo de Salazar*, fols. 9v-10r § 49.
[181] Véase *ibid., Las glosas*, fols. 3v, 4v (glosas «+», 60 y 69); cf. LB núms. 150ee-150ff.
[182] *Memorial segundo de Salazar*, fols. 9v-10r, § 49; cf. *Memorial sexto de Salazar*, fol. 17r.
[183] *Memorial segundo de Salazar, Las glosas*, fol. 4v, glosa 62.

ésta... y quería decirla públicamente aunque por ello le hubiesen de quitar la vida». El secretario comunicó a Salazar aquel mismo día estas palabras. El inquisidor se encontraba a la sazón visitando Santesteban. Una semana más tarde, de visita en Ezcurra, mandó llamar a Juanes de Arroqui a su presencia; pero el campesino se retractó de todo cuanto confesara con anterioridad y aseguró haber dicho todo aquello por librarse de los malos tratos a que se veía sometido. Entre otras cosas, había sido atado con una soga por la cintura y arrojado al río desde un puente[184]. Este hombre fue el primer revocante que se presentó a Salazar durante el recorrido de su visita (véase p. 316).

Aparte de las declaraciones de Juanes de Arroqui, no se conserva ninguna de las actas originales de esa investigación. Para el conocimiento de los resultados me baso únicamente en el corto resumen de los hechos que hace Salazar en su informe al inquisidor general. En consecuencia, no es posible realizar un análisis crítico de los resultados positivos relativos a las asambleas de Ciga y Vera; habrá que conformarse con el dato de que el propio Salazar no les concedió mayor importancia.

Las investigaciones acerca de los ungüentos y polvos dieron también, como sabemos, un resultado negativo. Salazar se había esforzado por seguirle la pista a los ungüentos que los brujos utilizaban para ir a sus juntas y a los polvos que usaban para provocar muertes y otros daños. Pero los veintidós tarros con ungüentos y polvos que consiguieron confiscar resultaron ser todos falsificaciones. Los «brujos» reconocieron que ellos mismos habían condicionado y cocido aquellos componentes para satisfacer la curiosidad de sus perseguidores. Se entregaron otros tarros a médicos y boticarios para que los examinasen, pero el contenido estaba compuesto por materias totalmente inofensivas. En un caso aislado, a una bruja se le hizo comer aquellos polvos, saliendo ilesa del experimento[185]. La mayor parte de los tarros salieron a relucir du-

---

[184] *Tomo «F» del libro de visita de Salazar*, fols. 404r-405v (LB núm. 502).
[185] *Memorial segundo de Salazar*, fol. 10r-v, § 50; cf. *Memorial sexto de Salazar*, fol. 17r.

36. El verdugo somete a una acusada a la prueba del agua. Según la tradición, una bruja no puede hundirse en el agua. Así pues, en muchos lugares, arrojaron a los sospechosos al río para ver si flotaban. Probablemente se debió a tal creencia que el populacho arrojase al río a Juanes de Arroqui y a otros muchos. Fragmento de grabado anónimo en Pierre Lebrun, *Histoire critique des practiques superstitieuses,* Rouen, 1702.

rante la primera parte del viaje; y la carta fechada en Fuenterrabía, a 4 de septiembre, demuestra claramente que, a esas alturas, Salazar estaba ya a punto de perder la esperanza de encontrar auténticos ungüentos. Escribió al inquisidor general:

De dieciséis ollas que hasta hoy he descubierto ninguna me ha dado indicio de que sea verdadera[mente] de los aquelarres, sino antes he tomado por ellas muy gran sospecha que serían [falsas] también otras tales las que en el tribunal de Logroño nos habían manifestado[186].

Los presentimientos de Salazar se cumplieron. En el mes de octubre encargó a Juan de Monterola, comisario de Arano, que examinase la procedencia de tres ungüentos recibidos por el tribunal del párroco de Zubieta, licenciado Yrigoyen, que los había descubierto. El comisario interrogó a los brujos que habían enviado los tarros, y todos reconocieron que se trataba de falsificaciones hechas por ellos mismos, pues era el único modo de librarse de la persecución a que estaban sometidos por parte del cura y las autoridades del pueblo.

La campesina María de Mindegui y la molinera Juana de Hualde explicaron que entre las dos habían confeccionado una untura porque el párroco y cierto franciscano las amenazaron con quemarlas en medio de la plaza al día siguiente si no les entregaban sus ungüentos. Habían derretido un poco de tocino y le habían añadido agua; luego lo mezclaron con hollín de la chimenea y lo metieron en el tarro que entregaron al párroco[187].

La viuda Mari Juan de Juanescongoa refirió cómo había utilizado ciruelas silvestres y gamones de aquellos con los que solían alimentar a los cerdos. Primero los había cocido, después los había envuelto en un paño y exprimido el zumo, y la masa que quedó la metió en un tarro y se la llevó al señor cura[188].

Juana de Yrurita, una viuda de cuarenta años, y su hija Catalina describieron cómo se esmeraron en producir un ungüento genuino de los que utilizaban las brujas. Habían cocido «hierbabuena y menta, que las tenían bendecidas del día de San Juan», con agua bendita recogida en Pascua. Para que el ungüento adquiriese

---

[186] *Informe de Fuenterrabia*, fol. 2v; cf. *Tomo «F» del libro de visita de Salazar*, fols. 34r-35r y 182r-v (LB núms. 446 y 467).
[187] *Ibid.*, fols. 485v-486r y 487r-v (LB núm. 508 y 509).
[188] *Ibid.*, fol. 521v (LB núm. 511).

una coloración verde, le habían añadido una planta que en vascuence se llama *zaradona*. Por último, colaron el líquido y lo echaron en un bote, que Catalina entregó después a su diligente párroco. Este ejemplo podría hacernos creer en la autenticidad del ungüento si no fuera porque, al examinar el contexto, nos damos cuenta de que dichos ingredientes mágicos fueron utilizados con el solo fin de dar una apariencia más verídica a su falsificación. Catalina había sido interrogada aquel mismo día por el padre Yrigoyen. Con amenazas de enviar a la chica a Logroño, el sacerdote consiguió que confesara que era bruja, y que ella y su madre tenían un resto del ungüento con que solían untarse. Al regresar a casa, Catalina contó a su madre lo ocurrido entre ella y el padre Yrigoyen; pero la madre la reprendió y le dijo que había hecho muy mal en dar falso testimonio de sí misma y de ella declarando que eran brujas, puesto que no lo eran. No obstante, como ya era demasiado tarde para volverse atrás, madre e hija confeccionaron aquella pomada[189].

Poco antes de regresar a Logroño, Salazar comprobó que también el tribunal había sido embaucado con untos y polvos falsos enviados por Felipe Díaz, comisario de Maestu. Descubrió el engaño interrogando a cuatro mujeres que habían revocado sus confesiones en Vitoria a últimos de diciembre (véase p. 349). Una de ellas era Gracia González, aquella campesina joven que había confesado con rapidez para ir a reunirse con su marido; la otra se llamaba Magdalena de Arza, soltera y madre de Gracia González. Ambas confesaron a Salazar que habían dicho en Logroño que poseían el ungüento de brujas, pero que habían arrojado los botes al río antes de partir hacia allí. Al regresar a su pueblo, el comisario comenzó a apretarlas para que buscasen los recipientes y los entregasen. Con el fin de que su atormentador las dejase en paz, las dos mujeres decidieron fabricar un mejunje. Mezclaron, pues, inmundicias con hollín del fogón y lo metieron en dos tarros. Sin ser vista, Gracia partió hacia el río con los tarros

---

[189] *Ibid.*, fols. 568r-v y 588v-589r (LB núms. 515 y 517).

37. Las brujas se untan para volar al aquelarre. Dibujo de Hans Baldung Grien, 1514. Graphische Sammlung Albertina, Viena.

escondidos debajo del delantal, y allí los tapó con unas piedras debajo del agua, como había declarado. Después, madre e hija revelaron el escondrijo al comisario inquisitorial, y éste fue en persona a buscar los ungüentos[190].

Por desgracia, no se conservan más que actas referentes a la falsificación de unturas. El resultado del resto de la investigación se conoce únicamente a través de la referencia que de ella hace Salazar en sus memoriales al inquisidor general. Salazar sacó la conclusión de que aquellos potingues no eran ni venenosos ni dañinos en modo alguno; desafortunadamente no dice nada de un posible examen de sus cualidades como somníferos. Tampoco las fuentes ofrecen indicios de que tales untos hubiesen contenido excrementos de sapo u otras sustancias alucinógenas.

La tercera pesquisa —basada en testimonios sobre los crímenes de los brujos— tampoco dio resultado positivo. Salazar, en su segundo informe al inquisidor general, repasa nada menos que veintisiete casos, a través de los cuales falló totalmente su intento de verificar hechos concretos de brujería por medio de las declaraciones de personas ajenas a la secta[191]. Me conformaré con referir tres de aquellos «actos positivos» no confirmados.

Durante la visita de Salazar en Santesteban, hubo gran número de niños que manifestaron haber asistido al aquelarre la noche de San Juan. Aquella misma noche, los dos secretarios de Salazar, Huerta y Peralta, se apostaron en el lugar donde habría de celebrarse la asamblea. A pesar de que permanecieron en el monte hasta la madrugada, pudieron afirmar que, aparte de ellos mismos, no había concurrido allí ni un alma[192]. Es de suponer que la idea de espiar el lugar del aquelarre partió de Salazar.

En Vera, varias jóvenes confesaron haber tenido cópula con el diablo; pero, examinadas por comadronas, se demostró que eran vírgenes. Precisamente aquella pesquisa no había sido autorizada por Salazar, pero ante la consumación de los hechos, no

---

[190] *Ibid.*, fols. 388v y 392v-393r (LB núms. 500 y 501).
[191] Véase *Memorial segundo de Salazar*, cap. III (cf. p. 380).
[192] *Ibid.*, fol. 7v, § 33.

se abstuvo de anotar los resultados en su informe al inquisidor general[193].

En Leiza, pueblo fronterizo con Guipúzcoa, Salazar hizo investigar las circunstancias en que habían muerto dos niños. Las circunstancias de su fallecimiento y varios cardenales descubiertos en los cuerpos infantiles habían convencido a todo el pueblo de que aquellas muertes fueron perpetradas por las brujas. Sin embargo, el comisario de la Inquisición que investigó el caso no encontró prueba alguna de ello[194].

14. *Los resultados de la visita*

Cumplido el mes de su regreso a Logroño, Salazar puso punto final a sus memoriales. El segundo de ellos (DS doc. 12), pues se trataba de toda una serie de informes (a la cual me referiré más adelante), comenzaba con un resumen de las causas de brujería examinadas durante la visita, vinculadas a la publicación del edicto de gracia:

> Con una carta que escribí a Vuestra Alteza desde Fuenterrabía a 4 de septiembre, di cuenta cómo en la prosecución del edicto de gracia... habían entonces acudido a gozar de él 1.546 personas de todas clases y edades... Y ahora la doy de que desde 22 de mayo de 1611, que salí a la visita, hasta 10 de enero de este año, que la acabé, son 1.802 las que por todos se han despachado —de esta manera: Las 1.384 de niños absueltos *ad cautelam* —de doce y catorce años, abajo— y 290 —de ahí arriba— fueron reconciliados; y 41 absueltos *ad cautelam* con abjuración *de leni;* y 81 revocantes de sus confesiones hechas en el Santo Oficio...; y 6 que confesaron relapsía por haber vuelto al aquelarre. Y de los dichos 290 que yo reconcilié fueron cien personas de veinte años arriba, en todas edades y vejez, y muchos de ellos de sesenta, setenta, ochenta [y] noventa años[195].

---

[193] *Ibid.*, fol. 7v, § 32.
[194] *Ibid.*, fol. 9v, § 48.
[195] *Ibid.*, fol. 1r (Introducción).

Sumando las cifras de este resumen con las del balance de Fuenterrabía (sección 7), observamos un significativo descenso de las causas de brujería durante la última fase de la visita. De un total de doscientos cincuenta y dos casos, las tres cuartas partes se referían a niños (185 confesiones de niñas menores de doce años y niños menores de catorce), mientras que setenta y un casos se referían a jóvenes y adultos (19 reconciliados, 7 que abjuraron de su herejía *de levi,* 39 revocantes y 6 relapsos). Consta que en San Sebastián se delataron cincuenta y seis niños brujos (véase p. 339), y que el resto, ciento treinta y tres, seguramente procedían de Rentería y de otros pueblos del norte de Guipúzcoa, hasta donde se había extendido la epidemia onírica. En cambio, hubo muy pocos ejemplos de niños brujos en las persecuciones de Borunda y Álava.

Puede decirse que la visita del distrito realizado por Salazar, junto con la publicación del edicto de gracia, tuvieron un efecto detector de la brujomanía. Conforme Salazar se alejaba de los pueblos del norte de Navarra y Guipúzcoa, las manifestaciones de brujería se iban haciendo más escasas, hasta llegar a desaparecer por completo. Mas tan pronto como llegó al valle de Borunda y a la provincia de Álava resurgieron los casos de brujería. Lo cual demuestra que la propaganda inquisitorial, realizada precisamente por aquellas zonas, había surtido efecto, motivando los comienzos de la caza de brujos en aquellos lugares. Al parecer, en el resto del amplio distrito reinaban circunstancias normales. Sin duda alguna, aquellos pueblos tendrían sus tradicionales brujos locales, producto de la creencia popular; pero no existía temor a una conspiración de brujos, como ocurrió en otros lugares. Esos casos aislados de bruja de pueblo no fueron evidentemente considerados dignos del azote de la Inquisición. Allí, como en otras partes de Europa, se combatían sus maleficios con especiales antídotos mágicos.

Salazar ya hace constar que en casi todos los grandes núcleos de población —sobre todo en San Sebastián, Azpeitia y Vitoria— existían hechiceros más o menos profesionales dedicados a prácticas supersticiosas de brujería y agorería. Refiere que gozaban de la estima pública, y que las autoridades locales se abstenían de proceder contra ellos, por pertenecer esa índole de delitos a la jurisdicción inquisitorial, según bula del papa Sixto V (Roma, 9 de enero de 1585)[196]. Algunos eran denominados santiguadores o ensalmadores, y entre ellos actuaban como tales gran número de clérigos. Una de sus especialidades era, precisamente, curar a los embrujados. Aseguraban que poseían dones particulares para ello y que eran capaces de descubrir a los autores de aquellos embrujamientos[197]. Salazar sospechaba que el gremio de curanderos urbanos reclutaba su clientela sobre todo entre la gente del campo. Los aldeanos les pagaban buenos honorarios por sus remedios contra embrujamientos y hechizos. Es de lamentar que a nuestro inquisidor no se le ocurriera hacer Un inventario de las prácticas profesionales de dicho grupo. Lo único que hizo fue requerir la presencia de un par de ellos y reprenderlos; pero no abrió proceso contra ninguno, ni escribió nada sobre ellos en las actas. Lo cual, según reconoció Salazar, habría sido imposible dado su gran número[198].

Aparte de los mil ochocientos casos relacionados con el edicto de gracia, había diecisiete casos de embrujamiento que había incluido Salazar en el informe de los casos comunes de la visita[199]. Desafortunadamente, dicho informe se ha perdido. Sin embargo, dos de las causas de brujería se hallan descritas en el segundo memorial de Salazar a la Suprema, y nos dejan entrever algunos ramalazos de lo que, con toda seguridad, eran muestras de la tradición de creencias ordinarias en la brujería existentes en los pueblos antes de la erupción de brujomanía. El caso que refiero abajo, del que Salazar tuvo noticias durante su visita en San Sebastián, revela la existencia de creencias populares semejantes a otras muy comunes en otras partes de Europa y África.

---

[196] Véase la bula en Torreblanca Villapando (1618), 1678, pp. 536-541; cf. Lea, 1906-1907, vol. IV, pp. 189-190.
[197] *Memorial primero de Salazar,* fol. 358v, § 7.
[198] *Ibid.,* fols. 358v-359r, § 7.
[199] Sobre este informe, que desafortunadamente se ha extraviado, véase p. 371.

Una mujer anciana, llamada Simona de Gabiria, se presentó ante la Inquisición y contó que una noche, estando en la cama, había visto un perro lisiado en su aposento. Comprendió inmediatamente que se trataba de una bruja transformada de dicha suerte, y se levantó y lo echó fuera. Un hombre se acercó a ayudarla, y llegó a herir al perro con un puñal antes de que éste desapareciese. Al día siguiente, una mujer de la vecindad se quejaba de una herida, y como ya tenía fama de bruja, los vecinos quedaron convencidos de que había sido ella quien se transformó en perro. Simona de Gabiria comunicó el nombre de la bruja y el del agresor de la misma, pero Salazar no pudo localizar a ninguno de ellos, ni a nadie que conociese los hechos[200].

Becerra y Valle habían sufrido una derrota al recibir la decisiva carta de la Suprema, con fecha 28 de junio de 1611. El informe provisional que Salazar envió desde Fuenterrabía, y que le había valido el reconocimiento del inquisidor general, no hizo más que aumentar la sospecha concebida por la Suprema de que la persecución de brujos impulsada por el tribunal de Logroño había sido una equivocación de dimensiones catastróficas. Con la concesión de la prórroga del plazo de gracia a los brujos, se asestaba un nuevo golpe a los inquisidores Becerra y Valle. De modo que al presentarse Salazar en Álava, derribado el último baluarte del tribunal, sus colegas, quisiéranlo o no, tuvieron que admitir que habían perdido la lucha. A excepción del pueblo de Olagüe (véase p. 319) y del valle del Roncal en las profundidades de los Pirineos, la paz y el orden habían vuelto al distrito.

En el segundo memorial de su serie, Salazar resume los resultados de su visita en una conclusión diametralmente opuesta a la de sus colegas:

> No he hallado certidumbre ni aun indicios de que colegir algún acto de brujería que real y corporalmente haya pasado... Sino sobre lo que yo solía antes sospechar de estas cosas, añadido en la visita nuevo

---

[200] *Memorial segundo de Salazar*, fol. 9r, § 44; cf. Martínez de Isasti, 1850, pp. 243-244, donde se refiere un caso de una bruja convertida en conejo.

desengaño: que las dichas testificaciones de cómplices solas —aunque no se les hubieran apegado los otros defectos de violencia y inducimiento— sin ser coadyuvadas de otros actos exteriores comprobados con personas de fuera de la complicidad, no llegan a ser bastantes ni para proceder por ellas a sola captura; pues, en efecto, todas juntas y cada una de por sí traen consigo los dos eminentes defectos que muestra todo lo dicho: El uno de la perplejidad que trae consigo el mismo caso y negocio de la brujería, y el otro... que las tres cuartas partes de ellas, y aun más, se han delatado a sí y a los cómplices contra toda verdad[201].

Pero si Salazar creía haber ganado la batalla con exponer aquel cúmulo de pruebas, pronto hubo de cambiar de opinión: el combate más violento le esperaba dentro de las cuatro paredes del tribunal.

---

[201] *Memorial segundo de Salazar*, fol. 15v, § 69.

CAPÍTULO 11

LA BATALLA POR LAS BRUJAS

1. El regreso de Salazar

El 10 de enero de 1612 Salazar regresó a Logroño[1]. Por entonces había estado ausente durante casi ocho meses. A su llegada, en lugar de depositar los papeles de la visita en el archivo, como era costumbre, ordenó que los llevaran a «la segunda sala» de juicios del tribunal; y en vez de informar a sus colegas del curso de la visita, se encerró en compañía de los secretarios Peralta y Huerta con la intención de trabajar en la redacción de los informes al inquisidor general[2]. Salazar se excusó ante sus compañeros por no mostrarles los papeles diciendo que temía que se saliesen del buen orden en que estaban, ya que el protocolo se componía todavía de pliegos sueltos y había que encuadernarlos[3]. Probablemente ocultase el verdadero motivo, pero, al menos, aquél era aceptable, ya

[1] *Memorial segundo de Salazar*, fol. 1r; *Lib* 795, fol. 230r (Valle/C. 14-I-1612).
[2] *Carta de los colegas de 24 de marzo de 1612*, fol. 1r.
[3] *Memorial segundo de Salazar*, fols. 16v-17r, § 76.

que en el transcurso de los ocho meses las actas del protocolo habían adquirido proporciones gigantescas, más de cinco mil seiscientas hojas (11.200 páginas manuscritas), lo que representaban dieciséis veces el volumen del libro de la visita de Valle[4].

Durante las primeras semanas que sucedieron al regreso de Salazar, éste actuó sólo con Valle en el tribunal. Becerra seguía enfermo con un nuevo ataque de las cuartanas, que le afligían desde el mes de julio del año anterior. La enfermedad parece causada por estrés, pues, como recordaremos, por aquella época el tribunal recibió la carta de 28 de junio de la Suprema (p. 283), que en cierto modo supuso un serio varapalo para los dos inquisidores más antiguos.

El 8 de febrero Salazar entregó una relación de las causas ordinarias de la visita, que habían sido solventadas en el transcurso de ésta. Correspondían a ciento diez personas, diecisiete de las cuales eran sospechosas de brujería (véase pp. 365-366). Una vez examinado el informe por Becerra y Valle, los tres inquisidores votaron las causas como era costumbre después de cada visita, con el fin de que cada cual expresase su opinión sobre el modo de proceder en cada una de ellas. Como ya se dijo antes, se ha extraviado el informe; sin embargo, sabemos por otras fuentes que Salazar opinó que, con respecto a los crímenes de brujería, las pruebas eran muy frágiles, por lo que no consideraba prudente incoar proceso contra ninguna de aquellas personas. En esto no coincidían sus colegas, lo que debió motivar el envío del voto discordante a la Suprema para que ésta decidiese[5].

---

[4] *Carta de Salazar desde Valencia,* fol. 2v.
[5] En la correspondencia existen repetidas referencias a este memorial extraviado. Por ejemplo, Salazar expone en una carta a la Suprema que su informe contiene las 110 causas que resultaron de su visita, además de las 1.802 causas de brujería relacionadas con el edicto de gracia *(Lib,* fol. 299r-v, T./C. 22-IX-1612, con una postdata de Salazar). En *Memorial primero de Salazar* (fol. 359v, § 12) se mencionan tres personas de Vitoria que habían tenido revelaciones, y se indica que tenían los núms. 102, 103 y 104 en la relación de causas ordinarias de la visita. En *Memorial cuarto de Salazar* (fol. 5r, § 23) se menciona que el informe contiene 17 casos de brujería. Dos de éstos vuelven a mencionarse en los §§ 44-45 del *Memorial segundo de Salazar* (fol. 9r-v; véase final de cap. 10: 14, arriba).

A los pocos días Salazar entregó a sus colegas otros «ocho o nueve» memoriales[6], rogándoles al mismo tiempo que inspeccionasen los papeles originales de la visita, ahora encuadernados en ocho volúmenes, numerados «A-H»[7]. Todos esos informes trataban de la brujería y serán comentados más adelante.

La consternación y alarma que aquellos memoriales suscitaron en Becerra y Valle, según se adentraban ambos en su contenido, se dejaba entrever por la carta que el primero escribió al secretario de la Suprema, Miguel de Molina. Lleva fecha de 17 de marzo, y el asunto que la motivó era otro distinto; pero Becerra refleja instintivamente los ánimos que vibraban en el tribunal:

> No sé... cómo se nos ha metido tanta inquietud en esta Inquisición donde siempre se vivió tan pacíficamente. Y presumo que todo lo urde el Demonio para oscurecer y perturbar el servicio de Nuestro Señor y el remedio de tantos males; como presto lo verá Vuestra Merced por otros discursos mayores. Dios lo remedie y abra los ojos de todos para que claramente se vean y conozcan tan grandes engaños[8].

Becerra y Valle sabían de sobra que Salazar había ejecutado la visita del distrito como a él se le había metido en la cabeza; no obstante, su regreso a Logroño con resultados tan contrarios a los de Valle como reflejaban sus informes les cogió totalmente desprevenidos. Ambos inquisidores concluyeron que su querido colega no había perseguido otra cosa con su visita que acumular material apropiado para disculpar su voto discordante en el tribunal cuando se votaron las sentencias de los brujos condenados en el auto de fe de 1610[9].

La idea de Salazar era que sus compañeros, basándose en los memoriales redactados por él, emitieran de inmediato un juicio acerca de lo que habría de efectuarse ulteriormente respecto al gi-

---

[6] *Carta de los colegas de 24 de marzo de 1612*, fol. 1r.
[7] Cf. *Memorial segundo de Salazar*, fol. 17r, § 77.
[8] *Leg* 1683, exp. 1, fols. 47r-48r (Becerra/C. 17-III-1612).
[9] Cf. *Carta de los colegas de 24 de marzo de 1612*, fol. 1r.

gantesco proceso de brujería; pero ni Becerra ni Valle estaban dispuestos a pronunciarse sobre el asunto. Alegaron «que los memoriales... no estaban conforme al estilo ordinario y que faltaba lo más principal, que era hacer la relación de los brujos testificados con la culpa de cada uno y número de testigos que contra sí tenía, así en la visita como en los registros de este Santo Oficio». Excusándose así, Becerra y Valle exhortaron a su colega a que se aplicase a elaborar dicha relación, mientras deliberaban la cuestión para preparar su voto. Salazar se negó rotundamente a emprender semejante trabajo, aduciendo que ya lo había intentado antes y había encontrado la labor imposible y de ningún provecho[10].

En vista de su ánimo poco propicio, sus colegas intentaron convencerle para que esperase a que concluyeran sus deliberaciones, y mandar así todo el material junto a la Suprema. Pero tampoco en esto mostró Salazar ninguna flexibilidad. Ofreció prestarles el borrador original para que lo tuviesen a su disposición todo el tiempo que necesitasen; pero insistió en enviar los informes, pasados a limpio, inmediatamente a Madrid. En un último intento de llegar a un acuerdo con Salazar, Becerra y Valle propusieron consultar con la Suprema lo que debería hacerse al respecto; pero Salazar se opuso de tal forma a complacerles que finalmente sus colegas no tuvieron más remedio que ceder[11].

El 24 de marzo los tres inquisidores mandaron la relación de las 110 causas ordinarias de la visita, vistas y votadas, a la Suprema[12]. Con tal ocasión, Salazar envió sus nueve memoriales sobre la causa de la brujería[13], mientras que Becerra y Valle escribieron una extensa carta solicitando la prórroga del plazo de envío de sus propios informes. Para excusar su demora, alegaron que Salazar

---

[10] *Ibid.*, fol. 1r-v; cf. *Memorial segundo de Salazar*, fols. 14v, 16v (§§ 66, 74) y *Memorial quinto de Salazar*, fol. 14v, § 21.
[11] *Carta de los colegas de 24 de marzo de 1612*, fol. 1v.
[12] Véase *Lib* 333, fol. 281r (C./T. 31-III-1612), donde se acusa el recibo.
[13] Por un endoso de la Suprema en *Memorial primero y segundo de Salazar*, consta que fueron recibidos el 31 de marzo de 1612. Lo más probable es que los memoriales extraviados, en total siete, se recibieran al mismo tiempo.

les había llevado ventaja por haber trabajado en sus memoriales durante la visita, con lo que sus escritos habían aumentado tanto su volumen que era necesario más tiempo del concedido para examinarlos todos y responder a los argumentos de Salazar con los suyos. La carta descubre los sentimientos de los dos inquisidores ante el escepticismo que emanaba de los memoriales de Salazar, y muestra a las claras que Becerra y Valle no habían alterado lo más mínimo sus opiniones:

> Habiéndolos visto nos maravillamos mucho de que en defensa del voto singular que dio en contrario de otros ocho que con él asistimos a ver y votar las causas de los brujos que salieron al auto, saque ahora cosas tan extraordinarias y tan repugnantes a las testificaciones y confesiones de muy gran número de procesos y brujos que hay en este Santo Oficio, y pretende reducirlo todo a sueños y embelecos del Demonio... Y tenemos por muy cierto que con solas las cosas que resultan de los papeles de su visita se convence bastantemente su opinión y la que trata de defender el señor obispo de Sigüenza que lo ha sido de Pamplona, con quien nuestro colega tiene particular amistad... Que de todo ha de resultar manifiesto desengaño para los que pretenden poner duda en esta secta y maldades que cometen los brujos e impedir que contra ellos se proceda con todo rigor de justicia; siendo como es precisamente necesaria para atajar los grandes males que se van introduciendo en estos reinos[14].

El 31 de marzo llegaron a Madrid los memoriales de Salazar; con ellos se recibió una carta de sus colegas en la que precisamente rogaban al Consejo que esperase a leerlos hasta recibir, a su debido tiempo, el veredicto de ambos. El deseo de Becerra y Valle fue respetado por la Suprema, lo que motivó que, por el momento, los informes de Salazar se apartaran a un lado sin ser leídos[15]. Pero pasaba el tiempo y el voto de los colegas no acababa de llegar; más de un año estuvo Salazar en Logroño esperando la más míni-

---

[14] *Carta de los colegas de 24 de marzo de 1612*, fol. 1v-2r.
[15] *Lib* 333, fol. 281r (C./T. 31-III-1612).

ma reacción de Madrid, reacción que tampoco llegaba. ¡De sobra conocía Valle el funcionamiento del aparato burocrático del Consejo, al que había pertenecido en otro tiempo! No cabe duda de que los dos colegas sabían bien lo que se hacían al permitir que Salazar despachase sus informes con tanta prisa a Madrid. Conocían bien los resortes que había que tocar para inmovilizar la maquinaria, obligando a Salazar a esperar a que ellos enviasen su veredicto.

La espera en Logroño fue, en varios sentidos, un tiempo de prueba; no sólo para Salazar, sino también para sus colegas. La discordia existente entre el tercer inquisidor y los otros dos se propagó de los casos de brujería a todo lo demás. Becerra y Valle no perdonaban a su colega lo que había expuesto en sus informes y actas; y llegaron al extremo de repetirle en varias ocasiones que todos sus escritos merecían ser quemados[16]. Por otra parte, Salazar había regresado a Logroño con mayor confianza en sí mismo que antes de la visita, lo cual le daba ahora valor para oponerse sin ambages a sus colegas en la casi totalidad de las deliberaciones del tribunal[17]. El fiscal San Vicente, quien por propia solicitud fue trasladado en septiembre de 1612[18], nos ofrece un testimonio del ambiente cargado que reinaba en el mismo en una desesperada carta que escribió a la Suprema el 13 de julio. Los inquisidores, aseguraba, se habían declarado la guerra entre sí, lo cual dificultaba en gran medida el buen funcionamiento del tribunal. Personalmente —manifestaba el fiscal— lo encontraría menos escandaloso si los inquisidores viviesen amancebados o se dejasen sobornar[19]. Siempre que los tres inquisidores se reunían en la sala del tribunal para votar las causas pendientes, acababan discutiendo a voces, hasta el punto de que el fiscal, que trabajaba en el aposento contiguo, había teni-

---

[16] *Examen de Salazar en Valencia*, fol. 786v.
[17] Ésta es la impresión general al leer la correspondencia de este período; véase *Lib* 795, *passim*.
[18] San Vicente fue nombrado inquisidor de Mallorca, véase *Lib* 366, fol. 88r-v.
[19] *Memorándum de San Vicente de 13 de julio de 1612*, fol. 29v.

do que entrar en varias ocasiones en el de éstos para advertirles que sus gritos se oían en la calle[20]. De este último detalle nos informa el acta de un interrogatorio a que fue sometido San Vicente en 1620, con motivo de la visita de inspección al tribunal de Logroño. San Vicente se encontraba a la sazón como inquisidor en Zaragoza, pero recordaba a Salazar con mucha simpatía. En el tiempo que había sido fiscal del tribunal de Logroño, éste se había mostrado siempre cortés y sosegado con sus colegas, aunque —admitía San Vicente— se notaba que le costaba gran esfuerzo contenerse. Tenía también a Salazar por un hombre muy cumplidor de su deber, que jamás faltaba a su trabajo. En caso de hallarse cerrado el tribunal, afirma San Vicente:

> [...] se estaba en su estudio entre los libros. Y si salía fuera al campo solía llevar un libro yendo solo sin querer compañía. Y preguntándole este testigo [esto es San Vicente] cómo se iba tan solo, le decía que con un libro se entretenía[21].

San Vicente opinaba que mucha culpa de la falta de paz que aquejó al tribunal durante el tiempo que él estuvo allí de fiscal, la tenían los secretarios Juan de Agüero y Juan de Zorrilla, aliados fieles de Valle, quienes no dejaban pasar ocasión alguna de sembrar la discordia entre dicho inquisidor y Salazar[22].

Según las declaraciones de Gregorio de Leguizano, sucesor de San Vicente en el tribunal de Logroño, Juan de Agüero había dicho en una ocasión que el demonio había mandado a Salazar como inquisidor a Logroño[23]. Quizá fuese un pensamiento semejante lo que se escondía tras las reiteradas quejas de Becerra a la Suprema de que el demonio había entrado en el tribunal.

---

[20] *Testigos en favor de Salazar,* fol. 425v.
[21] *Ibid.,* fol. 425r-v.
[22] *Leg* 1683, exp. 1, fol. 731v (Examen de San Vicente en Zaragoza, 12-V-1620).
[23] *Testigos en favor de Salazar,* fols. 438v-439r.

2. El dictamen de Salazar («excursus»)

El *Memorial primero* de la serie de Salazar (DS doc. 11) lleva como título: «Carta de todo lo que ha resultado generalmente de la visita y edicto de gracia. Carta primera». Comprende veintitrés páginas manuscritas y está fechado a 24 de marzo de 1612. Es un informe dividido en cincuenta y cinco artículos, de los que sólo los ocho primeros se refieren directamente a los brujos. Más arriba me ocupé del contenido de dicho memorial (véase pp. 344, 364-365), vinculado a nuestro tema. Basta ahora con echar un vistazo a lo que el propio Salazar cuenta de la suerte que corrieron los dos proyectos que la Suprema le había encomendado ejecutar en el curso de la visita.

En primer lugar, Salazar debía tratar de convencer a los moradores de los diversos pueblos para que erigiesen una capilla o una cruz en todos aquellos lugares donde se decía que las brujas celebraban sus juntas; pero era necesario mentalizar a la gente con suavidad y sin coacción alguna[24]. Cupo en suerte a Salazar poder informar a la Suprema que los habitantes de las montañas habían acogido la idea con gran entusiasmo, «especialmente en Santesteban», donde se había terminado una bonita capilla para el día de San Miguel (29 de septiembre) e inaugurado con una gran fiesta. En el pueblo de Errazu, en el valle de Baztán, sus habitantes habían iniciado la construcción de una nueva capilla, que ya se hallaba en un estado muy avanzado cuando Salazar abandonó el lugar. El inquisidor abrigaba la esperanza de que también en otras partes se siguiera su consejo de construir capillas y levantar cruces[25].

Con el segundo proyecto se aspiraba a la fundación de dos monasterios nuevos en el área afectada por la brujería[26]; pero, según informó Salazar, ello no fue posible. Hasta el mismo monasterio de Urdax, pese a la vasta extensión de sus tierras, tenía dificultades

---

[24] *Instrucciones de 26 de marzo de 1611*, fol. 146r, 12.
[25] *Memorial primero de Salazar*, fol. 358r, § 5.
[26] *Instrucciones de 26 de marzo de 1611*, fol. 147r, § 14.

para sobrevivir. Además, Salazar había llegado a la conclusión de que no eran necesarios más monasterios: «Pues con ser la gente inculta y agreste es todavía de gran natural y discurso, muy pía y devota y, sobre todo, bien afecta a las cosas de la Iglesia, veneración del culto divino y respeto a las personas eclesiásticas». Así pues, Salazar consideraba que bastaría con enviar de vez en cuando a aquella zona misioneros procedentes de los monasterios de Pamplona; siempre y cuando se controlase que los buenos frailes realmente iban allá, pues la experiencia había demostrado que a menudo se dejaban arredrar por la aspereza y pobreza de la región[27].

El *Memorial segundo* de Salazar (DS doc. 12) lleva por título: «Lo que ha resultado de toda la visita y publicación del edicto en el negocio de la secta de brujos. Carta segunda». Está fechado en Logroño, a 24 de marzo de 1612, y comprende cuarenta y cinco páginas manuscritas contando *La glosa*. De todos los informes de Salazar, éste es el más importante, y aunque ya expliqué antes gran parte de su contenido (cf. cap. 10: 5, 13, 14, arriba), nos llevaría demasiado lejos intentar resumir ahora el resto. El informe constituye por sí mismo una síntesis de los resultados alcanzados por Salazar en el curso de su análisis concienzudo de las causas de mil ochocientos dos brujos; análisis que queda reflejado en las once mil páginas del protocolo de su visita, al que remite constantemente al lector a través de un genial aparato crítico. (De haberse publicado los memoriales con sus anejos, su autor se habría situado en la historia de la ciencia entre los primeros en realizar un análisis cuantitativo de una extensa encuesta científica. Empero, la circunstancia de que Salazar fuese un burócrata, en lugar de un investigador, dio lugar a que su «tesis», una vez utilizada, fuese archivada entre los papeles de la Suprema y olvidada). Dicho informe está compuesto por setenta y siete artículos y dividido en cuatro capítulos, de los cuales cada uno trata por separado una cuestión principal. El mismo Salazar tituló sus capítulos como sigue:

---

[27] *Memorial primero de Salazar,* fol. 358r, § 6.

I. Del modo que los brujos tienen en la salida, estada y vuelta de los aquelarres [artículos 1 al 9].
II. De las cosas que hacen y pasan como tales brujos [artículos 10 al 24].
III. De los actos positivos y verificaciones exteriores de estas cosas que se han procurado comprobar [artículos 25 al 51].
IV. De las testificaciones o probanza que podría resultar de todo lo sobredicho para castigar los culpados [artículos 52 al 77].
[V.] Brujas: La glosa del papel y relación precedente [«Glosas» 1 a 90][28].

En los nueve primeros artículos que, en conjunto, componen el capítulo primero, Salazar analiza los resultados obtenidos por medio de encuestas sobre las asambleas nocturnas de los brujos. La gran mayoría —anota— contestaron que siempre acudían al aquelarre *después* de haberse acostado, ya dormidos. (En la «glosa» núm. 1, Salazar cita nada menos que a ciento dos brujos que lo declararon así). Explica que también hubo otros que aseguraban que acudían a las juntas despiertos, antes de acostarse; pero en esta categoría el número era escaso. (En la «glosa» 2, Salazar hace referencia a siete casos de este tipo)[29]. Remitiéndose siempre a las actas originales de las audiencias de la visita, Salazar realiza lo que en la actualidad se calificaría de un análisis fenomenológico del comportamiento sabático: la mayor parte de las personas de ambos sexos declararon que se despertaban al salir y seguían despiertos durante la asamblea y al volver a sus casas. Casi todos los brujos, prosigue el informe, afirmaban que iban volando al aquelarre, aunque hubo algunos que aseveraron haber acudido a pie o a hombros de sus maestros.

> Y en cuanto al salir de su aposento, casi todas... dicen que salían por algún resquicio, agujero, ventana o chimenea, por donde naturalmente no podía salir persona ninguna sin riesgo; y alguna cantidad

---

[28] *Ibid.*, fol. 1v (Introducción).
[29] *Ibid.*, fols. 1r-2r, § 1.

de las mismas —la menor parte— dicen que salían por las puertas y escaleras de su casa y que por ellas volvían a entrar de la misma suerte[30].

Según observa el inquisidor, la mayor parte de aquellos que, siguiendo el cuestionario de la Suprema, habían sido interrogados sobre «actos positivos», sostenían que jamás se habían topado con gente en el camino, ni se habían mojado aunque lloviera o nevase. (En la «glosa» 8 menciona un total de ciento ocho personas que concordaban en estos detalles). En cambio, unas veinte personas afirmaron todo lo contrario; se habían encontrado con gente en el camino, habían oído ruidos y se habían mojado. (En la «glosa» 10, Salazar remite a los procesos de dichas personas, y a ocho procesos más de personas que habían explicado que, por lo menos, así les había acontecido alguna vez). Sobre el grupo que había contestado afirmativamente, señala que ninguno de ellos había sido capaz de dar detalles concretos o explicar las circunstancias, por lo que no había podido comprobar la veracidad de sus declaraciones[31].

Basándose en los resultados de su indagación, Salazar hallaba difícil seguir manteniendo la realidad de la existencia de una secta de brujos. En primer lugar encontraba absurdo que tantos brujos como se decía que existían hubieran podido ocultarse de un modo tan perfecto que nadie los hubiera observado jamás durante tanto tiempo. Le resultaba increíble que dos brujos que decían dormir en la misma cama pudieran partir para el sabbat y regresar de él sin que uno se apercibiese del otro, y viceversa. Y no menos absurdo resultaba que un grupo de cincuenta brujos no pudiese explicar lo más mínimo sobre el modo en que se transportaban al aquelarre. El inquisidor declara que nada tiene de extraño «ignorar nosotros de sus cosas lo que ellos mismos no alcanzaban a entender de sí propios»[32]. Con ironía y gracia, el inquisidor expone

---

[30] *Ibid.*, fo.1 2r, § 3.
[31] *Ibid.*, fol. 2r-v, § 4.
[32] *Ibid.*, fols. 2v-3r, §§ 5-8.

la idea de la existencia de la secta de brujos ampliándola hasta lo absurdo, para, de inmediato, retroceder y manifestar una conclusión totalmente opuesta:

> Y cuando se quisiese traspasar aún todo esto, creyendo de la facultad del Demonio que fuese bastante para ello, haciendo presente al que no lo está, y que otro sea invisible cuando pasa por ante quien le conoce (ya que nadie puede asegurar que sea el fingido, más éste que el que está con los brujos) todavía pudiera más fácilmente admitirse por obra del Demonio, que en efecto solamente engañó a aquellos invisibles, o a los que piensan que se ausentaron sin que tal haya pasado, para que así engañados, sean después creídos en esta y en otras tales mentiras, y por consiguiente les crean también que vieron allá ser brujos los que nombran, con que a menos costa de una vez deja el Demonio al pueblo enredado en cizaña y a los inocentes sujetos a ser condenados sin culpa, con otras miserias que se dicen adelante en el artículo [esto es, capítulo] cuarto[33].

Es decir, Salazar entendía por demonio un espíritu maligno, capaz en teoría de manipular la mente de los seres humanos hasta el punto de llegar a desencadenar una serie de reacciones espantosas. Hoy en día, denominaríamos de otro modo a las fuerzas capaces de dominar a la mente humana; pero, por lo demás, Salazar definió perfectamente el fenómeno de la brujomanía.

En su segundo capítulo Salazar comenta, no sin sentido del humor, los extraños acontecimientos narrados por los brujos durante las audiencias. Gran parte de lo que hemos explicado en la sección dedicada a los «embustes de los brujos» (pp. 311-316) proviene del mencionado capítulo segundo, y vale como muestra de su contenido[34].

El tercer capítulo trata sobre la comprobación de veintisiete «actos positivos» que Salazar tuvo ocasión de examinar con más detenimiento y que condujeron a resultados negativos. Por ejem-

---

[33] *Ibid.*, fol. 3r-v, § 9.
[34] *Ibid.*, fols. 3v-6r, §§ 10-24.

plo: una anciana había manifestado antes de ser reconciliada en Logroño que, hacía poco, cuando ingresó en su secta, el demonio le había extirpado tres dedos del pie izquierdo. El inquisidor interrogó a la familia de la interesada en Fuenterrabía, y comprobó que le faltaban los tres dedos desde que era niña. Al verse descubierta, la mujer no tuvo más remedio que retractarse de cuanto había confesado[35]. En su examen del vigésimo sexto *acto positivo*, Salazar expone situaciones experimentales en las que varios brujos fueron conducidos al lugar del aquelarre; y en su resumen del acto vigésimo séptimo se refiere a los experimentos con ungüentos y polvos. Ambas pesquisas dieron, como ya indicamos, un resultado negativo[36].

En el cuarto y último capítulo, Salazar alega que los testimonios de los brujos confesos contra terceras personas no eran dignos de crédito, puesto que habían sido capaces de mentir tan copiosamente acerca de sí mismos. Además, no consideraba suficiente que un brujo asegurase haber visto a tal o cual persona, porque (como ya había sugerido al dar su voto) cabía pensar que el inculpado hubiera estado presente en las juntas sin haber cometido crimen alguno. A esto se añadirían las especiales circunstancias que había que tener en cuenta, como en los casos en que brujos confesos habían acusado, una y otra vez, a sus vecinos por el mero hecho de estar enemistados con ellos. Otros se habían dejado sobornar y después habían revelado nombres de personas inocentes en sus confesiones. Otros tantos habían sido víctimas de malos tratos y tormentos por parte de sus vecinos, cuando no de sus padres. Salazar explicaba el hecho de que tan sólo se hubieran presentado ochenta y una personas a revocar sus confesiones como consecuencia de la severa prohibición, existente al principio, de recibir retractaciones de nadie. No le cabía duda de que, por lo menos, tres cuartas partes de los brujos habían hecho confesiones falsas, y por tanto opinaba que en el futuro habría que contar con que se presentaría un gran

---

[35] *Ibid.*, fols. 6r-10v, §§ 25-51.
[36] *Ibid.*, fols. 9v-10v, §§ 49-50.

número de personas a retractarse de sus declaraciones. Por este motivo consideraba superfluo registrar los nombres de los cómplices delatados por los brujos[37].

Salazar concluía su segundo memorial con unos comentarios generales sobre el pánico producido por las brujas en las Provincias Vascongadas; pánico que, a su entender, lo mismo que al del obispo de Pamplona, había surgido de repente a causa de los rumores que cundieron por los pueblos inmediatamente después de la quema de brujos en el auto de fe de Logroño, y que fueron corroborados por la publicación del edicto de gracia y por el hecho de que un inquisidor anduviera recorriendo el distrito para visitar aquellos lugares. Todo ello, dice Salazar, ha convencido a las gentes de que «todo está inficionado, creciendo de una mano a otra de suerte que no hay desmayo, enfermedad, muerte o accidente que no le llamen de brujas»[38].

La explicación que aquí da Salazar se aproxima tremendamente a lo que hoy llamaríamos ciencia de la comunicación; pero aún hay más. Salazar estuvo a punto de considerar el fenómeno como un caso de psicosis colectiva al recomendar lo siguiente:

> Y así también tengo por cierto que en el estado presente, no sólo no les conviene nuevos edictos y prorrogaciones de los concedidos, sino que cualquier modo de ventilar en público estas cosas, con el estado achacoso que tienen, es nocivo y les podría ser de tanto y de mayor daño como el que ya padecen.

En consecuencia, Salazar recomendaba al inquisidor general que atajara la brujería vasca con un decreto destinado a silenciar el asunto; pues, como muy bien dijo: «No hubo brujos ni embrujados en el lugar hasta que se comenzó a tratar y escribir de ellos». En este punto Salazar advertía que en Francia la brujería se había extinguido por sí sola en cuanto el obispo de Bayona, el erudito Bertrand d'Echaux, prohibió que se volviese a hablar o escribir sobre el tema[39].

---

[37] *Ibid.*, fols. 10v-16r, §§ 52-70.
[38] *Ibid.*, fol. 14v, § 67.
[39] *Ibid.*, fol. 16r, §§ 71-72.

Los memoriales extraviados

No ha sido posible encontrar los siete informes que Salazar entregó a sus colegas en el tribunal, con el fin de que los leyesen antes de ser remitidos a la Suprema. Al parecer, en oposición al *primer y segundo memorial*, los otros siete comprendían una colección de material integrado por extractos y resúmenes de las actas originales contenidas en el voluminoso libro de visita. En la introducción al *segundo memorial* y en las notas, Salazar menciona repetidamente aquellos «informes separados»[40]; y aunque la información sea escasa, es, de todos modos, suficiente como para permitirnos deducir que se trataba de las compilaciones siguientes:

a) Causas del tomo «H» del libro de visita, contra 1.384 niños, absueltos *ad cautelam*.
b) Causas de los tomos «B» a «E», contra 290 adultos (hembras mayores de doce y varones mayores de catorce años), reconciliados.
c) Causas del tomo «G», contra 41 adultos, absueltos *ad cautelam*, quienes habían abjurado *de levi*.
d) Causas del tomo «F», contra 81 personas que habían revocado sus confesiones.
e) Causas contra los seis niños y adultos relapsos. Dichas causas no habían sido encuadernadas aparte, sino que estaban incluidas en las series respectivas de niños (tomo «H») y adultos (tomos «B» a «G»).
f) Interrogatorios para comprobar los lugares de asamblea de los brujos (libro de visita, tomo «A»).
g) Investigaciones sobre los supuestos ungüentos y polvos de las brujas (libro de visita, tomo «A»).

Si bien el libro de visita se ha extraviado, a excepción del tomo «F» y una causa suelta del tomo «E», no debemos perder total-

---

[40] *Ibid.*, fol. 1r (Introducción).

mente la esperanza de que algún día aparezcan en el inmenso archivo inquisitorial las colecciones de documentos arriba citadas. Es innecesario señalar el significado que semejante hallazgo tendría para la ciencia.

3. *Una larga espera*

Tras haber esperado la contestación de la Suprema, Salazar volvió a escribir al inquisidor general, con fecha de 20 de mayo de 1612, rogándole que al menos leyese sus dos primeros memoriales, que intencionadamente había mandado aparte. Motivaba su impaciencia el hecho de que el tribunal se veía imposibilitado de proceder en una serie de causas de visita ordinarias (véase p. 370), en tanto no llegase contestación de la Suprema al respecto. La carta de Salazar fue recibida en Madrid el 29 de mayo, y se proveyó de una nota en la que se daban órdenes para buscar ambos informes[41].

Queda por saber si fueron leídos o no. Precisamente, algunos días después, la Suprema recibió carta de Becerra y Valle, fechada el 28 de mayo, en la que repetían encarecidamente su ruego de que se esperase a la llegada del memorial de los dos inquisidores antes de leer los informes de Salazar. Becerra y Valle advertían que se hallaban en pleno examen de los papeles de su colega y que estaban redactando una «relación de los verdaderos fundamentos que de su misma visita resultan en comprobación de la certísima verdad que tiene todo este negocio de brujos». Ambos inquisidores aseguraban a su superior que se encontraban en condiciones de probar cuanto decían, de modo que no quedase duda alguna; los papeles de la visita de Salazar corroboraban al máximo las experiencias del auto de fe y las de aquellos brujos reconciliados en el tribunal. No dudaban de que en cuanto el inquisidor general leyera sus informes, quedaría persuadido de la gravedad de la si-

---

[41] *Leg* 1683, exp. 1, fol. 26r (Salazar/Inquisidor General, 20-V-1612).

tuación en que se encontraba el distrito, y tomaría medidas encaminadas a exterminar la plaga de brujos de un modo eficaz y para siempre[42]. Becerra y Valle finalizaban su carta solicitando un nuevo aplazamiento para la entrega de sus escritos:

> [...] porque la máquina de papeles que vamos viendo es muy grande y muchas las cosas que nuestro colega junta en sus memoriales, causa todo tanta ocupación que no podemos con tanta brevedad como quisiéramos remitir a Vuestra Señoría la puntual resolución de esta materia sin mayor delación de la que pensábamos, y también porque la gran multitud de cosas que se van recopilando y hay que sacar de actos infalibles que se van comprobando, nos obligan a volver a suplicar Vuestra Señoría de tener por bien que vamos haciendo estas diligencias con la consideración y puntualidad que negocio tan importante pide y que Vuestra Señoría se sirva de suspender el verse los demás papeles hasta que lleguen los nuestros, con que enteramente podrá Vuestra Señoría tomar la resolución que más convenga, que lo iremos continuando y acabando con la mayor brevedad que pudiéramos, sin embargo de que las cosas ordinarias del tribunal nos impiden la mayor parte del tiempo que en esto pudiéramos ocupar[43].

Concedida a los inquisidores la prórroga solicitada, ya no pudo Salazar recordar al inquisidor general la existencia de sus informes hasta la primavera siguiente. Para entonces, dicha documentación llevaba todo un año en poder de la Suprema. Sin embargo, se le volvió a presentar la ocasión de insistir en la lectura de sus papeles el 5 de marzo de 1613, con motivo del voto que el tribunal pronunciaría con respecto a las súplicas de Juanes de Sansín y Juanes de Goiburu. Ambos rogaban que se les devolviese la libertad y se les perdonase el sambenito. No ha quedado clara la causa de que el tribunal se «olvidase» de aquellos dos brujos, puesto que el edicto de gracia había sido publicado en el verano de 1611, y dicha gracia incluía a todos los brujos encerrados en las cárceles secretas, sin excepción alguna. Pero lo cierto es que

---

[42] *Lib 795*, fol. 346r (Becerra y Valle/C. 28-V-1612).
[43] *Ibid.*, fol. 346r-v.

los dos hombres continuaban en la casa de penitencia, tal como ocurría también con el fraile y el sacerdote, de los que volveré a hablar.

Sansín reforzaba sus ruegos alegando que sufría fiebres cuartanas, las cuales le habían aquejado y atormentado desde que comenzó a cumplir su condena. Goiburu dijo que tenía en Zugarramurdi a su anciana madre sola, que no estaba en condiciones de ganarse la vida, y, para colmo, cinco hijos sin madre, de los que el mayor sólo tenía nueve años. Suplicaba a los inquisidores que pidiesen informes a los padres del convento de dominicos donde trabajaba, porque ellos darían fe de su conducta de buen cristiano durante el tiempo transcurrido. Aseguraba que no sólo había confesado y comulgado en las épocas de precepto, sino que en otras muchas ocasiones lo había hecho movido por sincera piedad[44].

El tribunal votó la causa de esos dos reos y los tres inquisidores convinieron en que, conforme estipulaba el edicto de gracia, serían puestos en libertad y quedarían exentos de llevar sambenitos; pero aquí cesaba la concordia entre los tres. Salazar opinaba que los dos penitenciados debían regresar en absoluta libertad a Zugarramurdi. Los hechos acumulados en el archivo del tribunal, con motivo de la investigación realizada, demostraban que no había nada que objetar. Por el contrario, ni Becerra ni Valle tenían la intención de permitir que los dos hombres regresaran a Zugarramurdi o a otra localidad con fama de tener conventículo de brujos. Ambos inquisidores aludían con insistencia a su extenso informe sobre la secta de brujos y a la visita de Salazar al distrito. Se hallaban seguros de que el contenido de dicho memorial persuadiría *ipso facto* a la Suprema de «la infalible verdad de aquellos negocios», con lo que ésta aceptaría la necesidad de usar mano dura con aquel monstruo. Becerra y Valle impetraban el perdón del inquisidor general por la demora en finalizar sus informes, y se excusaban, por un lado, por haber estado enfermos y, por otro,

---

[44] Cf. *Lib* 795, fols. 241r y 243r (peticiones de Juanes de Sansín de 9 y 16-II-1612); *ibid.*, fol. 242r-v (petición de Juanes de Goiburu, 16-II-1612).

por la obligación de atender a otros muchos negocios del tribunal, tal como se les había ordenado. Finalmente aducían la necesidad de despachar también las causas ordinarias de herejía, y solicitaban licencia para retirarse del servicio ordinario tan pronto como hubieran despachado un par de causas atrasadas, que Su Eminencia les había ordenado concluir. Proponían que Salazar se ocupase de los asuntos cotidianos del tribunal, para que ellos disfrutaran de la excedencia para escribir su dictamen[45].

Junto con otra carta, fechada asimismo el 5 de marzo, los inquisidores remitieron un informe recibido del comisario de Oyarzun, pueblo de la provincia de Guipúzcoa. Se trataba del caso de un saludador o cazador de brujos, un mozo de dieciséis años, llamado Pedro de los Reyes. Este Pedro de los Reyes había descubierto al brujo Juanes de Goizueta, quien confesó su brujería una vez que el saludador demostró su veracidad. El joven saludador afirmaba poseer dones especiales para conocer a los que eran brujos y licencia especial de la Santa Inquisición para ejercer su oficio. Sin embargo, a raíz de la confesión de Juanes de Goizueta, se sospechó que todo aquello había sido una trama urdida por el «buscador de brujos» y su supuesta víctima. Como de costumbre, se produjeron también desacuerdos entre los inquisidores sobre el modo de proceder en este caso, por lo que el tribunal recurrió al consejo de la Suprema[46].

El 14 de mayo llegó la respuesta del Consejo. Se trataba el asunto de la excedencia de Becerra y Valle como algo inaudito y, en consecuencia, fue denegada su solicitud. En cuanto a las demandas de Juanes de Sansín y Juanes de Goiburu, se expresaba el deseo de pronunciarse más tarde (al poco tiempo fueron puestos en libertad)[47]. En relación con el saludador y su víctima, la Supre-

---

[45] *Lib* 832, fols. 169r-169Ar (T./C. [5-III-1613(a)], sobre la fecha, véase WA, p. 533, n. 78).
[46] *Lib* 795, fol. 446r (T./C. 5-III-1613(b)). Cf. *Relación de causas 1614/ 1615*, fols. 518r-519v (resumen de dos causas contra Pedro de los Reyes).
[47] *Lib* 334, fols. 26v-27r (C./T. 14-III-1613(a)). Cf. endoso de la Suprema en *Méritos de Goiburu*, fol. 170r.

ma daba órdenes específicas: el tribunal designaría a *otro* comisario inquisitorial para que volviese a investigar la causa. Si quedaba demostrada la culpabilidad de los acusados, ambos deberían ser enviados a Logroño. El brujo (según parece estaba ya detenido por las autoridades locales) sería arrojado a los calabozos inquisitoriales de Logroño, mientras que el saludador (aún en libertad) sería arrestado y encerrado en la cárcel civil de la misma ciudad. Con vistas a comprobar si el tal Pedro de los Reyes era capaz de averiguar si una persona era o no bruja, se le conduciría junto a fray Pedro de Arburu para que examinase al monje del mismo modo que se había hecho con Pedro de Goizueta[48]. (Fray Pedro de Arburu seguía recluido en un monasterio, lo mismo que su primo Juan de la Borda; parece una ironía del destino que ambos religiosos, declarados parcialmente inocentes por el tribunal, continuaran cumpliendo su condena y no fueran puestos en libertad hasta 1614, cuando ya hacía año y medio que Sansín y Goiburu habían regresado a Zugarramurdi). Por desgracia, no sabemos si llegó a efectuarse la entrevista entre el saludador y fray Pedro de Arburu, y por tanto desconocemos su resultado.

La Suprema no estaba dispuesta a consentir que el tribunal de herejes de Logroño cesase en sus actividades para que los inquisidores empleasen más tiempo en la elaboración de sus memoriales. ¡Todo lo contrario! El 24 de abril el Consejo escribió dando orden de que el inquisidor a quien correspondía hacer la visita del distrito partiese de inmediato, en el caso de que no se encontrara ya de viaje. En la carta se hacía hincapié en la importancia que tenían aquellas visitas, puesto que durante ellas se hacían tan copiosas cosechas[49].

Llegada esta orden a Logroño el 5 de mayo, Salazar se mostró de acuerdo con los deseos del Consejo de que se realizase ya la

---

[48] *Lib* 334, fol. 30r-v (C./T. 14-III-1613(b)). El mismo día la Suprema devolvió las causas contra Pedro de los Reyes y Juanes de Goizueta con detalladas instrucciones al tribunal sobre lo que había que hacer con cada uno de aquellos reos *(Lib* 334, fols. 29r-30r, C./T. 14-III-1613(c)).
[49] *Ibid.,* fol. 45v (C./T. 24-IV-1613).

próxima visita del distrito. Aquel mismo día sus colegas Becerra y Valle votaron en contra, por lo que Salazar escribió su parecer y lo leyó en voz alta en el tribunal. El tercer inquisidor dictaminaba que la visita debería hacerse en aquellas partes del distrito que llevaban más tiempo sin ser recorridas. La plaga de brujos del norte de Navarra y Guipúzcoa no representaba ya problema alguno, pues había cesado a raíz de su examen y despacho de los mil ochocientos casos que se le habían presentado dentro del plazo de gracia garantizado por el edicto. Salazar proseguía lamentándose de que hubiera transcurrido ya un año desde el envío de sus memoriales con los detalles de su visita, y rogaba al inquisidor general que diese orden para que el Consejo leyera sin dilación los dos primeros memoriales que contenían los temas más urgentes[50].

Esta vez tocaba el turno de la visita a Becerra; pero no contestó a la carta de la Suprema hasta el 31 de mayo, y lo hizo excusándose por no haber salido aún a visitar el distrito, debido a la sobrecarga de trabajo que aquejaba al tribunal, cosa bien sabida por el Consejo. En esta ocasión no pudo recurrir a sus cuartanas, pues durante todo aquel año había disfrutado de una salud excelente. Sin embargo, encontró sin dificultad una nueva excusa:

> Ha parecido representar a Vuestra Alteza [el Inquisidor General] como el tiempo está muy adelante, el año abundante y los frutos aparentes, con que toda la gente andará muy ocupada en la cosecha y beneficio de ellos, y a los mandatos y censuras del Santo Oficio no se les guardará tan entero respeto como se debe, pues por no desamparar sus campos y hacienda dejarán de acudir a descargar sus conciencias y a la obediencia del Santo Oficio.

Becerra insistía en su carta al Consejo en su afirmación de que, aparte de los casos de brujería, no existían otros motivos para realizar con urgencia la visita. Además —decía—, mientras el Consejo no tomase una decisión terminante con respecto a la brujería, no convenía que el tribunal incoase nuevos procesos. El in-

---

[50] *Leg* 1679, exp. 2., 1.º, núm. 30, fol. 1r-v (Copia del parecer de Salazar, sin fecha, pero según parece enviada al Consejo en mayo de 1613).

quisidor repetía su promesa de enviar su memorial y el de su colega Valle dentro de un corto espacio de tiempo. Con todo eso rogaba al inquisidor general que anulase la visita del año en curso[51].

El 12 de junio la Suprema respondió eximiendo a Becerra de su obligación de visitar el distrito aquel año, puesto que, efectivamente, las causas de la visita anterior se encontraban sin votar. No obstante, la Suprema exhortaba con severidad al tribunal para que dispusiera las cosas de manera que al año siguiente el visitador pudiese partir el primer domingo de Cuaresma, tal como ordenaban las reglas del Santo Oficio[52]. Ocho días más tarde la Suprema escribió de nuevo, notificando que el inquisidor general estaba de acuerdo con que los inquisidores dedicasen todo el mes de julio a concluir su memorial con la exposición del juicio que les merecía la visita de Salazar; pero les comunicaba que con una nueva demora no iban a conseguir posponer el dictamen final de la Suprema[53]. Había que poner fin a la causa. Dicho escrito se recibió en Logroño el 3 de julio, y a los tres días contestaron los dos inquisidores prometiendo hacer lo posible para complacer a la Suprema[54].

Becerra y Valle utilizaron a la sazón la misma táctica de Salazar. Sin consultar con su colega para nada, se encerraron con la totalidad de papeles de la visita y el resto de los procesos de brujería, dispuestos a trabajar[55]. Al aproximarse el final del mes, Valle escribió una carta al arzobispo de Burgos, a quien conocía por haber sido fiscal de la Suprema en la misma época en que Valle formó parte del Consejo. (El arzobispo había continuado siendo miembro del Consejo hasta el verano de 1610, por lo que estaba magníficamente orientado sobre el proceso de Logroño). Se llamaba Fernando de Acevedo[56] y acababa de recibir su nombramiento de

---

[51] *Lib* 795, fol. 509r-v (Becerra/C. 31-V-1613).
[52] *Lib* 334, fol. 71r (C./T. 12-VI-1613).
[53] *Lib* 334, fols. 75v-76r (C./T. 20-VI-1613).
[54] *Lib* 795, fol. 526r (T./C. 6-VII-1613).
[55] *Memorial cuarto de Salazar,* fol. 1r, § 1.
[56] En 1606 Fernando de Acevedo fue fiscal de la Suprema *(Lib* 367, folio 147v). El 5-VII-1610 fue nombrado obispo de Osma y el 2-VI-1613 se trasladó al arzobispado de Burgos (Aldea Vaquero, 1972-1975, pp. 294, 1848).

arzobispo, de modo que Valle aprovechó la ocasión y comenzó su carta felicitándole por el cargo y prometiendo visitarle en un futuro próximo[57]. No cabe duda de que la verdadera misión de la carta, escrita en medio del mayor ajetreo, era ganarse un aliado influyente a la hora de librar la batalla decisiva. En su escrito, Valle exponía sus reflexiones y las de su colega Becerra respecto a la plaga de brujos que castigaba el país. Dichas reflexiones, expuestas en la carta al arzobispo, adquieren tanto más valor para nosotros cuanto que no se ha conservado el dictamen de los colegas de Salazar.

Mientras Salazar se mostraba partidario del método empírico inductivo, donde tras hacer *tabula rasa* se comienza con la causa concreta, Becerra y Valle pertenecían a otra escuela. El punto de partida de ambos eran las autoridades teológicas y la práctica de más de cien años de persecuciones de brujas fuera y dentro de España. Becerra y Valle continuaban interpretando los casos presentes de acuerdo con sus principios de filosofía deductiva y dogmática, según los cuales sólo podían considerarse ciertos aquellos testimonios que concordaban con la abrumadora mayoría de las «experiencias» obtenidas a través de los tiempos. El inquisidor Valle lo expresaba como sigue:

> Me ha parecido dar cuenta a Vuestra Ilustrísima de algunas cosas que por acá se van ofreciendo y ponen en grande cuidado. La una de ellas es la materia de brujos que traemos entre manos. Y parece [que] el Demonio procura oscurecer por cuantos caminos puede como tan interesado en la perdición de las almas. Y lo peor es que no falta quien haga sus partes.
>
> El Consejo ha mandado al Doctor Alonso Becerra y a mí que en todo este mes enviemos nuestro parecer y voto acerca de los papeles de la visita que el licenciado Alonso de Salazar hizo por tiempo de siete meses publicando el Edicto de Gracia que se concedió a los brujos, porque él tiene remitido el suyo. Y aunque trabajamos extraordinariamente sin perdonar días festivos, no será posible satisfacer en

---

[57] *Leg* 1683, exp. 1, fol. 803r (Valle/Acevedo, julio de 1613).

tan breve término a tan grande negocio (según vino deslumbrado), aunque tenemos trabajado lo más sustancial que remiteremos dentro de ocho días, y pediremos más prorrogación para lo que falta.

Y estamos seguros que viéndose nuestros papeles con la atención y consideración que aquellos señores acostumbran, constará con grande claridad y evidencia por fundamentos certísimos e infalibles la verdad de esta secta; y que, aunque intervienen de parte del Demonio muchas ilusiones y embelecos de la de los brujos no los hay, y que real y verdaderamente y se hallan corporalmente en las juntas y que creen firmemente que aquel Demonio es Dios como ellos lo confiesan.

Y tenemos mucho número de actos positivos que no reciben contradicción, de que quisiera yo mucho enviar a Vuestra Señoría Ilustrísima una copia. Porque esta materia jamás se ha explorado y [a]delgazado sus fundamentos con tanto cuidado como en esta ocasión, aunque bien es verdad que todo lo que han dicho los escribientes conforma sin discrepar con las confesiones de los reos.

Y no sé en qué buena razón y discurso cabe que —estando esta secta tan conocida y asentada desde muchos siglos en todos los reinos y provincias comarcanos y castigado a los reos con tanta severidad, y que habiéndose asimismo conocido de ella de cien años a esta parte en la Inquisición después de lo haber examinado el Consejo con grande consideración y consultas— haya persona particular que tome atrevimiento para querer pervertir esta máquina y desalumbrar esta verdad, tan probada y conocida por todos los doctos de la Cristianidad, y dar a entender que ellos y el Consejo de las Inquisiciones han vivido con tan largo engaño y hecho injusticia. Y todo esto sin fundamento ni razón más que su propia pasión y haberse empeñado a los principios (sin saber lo que hacía) en este error, el cual defiende por cuantos caminos y modos puede hallar, procurándose valer de personas que no tengan experiencia de esta materia; especialmente de aquel amigo que solía residir en estas partes, el cual a banderas desplegadas le ayuda y ha hecho, y va haciendo, muy apretada instancia con los superiores.

Todas estas cosas nos lastiman el alma, y el principal consuelo con que reparamos esta pena es tener a Vuestra Señoría Ilustrísima de nuestra parte y por defensor de esta causa de Dios como quien también tiene entendida la verdad de ella y las abominables ofensas que a su Divina Majestad se hacen y la perdición de tantas almas que sólo el considerarlo pone grima y aflije [sic] los corazones.

Y con esta suspensión de castigo que ha habido tan larga por la publicación del edicto se ha embravecido el Demonio y sus brujos, de manera que todas aquellas partes donde se publicó se van abrasando y perdiendo a los que no son brujos y llevándoles a sus juntas los hijos. ¡Todos están esperando el remedio!

En viéndose los papeles en el Consejo tengo por cierto que aquellos señores tomarán resolución —Dios los alumbre para que sea la que convenga— y se repare tan desigual calamidad. Para entonces se servirá Vuestra Señoría Ilustrísima de echar el resto con su grande valor para sacar a luz esta causa, que es la más grave e importante al servicio y honra de Dios que en las Inquisiciones jamás se ha ofrecido[58].

En el segundo punto de la carta se hacía alusión a la persona de Salazar. Valle le acusaba de ser querellador e intrigante, terriblemente orgulloso y un tirano para con sus subordinados.

A principios de agosto, Becerra y Valle remitieron al Consejo la parte de su memorial que habían conseguido terminar. Se trataba de dos cuadernos (véase p. 395), acompañados de un escrito con la promesa de enviar el material que restaba «dentro de diez o doce días»[59]. Al poco tiempo, Becerra recibió la nueva de su ascenso a fiscal de la Suprema. El 17 de agosto, Salazar y Valle contestaron agradeciendo el honor que se concedía a su colega[60]. Sin embargo, nos consta que Becerra prosiguió al servicio del tribunal un par de meses más[61].

El 24 de septiembre se cumplía año y medio desde que Salazar envió sus memoriales a la Suprema, y nuestro inquisidor conmemoró la fecha dirigiendo una carta personal al inquisidor general

---

[58] *Ibid.*, fols. 804r-805r.
[59] *Lib* 795, fol. 525r-v (T./C. 3-VIII-1613; sobre la fecha, véase WA, p. 535, n. 92).
[60] *Ibid.*, fol. 532r (Valle y Salazar/Inquisidor General 17-VIII-1613).
[61] Por el libro de juramentos de la Suprema consta que Becerra entró en su nuevo oficio el 19-X-1613 *(Lib* 1338, fol. 54r).

Bernardo de Sandoval y Rojas, en la que imploraba se tomase una decisión definitiva respecto al asunto de la brujería, «el más deplorable caso que jamás salió de las inquisiciones», como lo califica en su carta. Llamaba, además, la atención del inquisidor general sobre los miles de almas que se hallaban involucradas y que llevaban dos años viviendo en la incertidumbre de lo que les depararía el destino. Se quejaba Salazar de que sus colegas no sólo demoraban el fin de la causa, sino que se negaban a discutir sus opiniones con él y no le permitían leer lo que escribían en sus memoriales. El resentimiento de Salazar creció al punto con la sospecha de haber descubierto el móvil que inducía a sus colegas a entorpecer la marcha del asunto. Súbitamente quedó convencido de que Becerra y Valle habían estado prolongando la elaboración de su dictamen en espera del nombramiento de fiscal del primero, conocedores de la ventaja que ello reportaría al inquisidor más antiguo, al darle la oportunidad de luchar personalmente en favor de su causa, en tanto que Salazar, en Logroño, se vería imposibilitado de defenderse de palabra. Por último, Salazar refería el ambiente tirante que se respiraba en el tribunal a causa del asunto de las brujas. Rogaba asimismo que no se mencionase su carta a sus colegas mientras no se hubiera deliberado sobre la causa en el Consejo, con el fin de evitar mayor retraso[62].

Al parecer, Salazar despachó en esa misma ocasión un memorándum, donde exponía los efectos nocivos de la prolongación de la causa de las brujas[63]. A la copia sin fecha que se conserva de dicho memorándum la llamó *Memorial tercero* (DS doc. 13). Probablemente lo leyó a los colegas antes de remitirlo a la Suprema[64]. Salazar proponía abstenerse de la práctica normal, según la cual vota primero el tribunal y luego la Suprema. Consideraba que como los tres inquisidores habían enviado ya su voto a la Suprema, el tribunal debería abstenerse de toda discusión ulterior y de-

---

[62] *Leg* 1683, exp. 1, fol. 28r-v (Salazar/Inquisidor General 24-IX-1613).
[63] *Ibid.*, fol. 28r.
[64] *Memorial tercero de Salazar*, fols. 25r-26r. Sobre la fecha de este documento, véase WA, p. 536, n. 98.

jar el fallo de la causa al Consejo. Con el fin de que sus colegas aceptasen su propuesta, Salazar procuró complacerles en todos los puntos que pudo. Entre otras cosas, procuró hacerles ver que la rápida solución del caso no implicaría la falta de castigo para los culpables. Por otro lado, les advertía que más de cinco mil personas habían sido tachadas de brujo, y que todas, junto con sus parientes, estaban esperando en la mayor incertidumbre los nuevos pasos de la Inquisición. Observaba Salazar la gran crueldad que suponía permitir que tantas personas continuasen sufriendo en la ignorancia de lo que les aguardaba; y todo ello a causa de unos «catorce o quince» que verdaderamente serían culpables[65].

El 3 de octubre Becerra y Valle leyeron en voz alta la última parte de su memorial ante Salazar. En esta ocasión, como en las demás, negaron a su colega el derecho a revisar lo que habían escrito. Esta parte del memorial contenía, entre otras cosas, una dura crítica de la conducta de Salazar durante la larga espera. Ambos inquisidores expresaban su sorpresa ante la propuesta de su colega de dejar el fallo de la causa en manos de la Suprema sin que primero hubiera votado el tribunal[66]. A lo que Salazar contestó con la lectura de su nuevo planteamiento de los problemas, el cual ocupaba diecinueve páginas de escritura apretada, que habían sido redactadas en el mayor secreto, y que aquel mismo día se sellaron y enviaron a la Suprema[67]. Más adelante comentaré esta parte del dictamen de Salazar, al que llamaré *Memorial cuarto*. Asimismo, volveré a mencionar lo escrito por sus colegas, pues, pese a haberse perdido, podemos averiguar su contenido a través de ciertas referencias.

A mediados de octubre, Becerra se personó en Madrid para tomar posesión de su cargo de fiscal de la Suprema. Poco tiempo después, Valle escribía a uno de los miembros del Consejo lamentándose de no haber recibido respuesta a los «dos cuadernos tocantes a la materia de brujos» que él y Becerra habían mandado a

---

[65] *Ibid.*, fols. 25r, 26r.
[66] Cf. *Memorial cuarto de Salazar*, fol. 8v § 37 (cf. p. 234).
[67] *Ibid.*, fol. 1r § 1.

primeros de agosto. Comunicaba también que la última parte de su memorial estaba acabada; tan sólo faltaba pasar algo a limpio. Hecho esto, mandaría todo inmediatamente. Valle aseguraba que el contenido de los últimos dos cuadernos allanaría, sin lugar a dudas, «algunas dificultades que se podrían haber representado»[68], con lo que seguramente se refería al contenido del cuarto informe de Salazar.

Valle dedicó el resto de la carta a explicar la discusión que, en su día, habían tenido Becerra y él con Salazar. Las discrepancias habían surgido el jueves 17 de octubre, en relación con un puesto de comisario inquisitorial; la discusión había acabado cuando Salazar se marchó a su casa y no volvió a presentarse por el tribunal hasta el lunes siguiente[69]. Valle afirmaba al Consejo que, por su parte, hacía cuanto estaba en su mano por complacer a Salazar para mantener la paz en el tribunal:

> Y aunque ésta es evidente causa para yo mostrar mi justo sentimiento, en ninguna manera lo hago. Antes le remito con otros que muy de ordinario me causa por lo mucho que le quiero y estimo y deseo que refine la aspereza de su condición, que es la más belicosa e inclinada a inquietudes que he visto. Y de mi parte jamás a él ni a otro he provocado a pesadumbre, antes como amigo suyo muy antiguo siempre después que vino a esta Inquisición, he deseado y procurado que reforme su condición y evitado todas las ocasiones que podían ser causa de disgustos, perdiendo de mi derecho y dejándole salir con todo cuanto quiere como no me obligase la conciencia y decoro del oficio a resistirle[70].

El inquisidor proseguía explicando en su carta cómo había abrigado la esperanza de que Salazar, viendo su buena voluntad, acabara por recapacitar; pero le había fallado la táctica, porque Salazar había abusado de su condescendencia y había intentado tratarle como a un subordinado. Valle se lamentaba de que a partir del

---

[68] *Leg* 1683, exp. 1, fol. 801r (Valle/C. sin fecha, véase WA, p. 536, n. 102).
[69] *Ibid.*, fol. 801r-v.
[70] *Ibid.*, fol. 802r.

traslado de Becerra a Madrid, su otro colega no hubiera hecho más que poner a prueba su paciencia: «Todo se lo perdono, y mucho más le disimulare si con eso muda de condición y nos deja de inquietar»[71].

La carta de Valle se cruzaría seguramente con otra que la Suprema había escrito a Salazar el 24 de octubre. En ella la Suprema acusaba, al fin, recibo de sus memoriales y del informe redactado por sus dos colegas sobre el tema de la brujería. La Suprema recomendaba a Salazar que, como según parecía sus colegas no habían consultado con él sus escritos, leyera muy a fondo el borrador del dictamen de aquéllos e hiciese los comentarios ulteriores que estimara oportuno[72]. Salazar siguió la sugerencia de la Suprema y elaboró una contrapropuesta al dictamen de sus compañeros. Su escrito, integrado por veintiún artículos, se leyó el 13 de noviembre en el tribunal, en presencia de Valle, del nuevo fiscal, Leguizamo, y de dos secretarios de la Inquisición[73].

Poco después Salazar recibió noticias de la Suprema comunicándole la concesión de los tres meses de excedencia solicitados por él con motivo de ciertos negocios relacionados con su cargo de canónigo de la catedral de Jaén, por lo que quedaba libre para acudir a dicha ciudad cuando quisiera[74]. Hacia el 1 de diciembre, Salazar partió para el templado sur de España[75]. Detrás dejaba no sólo el viento y el frío de Logroño, sino también dos años de trabajo agotador y enervante en el tribunal, donde había luchado a diario con sus colegas desde su regreso de la visita del distrito. Sin embargo, entregarse por completo al descanso era algo imposible para Salazar, y por eso se llevó consigo el borrador de su contradictamen para corregirlo durante las vacaciones. Así lo hizo, remitién-

---

[71] *Ibid.*, fol. 802r-v.
[72] *Leg* 1958, exp. 1, fol. 11r-v (C./Salazar, 24-X-1613).
[73] *Memorándum de Salazar de 13 de noviembre de 1613*, fols. 1r-4r.
[74] *Lib* 334, fol. 130r-v (C./T. 9-XI-1613). La solicitud de Salazar está en *Lib* 795, fol. 580r.
[75] En las cartas del tribunal al Consejo, la firma de Salazar aparece por última vez el 29 de noviembre de 1613 (cf. *Lib* 795, *passim*).

dolo luego al inquisidor general junto con una carta fechada en Jaén el 7 de enero de 1614 (*Memorial quinto de Salazar*, DS doc. 14). A partir de entonces, Salazar podía tomárselo con calma; ahora le tocaba a la Suprema mover la siguiente pieza de ajedrez.

4. *El dictamen de los colegas*

Con la redacción de sus memoriales, Alonso de Salazar Frías había marcado el nivel en el que habría de desarrollarse la discusión de tan dificultoso asunto. Su propio dictamen, como ya hemos visto, se asemejaba más a un tratado científico que a otra cosa. No obstante, Becerra y Valle aceptaron el reto, y copiaron y analizaron durante año y medio el extenso material inquisitorial; y en el otoño de 1613 el veredicto de ambos colegas se materializó en una serie de memoriales u opúsculos que, al menos en cuanto a extensión y contenido, sobrepasaron con mucho a los de Salazar. Uno de ellos se conserva en copia y ocupa ciento treinta y cuatro folios de escritura apretada; contiene más de dos mil referencias a los originales. En él, Becerra y Valle exponían los ritos de la secta del demonio, basándose en las declaraciones de los brujos. El resto de los memoriales[76], sólo conocidos hoy día a través de las referencias que de ellos hacen otras fuentes, contenían, entre otras cosas: un repaso de todos los hechos que, según la opinión de Becerra y Valle, habían sido comprobados y probados a través de los interrogatorios a personas ajenas a la secta[77]; una crítica de la persona de Salazar y de su modo de conducir el asunto de los brujos, tanto en el tribunal como durante la visita[78]; y, por último, un

---

[76] Sobre la serie de memoriales de Becerra y Valle, véase la reconstrucción en WA, pp. 336-346.
[77] Véanse, v. gr., las referencias al «cuaderno de los actos comprobados» en Idoate, *Documento*, pp. 33, 66-67, 132-133, 171; cf. *Lib* 795, fol. 525v (T./C. 3-VIII-1613): «Remitimos con esto lo que está acabado que son dos cuadernos, *el uno de actos positivos* y cosas que resultaron de las confesiones de estos brujos, y *el otro de actos comprobados* [la cursiva es mía]».
[78] Cf. *Memorial cuarto de Salazar,* fols. 7v-9v, §§ 33-45.

relato completo del desarrollo de la causa de la brujería, desde los primeros brotes en Zugarramurdi, a finales de 1608, hasta el auto de fe de 1610[79]. Es especialmente lamentable la pérdida de este último memorial, puesto que constituiría una descripción coetánea del desarrollo de los acontecimientos que antes he intentado reconstruir a base de otras fuentes (caps. 1, 3, 4, 6, 7, arriba).

En su escrito a la Suprema, fechado el 24 de marzo de 1612, Becerra y Valle se comprometían a demostrar la existencia de la secta de brujos sobre la base, exclusivamente, de los hechos que se desprendían de los propios papeles de Salazar. Un estudio más detenido de la parte del veredicto de Becerra y Valle que se conserva nos muestra la técnica empleada por los colegas de Salazar. Es posible observar tres tendencias marcadas en su utilización de las actas de audiencia pertenecientes al libro de visitas de éste:

1) selección de aquellos actos que apoyaban positivamente sus tesis, sin advertir cuándo los actos referidos constituían la excepción;
2) uso frecuente de procesos que Salazar ni siquiera menciona en sus informes;
3) citas reiteradas de confesiones antiguas de los brujos (hechas ante los comisarios en fechas anteriores a la de la visita), sin tener en cuenta los casos en que las mismas personas habían enmendado o revocado más tarde, en las audiencias inquisitoriales, sus declaraciones.

Se ve con toda claridad que los dos inquisidores tuvieron que tocar hasta el más mínimo resorte para demostrar que estaban en lo cierto. No obstante, el resultado no puede dejar de sorprendernos. Sobre el «acto 1» exponen noventa y nueve ejemplos de maestras que tuvieron que obtener el consentimiento de los novicios antes de hacerles miembros de la secta[80]. La afirmación del

---

[79] *Ibid.*, fol. 6r-v, § 28.
[80] Idoate, *Documento*, pp. 46-53.

«acto 2», según la cual los brujos y brujas adultos van al aquelarre despiertos después de haberse untado con el ungüento, está documentada con ciento veintitrés ejemplos, de los cuales setenta y cuatro provienen del libro de visita de Salazar [81]. Y con gran picardía añaden: «Adviértase que si algunos de los ciento veinte [sic] brujos aquí referidos dicen que fueron llevados al principio dormidos, no hablan del tiempo que fueron brujos antiguos, sino cuando eran brujos novicios». Becerra y Valle proseguían explicando que los novicios no podían ir al aquelarre por cuenta propia, sino que habían de ser untados y llevados por sus maestras, quienes a veces los sacaban desnudos de sus camas para que no se asustasen y despertasen a los que dormían con ellos[82]. La aserción de que, con frecuencia, los brujos acudían al sabbat a pie está documentada con cincuenta y seis ejemplos (de los que treinta y uno proceden del material de Salazar)[83]. Expusieron, además, cuarenta y cinco casos (diecinueve de Salazar) en los que los brujos se mojaban cuando llovía o nevaba[84]; y setenta y un casos (cincuenta y seis de Salazar) en los que, según Becerra y Valle, los reos habían oído sonidos de cencerros, ladridos, gruñidos de cerdo, campanas de las torres y gritos de pastores, e incluso habían visto la luna y las estrellas[85]. No cabe duda de que ambos inquisidores habían aprendido mucho de Salazar y de la Suprema a la hora de documentar sus afirmaciones. Del mismo modo continúan los memoriales hasta el «acto 32», relativo a la prohibición de revelar los secretos de la secta.

De vez en cuando, los ejemplos expuestos por Becerra y Valle resultan tan fantásticos que indudablemente eran difíciles de aceptar, incluso para sus aliados en la refriega. El ejemplo que sigue a continuación relata uno de los casos en que el demonio suplanta al brujo o bruja, mientras la auténtica persona asiste al

---

[81] *Ibid.*, pp. 53-57.
[82] *Ibid.*, p. 57.
[83] *Ibid.*, pp. 57-60 («Acto 3»).
[84] *Ibid.*, pp. 60-63 («Acto 4»).
[85] *Ibid.*, pp. 63-64 («Acto 5»).

aquelarre. El ejemplo que aquí se cita debió de fomentar, más que ningún otro, las dudas acerca del sentido crítico de los dos inquisidores en cuestiones tan delicadas y complejas como aquéllas:

> Graciana de Amézaga, de 40 años, nº 65 [en la lista de brujos reconciliados por el tribunal (véase LB núm. 74)1, fol. 22, dice que cuando iba al aquelarre, quedaba en su casa y en su lugar un demonio que representaba su figura. Y preguntada para qué quedaba allí, dijo que para que no se echase de ver que ella faltaba de casa. Y cuando algunas personas la buscaban, aquel demonio en un instante iba al aquelarre a la dar aviso, y la traía a casa tan en breve, que podía dar respuesta a quien la buscaba... Y que una noche, estando en el aquelarre, fue a su casa Juana de Arquinarena a le pedir prestadas unas tijeras, y el Demonio fue por ella al aquelarre y la dijo cómo la iban a buscar, y la llevó a su casa, al tiempo que pudo responder y darle las tijeras. Y habiéndola preguntado cómo la pudo traer tan aprisa y de tan lejos, dijo: como esas cosas puede el Demonio. Y que cuando llegó a su casa vio que la dicha Juana estaba sentada a su puerta y ella se entró por otra trasera. Y habiendo respondido, le echó por una ventanilla las tijeras que le pedía[86].

Como se recordará, Graciana de Amézaga era aquella rea que confesó ser bruja tan pronto como se le notificó la proclamación del edicto de gracia (véase p. 326).

No obstante, hay que reconocer que el extenso memorial de los colegas de Salazar contenía también hechos que no pueden barrerse así. Éste es, por ejemplo, el caso del «acto 8», donde Becerra y Valle citan trece casos de aquelarres observados por personas ajenas a la secta o que no eran brujos en el momento de presenciar el aquelarre. Una de ellas fue el herrero de Echalar, Juanes de Yribarren (véase pp. 213-215), quien hizo la siguiente descripción de índole sumamente realista:

> Estando cenando la víspera de San Juan del año de 1609, como a las diez de la noche en una herrería a una legua de Echalar, donde es na-

[86] *Ibíd.*, p. 161.

tural, le dijeron que había venido a ella un primo suyo que estaba fuera. Y aunque era tarde, se determinó de irse aquella noche al dicho su lugar, y antes de llegar a él, pasando por un prado que llaman de Santa Cruz, oyó voces y ruido hacia una parte de él. Y como éste había sido brujo, aunque había catorce años que lo había dejado de ser, sabía que aquélla era noche principal de aquelarre y que se solía hacer en aquel prado, y sospechó que el Demonio y brujos se estarían holgando en su junta. Y así se fue acercando poco a poco y reconoció al Demonio, que estaba sentado en una silla. Y que los brujos estaban danzando y algunos brujos se estaban bañando en el río que está junto al prado, y entre otros, reconoció dos brujas, que la una era deuda suya, y como éste se fue acercando más, le comenzaron a echar de ver. Y acaso también, porque era hora de levantar el aquelarre, el Demonio y brujos se fueron y éste se fue a la ermita de Santa Cruz, que está cerca del dicho prado, donde había vela y mucha gente. Y halló allí en la dicha ermita las dos brujas que había reconocido y habían llegado antes que él, que eran las dichas María de Endara y la beata, contenidas en el capítulo antes de éste y les dijo: Vosotras ahora habéis entrado; pues yo os prometo que si otra vez os veo o entiendo que andáis en los prados o en las ermitas a estas horas, como os he visto esta noche, que os tengo de matar. Y esto les dijo porque la beata era su sobrina. [Catalina de Topalda, véase p. 200][87].

Dicho acontecimiento vino a ser corroborado por las declaraciones de la propia María de Endara[88], que coinciden de un modo sorprendente con el relato del herrero de Echalar. Sin embargo, la coincidencia entre las declaraciones del herrero y de la rica y hermosa dueña de una herrería puede explicarse fácilmente: durante el proceso se le había leído a María de Endara el contenido de las acusaciones del herrero. Como ya indiqué antes, la denominada «Publicación de testigos» se hacía leyendo las acusaciones en voz alta sin nombrar a los testigos. Posiblemente los inquisidores inquirirían entonces a la joven viuda si alguien le había preguntado

---

[87] *Ibid.*, pp 71-73.
[88] Véase *ibid.*, pp. 70-71.

al regresar a la ermita dónde había estado; y puesto que María de Endara, al principio de su confesión, había declarado haber estado en la capilla en compañía de una cuñada, nada le resultaría tan natural como volver a aquel punto y decir que: «la cuñada que estaba en la dicha ermita le preguntó que de dónde venía, y ésta le respondió que había estado fuera con ciertas personas que trataban [de] arrendarle su herrería y habían hablado acerca del concierto»[89].

La bella propietaria, tal y como lo hiciera Graciana de Amézaga, había confesado a raíz de la publicación del edicto de gracia a los presos. Su confesión, que como ya dije se ha conservado, demuestra una perfecta colaboración entre la rea y sus oidores, Becerra y Valle, quienes, por su parte, se interesaban cada vez más por esta clase de confesiones realistas, que al parecer hacían más mella en la Suprema.

5. *El contradictamen de Salazar*

El *Memorial cuarto de Salazar* (DS doc. 14) está fechado en Logroño a 3 de octubre de 1613 (el mismo día que el *Memorial C* de sus colegas, o al menos una parte de él). El manuscrito que se conserva es de puño y letra del propio Salazar y contiene varias rectificaciones que confirman que se trata del borrador original[90]. El informe, como ya queda dicho, ocupa diecinueve páginas de letra apretada. Al igual que el memorial anterior, se divide en cuatro artículos y un epílogo, con los siguientes títulos:

[Introducción (artículo 1)]

    I. De lo que hay en los registros de este Santo Oficio que nunca se ha referido al Consejo [arts. 2-12].

---

[89] *Ibid.*, p. 71.
[90] Véase *Memorial cuarto de Salazar*, fols. 8v y 9r, donde Salazar ha cambiado dos artículos (§§ 37 y 41).

II. De lo que en el tribunal y fuera de él se ha faltado en progreso de este negocio con los inconvenientes que de ello resultan [arts. 13-26].

III. De la significación de los actos positivos alegados por ambas partes [arts. 27-32].

IV. De las objeciones que de la persona y discurso del caso me imputan [los inquisidores Becerra y Valle] [arts. 33-45][91].

[V.] Epílogo de toda esta controversia[92].

Salazar empezó recordando a la Suprema que en su informe sobre la visita había advertido que dejaba algunas cosas para otra ocasión. Lo había decidido así por no ofender a sus colegas; pero, *ahora*, había resuelto que tenía que decirlo. A continuación refirió con detalles el delicado asunto de las irregularidades de que había sido testigo durante los cuatro años que había sido miembro del tribunal[93].

En el primer capítulo llamaba la atención sobre el hecho de que al contestar, el 11 de julio de 1609, a las preguntas de la Suprema acerca de las instrucciones antiguas para los casos de brujería (véase pp. 101-102), los inquisidores sólo habían enviado los materiales favorables a sus propias opiniones. Ahora, Salazar exponía todo cuanto se había callado en aquella ocasión y enumeraba una larga lista de cartas e instrucciones antiguas que la Suprema estuvo mandando al tribunal a lo largo del siglo XVI, relacionadas todas ellas con causas de brujería despachadas entre 1526 y 1596[94]. Con ello demostraba Salazar que ni una sola bruja había sido quemada en todos aquellos años; ni siquiera se había obtenido licencia para detener a nadie con motivo de dicha acusación sin consultar a la Suprema. Las instrucciones citadas por Salazar muestran un increíble escepticismo por parte de la Inquisición española, en comparación con otros jueces de Europa. Por ejemplo, en una carta fechada el 27 de noviembre de 1538, la Suprema escribe a los inquisidores

---

[91] *Ibid.*, fol. 1r, 9v.
[92] *Ibid.*, fol. 9v.
[93] *Ibid.*, fol. 1r, § 1.
[94] *Ibid.*, fols. 11v-3r, §§ 3-12.

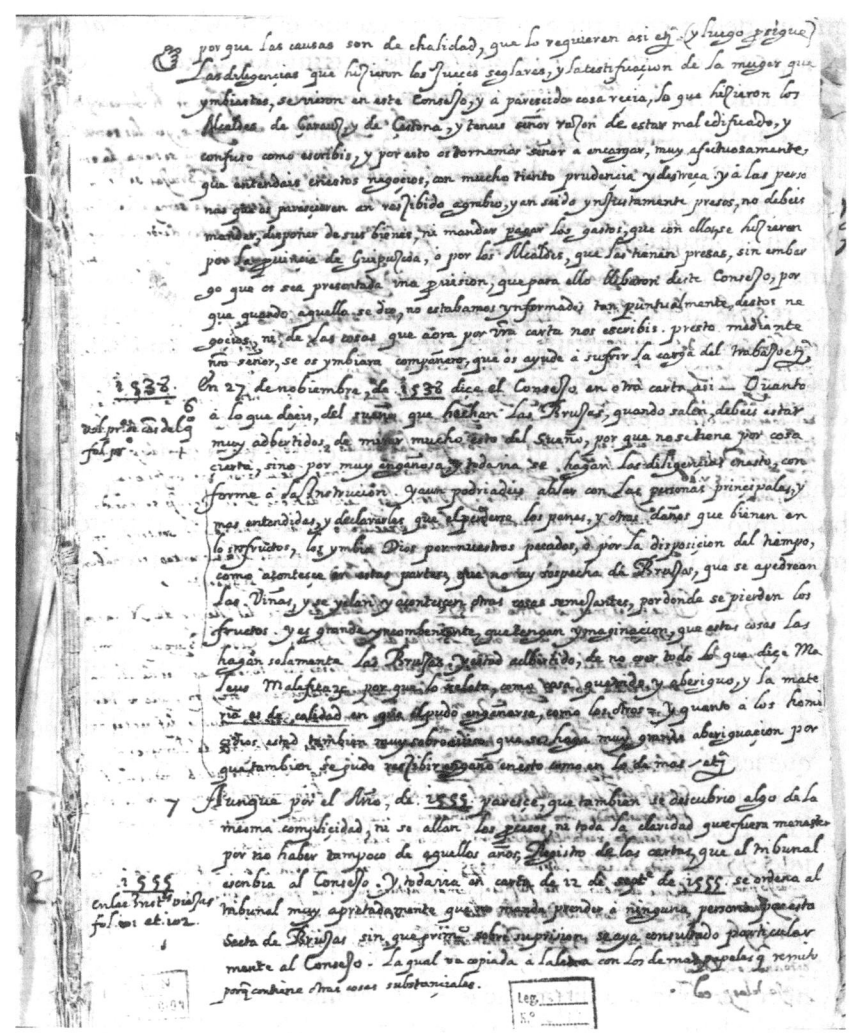

38. Página del «Informe cuarto» de puño y letra de Salazar fechada el 3 de octubre de 1613. La mano apuntando en el margen señala la resolución de 1526, donde la Suprema establecía que el testimonio de acusados de brujería no era válido para detener ni juzgar a terceras personas. Archivo Histórico Nacional, Madrid.

que no deben creer todo cuanto está escrito en el *Malleus malefica-
non,* pese a que su *autor (sic;* en realidad eran dos: Jacobo Sprenger
y Enrique Institoris) «lo relata como cosa que vio y averiguó, y la
materia es de calidad en que él pudo engañarse como los otros»[95].
Tan franco rechazo del *Malleus maleficarum* (Colonia, 1487, impreso múltiples veces), cuya autoridad era altamente reconocida
por jurisconsultos protestantes y católicos, no lo he hallado en ninguna otra fuente de la época de las persecuciones de brujos. Con
este repaso al material del, actualmente perdido archivo del tribunal, Salazar documentaba, de un modo tajante, que el auto de fe de
Logroño había constituido una ruptura de ochenta y cuatro años
de tradición inquisitorial de no quemar a los brujos.

En el segundo capítulo, Salazar proseguía haciendo nuevas y
embarazosas acusaciones. Criticó sin piedad el modo en que el tribunal procedía en la actual causa de brujería; pero no intentó exi-
mirse de la culpa que le correspondía como tercer inquisidor:

> En los... procesos tampoco se escribían muchas cosas substanciales
> que —dentro y fuera del tribunal— pasaron con los reos... reducién-
> dolos a lo que de las alteraciones y réplicas quedaba por resolución
> final de cada punto, callando así otras contradicciones y desatinos
> que les pudieran detraer el poco crédito de lo demás. Conforme a un
> Juan de Espinar, de Santesteban de Lerín, que decía nos había visto a
> los tres inquisidores en su junta envueltos con tres mujeres, y des-
> pués se redujo a que solamente eran las figuras de inquisidores.
>
> Ni tampoco se escribían las continuas y aseguradas promesas con
> que certificábamos a cada uno de los negativos que en confesando
> serían sueltos y libres. Ni las comunicaciones y careaciones que te-
> nían permitidas o disimuladas en el tribunal para venir a confesar o
> añadir lo que de su delito o cómplices nos faltaba saber. Y aún algu-
> nas veces en la sala se omitían expresas revocaciones de los confesa-
> dos, esperando la reducción de el [*sic*] que las hacía, por los dichos
> medios que no escribíamos[96].

---

[95] *Ibid.,* fol. 2r, § 6.
[96] *Ibid.,* fol. 3r-v, § 14. Juan de Espinas parece ser un error por Petri del Espinar
(LB núm. 50).

Según relata Salazar, se llegó al extremo de omitir dar informe sobre aquella ocasión en que Martín de Igoarzábal, el carcelero, había oído una noche a dos mujeres confiarse una a la otra, mientras estaba escuchando fuera de la celda. En su memorial, el inquisidor repite la conversación sostenida la célebre noche entre María de Jureteguía y su tía (véase pp. 93-94). Como ya indiqué anteriormente, hasta la relación de Salazar, la Suprema no había tenido conocimiento del hecho, lo que supone que habían pasado ya tres años desde que María de Jureteguía había sido reconciliada ante miles de personas y exhibida como ejemplo de buena y arrepentida «confitente».

En su crítica, Salazar culpaba de forma expresa a sus dos colegas por haber aceptado indebidamente que las autoridades locales sometieran a los acusados a tormento, mientras hacía constar que él había protestado enérgicamente en el momento de emitir su voto sobre si se debería acoger en el tribunal a los maltratados prisioneros que les enviaban las autoridades de Zubieta (véase p. 284)[97]. Además, el tribunal había retenido las nuevas órdenes de la Suprema, por lo que los comisarios inquisitoriales ignoraban que se había concedido licencia a los acusados para revocar sus confesiones[98].

Finalmente, Becerra y Valle habían hecho todo cuanto estaba en su mano por sabotear la visita de Salazar: informaron mal de él a los comisarios y dieron secretamente órdenes para que le ayudasen lo menos posible[99].

Con relación al modo de proceder en la causa de brujería, Salazar reconocía que, últimamente, se había iniciado cierto progreso positivo: las declaraciones de los encausados estaban siendo anotadas en las actas protocolarias «con la imperfección y perplejidad de sus respuestas» —como expresaran sus colegas indignados—. Sin embargo —admitía—, ello resultaba en una confusión tal de ideas

---

[97] *Ibíd.*, fol. 4v § 19.
[98] *Ibíd.*, fol. 3v § 16.
[99] *Ibíd.*, fol. 4v § 21.

que el tribunal no era capaz de decidir si se había de reconciliar o declarar inocentes a los reos[100].

Como prueba de que el tribunal había suscitado inadecuadamente la persecución de brujos, Salazar menciona la disminución de la tensión que se había producido y la paz que reinaba desde entonces, tal como profetizara en sus memoriales. La carta del comisario de Lesaca, que Salazar adjuntaba a su nuevo informe[101], daba a entender que la paz estaba resultando duradera. Aquel pueblo había sido el centro de la más grave epidemia onírica y de histeria colectiva; no obstante, su viejo párroco Domingo de San Paul comunicaba que, al cumplirse los cuatro años del inicio de la erupción de brujomanía, el lugar estaba tranquilo. En su carta, fechada en Lesaca a 2 de junio de 1613, dice:

> [...] de nuevo no se ofrece por esta partida cosa de que dar aviso. Los muchachos brujos duermen de noche y dicen que no van, ni los llevan ahora de noche ni de día a los aquelarres[102].

En el capítulo tercero explicitaba lo que, a su modo de ver, debería entenderse por pruebas. Salazar comenzaba por criticar ásperamente la acepción que sus colegas daban al concepto de *actos positivos*.

No pueden llamar de estas cosas actos positivos sin estar averiguado clara y distintamente que resultaron de obra maleficial o por medios y caminos de ella. Pues sin eso no induce nada que la viesen [a la bruja] pasar por allá o por acá, o que el otro fuese muerto, tullido o lisiado, si no es sabiendo que lo fuese por brujas, diciéndolo personas que no lo sean, por modo que concluyen sus dichos.

Porque no hay más prenda de creer a las cómplices en esto que en todo lo demás de sus juntas, bailes y aquelarres —donde bate el punto de esta incredulidad— cuando no se coadyuva con testigos

---

[100] *Ibid.*, fol. 5r, § 22.
[101] *Ibid.*, fol. 5r, § 25.
[102] *Leg* 1679, exp. 2, 1.º, núm. 30 (Domingo de San Paul/T. 2-VI-1613).

de fuera, circunstancias y argumentos tales que suplan lo que a ellos les falta —de que no tenemos nada en este caso de tal género hasta hoy[103].

Seguidamente, Salazar atacaba la argumentación demonológica de sus colegas, oponiendo al dogmático deductivismo de éstos su empirismo inductivo, según el cual todo lo dicho antes por teólogos y sabios no tenía nada que ver con el asunto actual. Las pruebas deberían basarse únicamente en hechos averiguados o de posible averiguación en cada caso concreto:

> Y tampoco mejora con averiguar que el Demonio puede hacer esto y aquello, repitiendo cada paso sin provecho la teoría de su naturaleza angélica; y que también digan los doctores por asentadas estas cosas, que sólo sirven ya de fastidio inútil, pues nadie las duda; sino en creer que en el caso individuo [sic] hayan pasado como los brujos las dicen de cada acto particular, por las dudas que dejé apuntadas y porque ni ellos han de ser creídos, ni el juez dar sentencia, sino en lo que exteriormente traiga verdad perceptible igual para cuantos la oyeren —pues no lo es para ninguno: volar cada paso una persona por el aire, andar cien leguas en una hora, salir una mujer por donde no cabe una mosca, hacerse invisible a los presentes, no se mojar en el río ni en el mar, estar a un tiempo en la cama y en el aquelarre... y que cada bruja se vuelva en la figura que se le antoja, y alguna vez en cuervo o en mosca, con lo demás referido superior de todo el natural discurso y aun mucho de ello también de los límites permitidos al Demonio[104].

Salazar, pese a la ardua lucha sostenida en el tribunal, no había perdido su sentido del humor, pero se había vuelto más sarcástico. Hacia el fin del capítulo declara que la abundancia de *actos positivos* acumulada por Becerra y Valle es totalmente nula: «con cuanto más se animan a exagerarlos por de maravillosa probanza». Palabras estas poco amables; pero recordando el modo en que los dos inquisidores exaltaban su propio trabajo, hemos de reconocer que dio en el blanco.

[103] *Memorial cuarto de Salazar*, fols. 5v-6r, § 27.
[104] *Ibíd.*, fol. 6r-v, §§ 28-29.

En el cuarto capítulo, Salazar se defiende de la crítica que sus colegas hacen de su persona, y rechaza las acusaciones de haber mantenido correspondencia secreta con el inquisidor general y con el obispo de Pamplona, Antonio Venegas de Figueroa, quien ya había sido nombrado obispo de la rica sede de Sigüenza[105]. Salazar apuntaba asimismo al hecho de que sus colegas, en su obcecación, le citaban con palabras que jamás había pronunciado[106]; y sostenía la opinión de que todos los ataques contra él sólo podían tener un fin: provocarle e irritarle para que iniciase un nuevo debate sobre la materia de las brujas, lo cual conduciría al retraso de la causa que se deliberaba en el Consejo; cosa, que hasta la fecha, estaban consiguiendo a la perfección con sus dilaciones y eterna redacción de memoriales[107].

En el «Epílogo de toda esta controversia», Salazar empieza por hacer constar que la discusión entre sus colegas y él parece excluir, de antemano, toda posibilidad de llegar a un acuerdo. Por ello, se conformaba con trazar los rasgos más característicos de las opiniones de cada parte, y presentarlos en doce puntos. Para mayor claridad, dichos doce puntos están parafraseados a continuación:

Becerra y Valle	*Salazar*
1. Todos los confitentes han cometido los delitos que confiesan y son testigos visuales del mal que acusan a otros.	Pese a que existe la posibilidad de que sea así, ninguno de los testimonios disponibles son convincentes.
2. Las pruebas de los hechos son inequívocas y verdaderas.	Hasta el testimonio más convincente contiene el elemento de inseguridad que siempre se halla en casos de esa naturaleza.
3. Se trata de una antigua y bien conocida secta, que desde su descubrimiento fue siempre severamente castigada.	Pese a ello, la Suprema se ha visto, una y otra vez, forzada a reconsiderar la existencia de la secta, y gradualmente ha ido suavizando su actitud para con ella.

---

[105] *Ibid.*, fol. 8v, § 39; Venegas tomó posesión del obispado de Sigüenza el 21-II-1612.
[106] *Memorial cuarto de Salazar*, fol. 9r, § 42.
[107] *Ibid.*, fol. 9v, § 43.

Becerra y Valle

4. Se debe abrir proceso contra todos los sospechosos.

5. Teniendo en cuenta el carácter secreto de la brujería, se debería ser menos exigente en cuanto a la contundencia de las pruebas.

6. Debemos asegurarnos de que una de las formas más graves de apostasía no quede sin castigo.

7. Al menos, tenemos obligación de restituir el mancillado honor de Dios, a causa de las abominaciones de aquellos malvados.

9. En los procesos debemos solamente escribir la confesión definitiva y bien fundada que concuerde con aquello que de antemano sabemos sobre la secta de brujas.

10. *Nuestra* opinión se basa en las experiencias obtenidas por nosotros mismos en calidad de jueces de la secta, y en las pruebas que resultaron de los ochenta y cuatro casos que despachó el tribunal relacionados con la brujería.

Salazar

No es aconsejable abrir proceso contra nadie, a menos que los testimonios contra ellos vayan apoyados por otras pruebas.

Aun con esa ventaja, las pruebas existentes son de dudoso valor; pues hasta los hechos de los que se afirma que son conocidos por todos —según he comprobado— no los conoce nadie.

Mientras no tengamos pruebas contra los sospechosos, y mientras, en algunos casos, no tengamos garantía de que se han cometido los crímenes, esa preocupación es superflua.

Para restituir el honor de Dios, lo mejor sería reparar el daño y vejaciones cometidos ilegalmente para obtener por fuerza las confesiones que han mancillado tantos nombres de buena fama.

Las declaraciones de los acusados serán anotadas en el protocolo con todas las contradicciones y absurdos que contengan.

Yo también he tenido mis experiencias con los mil ochocientos brujos, cuyas causas despaché yo solo durante mi visita al distrito, a lo que puedo añadir que un servidor estuvo también presente en el proceso contra aquellos ochenta y cuatro.

Becerra y Valle	Salazar
11. Somos veteranos en el servicio y fuimos quienes dimos comienzo a esa causa, y puesto que los demás miembros del jurado estuvieron de nuestra parte, debe concedérsenos ventaja en contra de nuestro colega, que quedó solo con su voto.	La votación de las causas penadas en el auto de fe no tiene nada que ver con la presente discusión, con la que se trata de alcanzar la verdad.
12. Todo lo contenido en los papeles de la visita de nuestro colega no tiene otro fin que el de reforzar las razones que expuso para dar su voto negativo en el tribunal.	Este argumento se contradice por el hecho de que mis propios colegas han encontrado en mis papeles de visita gran número de hechos en los que ahora se apoyan para reforzar su propia opinión[108].

El memorial quinto de Salazar (DS doc. 15), como ya dije antes, constituía un suplemento al contradictamen (véase p. 398), y está fechado en Jaén a 7 de enero de 1614[109]. Se divide en veinticuatro artículos que ocupan nueve páginas manuscritas, pero no contienen argumentos esencialmente nuevos; lo que nos permitirá centrar nuestra atención en el examen de su crítica de la actuación de sus colegas en el debate. Revisten especial interés sus citas del memorial extraviado que fue leído ante el tribunal el 3 de octubre de 1613. Según parece, se trata del memorial de donde Salazar extrajo la siguiente cita de Becerra y Valle (uno de los ataques más duros contra su persona):

> «Y porque en todo pretende [Salazar] dar a entender que la mayor parte de confesiones de brujos y todo lo que en ellas y en su visita se contiene son sueños y fantasías, admíranos manifiestamente que los embelecos del Demonio y sus marañas e invenciones hayan sido tan fuertes y poderosas para cegar los ojos del entendimiento de muchas personas, por mejor defender sus brujos»[110].

[108] *Ibid.*, fols. 9v-10r («Epílogo»).
[109] Este documento, el *Memorial quinto de Salazar*, es en gran parte idéntico con el *Memorándum de Salazar de 13 de noviembre de 1613*; véase la comparación de las dos versiones en WA, p. 541, n. 162.
[110] *Memorial quinto de Salazar*, fol. 11r-v, § 3.

En otro punto dice Salazar que sus colegas incluso se aventuraron a manifestar que «ciego del Demonio defienda yo mis brujos»[111]. Tras rebatir semejante acusación, pasa a criticar lo que en la argumentación de sus colegas llama los tres «presupuestos». Mantenía el primer «presupuesto» que existían reglas de comportamiento de los brujos; a lo que Salazar comenta: «como si los doctores o personas que suelen decirlo tuvieran revelación de ello o tan coartado al Demonio a que siempre hiciera lo mismo y a que sin mudanza de tiempos, lugares ni ocasiones fuera en todo conforme la junta de brujos de Zugarramurdi a la de Fuenterrabía o Francia»[112]. En el caso de que realmente hubieran de tomarse las descripciones de los brujos en serio, Salazar opinaba que habría que tener en cuenta las graves contradicciones y discrepancias que se deducían de ellas; y esta certeza dio ocasión a nuestro inquisidor para arremeter contra el segundo «presupuesto», en el que se sostenía que era posible evaluar las declaraciones:

> [...] para conformar las dichas disonancias que resultan de unas confesiones con las otras, dividan en tres clases: de buenos y diminutos y malos confitentes, porque no teniendo nosotros método ni regla con que medir a cada uno sino otro tal arbitrario como han usado y repetido [ellos] en el dicho papel de dar nombre de malos confitentes a los que cualquiera llamara buenos y al contrario[113].

El tercer «presupuesto» sostenía la tesis de que el demonio siempre actuaba con la mayor picardía, movido por el deseo de encubrir su secta y evitar que fuese descubierta, ya que de otro modo se derrumbarían sus planes de minar el cristianismo. En opinión de Salazar, semejante argumento era incompatible con el hecho de que más de dos mil personas hubieran cooperado en el descubrimiento de la secta con mucho más ahínco del necesario[114].

---

[111] *Ibid.*, fol. 11v, § 3.
[112] *Ibid.*, fols. 11v-12r, § 5.
[113] *Ibid.*, fol. 12r, § 6.
[114] *Ibid.*, fol. 12r, § 7.

Tras esto, Salazar pasó a dilucidar una serie de puntos de sus informes —en su opinión— erróneamente comentados por sus colegas. Por ejemplo, habían rechazado el artículo 8 del *Memorial segundo de Salazar*, sobre las cincuenta brujas que no fueron capaces de explicar cómo ni por qué modo habían llegado al sabbat. Por medio de una comparación inspirada —pero del todo equivocada—, Becerra y Valle habían tratado de eludir el problema.

> Y para responder a los confitentes que no supieron decir por qué vía ni modo eran llevados a las juntas de brujos, exageran los colegas su comparación de los navegantes que sin saber la aguja ni carta de marear se hallan en las Indias o puerto que buscan, en que no hallo circunstancia de semejanza que a esto se apegue, pues a lo menos en lo que más fuera menester son tan remotos ambos casos de estar mirando a todas horas del día y de la noche cuanto allí pasa los demás navegantes y bajeles que navegan; y acá, yendo al aquelarre solamente lo ven el mismo brujo y quien le lleva cuando mucho, sin contestar en el modo ni haberse hallado otro de fuera de la complicidad que dice nada de ello[115].

Por último, Salazar advertía que, pese a tanta divergencia de pareceres, existía un punto sobre el cual sus colegas opinaban lo mismo que él: la necesidad absoluta de llegar a un acuerdo y tomar una determinación. Por ello, Salazar rogaba al inquisidor general que pusiera punto final al asunto lo antes posible[116].

---

[115] *Ibid.*, fol. 14v, § 23.
[116] *Ibid.*, fols. 14v-15r, § 24.

CAPÍTULO 12

LA SOLUCIÓN AL PROBLEMA DE LA BRUJERÍA

1. *Salazar es reclamado por la Suprema*

A primeros de marzo —dos años después de recibir los memoriales de Salazar— la Suprema decidió ocuparse del caso de las brujas. Para entonces Salazar ya debía haber vuelto a Logroño, pero seguía en Andalucía, pues el inquisidor general había prorrogado su excedencia por dos meses[1].

El 7 de marzo escribió a Salazar uno de los consejeros de la Inquisición, Juan de Zapata Osorio, afirmando que todos los consejeros estimarían mucho su presencia durante el examen de los papeles, y le aseguró que de no saber que iba a pasar por Madrid a su regreso, el inquisidor general le habría mandado llamar. El Consejo —escribía Zapata— se disponía a estudiar el caso, pero no contaban con haber leído todos los papeles antes de las vacaciones de Pascua. Así y todo, urgía que Salazar se presentase en la corte lo antes posible:

---

[1] *Leg* 1958, exp. 1, fol. 12r (C./Salazar, 4-II-1614).

Aunque entendemos que llegará muy antes de la determinación y que todos estos señores están con gusto de oír Vuestra Merced sobre ello, yo quería esto más que nadie; y que alcanzase a la vista de algo, ya que no puede ser de todo. Porque pienso de estos negocios lo mismo que Vuestra Merced y que es menester ir con mucho tiento como han hecho siempre nuestros pasados[2].

Cuatro días más tarde el Consejo de la Suprema le envió también una carta oficial, firmada por su secretario, Hernando de Villegas, en la que se reclamaba su presencia para la semana que seguía al domingo de Cuasimodo. El examen de los papeles concernientes a las causas de brujería, señalaba el secretario en su carta, iba a dar comienzo, por lo que se requería la presencia de Salazar para que explicase su contenido con más detenimiento[3].

El domingo de Cuasimodo cayó aquel año el 6 de abril, y durante la semana siguiente Salazar empezaría a prestar sus servicios a la Suprema. Posiblemente llegó a Madrid algo antes, porque el 11 de marzo, o sea el mismo día en que el secretario escribió la carta oficial, Zapata volvió a escribir a Salazar rogándole que no demorase su viaje y partiese de inmediato. Desde su última carta, el Consejo había incoado la vista de la causa, y Juan Zapata se hallaba convencido de que la presencia de Salazar «importará mucho al servicio de Dios»[4].

El 15 de marzo el Consejo pidió al tribunal de Logroño que enviase sin tardanza las actas originales relacionadas con el caso de las brujas. Se necesitaban los libros de visita de Salazar y Valle, así como los ochenta y cuatro procesos concluidos por el tribunal. La Suprema deseaba además que se le enviasen, con todo secreto, dos brujos, con el fin de cerciorarse por sí misma de la autenticidad de las marcas del demonio. Sugería las personas del herrero de Echalar, Juanes de Yribarren (LB, núm. 18), y de Juanes de Goizueta, vecino del valle de Oyarzun (véase p. 387). El tribunal debería tranquilizar y asegurar a los reos que nada malo iba a sucederles. Serían condu-

---

[2] *Ibid.*, fol. 13r-v (Zapata/Salazar, 7-III-1614).
[3] *Ibid.*, fol. 15r (C./Salazar 11-III-1614).
[4] *Ibid.*, fol. 14r (Zapata/Salazar 11-III-1614).

cidos a Madrid en calidad de viajeros corrientes y no como presos, y el agente que debía acompañarles no llevaría vara de justicia. A su llegada, se presentarían ante el secretario Villegas, quien les explicaría por qué se les había llamado a la corte[5].

El mismo día en que se despachó la carta del Consejo para Logroño salió otra para el inquisidor general, que a la sazón se encontraba en Toledo ejerciendo su función de arzobispo: «Conforme a lo que Vuestra Señoría Ilustrísima dejó ordenado se ha comenzado en las tardes a tratar de la materia de los brujos». El escrito proseguía orientando al inquisidor general sobre la carta al tribunal requiriendo las actas de los procesos, «para salir mejor de las dudas que en ella [la causa de las brujas] se nos han ofrecido», y el envío de dos brujos para que «en presencia de Vuestra Señoría Ilustrísima y del Consejo procuremos sacar de ellos la verdad de lo que en esto pasa»[6].

Se conserva el original de la carta remitida a Toledo, y en ella, gracias a una nota escrita al margen por el inquisidor general, obtenemos por vez primera una fugaz impresión de la eminencia gris inquisitorial:

> Acordando siempre al Consejo mi cuidado y deseo de que se acabe presto este negocio, me parece muy acertado lo que aquí me dicen Vuestras Mercedes que guarde Nuestro Señor muchos y dichosos años. En Toledo 17 de marzo 1614[7].

2. *La Suprema*

El Consejo de la Suprema Inquisición tenía su domicilio en el antiguo palacio real, el Alcázar, donde se hallaba también el resto de los órganos de gobierno[8]. Sin embargo, entre todas las instituciones

---

[5] *Lib* 334, fol. 188r-v (C./T. 15-III-1614).
[6] *Ibid.*, fols. 188v-189r (C./Inquisidor General en Toledo, Madrid, 15-III-1614).
[7] *Lib* 796, fol. 15r (original de la misma carta de 15-III-1614 —véase n. anterior— con nota marginal del inquisidor general).
[8] Información que debo a la cortesía del profesor Ismael Sánchez Bella, Universidad de Pamplona.

39. El inquisidor general Bernardo de Sandoval y Rojas, cardenal y arzobispo de Toledo. Retrato policromado fechado en 1618. Sección de Estampas, Biblioteca Nacional, Madrid.

gubernamentales o «ministerios», solamente una, el Santo Oficio, ejercía su poder en todo el Imperio español (a excepción de los Países Bajos, que carecían de Inquisición). Las asambleas convocadas por la Suprema se regían por una severa etiqueta.

El Consejo se reunía a diario tres horas por la mañana, y los martes, jueves y sábados también lo hacía dos horas por la tarde[9]. El inquisidor general presidía la reunión sentado en una tribuna a cuyos pies se extendía una larga mesa. En dicha tribuna, coronada por un baldaquín de rojo carmesí, se sentaban, a cada lado del inquisidor general, los dos inquisidores más antiguos, quienes, en caso de la ausencia de aquél, presidían la sesión[10]. Normalmente, el inquisidor general participaba dos horas por la mañana en las sesiones[11]. Aquellos tres inquisidores tenían ante sí una pequeña mesa provista de utensilios de escribir y una campanilla destinada a llamar por los porteros apostados en la antesala. Alrededor de la larga mesa que se extendía delante de la tribuna tomaban asiento los demás consejeros de la Suprema, por orden de antigüedad. Al fondo de la mesa, a uno de los lados, tenía su asiento el fiscal; la silla anterior a él estaba destinada al secretario del rey, pero por lo regular se hallaba vacante, ya que dicho secretario real únicamente podía entrar en la sala en caso de ser llamado por el inquisidor general, cosa que éste sólo hacía en asuntos que debían someterse al parecer de Su Majestad. En el extremo de la mesa opuesto a la presidencia se sentaban dos escribanos *(relatores)* y dos secretarios de la Suprema[12].

El Consejo despachaba todos los casos que le presentaban los tribunales inquisitoriales ubicados en todo el Imperio, desde el de Sicilia en Levante hasta los de México y Perú en Poniente. Los documentos se abrían y eran leídos en voz alta ante la congregación de la sala y, normalmente, el inquisidor general o, en su ausencia, los dos consejeros inmediatos tomaban las decisiones procedentes. En caso de duda, la causa era sometida a votación. Sólo votaban los ocho consejeros, em-

---

[9] *Origen y fundación*, pp. 50-51, 61-62.
[10] *Ibid.*, pp. 66-67.
[11] *Ibid.*, p. 80.
[12] *Ibid.*, pp. 67-68.

Mapa 6. Los veintiún tribunales de la Inquisición española.

pezando por «abajo», es decir, por el más nuevo en el cargo. El fiscal y el inquisidor general no votaban, siendo el último el encargado de velar por el cumplimiento de las reglas de votación. Estaba prohibido interrumpir al que emitía su voto, y no se permitía el intento de influir, por señas o por gestos, al que hablaba. El resultado de la votación era firmado por todos los presentes, incluso por aquellos que no estuvieran conformes. En caso de empate de votos, el inquisidor general podía someter la cuestión ante un nuevo jurado[13].

[13] *Ibid.*, p. 72, cf. *ibid.*, pp. 69-70.

La Suprema no era una congregación de hombres de edad avanzada. Sus miembros no procedían exclusivamente de los inquisidores más antiguos en el cargo, ascendidos en pago a sus muchos años de servicio. Por el Consejo también pasaba una corriente fresca compuesta por eclesiásticos relativamente jóvenes, quienes hacían carrera al servicio del Estado y algún día llegarían a obispos o a ocupar otros puestos prominentes. Esta retaguardia de hombres vigorosos constituía el gran secreto de la inmensa eficacia demostrada por el Consejo de la Suprema.

Echando una ojeada al personal del Consejo, advertiremos que cinco de sus miembros, entre ellos el doctor Juan Ramírez, antiguo colega de Becerra, habían seguido la causa de brujería desde sus comienzos, mientras que los tres restantes habían entrado algo más tarde[14]. La cabeza del Consejo, el inquisidor jeneral Bernardo de Sandoval y Rojas, había intervenido también en la causa desde el principio, por lo que reunía óptimas condiciones para juzgar en ella, puesto que además había sido obispo de Pamplona. Becerra, en su calidad de nuevo fiscal de la Suprema, había dispuesto de varios meses para informar a su antiguo colega Juan Ramírez sobre el asunto. Como ya explicamos antes, el inquisidor general no participaba en las sesiones de tarde, lo que concedía una gran ventaja a los dos inquisidores del tribunal de Logroño, por ser ellos los únicos que hablaban con conocimiento de causa sobre la cuestión de la brujería vasca. Debió ser esta circunstancia la que preocupaba al consejero Zapata cuando se decidió a escribir por segunda vez a Salazar pidiéndole que se presentase en Madrid lo antes posible.

3. *La vista de la causa en el Consejo*

No sabemos si Salazar hizo acto de presencia en el Consejo a tiempo de intervenir en la primera fase de la discusión; pero sí sabemos que cuando el Consejo reanudó su trabajo después de Pas-

---

[14] Sobre miembros de la Suprema, véase tabla 13 en WA, p. 459.

cua, Salazar ya estaba entre ellos, y que durante los cinco meses que siguieron estuvo al servicio de la Suprema en calidad de consejero, participando como tal en sus reuniones. Todavía no han aparecido nuevas fuentes que nos aclaren de qué modo se libró la batalla de las brujas en su última y decisiva fase, de modo que hemos de conformarnos con las pocas y dispersas noticias que tenemos por ahora.

El 15 de abril, ocho días después de Pascua, llegó un mensajero de Logroño con las actas originales que habían sido requeridas por la Suprema. La carga de documentos era apreciable: el libro de visita de Valle; el de Salazar, compuesto por ocho tomos en folio, y las actas de los ochenta y cuatro procesados por el tribunal (de los que treinta y una causas habían sido concluidas para el auto de fe y el resto lo fueron en conexión con el edicto de gracia).

A la vez que la carga de documentos, llegó uno de los brujos que quedaban, Juanes de Goizueta. En una carta entregada por el mensajero al Consejo se manifestaba que el reo había partido muy contento al saber que su causa sería concluida rápidamente después del viaje. En la misma carta, fechada el 9 de abril, Valle y su nuevo colega Laso de Vega explicaban por qué el otro brujo no acompañaba al primero. El tribunal había recibido noticias de que el herrero Juanes de Yribarren ya no ejercía su oficio en Echalar, sino que vagabundeaba de un lado a otro como mendigo, y la mayor parte del tiempo andaba por Francia. Pero como se sabía que, de vez en cuando, aparecía por Urdax y Zugarramurdi, los inquisidores habían escrito a fray León pidiendo que lo detuviesen[15].

En Madrid, los inquisidores continuaron tratando a Juanes de Goizueta como a un viajero normal y corriente. Al portero de la Suprema se le había encargado que le encontrase alojamiento, con manutención, por 4 reales diarios[16]; por lo demás, el cuadragenario vasco quedó en libertad de ir donde quisiera. Nada sabemos de lo que opinó el Consejo sobre la marca del demonio que el presunto

---

[15] *Lib* 796, fol. 41r (T./C. 9-IV-1614).
[16] *Ibid.*, fol. 41r

brujo decía tener en el hombro izquierdo, donde afirmaba que Satanás le había mordido; sin embargo, el hecho de que el verano anterior un saludador le hubiera señalado a él, en su apartado lugar de los Pirineos, como brujo, le proporcionaba ahora una oportunidad gratis de visitar la capital de España.

El 17 de abril el Consejo escribió al tribunal para comunicarle que habían llegado el brujo y los papeles. A Juanes de Goizueta lo retendrían en Madrid por el momento. La carta concluía: «Vase viendo todo, y de lo que se acordare se os dará aviso»[17].

Dos días más tarde volvió a escribir el Consejo a Logroño, pidiendo que se le enviasen las cartas que se habían cruzado entre Salazar y sus colegas durante la visita de aquél. Al mismo tiempo, el Consejo requería las actas del proceso de Juanes de Goizueta, que no habían llegado con los otros papeles[18].

A principios de mayo, la Suprema recibió los papeles que faltaban. Llegaron acompañados de una carta de los inquisidores, fechada en Logroño el 23 de abril[19], en la que se incluía la contestación que el abad de Urdax, fray León de Araníbar, les había mandado relacionada con el otro brujo. La carta de fray León estaba fechada en Elizondo el 14 de abril, y comunicaba que Juanes de Yribarren, desde que regresó de Logroño, se había dedicado a robar y asaltar a los caminantes, por lo que el Consejo Real de Navarra le había juzgado y condenado a diez años de galeras, donde llevaba ya año y medio. La intención de Valle y su nuevo colega, al incluir en la suya la carta de fray León, no debió ser solamente demostrar a la Suprema que no podían cumplir sus órdenes con respecto al otro brujo, sino también que el propio Consejo leyese lo que el comisario inquisitorial escribía sobre los brujos de su comarca. La carta de fray León concluía precisamente con unas observaciones amargas:

> Si otra cosa se ofrece del servicio de ese Santo Oficio, en mí tiene Vuestra Señoría un ministro y criado que no se descuidará un punto, par-

---

[17] *Lib* 334, fol. 198r (C./T. 17-IV-1614).
[18] *Ibid.*, fols. 198v-199r (C./T, 19-IV-1614).
[19] *Lib* 796, fol. 35r (T./C. 23-IV-1614).

ticularmente en las cosas tocantes a esta canalla diabólica que con la confianza que tienen que esta causa está dejada y olvidada no hay quien viva con su soberbia de ellos[20].

A los pocos días, el 7 de mayo, Valle comunicaba a la Suprema la muerte de su colega, el inquisidor Laso de Vega, acaecida aquella misma mañana, después de una larga enfermedad[21].

Valle se había quedado solo en Logroño, en tanto sus colegas Becerra y Salazar se encontraban en Madrid participando en las deliberaciones sobre la causa de las brujas. A mediados de julio regresó a Logroño Juanes de Goizueta, cuyo interrogatorio había dado la Suprema por terminado. En una carta dirigida al tribunal se daba orden de despachar la causa de aquel reo con la mayor brevedad posible[22]. El 14 de agosto, Valle remitió el informe anual sobre los casos de herejía despachados por el tribunal (la *relación de causas*). Abarcaba dicha relación el período de tiempo comprendido entre el 20 de julio de 1613 y el 20 de julio de 1614, durante el cual se habían despachado veintisiete causas, de las que cinco eran contra brujos. Los brujos habían sido liberados *ad cautelam*, y conviene notar que era la primera vez, desde 1611, que figuraban causas de ese tipo en el acta anual del tribunal[23]. Valle no hizo en Logroño ninguna otra cosa notable, por lo que podemos regresar a Madrid con toda tranquilidad para seguir, en la medida de lo posible, la evolución del debate sobre la brujería.

Una de las primeras cosas que Salazar haría probablemente a su llegada al Consejo a principios de abril debió de ser la síntesis de sus memoriales, conservada hoy día en un manuscrito sin fecha que ocupa ocho páginas. Se trata de un resumen de los memoriales II, IV y V, en los que están reflejadas sus principales opiniones. Dicho resumen lleva el título de: «Relación y epílogo de lo que ha resul-

---

[20] *Ibid.*, fol. 36r (Araníbar/T., Elizondo, 14-IV-1614).
[21] *Ibid.*, fol. 50r (Valle/C. 7-V-1614).
[22] *Lib* 334, fol. 224r (C./T. 11-VII-1614). Sobre la sentencia de Goizueta, véanse *Memorial octavo de Salazar*, fol. 5v, e Idoate, *Documento*, p. 99, n. 73.
[23] *Relación de causas, 1613/1614*, fols. 500r-514v.

tado de la visita que hizo el Santo Oficio en las montañas del reino de Navarra y otras partes con el edicto de gracia concedido a los que hubiesen incurrido en la secta de brujos, conforme a las relaciones y papeles que de todo ello se han remitido al Consejo» (DS doc. 16)[24]. La última sección de ese *Memorial sexto de Salazar* lleva el titular de «Recopilación de toda esta controversia», lo que no es más que una copia abreviada del epílogo del *Memorial cuarto*, donde Salazar transcribe sus opiniones y las de sus colegas, cotejando unas con otras[25]. No hemos podido hallar resúmenes semejantes de los memoriales de Becerra y Valle; pero no nos cabe ninguna duda de que debieron existir, ya que parece absurdo pensar que las negociaciones se llevasen a cabo basándose en un resumen que sólo representaba los argumentos de una de las partes.

Es posible que Salazar tan sólo participase en las sesiones del Consejo consagradas al asunto de la brujería. En dichas sesiones actuó el inquisidor de Logroño como defensor de las brujas, y como tal tuvo que encararse con su antiguo contrincante del tribunal: Becerra. Este último seguramente tampoco perdió la ocasión de hacer pesar su influencia como fiscal de la Suprema para impedir que las brujas fuesen puestas en libertad y conseguir que se procediese contra ellas con la severidad que él creía conveniente, aconsejando incluso el castigo de la hoguera para los miembros de tan abominable secta.

A mediados del verano, el Consejo había ya terminado, al parecer, de oír a las partes en el asunto de la brujería y de examinar el material recibido del tribunal. Al menos, la Suprema escribió a Logroño el 11 de agosto y puso al tribunal en conocimiento de que Salazar ya había concluido su misión en Madrid, con lo que se disponía a regresar a su puesto[26]. A partir del 23 de agosto vemos que su firma aparece de nuevo en los documentos del tribunal

---

[24] El *Memorial sexto de Salazar* ocupa ocho páginas y no lleva fecha.
[25] *Ibid.*, fol. 20v. Esta parte no está en la otra copia (BN MS 2031, fols. 129r-132v), publicada en Caro Baroja, 1933, pp. 131-145.
[26] *Lib* 334, fol. 234r (C./T. 11-VIII-1614).

junto a la de Valle[27]. Doce días más tarde, el 2 de septiembre, Valle solicitaba de la Suprema permiso para tomarse veinte días de vacaciones. Como motivo de dicha petición, aducía unos cálculos de vesícula que durante algún tiempo le habían aquejado, por lo que los médicos le aconsejaban la estancia en un balneario de Francia, pues debido a su edad avanzada no era oportuna una operación. Con el fin de tranquilizar al señor inquisidor jeneral, Valle le advertía en su carta que el balneario en cuestión y sus saludables aguas se hallaban a pocos kilómetros de la frontera española, en una zona habitada tan sólo por buenos católicos[28]. Le fueron concedidos dos meses de vacaciones[29], en lugar de los veinte días solicitados, y según parece se libró pronto de la compañía de su contrincante, pues a partir del día 15 de septiembre se echa en falta su firma en las cartas del tribunal[30].

4. *Propuesta de Salazar para unas nuevas instrucciones*

A Salazar no se le permitió formar parte de la asamblea durante las deliberaciones finales; no obstante, antes de regresar a Logroño, entregó a la Suprema una propuesta para las nuevas instrucciones sobre el modo de proceder en casos de brujería. Cabe pensar que realizó dicha propuesta a petición de su antiguo protector, don Bernardo de Sandoval y Rojas. El manuscrito, que constituye el *Memorial séptimo de Salazar* (DS doc. 17), ocupa tres páginas y lleva un postscríptum, indicando que era lo último que entregaba al Consejo. Se titula: «Lo que convenía proveer en el remedio de este negocio de la secta de brujos». En la introducción, el inquisidor subraya, como tantas otras veces, la necesidad de que se tome una decisión rápida sobre el asunto:

---

[27] Véase *Lib* 796, fol. 151r y *passim*.
[28] *Ibid.*, fol. 213r (Valle/Inquisidor General 2-IX-1614).
[29] *Ibid.*, fol. 213r (Nota del Consejo al margen de la carta citada en n. anterior).
[30] Véase *Lib* 796, fol. 166r y *passim*.

Para la necesidad tan urgente con que pide remedio la complicidad de secta de brujos descubierta en la Inquisición de Logroño, en el estado que hoy tiene y de suerte que aproveche a lo porvenir, con algún alivio también de lo pasado, yo el inquisidor, licenciado Alonso de Salazar Frías, tenía por convenientes los artículos y capítulos que se siguen[31].

La primera parte (arts. 1 a 9) constituía una ruptura radical con el pasado y con los errores cometidos, tales como: violencia popular, abuso de poder por parte de los comisarios, rechazo de revocantes, exclusión de la comunión, testificaciones falsas, procesos deficientes con la consabida difamación de los acusados y sus parientes. Salazar deseaba ver reparados en lo posible todos estos fallos, al mismo tiempo que pretendía que se tomasen medidas para evitarlos en lo futuro:

> 1. Que por medio de los comisarios se manifieste en todas partes el justo dolor y sentimiento que ha tenido el Santo Oficio de las graves violencias con que las justicias seglares inferiores y los parientes de los notados han inducido a los reos a estos descubrimientos, significándoles que solamente por haberlo comenzado a castigar y prevenido la Corte de Navarra se alza la mano de ello, como en efecto se les dejará libremente acabar de castigar los culpados en este artículo, sin impedírselo jamás por ninguna vía judicial ni otra intercesión extrajudicial; y apercibiendo que en lo de adelante se hará por la Inquisición rigurosa demostración irremisiblemente contra los que en esto incurrieren.
> 2. Con los comisarios y ministros de la Inquisición que también parece han incurrido en los dichos terrores y violencias se hará el castigo conveniente para su escarmiento, llamándoles al tribunal y haciendo con ellos sus causas, y especialmente con el licenciado don Lorenzo de Hualde, comisario de Vera, y el de la villa de Larrea en Álava [Martín López de Lezárraga], y el de Maestu [Felipe Díaz], de suerte que juntamente con su escarmiento también quede notado

---

[31] *Memorial séptimo de Salazar*, fol. 27r.

que en ningún tiempo se les ha de cometer a ninguno de ellos negocios de este género.

3. Por haber sido restringida y oculta la facultad de admitir revocantes parece que han dejado de acudir muchos confitentes gravados de lo que en estas cosas dijeron falsamente contra sí y contra otros; y para remediarlo se conceda con más especialidad licencia de esto y orden de dar alguna noticia de ello con el recato y advertencias que baste para divertirles el temor que les puede haber detenido de hacerlo antes.

4. Por la misma vía se envíe a advertir a los curas y rectores que no prohíban a sus parroquianos que estuvieren notados extrajudicialmente de este crimen la comunión de los sacramentos, quiera [que] sean personas negativas o confitentes, hasta que por el Santo Oficio se haya declarado la culpa de cada uno. Pues sobre ser así más conforme a derecho también de haberse regido los curas atropelladamente por las diligencias y flacas confesiones extrajudiciales, han caído en los graves inconvenientes que con esta prevención se han de sanear.

5. Todas las testificaciones y causas que de ellas habrán resultado hoy en los papeles presentes se suspendan para que en ninguna de ellas, *novatione cessante*, se pueda proceder contra ninguno, ni tenerle por tal notado en cualquier pretensión de oficio honroso que él o sus parientes tuvieren.

6. De las personas que en el auto de fe general del año pasado de 1610 fueron relajadas o reconciliadas no se pongan jamás sus sambenitos en las parroquias, ni en otra parte ninguna, tanto por la tradición de haberse también omitido de poner otras veces en tales ocasiones de brujería, cuanto por los nuevos motivos que de la imperfección de sus procesos han obligado a declararlo y añadir con esto nuevo recato en lo porvenir.

7. Por la misma razón dicha en el capítulo precedente tampoco se cobrarán las partidas de maravedís o hacienda adjudicada al fisco de la confiscación o condenación que tuvieron los tales relajados o condenados en sus sentencias.

8. Cuanto a las personas que murieron en las cárceles de la Inquisición sin ser determinadas ni conclusas sus causas, no las proseguirá jamás el fiscal, y aunque muriesen permaneciendo en su negativa se declare que no les obste su proceso y prisión en los oficios de honra que pretendieren sus descendientes, y que así se note

en el proceso de cada uno y se dé noticia a los hijos o personas interesadas que hubiere.

En las causas de fray Pedro de Arburu, de la orden premonstratense, y de don Juan de [la] Borda, presbítero, su primo, se les alce cualquier parte de reclusión, suspensión o destierro que les falte de cumplir de sus condenaciones. Y se note en sus procesos que no les obste la condenación pasada para cosas de honra y que de ello se les dé noticia a ambos[32].

El resto de la propuesta de Salazar (arts. 10 a 20) era un intento, rayano en la pedantería, para excluir la posibilidad de que semejantes fallos volviesen a repetirse en el futuro:

10. Por los inconvenientes e indecencia que han resultado por la frecuente y manual conferencia de estas cosas, descendiendo cada persona particular a hacer las experiencias, comprobaciones y otras particulares diligencias que les ha parecido —hasta pasarse también después de ello a dudar la verdad de los sucesos de este crimen y de la justificación de los castigados por el auto de Logroño— con edicto público del tribunal se imponga silencio en ello y orden de que solamente en la necesidad que les ocurriere de estas cosas para remedio de sus conciencias en esta parte lo trate cada uno con los comisarios o ministros de la Inquisición, y que en su falta con su confesor, rector o cura propio, dirigiéndolo por esta vía a que sin rodeo ni esparcir el caso, venga en noticia del Santo Oficio, guardando en este crimen de brujería los denunciadores o interesados otro tal recato como se guarda en todos los demás que son del conocimiento y punición del Santo Oficio.

11. Siempre y en cualquier tiempo que viniere espontáneamente alguna persona a manifestar en el tribunal, de sí o de otros, lo que supieren de este género, sea admitido escribiendo literal y puntualmente lo que dijeren, con todas sus imperfecciones y contradicciones, conforme a lo proveído por las instrucciones, poniendo la culpa de los cómplices en tal claridad que se deje percibir si la cometieron o no.

12. Ningún comisario reciba información ni testificación de estas cosas contra nadie, sino, conforme sus instrucciones generales, cada

---

[32] *Ibid.*, fol. 27r-v.

uno primero dé noticias al tribunal de la que él hubiere tenido con las dichas circunstancias.

13. Los comisarios tendrán facultad y orden de admitir también ellos las confesiones de la forma dicha, advirtiéndoles que con ellas se informen de la condición o imperfecciones personales del tal confitente para que avisándolo con cualquiera otra advertencia al tribunal ayude a gobernar lo que en la causa se hubiere de proseguir, y también escogerán con mucho tiento y conformidad de todos los inquisidores el comisario a quien se haya de cometer.

14. Si guardando el recato y nuevas advertencias presentes sobreviniere cualquiera otra testificación contra alguno de los dichos que hoy son testificados para haberla de proseguir, se saque y acumule todo con la presente, para que así, con ambas juntas, se vea y vote su culpa en el tribunal cuando parezca más conveniente, estando juntos todos tres inquisidores, y que toda la tal causa, así junta con lo votado, y también con las advertencias y capítulos presentes, antes de ejecutar nada, se remita al Consejo.

15. Todos los confitentes espontáneos que así hubieren acudido al tribunal sean despachados benignamente sin dilación, carcelería, confiscación, ni condenación alguna de bienes. Y que para los semejantes que ante los comisarios hayan confesado, después de vistas sus confesiones y saneadas todas circunstancias en el tribunal, les envíen despacho de reconciliación o absolución remitida al comisario que pareciere, sin esperar a consultar al Consejo en este modo de despacho cuando no haya otra circunstancia extraordinaria que a ello obligue.

16. Por la experiencia que se ha tocado de los excesos sobredichos de los comisarios y en proceder con parcialidad y desigualdad en estas cosas, siempre que ocurriere el caso de haber de proseguir en la manera dicha, se remita al comisario de otro arciprestazgo, de tal suerte que ninguno del suyo, ni entre sus parientes, haga autos de estas cosas.

17. De los que en el tribunal, o ante comisarios, confesaren relapsía se guarde respectivamente otra tal expedición cual acordare el tribunal de absolverlos si conviniere, o tomar otro semejante expediente en su despacho, sin esperar tampoco sobre ello nueva consulta del Consejo ni dilatarlo jamás.

18. Que siendo verificado que en los Edictos de Visita que publican las demás inquisiciones no se contiene la interrogación y cláusula

que trata de brujos y brujas, también se tilde y borre el de la Inquisición de Logroño, ajustándose en esto con las demás.

19. Que de todas las cartas, instrucciones, consultas, provisiones del Consejo y acuerdos de estas cosas que al presente se han traído acumuladas con estos papeles se saque una copia y cuaderno continuado por los tiempos y negocios que se causaron, para que así junto, poniendo con ello por cabeza copla de esta instrucción, se halle siempre a mano los casos que se ofreciere, o que el Consejo lo pidiere.

20. Que este nuevo orden se haga manifiesto entre todas las personas del Secreto poniendo el original con las Cartas Acordadas, de tal manera que en ningún tiempo ni ocasión que ocurriere de este género deje de estar patente, para ponerle por principio de lo que se hiciere. Y que todos los años con las relaciones de causas vinieren al Consejo para la Ayuda de Costa se envíe también razón de todo esto refiriendo en particular cómo se haya regido y ejecutado y los efectos que en las causas de esta secta hayan resultado, y con qué diligencias se han conseguido[33].

La propuesta para las nuevas instrucciones que Salazar entregó al Consejo al finalizar su alta misión en Madrid no pudo haber sido más extremista. Las dudas que resultaron de su investigación del caso de las brujas las puso a favor de éstas en la balanza. Becerra, en su calidad de fiscal de la Suprema, no habría tenido otro remedio que elaborar una contrapropuesta, y aunque no se han conservado ni dichos escritos ni otros que hagan referencia a ella, no resulta difícil suponer lo que tal contrapropuesta contendría. Ahora correspondía al Consejo elegir entre seguir las razones del fiscal Becerra o ponerse a favor de la defensa de Salazar.

5. *Las nuevas instrucciones*

El Consejo concluyó sus deliberaciones sobre la materia de las brujas a finales de agosto de 1614, y el día 29 del mismo mes se firmaron las nuevas instrucciones. El texto ocupaba dieciocho páginas

---

[33] *Ibid.*, fols. 27v-28v.

(DS doc. 18), y comenzaba con un escrito al tribunal, en el cual el Consejo, en un tono cortés pero tajante, se eximía de toda responsabilidad en lo concerniente a los errores que se hubieran cometido en el proceso de esa causa:

> En el Consejo se han visto los papeles de la complicidad de brujos de esa Inquisición y los apuntamientos y advertencias, que sobre ello hicisteis con vuestros pareceres en discordia, con la atención y cuidado que requiere negocio tan grave. Y habiendo conocido cuanto nos importara para las causas despachadas —especialmente las del auto que se celebró en el año pasado de 1610— haber sabido antes y visto enteramente las órdenes, acuerdos e instrucciones antiguas y modernas que para semejantes casos había en los registros de esa Inquisición —y también las vejaciones y violencias que con algunos de los reos notados de esta secta han usado los deudos, justicias y otras personas en diversos lugares, sin otros defectos que se han notado en los procesos— se ha entendido bien el grave perjuicio de haberse oscurecido más la verdad que buscábamos en materia tan ardua y de difícil probanza, como siempre ha sido ésta. Para cuya prevención en lo futuro y reparo en lo pasado y presente, consultando con el Ilustrísimo Señor Cardenal Inquisidor General, se os envían los artículos y capítulos siguientes para los casos que de aquí adelante se ofrecieren en que se hubiere de proceder en esta manera[34].

A continuación iban las nuevas instrucciones para los casos de brujería, establecidas en treinta y dos artículos. El escrito al tribunal concluía indicando que, con el envío presente, se devolvían todos aquellos papeles que habían sido remitidos para el examen de la causa. Figuraban después los nombres de siete de los miembros del Consejo: Pedro Tapia, Juan de Llano y Valdés, Juan Zapata Osorio, Gabriel de Trejo Paniagua, Enrique Pimentel, Juan Ramírez y Francisco de Mendoza (como de costumbre, por orden de antigüedad), y por último la firma del secretario García de Molina. En la posdata se indica que el doctor Rodrigo de Castro y Bobadilla también había atendido aquella causa, pero por no encontrarse presente el día en

---

[34] *Instrucciones de 29 de agosto de 1614*, fols. 244v-245r.

que se firmaron las instrucciones, falta su firma. Otro tanto ocurrió con fray Francisco de Sosa, obispo de Osma[35]. El primero de ellos era miembro del Consejo, pero no el segundo, por lo que debemos conjeturar que fue invitado especialmente por el inquisidor general, para que ayudase al Consejo a tomar una decisión[36].

Sería excesivo reproducir, las extensas instrucciones y, probablemente, cansaría al lector leer las numerosas repeticiones de lo expuesto más arriba; ya que, si comparamos el texto de las instrucciones con el de la propuesta de Salazar, constataremos que el Consejo aprobó casi en su totalidad las sugerencias del inquisidor de Logroño. Tan sólo cuatro de sus artículos fueron excluidos por la Suprema (arts. 2, 16, 18 y 20). El resto de los puntos de la propuesta se introdujeron directamente en el texto de la Suprema, y algunos incluso se reprodujeron textualmente. La Suprema incluyó asimismo parte de las instrucciones antiguas, sobre cuya existencia Salazar había llamado su atención en su cuarto informe, así como también párrafos enteros de las instrucciones enviadas al tribunal en el curso del proceso actual[37]. Sin embargo, todos estos añadidos y ampliaciones no revistieron tanta importancia como para apagar el brillo del trabajo de Salazar. Sigue en pie el hecho de que él fue la fuerza motriz en la elaboración de las nuevas instrucciones, que, como veremos, dieron por resultado un viraje de la Inquisición en la cuestión de la brujería.

---

[35] *Ibid.*, fol. 253r.
[36] Sobre Castro y Bobadilla, véase WA, p. 359, tabla 13. Francisco de Sosa fue miembro de la Suprema desde el 24-III-1609 hasta el 23-IX-1613.
[37] Entre otras cosas se incluyeron varios artículos de las instrucciones de Granada, fechadas 14-XII-1526 (cf. WA, p. 23). Salazar en su *Memorial cuarto* había llamado la atención del inquisidor general sobre aquellas instrucciones antiguas. La Suprema había asimismo recurrido a las instrucciones de 26 de marzo de 1611 (DS doc. 6) y a la carta decisiva de 28 de junio de aquel mismo año (véase pp. 285-286). No me ha sido posible encontrar la fuente original de los artículos 1-6 de las nuevas instrucciones. Sin embargo, aparte de la forma, la mayoría del contenido puede encontrarse en una carta con instrucciones para unos procesos de brujería sometidos a la Suprema por el tribunal de Barcelona *(Lib* 319, fols. 270r-271v, Consejo/Tribunal de Barcelona 21-II-1526). Por lo demás, véase WA, pp. 371-376, donde se hace un detallado análisis de las instrucciones de 1614 y sus fuentes.

6. El cese de la persecución

La carta de la Suprema no se recibió en Logroño hasta el 18 de septiembre[38], fecha en que Valle debía de encontrarse ya de camino hacia su balneario de Francia. El 20 de septiembre Salazar y el nuevo inquisidor Antonio de Aranda[39] agradecieron el envío de las nuevas instrucciones. Como Salazar era ahora el inquisidor más antiguo del tribunal, le tocó a él dictar la carta a la Suprema. No puede, pues, extrañarnos que dicha carta reflejase su contenido y alivio:

> Lo comenzamos desde luego a disponer y cumplir con toda puntualidad para avisar a Vuestra Señoría a su tiempo de lo que se fuere haciendo y resultare de cada capítulo, que mediante Dios esperamos ha de ser con esta resolución un gran servicio suyo, consuelo de toda la tierra y quietud universal en ella y en este Santo Oficio [40].

No hay motivos para dudar de que lo primero que harían los dos inquisidores sería citar a todos los comisarios inquisitoriales en Logroño, uno a uno, tal y como lo ordenaban las nuevas disposiciones, para no despertar demasiada curiosidad[41] Salazar sentiría una dulce emoción al informar a los tres cazadores de brujas —Hualde, en Vera; Díaz, en Maeztu, y López en Larrea— de cómo habrían de proceder, a partir de entonces, en las causas de brujería. A todos los comisarios se les entregó en dicha ocasión una copia de los artículos de las instrucciones que les atañían directamente[42].

Tampoco se demorarían Salazar y su nuevo colega en elaborar y hacer imprimir el nuevo edicto que las instrucciones les exigían publicar: el «edicto de silencio», como el mismo Salazar lo llamó en su

---

[38] La fecha de recibo consta en carta del tribunal de 20-IX-1614, véase n. 40, abajo.
[39] Antonio de Aranda y Alarcón, previamente fiscal del tribunal de Córdoba, había sido nombrado inquisidor de Logroño el 5-VII-1614 *(Lib* 366, fols. 167v-168v). Su firma en las cartas del tribunal aparece por primera vez el 6-IX-1614 (véase *Lib* 796, fol. 160r).
[40] *Lib* 796, fol. 168r (T./C. 20-IX-1614).
[41] Véase *Instrucciones de 29 de agosto de 1614*, fol. 251r-252v, §§ 26, 28-30.
[42] *Memorial octavo de Salazar*, fol. 45r.

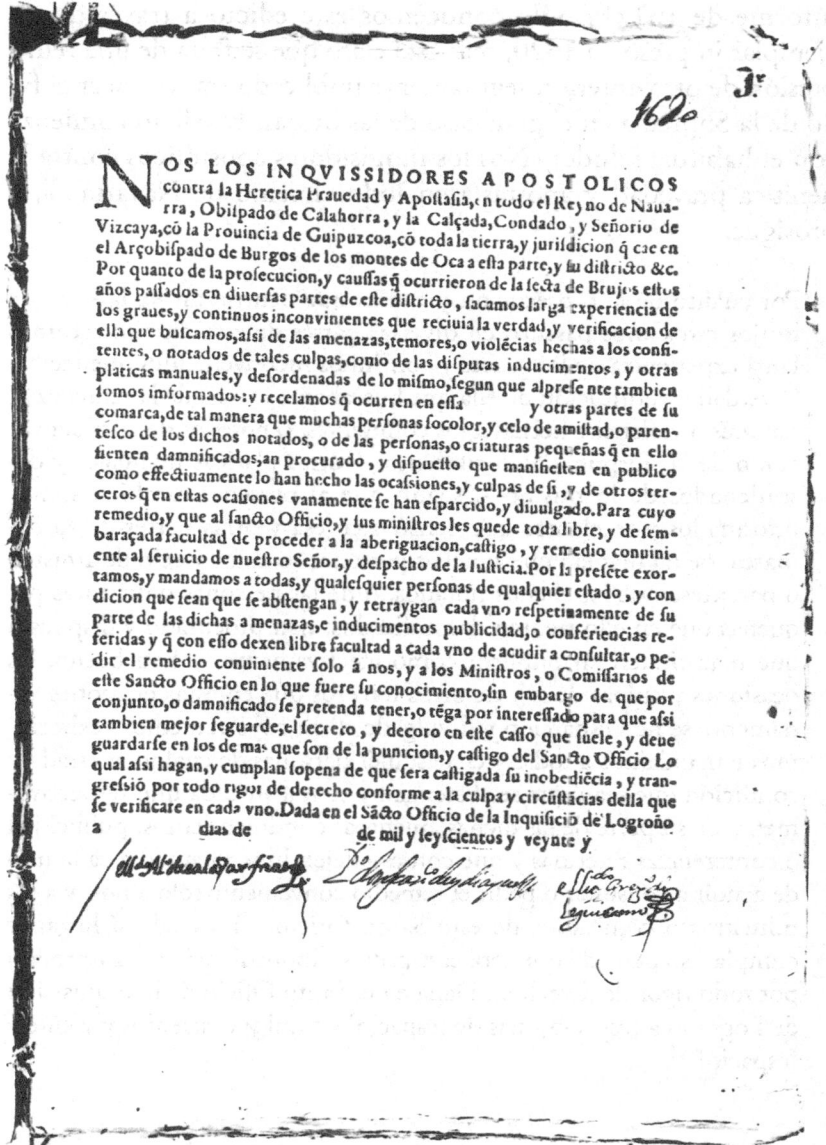

40. El «edicto de silencio», donde la Inquisición admitía públicamente haber cometido errores durante el proceso de los brujos. Ejemplar con la fecha en blanco firmado por Salazar y dos colegas nuevos. Archivo Histórico Nacional, Madrid.

informe de 1617[43]. Sólo conocemos este edicto a través de un ejemplar impreso en 1620; mas está claro que se trata de una reimpresión de otro anterior, seguramente publicado tras conocer el fallo de la Suprema en el gran caso de las brujas. El edicto comienza con el habitual saludo: «Nos los inquisidores apostólicos contra la herética pravedad y apostasía en todo el reino de Navarra...», y prosigue:

> Por cuanto de la prosecución y causas que ocurrieron de la secta de brujos estos años pasados en diversas partes de este distrito sacamos larga experiencia de los graves y continuos inconvenientes que recibía la verdad y verificación de ella que buscábamos —así de las amenazas, temores o violencias hechas a los confitentes, o notados de tales culpas, como de las disputas, inducimientos y otras pláticas manuales y desordenados de lo mismo— según que al presente también somos informados y recelamos que ocurren en esa y otras partes de su comarca; de tal manera que muchas personas so color y celo de amistad o parentesco de los dichos notados, o de las personas o criaturas pequeñas que en ello sienten damnificados, han procurado y dispuesto que manifiesten en público, como efectivamente lo han hecho, las ocasiones y culpas de sí y de otros terceros que en estas ocasiones vanamente se han esparcido y divulgado. Para cuyo remedio... exhortamos y mandamos a todas y cualesquier personas de cualquier estado y condición que sean que se abstengan y retraigan cada uno respectivamente de su parte de las dichas amenazas e inducimientos, publicidad o conferencias referidas y que con eso dejen libre facultad a cada uno de acudir a consultar o pedir el remedio conveniente sólo a nos, y a los ministros o comisarios de este Santo Oficio... Lo cual así hagan y cumplan so pena de que será castigada su inobediencia y transgresión por todo rigor de derecho... Dada en el Santo Oficio de la Inquisición de Logroño a [espacio] días de [espacio] de mil y seiscientos y veinte y [espacio] [44].

---

[43] *Ibid.*, fol. 45v; cf. *Memorial noveno de Salazar*, fol. 32v.
[44] *Lib.* 271, fol. 1r, véase la reproducción p. 435, arriba.

En su informe de 1617, Salazar menciona también que se había elaborado una «guía especial» para los comisarios del Santo Oficio, por la que habían de regirse en el futuro para interrogar a los acusados y a los testigos en causas de brujería[45]. Es muy posible que el ejemplar impreso que tenemos en la Biblioteca Real de Copenhague sea una de esas guías. Dicho ejemplar se halla encuadernado junto con uno de los manuscritos de la Inquisición que el teólogo y coleccionista de documentos danés D. G. Moldenhawer trajo consigo de sus viajes a España en 1784-1788. (Manuscrito que, según parece, el más tarde célebre director de nuestra Biblioteca Real consiguió por medio de alguien que tenía acceso al entonces vigente archivo del Consejo de la Inquisición)[46]. Se trata de un impreso de cuatro hojas, sin referencia a lugar ni a impresor; pero, a juzgar por la tipografía, parece datar de la primera mitad del siglo XVII. La guía se compone de catorce artículos, y lleva el siguiente encabezamiento: «Instrucción que han de guardar los comisarios del Santo Oficio en las declaraciones y testificaciones que recibieren tocantes al crimen de Brujería»[47]. El texto es en gran parte idéntico al de las instrucciones de la Suprema de 29 de agosto de 1614, lo cual demuestra que el impreso en cuestión no puede remontarse a fecha más antigua[48]. A esto hemos de añadirle que el contenido refleja en su tono el escepticismo de la Suprema y las nuevas exigencias de investigaciones empíricas y experimentos por las que Salazar y el Consejo

---

[45] *Memorial octavo de Salazar,* fol. 45r-v.
[46] Sobre este manuscrito, el «Codex Moldenhawerianus», que contiene un importante diccionario de leyes de la Inquisición española, véanse Henningsen, 1977a, pp. 234-237, 259-261.
[47] Royal Library of Copenhagen, Ny kgl. Samling 213, 2.°, fols. 379r-380v. Lea consideraba en su tiempo el ejemplar de Copenhague como único (Lea, 1906-1907, vol. IV, p. 237, n. 1). Sin embargo, se conserva una copia idéntica en el AHN *(Lib* 1237, fols. 342r-343v). El doctor Ángel Gari Lacruz ha descubierto un impreso algo diferente en la Biblioteca Universitaria de Zaragoza (MS 104): *Instrvcion para los comisarios del Santo Officio, en las aueriguaciones tocantes al crimen de Brujeria.* No tiene fecha, pero el año «1669» se ha añadido con tinta. El texto está dividido en 17 artículos y reproduce casi literalmente los artículos 1 al 12 y 26 al 31 de las *Instrucciones de 29 de agosto de 1614.*
[48] Véase la comparación en WA, p. 546, n. 57.

INSTRVCCION QVE HAN
DE GVARDAR LOS COMISSARIOS DEL SANTO
Oficio en las declaraciones, y testificaciones que recibieren
tocantes al crimen de Brugeria.

1. LO PRIMERO, Que las personas que vinieren de su voluntad a declarar, ó fueren llamados en los casos necessarios, auiendo hecho el juramento acostumbrado conforme a la Instrucciō de Molde que se les dio con los titulos de Comissarios. Y declarando en voz ante el Notario del Santo Oficio, todo lo que tuuieren que dezir. Y hecho se muy capaz dello, se escriuira muy puntualmente, con el estilo, lenguage y contradiciones que lo dixeren, preguntandoles que les ha mouido ha venir ha hazer la declaricion, y si para ello han sido persuadidas, atemorizadas, o forçadas las tales personas, y por quien : y escriuiendo puntualmente lo que respondieren.

2. Y auiendo dicho, que ayan ydo y halladose presentes a las juntas, y aquelarres de las bruxas, declaren primero el principio que tuuieron para yr, quanto ha; y como fueron la primera vez, y despues. Y si para ello fueron hablados primero, por quien, y en que tiempo y ocasion; y a que ora, antes, o despues de acostarse, o auiendose ya començado a dormir, o estando despiertas. Y si se les pidio primero su consentimiento en aquella, o otra ocasion antes, y todo lo que en razon de ello passò. Y si para yr a las dichas juntas y aquelarres, se vntaron, como, con que, y donde, y con que intencion, si para yr corporalmente, o para dormirse. Y si ay diferencia del vnto para yr, ò para hazer maleficios, y con q̄ cosas, y ceri-
mo-

41. Portada de la instrucción a los comisarios de la Inquisición para el examen de brujas. Ejemplar encuadernado en el manuscrito de la Inquisición española que el danés D. G. Moldenhawer adquirió en Madrid a finales del siglo XVIII. «Codex Moldenhawerianus», Departamento de Manuscritos, Biblioteca Real de Copenhague.

tanto habían abogado durante el proceso que vino a cambiar el rumbo de la Inquisición en cuestiones de brujería.

Mientras reina cierta inseguridad con respecto a *cuándo* se avisó a los comisarios, *cuándo* se publicó el «edicto de silencio» y *cuándo* se imprimieron las instrucciones para los casos de brujería, sí conocemos, en cambio, la fecha en que el tribunal, obedeciendo órdenes de la Suprema, entregó un balance de los gastos realizados durante los seis años que duró el largo proceso de los brujos (artículo 25 de las Instrucciones). Dicho balance data de 27 de septiembre de 1614[49], y muestra que el tribunal había gastado en la manutención de los reos, el auto de fe y los dos viajes de visita, un total de 39.460 reales. Un tercio de los gastos de alimentación de los reos (que, según costumbre de la época, habían corrido a cargo de los propios encausados) se cubrió con el dinero obtenido por la venta de las propiedades que les fueron confiscadas. No obstante, los que aún no habían abonado sus gastos de estancia en la prisión, adeudaban al tribunal la suma de 19.276 reales[50]. En un escrito adjunto, Salazar y su compañero Aranda proponían que se les perdonase tan elevada deuda, alegando razones de humanidad:

> [...] y siendo conforme a lo dicho tan desahuciada la cobranza de los dichos... reales que deben los dichos reos de alimentos, mucho más lo sería hoy la cobranza de confiscaciones, sin poder sacar de ella más fruto que alborotar e inquietar la pobre gente afligida de aquellas montañas de Navarra, y sobre su calamidad de la inquietud y condenaciones que han padecido si se hubiera de pedirles las confiscaciones que no tienen ni pueden pagar ninguno de ellos. Por lo cual se empleara muy bien en todos la piedad e indulgencia que Vuestra Señoría sea servido de mandarnos[51].

Mas en este punto el inquisidor general no estaba conforme con su antiguo protegido; una cosa era justicia; otra cosa, economía. El 6

---

[49] *Lib* 832, fols. 158r-v, 165r-v (T./C. 27-IX-1614).
[50] *Ibid.*, fol. 158v, cf. *Relación de gastos,* fols. 160v-162r.
[51] *Lib* 832, fol. 165r (T./C. 27-IX-1614).

de octubre la Suprema repuso que los reos no tenían más remedio que pagar su hospedaje en la prisión. El tribunal debería encargarse de persuadir amablemente a todo aquel que pudiera para que pagase su deuda[52].

Al poco tiempo de recibir el tribunal la carta del Consejo, partía Salazar una vez más para Madrid. Había sido elegido por el inquisidor general para una nueva misión: la inspección del Fisco de la Inquisición de Granada. Tras dos años de interrogar a empleados y de revisar cuentas, Salazar descubrió que el tesorero había cometido un desfalco de varios cientos de miles de reales[53].

En el mes de noviembre de 1614, al regresar Valle de la toma de aguas en el balneario francés, se halló solo en el tribunal en compañía del nuevo colega y sometido a las recientes instrucciones de la Suprema relativas a los casos de brujería. Unas notas escritas por el celoso inquisidor al margen de una copia de las nuevas instrucciones son testigo del desencanto que sintió el susodicho al enterarse del giro dado por el Consejo. En el artículo 26, en el cual se lamenta la violencia usada con los acusados, comenta Valle a un lado que el Santo Oficio debiera también deplorar el hecho de que personas culpables de brujería y que deseaban confesar su pecado hubieran sido víctimas de violencia y amenazas, impidiéndoseles así entregarse a la Justicia[54].

No cabe duda de que aunque, por un lado, Valle comprendió la inutilidad de seguir luchando por lo que, para él, seguía siendo su más firme convicción, por otro, vio la oportunidad que se le ofrecía de retrasar con su actuación la marcha de la causa. Por ejemplo, es evidente que no se dio prisa alguna en llevar a la práctica lo estipulado en las nuevas instrucciones. Según éstas, se debían enviar copias del nuevo reglamento a aquellos comisarios que no habían tenido posibilidad de personarse en Logroño; sin embargo, se tardó más de un año en enviar el ejemplar correspondiente a un personaje

---

[52] *Lib* 334, fol. 270v-271r (C./T. 6-X-1614).
[53] *Leg* 1958, exp. 1-2.
[54] *Leg.* 1679, exp. 2, 1.°, núm. 29, fol. 33r-v.

tan importante como fray León de Araníbar. El 16 de enero de 1616, el célebre abad de Urdax escribió agradeciendo el envío y exponiendo emocionado los ventajosos resultados conseguidos con el nuevo modo de proceder. Se cumplían por entonces siete años de la irrupción de la brujería en su comarca:

> No puedo encarecer a Vuestra Señoría de cuánta importancia ha sido la instrucción que nos ha remitido para el remedio de las almas y quietud de las conciencias de tantas personas que con violencias, inducimientos y extorsiones confesaron que eran brujos y declararon por cómplices a muchas personas, y para sacar a los curas y confesores de una perplejidad muy grande en esta materia, pues muchos de los dichos confitentes se retractaban ante ellos con mucho dolor y lágrimas y no había orden de acabar con los tales que viniesen a decirlo ante ministros del Santo Oficio por el temor que siempre han tenido del castigo.
>
> Con ésta remito a Vuestra Señoría veintiséis renunciaciones, y creo que adelante habrá tantos que se retracten, que causará duda que todos traten verdad. Ahora suplico a Vuestra Señoría mande avisarme si se han de tomar las revocaciones de todos los de menor edad o hasta de cuántos años[55].

Es natural que Valle no pudiera compartir la emoción y gratitud del abad de Urdax, al ver que las revocaciones ya habían rebasado el número de cien[56]. Por otra parte, no le quedaba otro remedio que cumplir con las instrucciones de la Suprema, las cuales no ponían límite alguno a la edad de las personas a las que se permitiría retractarse de sus falsas confesiones. Ante este dilema optó por una tercera solución: no responder a la carta de fray León de Aranibar.

La carta del abad refleja tan sólo la situación en el valle de Baztán. Pero, gracias a los informes que Salazar envió a la Suprema a comienzos de 1617, sabemos que las condiciones eran idénticas en toda la zona de la provincia de Navarra. Salazar aseveraba que los mil

---

[55] La carta de fray León de Araníbar de 16-I-1616 se ha extraviado, pero se conoce a través de una larga cita en *Memorial octavo de Salazar,* fol. 46r-v.
[56] *Ibíd.,* fol. 46v.

ochocientos brujos confesos, «más de tres mil o cuatro mil» sospechosos y sus parientes, incluso las propias autoridades civiles que tan duramente habían procedido, «han quedado (a lo menos en Navarra) en tal quietud y silencio que parece increíble y que jamás nadie pudiera imaginarlo extirpando así por esta disimulación tan de raíz el fuego encendido como si jamás se hubiere de ello tratado»[57].

7. El destino de los involucrados

Escasa es la información que las fuentes proporcionan referente al destino de María de Jureteguía y del resto de los acusados de brujería que sobrevivieron al auto de fe. Posiblemente formaron parte de los veintiséis que acudieron a fray León para retractarse de sus confesiones[58] o, quizá, se llevaron sus falsas aserciones con ellos a la tumba. Los únicos de quienes se tiene noticia son los dos eclesiásticos, Juan de la Borda y Pedro de Arburu. El primero abandonó, el 4 de noviembre de 1613, el monasterio de San Millán, donde se hallaba recluido desde el auto de fe[59]. Inmediatamente se dirigió a Madrid con el fin de solicitar dispensa del inquisidor general para reanudar su ejercicio de sacerdote[60]. En cambio, el fraile Pedro de Arburu, recluido en el convento de premostratenses de Miranda de Ebro, no fue puesto en libertad hasta septiembre de 1614; es decir, con posterioridad a la entrada en vigor de las nuevas instrucciones. Una vez libre, regresó directamente a su monasterio de Urdax, que más tarde se encargó de abonar los 537 reales que fray Pedro debía al tribunal en pago de su estancia en las cárceles secretas[61].

[57] *Ibid.*, fols. 45v-46r.
[58] Véase p. 441; cf. WA, p. 325.
[59] *Méritos de Juan de la Borda,* fol. 156v.
[60] Véase *Lib* 832, fol. 157r (Petición de Juan de la Borda al Inquisidor General, 2-V-1614). Según una nota marginal de la Suprema, la dispensa fue concedida en 26-VIII-1614.
[61] *Leg* 1683, exp. 1, fol. 1290r (Examen de fray Pedro de Arburu en Urdax, 29-XII-1619); *Relación de gastos,* fol. 159r.

Teniendo en cuenta que el Santo Oficio imponía a sus víctimas la obligación de guardar silencio con respecto a cuanto habían visto y oído en prisión, y que les prohibía referir los pormenores de sus procesos a otras personas, es de suponer que tampoco fray Pedro hablaría a sus hermanos de orden sobre sus cuatro años de sufrimiento en prisión. No obstante, existen indicios de que la historia del monje llegó a oídos de fray León de Araníbar. Al menos éste la oiría en calidad de confesor de aquél. De otro modo resulta difícil explicar el brusco cambio de opinión que el abad refleja en su carta de agradecimiento al tribunal por el envío de las instrucciones. Algunos años después, en 1619, el padre Laborda y fray Pedro de Arburu fueron requeridos a audiencia en Elizondo, con motivo de la inspección del tribunal por un enviado de la Suprema. No se trataba de un intento de reanudar el proceso contra ellos, sino simplemente de la pérdida de unos efectos personales que pertenecían a los religiosos, y que éstos habían echado de menos durante su encarcelamiento en Logroño. El enviado por la Suprema a hacer inquisición sobre los empleados del Santo Oficio deseaba averiguar si el carcelero se había apropiado o no de aquellos efectos. No nos pararemos ahora a pensar en el edredón del clérigo, valorado en 5 ducados, o «la travesera con dos fundas» del fraile, por un valor mínimo de dos ducados. Lo que importa en este caso es hallar a los dos religiosos acusados de brujería con el honor y dignidad personales restituidos. Juan de la Borda aparece mencionado como padre de un convento cercano al paso de Velate —el mismo que Valle atravesó a caballo en 1609 para llegar a Zugarramurdi—, mientras que Pedro de Arburu continuaba de monje premostratense en Urdax[62].

No se sabe lo que el destino depararía a los comisarios inquisitoriales: sólo se tiene alguna noticia de tres de los que desempeñaron el papel más importante durante la gran persecución. Según

---

[62] Véase *Leg* 1683, exp. 1, fols. 1288r-1289r (Examen de don Juan de la Borda en Elizondo, 27-XII-1619); *ibid.*, fols. 1289r-1290v (Examen de Pedro de Arburu en Urdax, 29-XII-1619).

parece, fray León de Araníbar murió poco tiempo después de escribir su carta agradeciendo al tribunal las instrucciones de la Suprema. El prior del monasterio, fray José de Elizondo, quien había tomado parte en la cruzada de predicadores y asistió en la larga campaña de visita, ascendió a abad y, como su predecesor, fue nombrado diputado del Parlamento de Navarra y comisario inquisitorial[63]. El fanático párroco de Vera, Lorenzo de Hualde, no tardó en perder a su más importante aliado en el Pays de Labourd, ya que, al poco tiempo de cesar la persecución de brujos, le fueron retirados al señor de Urtubie los derechos al señorío de Alzate, y con ellos el derecho a designar párroco en Vera[64]. Sin embargo, los habitantes de Vera tuvieron que seguir soportando a su intrigante párroco durante más de treinta años, pues Hualde continuó en su puesto y no murió hasta mediado el siglo[65].

El obispo de Pamplona —más tarde de Sigüenza— Antonio Venegas de Figueroa murió el 8 de octubre de 1614[66]. Por tanto, llegó a presenciar la victoria del «partido de los brujos», que él había acaudillado. Otro de los defensores de los brujos, el jesuita Hernando de Solarte, vivió mucho tiempo después de ganada la batalla[67], pero no se sabe hasta qué punto llegó a enterarse de los resultados de sus apremiantes llamadas desde el epicentro de la epidemia de brujería: las Cinco Villas. Lo único que se publicó acerca de la radical solución adoptada por la Suprema fueron las declaraciones generales contenidas en el «edicto de silencio»; el resto no traspasó el círculo cerrado del Santo Oficio.

El fiscal del tribunal, doctor Isidoro de San Vicente, tuvo una vida muy agitada. Después de haber sido inquisidor en Mallorca,

---

[63] Cf. *Leg* 1683, exp. 1, fols. 1288r, 1289r, donde fray Josef de Elizondo en 1619 se titula: «abad del monasterio de Urdax, diputado del Reino de Navarra y comisario de la Santa Inquisición».
[64] Caro Baroja, 1969, pp. 287-288.
[65] La firma de Hualde sigue apareciendo en los libros parroquiales de Vera hasta 29-III-1644.
[66] Sobre Venegas de Figueroa, véase cap. VI, n. 54, arriba.
[67] En AHN, Secc. de Jesuitas, he visto cartas de Solarte al provincial de los jesuitas correspondientes a la década de 1620.

fue destinado a Zaragoza, y más tarde a Galicia, donde estuvo de 1620 a 1622[68]. A primeros de 1630 regresó a Logroño, donde pronto ocupó el puesto de inquisidor mayor[69]. Según refiere una fuente de su tiempo, San Vicente disfrutó de pocas simpatías en los sitios en que residió, fue incluso expulsado de varias inquisiciones[70]. No obstante, ello no le impidió llegar a ser miembro de la Suprema. Ya anciano, escribió un manual para inquisidores, que, a juzgar por las muchas copias que de él se conservan, debió alcanzar una gran difusión[71]. Uno de los capítulos del libro trata de los procesos de brujería, y en él admite San Vicente que «es una materia difícil»; sin embargo, se aferra a la idea de que, tras las confesiones de los brujos, se escondía una realidad[72]. El hecho de que constantemente haga referencia a las «Instrucciones de Logroño» parece indicar que las nuevas reglas de la Suprema, de 29 de agosto de 1614, también fueron introducidas en otros tribunales y que incluso fueron conocidas por el Santo Oficio de Roma[73].

Los tres inquisidores, acérrimos luchadores en la batalla de las brujas, no volvieron a tener gran contacto entre sí. Becerra continuó de fiscal de la Suprema hasta su ascenso a consejero de la misma en 1617[74]. Antes de morir en 1619[75], redactó un memorial relativo al crimen de falsificar moneda (crimen vinculado a la jurisdicción inquisitorial)[76]. Valle permaneció en Logroño junto a su compañero

---

[68] Véase Barreiro de Vázquez Varela, 1888, p. 179. Sobre Mallorca y Zaragoza, véase cap. 9, notas 18 y 22, arriba. Después de Galicia, San Vicente pasó algunos años en el tribunal de Toledo.
[69] En 1629 firma en Logroño como segundo inquisidor y desde 1630 como primer inquisidor (*Lib* 802-803, Cartas del tribunal al Consejo, 1628-1631).
[70] Cf. Bernardo Barreiro (loc. cit. en n. 68, arriba) cita comentarios de los colegas de San Vicente. La fuente del historiador gallego son las cartas del tribunal de Santiago a la Suprema (*Leg* 2889, *passim*).
[71] Véase *Manual de San Vicente,* fol. 1r.
[72] *Ibid.,* cap. 13 (Amézaga, 1968, pp. 296-297).
[73] Véase Carena, 1655, pp. 537, 550.
[74] Su juramento es de 28 de agosto 1617 (*Lib* 1338, fol. 66r).
[75] No aparece la fecha de defunción de Becerra, pero su firma en las cartas de la Suprema desaparece en 1619.
[76] *Lib* 1251, fols. 11r-67r.

Aranda; siguió padeciendo de cálculos de vesícula y sus achaques culminaron con trastornos de riñón. En la primavera de 1615 volvió a otorgársele una temporada de descanso en el balneario francés, lo que motivó la cancelación de la visita al distrito de aquel año, dado que Aranda no podía dejar desatendido el tribunal[77]. Al verano siguiente fue Aranda quien salió a visitar el distrito[78], con lo que al regresar Salazar de Granada, a finales de julio, se halló solo con su antiguo rival, Valle. La convivencia de ambos duró, empero, menos que nunca, pues Valle falleció en agosto, a los sesenta y tres años de edad, enfermo y defraudado[79].

Los nuevos inquisidores con quienes Salazar tuvo que colaborar en Logroño tampoco hicieron buenas migas con él[80]. Esta circunstancia debió de ser la causa de que Salazar, muy en contra de sus deseos, fuese trasladado en 1618 al tribunal de Murcia[81]. Al cabo de un año se ejecutó la visita de inspección del tribunal de Logroño y, como era preceptivo en esos casos, los empleados fueron interrogados acerca del clima de concordia entre los inquisidores. La respuesta fue unánime: todos convinieron en que si antes habían surgido numerosas desavenencias, desde que Salazar saliera destinado fuera, la paz y la concordia habían vuelto a reinar en el tribunal[82]. Al año siguiente, Salazar escribía en su autobiografía: «por los grandes tumultos e inquietudes que había en la Inquisición de Valencia por el suceso que llaman de 3 de marzo, me mandó... el Inquisidor General ir a servir allí con... título de 16 de marzo de 1619»[83], lo que parece indicar que la Suprema, una vez más, hubo de recurrir a

---

[77] *Lib* 796, fol. 244r (Valle/Inquisidor General 5-V-1615); *Lib* 334, fol. 330r (C./T. 16-V-1615).
[78] Véase *Lib* 796, fol. 365r (T./C. 1-VII-1616).
[79] A partir de 30 de julio aparece su firma en las cartas del tribunal. Salazar y Valle firman juntos hasta 9 de agosto, y a partir de 7 de septiembre empieza Salazar a mencionar a Valle como su colega difunto *(Lib* 796, fols. 328, 331, 250 y *passim).*
[80] Véase *Examen de Salazar en Valencia,* fols. 770r-778v.
[81] *Autobiografía,* fol. 4r; Salazar mismo lo consideraba como un destierro, véase *Carta de Salazar desde Valencia,* fol. 3r-v.
[82] *Leg* 1683, exp. 1, fols. 293v, 383r-385r, 409v, 597v-599r, 614v, 632r-v.
[83] *Autobiografía,* fol. 4r.

la habilidad política de Salazar. Tres años más tarde, Salazar regresó a Logroño con el cargo de inquisidor mayor[84]; en 1628 ascendió a fiscal de la Suprema y en 1631 fue nombrado miembro del Consejo[85]. En calidad de consejero de la Suprema presenció y actuó en el gran auto de fe general que se celebró en la Plaza Mayor de Madrid de 1632, donde fueron quemados seis judíos[86].

El idealismo de Salazar, pues de idealismo se trataba sin duda alguna, pese a que en su tiempo fuera compatible con la quema de herejes, no se debilitó con los años. Jamás se arredró ante la encumbrada asamblea del Consejo, en cuyo seno prosiguió dando su opinión sin reservas, tanto en las causas por las que estimaba digno luchar como en las que parecían injustas. En lo tocante a este punto parece ser que no vaciló nunca. En 1632 criticó fuertemente al inquisidor general (que a la sazón se llamaba Antonio Zapata y Mendoza) por prometer a los aspirantes cargos que aún no habían quedado vacantes[87]. Y un año más tarde, con motivo de una orden real por la que la Suprema fue dividida en dos cámaras, dirigió, con su acostumbrada osadía, un memorándum al rey Felipe IV, en el que enumeraba todos los entuertos emanados ya del nuevo sistema a los dos meses de su funcionamiento[88]. Cabe conjeturar que el rey tomó la crítica en serio, puesto que el sistema de dos cámaras quedó reducido a un corto experimento en la larga historia de la Suprema.

El 9 de enero de 1636 falleció Salazar, a los setenta y dos años de edad[89], siendo miembro de la Suprema y canónigo de la catedral de Jaén. Justamente el año anterior murieron Lope de Vega, el duque de Lerma y otras celebridades que han pasado a la Historia[90];

---

[84] *Ibid.,* fol. 4r.
[85] Juramento de fiscal, 27-VII-1628 *(Lib* 1338, fol. 150v). Firma como consejero a partir de 12-VII-1631 *(Lib* 822, fol. 394r y *passim).*
[86] Véase Menéses García, 1965, p. 375 y *passim.*
[87] *Lib* 1267, fol. 150r-v.
[88] *Ibid.,* fols. 147r-149r.
[89] La fecha de fallecimiento consta en el archivo parroquial de Santa María Almudena (Madrid), Libro de defunciones, año 1636, entrada núm. 330.
[90] Caro Baroja, 1961, p. 268, n. 35; cf. mi rectificación en «Prefacio a esta edición» (p. 33, arriba).

pero al contrario de lo que ocurrió con esos nombres, el de Salazar quedó sumido en el olvido. Hasta doscientos años más tarde, cuando se abolió la Inquisición y se abrieron sus archivos a la investigación, no se tuvo conocimiento de su valioso papel como «abogado de las brujas». Sus documentos, como ya se indicó anteriormente, fueron descubiertos por el americano Lea, y las pocas páginas que le dedicó en su gran obra sobre la Inquisición española fueron suficientes para dar fama a Salazar en todo el mundo[91], y bastaron al inglés Charles Williams para que en 1941 dedicase su libro *Witchraft* «A la inmortal memoria de Alonso de Salazar Frías».

---

[91] Véase Henningsen, 1969, pp. 85-86 con n. 2 (nota bibliográfica).

CAPÍTULO 13

EPÍLOGO CON ALGUNAS REFLEXIONES SOBRE LA DIFERENCIA ENTRE BRUJERÍA Y BRUJOMANÍA[1]

Lea califica, muy acertadamente la visita de distrito, realizada por Salazar en 1611, de «giro decisivo en la historia de la brujería española»[2]. La cuestión palpitante, meollo de la polémica de las brujas sostenida a lo largo del siglo XVI, era si se debía usar con ellas el castigo de las llamas o la benevolencia del edicto de gracia. Salazar se había dado cuenta de que tan pronto como se comenzaba a hablar de las brujas, emergían casos de brujería por todas partes; y en cuanto no se prestaba atención al asunto, las brujas desaparecían sin más. Comprendió, por tanto, que lo que el pueblo necesitaba no eran cruzadas misioneras ni castigos, sino algo totalmente distinto: *silencio*.

A partir de 1614 y hasta finales de los años veinte, observamos cómo Salazar y sus nuevos colegas, en varias ocasiones, se ven forzados a obligar a las autoridades civiles a respetar el antiguo mo-

---

[1] Al contrario que en las demás ediciones, desde la primera en inglés, el epílogo en la presente va provisto de notas.
[2] Lea, 1906-7, vol. 4, p. 230.

nopolio que sobre la brujería tenía el Santo Oficio. Dicho monopolio había comenzado a peligrar desde el momento en que el pueblo tuvo conciencia de que la Inquisición ya no castigaba a las brujas con el rigor que, según ellos, merecían. El norte de Navarra permaneció en calma, pero en otros lugares del vasto distrito del tribunal surgieron nuevas persecuciones de brujos; y es significativo que precisamente ocurriera en zonas no contaminadas por la brujomanía de 1609-1611. Así pues, en el verano de 1616 la epidemia brotó en el norte de Vizcaya, en los alrededores de Bilbao. El tribunal dio inmediatamente orden de que se publicase el «edicto de silencio», cuyo precepto, según parece, fue respetado al principio. Pero al ver que unos cuantos «brujos» que habían sido trasladados a Logroño regresaban ilesos, tanto los habitantes de la comarca bilbaína, como sus autoridades civiles, perdieron la paciencia. Llegaron a aterrorizar al comisario local de la Inquisición de tal modo que aquél no se atrevía a comunicar lo más mínimo al tribunal. Al mismo tiempo, enviaron una delegación a Madrid con el fin de informar de la plaga de brujos que estaban sufriendo. Merced al Consejo de Castilla se consiguieron poderes reales para que el corregidor de Vizcaya pudiera proceder en casos de brujería sin contar con el Santo Oficio. En el curso de dos años, dicho corregidor despachó 280 causas. Pero gracias a la oportuna intervención de don Alonso de Salazar la campaña de Vizcaya no culminó convirtiendo a la región en un crematorio. La licencia real fue anulada, los brujos puestos en libertad y las actas de sus procesos remitidas al tribunal donde quedaron arrinconadas. Epidemias similares azotaron a las provincias de Guipúzcoa y de Burgos; en esta última las autoridades de Pancorvo quemaron, en 1621, a ocho personas por brujos[3].

En vista del cariz que tomaban los hechos, la Suprema se vio obligada a reconsiderar la materia. En 1623 Salazar elaboró un informe sobre todo cuanto había ocurrido a partir de las nuevas instrucciones de 1614, y en él hizo especial hincapié sobre lo que

---

[3] *Memorial noveno de Salazar*, fol. 33r.

denominó «la tragedia de Pancorvo». A nuestro inquisidor no le cabía duda de que la quema de aquellos infelices había sido un resultado directo de la vacilación de la Suprema. El tribunal había recibido las actas de los procesos para su examen, pero como el Consejo había dado orden de que la Inquisición no interviniese, las había devuelto, y a los once días las víctimas eran ya pasto de las llamas. A partir de dicho informe[4] parece ser que la Inquisisición estableció definitivamente su monopolio jurídico sobre los casos de brujería.

A la vez que se llevaron a cabo las grandes persecuciones de brujos en el País Vasco a principios del siglo XVII, se realizaron otras similares en diversas regiones del norte de España, donde la fe en las brujas era fuerte y las autoridades civiles apoyaban al pueblo en su empeño por exterminarlas. En Galicia cundía la caza de brujas en 1611, y en 1626 un juez de Cangas condenó a varias mujeres a la hoguera; sin embargo, merced a la intervención del tribunal de Santiago, las acusadas fueron puestas en libertad, previa imposición de un leve castigo[5]. En Cataluña, las autoridades civiles llegaron a ahorcar a más de trescientas brujas en los años comprendidos entre 1616 y 1619, antes de que interviniese la Inquisición imponiendo su jurisdicción[6].

Con la quema de brujos perpetrada en Logroño en 1610 España se quedó al umbral del gran quemadero europeo, cuya locura precisamente culminaba en aquellos años. Fuera de las fronteras de España no hubo muchos intelectuales que se atrevieran a contradecir la enorme autoridad del juez francés Jean Bodin, partidario acérrimo de la caza de brujas. Su libro *Démonomanie* (París, 1580) supuso un final triunfante al debate sostenido con el médico alemán Johan Weyer y otros escépticos. Fue la piedra firme sobre la que Pierre de Lancre, y otros como él, basaron su

---

[4] *Memorial noveno de Salazar*, remitido a la Suprema el 11 de octubre de 1623.
[5] Colección de relaciones de causas del autor («Galicia»), cf. Contreras, 1982, pp. 688-690.
[6] El hispanista noruego, Gunnar W. Knutsen, cita fuentes según las cuales más de mil personas habían sido ahorcadas por brujería (Knutsen, 2009, p. 87).

convencimiento de la realidad de la brujería. De no haber sido por el inquisidor Salazar, el obispo Venegas y el jesuita Solarte, el debate sobre la brujería en España seguramente habría tomado el mismo derrotero que el resto de Europa, donde los demonólogos salieron triunfantes y sus seguidores no vacilaron en alimentar las hogueras con carne de mujeres y hombres. Teniendo en cuenta la tremenda eficacia de la maquinaria inquisitorial, no creo exagerado afirmar que el triunfo de los demonólogos en España hubiera supuesto una auténtica matanza de brujos en todo el Imperio español.

Las «Instrucciones de Logroño» de 1614 son tanto más dignas de admiración, puesto que hasta bien avanzado el siglo XVII siguieron existiendo en España inquisidores que opinaban que los brujos tenían que ser quemados. El hecho de que medidas tan impopulares, como la de terminar con la quema de brujos fuese adoptada en todo el extenso Imperio, se debió esencialmente al gobierno centralista de Madrid y a la autoridad de la Suprema. Con estas medidas se adelantó cien años al resto de Europa. Pero España sólo se anticipó a los demás países en la abolición de la pena de hoguera para los brujos, ya que las nuevas instrucciones no consiguieron detener las persecuciones; todo lo contrario: a partir de 1614, el número de causas de brujería fue en aumento[7], incluso hubo repetidos conatos de quema de brujas por parte de los tribunales; sin embargo en todos y cada uno de dichos casos, la sentencia fue siempre reducida por la Suprema. En contradicción con su actitud vanguardista al negarse a quemar a los brujos, el Santo Oficio siguió despachando causas de brujería aun mucho después de que el resto de Europa hubiera dejado de hacerlo. Así pues, en 1791, el tribunal de Barcelona procesó a una mujer acusada de pacto con el demonio y de haber participado en un aque-

---

[7] En nuestra estadística de relaciones de causas de veinte tribunales en el período 1560-1614 hubo 970 supersticiosos; mientras que en el periodo 1615-1700 el número de supersticiosos había crecido hasta 2.520, Contreras y Henningsen, 1986, pp. 118-119; cf. las curvas para los tribunales de Barcelona y Valencia en (Knutsen, 2009, p. 54).

larre[8]. Todavía a comienzos del siglo XIX se aprecian restos de aquellas creencias en la élite intelectual española, pues en las Cortes de Cádiz, uno de los diputados, el filósofo dominico Francisco de Alvarado, defendió en 1813 la creencia en las brujas[9].

Con el presente estudio quedan una serie de cuestiones abiertas para la investigación futura. Sería interesante reanalizar el papel desempeñado por la Suprema, ya que a la vez que se ocupaba del proceso de Logroño, atendía además las causas de brujería en otros tribunales.

Un tema digno de estudio profundo sería la expansión geográfica de las creencias en la brujería por la Península Ibérica. Todo parece apuntar al hecho de que en las zonas donde no existían creencias populares en torno a la brujería, tampoco hubo persecución de brujas[10]. Precisamente la existencia de una gran zona libre de brujería en el sur permitió a la Suprema establecer comparaciones entre el norte y el sur de España.

Otro tema interesante sería el estudio del ambiente intelectual en que vivió Salazar, ya que éste, con su consecuente aplicación del método inductivo, su expresa insistencia en el control empírico de los hechos y su resistencia a apoyarse en las autoridades antiguas, parece haberse adelantado a su tiempo. Sus insólitos memoriales, que deberían haberse publicado ya hace cuatrocientos años en beneficio del mundo occidental, no solamente

---

[8] Lea, 1906-1907, vol. 4, p. 241.
[9] *Ibid*, p. 242.
[10] Véase el mapa y la exposición sumaria de la geografía de la brujería ibérica en Henningsen, 1993, pp. 71-74. Recientemente, mi hipótesis ha sido el tema de una tesis doctoral noruega que analiza las causas de «supersticiosos», comparando el tribunal de Barcelona con el de Valencia en los siglos XVI y XVII. Aquí queda demostrado que mientras abundan las causas de brujería en el tribunal «del norte», en el tribunal «del sur» sólo encontramos una causa de brujería, y ésta concierne a una mujer del extremo sur de Cataluña que caía bajo la jurisdicción de la Inquisición de Valencia (Knutsen, 2009, pp. 58-63). Parece que podemos prolongar la frontera cultural de la brujería hasta el centro de la Península, ya que la brujería únicamente se daba en el norte del distrito de la Inquisición de Toledo, mientras que en el sur sólo se daban causas de hechicería (Dedieu, 1989, pp. 320-328).

contenían la clave para entender la brujomanía europea, sino que sitúan a Salazar en la Historia de la Ciencia como un empírico precoz[11].

Cabe esperar que, algún día, alguien con los debidos conocimientos psicológicos se interese por el fenómeno de la epidemia onírica, fenómeno al que yo acuso de ser el motor principal de la propagación de la brujomanía, tal como la describo en el presente estudio. Para mí, los sueños sabáticos son un ejemplo claro de «sueños estereotipados», como los llamarían los psicólogos. Dichos sueños no pueden ser más que el resultado de un previo adoctrinamiento, y se caracterizan por la impresión de realidad que dejan y lo bien que se recuerdan al despertar. La epidemia onírica de las montañas de Navarra tuvo que ser causada por los rumores sugestionadores que llegaron desde Francia, por los sugestionadores sermones de los predicadores y por el no menos sugestionador auto de fe de Logroño, al que concurrieron más de treinta mil almas. El paso de la epidemia dejó, al norte y al sur de los Pirineos, huellas cuyo estudio nos muestra la concordancia existente entre la evolución de la misma y las leyes más elementales de la ciencia de la comunicación. Ignoro si el fenómeno de las epidemias oníricas, en el pasado o en el presente, ha sido estudiado; pero no me cabe duda de que se trata de una realidad psicológica. No es necesario traspasar las fronteras del estudio de la brujería para encontrar fenómenos idénticos a los de la epidemia onírica vasca. Tanto en el sur de Alemania como en el norte de Suecia se dieron casos de procesos masivos, en los cuales los niños soñadores desempeñaron un papel principal como acusadores.

---

[11] Cf. Easley, 1980, cap. 1.2. Sin embargo, se puede ver la actuación de Salazar desde otro ángulo: la formación tomista de las universidades de Salamanca, Alcalá y otras tuvo como consecuencia que los intelectuales de la época no diesen gran importancia a la nueva demonología, ni tampoco tomaron las confesiones de las brujas demasiado en serio. Esta actitud sana y sensata de los españoles con respecto al problema de la brujería no fue, por tanto, resultado de «haberse adelantado» a su tiempo, sino más bien al hecho de ir «con retraso» en la evolución general del pensamiento filosófico. Ésta es la paradoja española (Henningsen, 2004, p. 13; cf. Paiva 1997, pp. 336-340).

Éste es, al parecer, un campo virgen que sería interesante estudiar de forma comparativa o, mejor aún, interdisciplinaria[12].

Varias de las conclusiones alcanzadas por Salazar, el obispo de Pamplona y otros, durante sus excepcionales y serias pesquisas sobre la epidemia de brujomanía aquí descrita, sugieren diversas hipótesis que merecería la pena someter a prueba utilizando otro material europeo.

En primer lugar, parece ser que la definición teológica de la brujomanía —que hace del brujo un adepto a una secta diabólica equivalente a la total inversión del cristianismo— tenía tan poco valor con respecto a la brujería popular que su contenido demonológico nunca llegó a formar parte permanente de la tradición popular, sino que cayó en el olvido; o se transformó en cuentos y leyendas durante la época de normalidad que seguía a cada gran epidemia de brujería, lo que requería que el pueblo fuese adoctrinado de nuevo a través de predicadores y agitadores laicos antes de poner en marcha una nueva persecución.

En segundo lugar, el material indica que la referencia constante a ciertos untos alucinógenos constituye un antiguo intento pseudocientífico de dar al fenómeno de la brujería una explicación racional; y que los muchos relatos que existen sobre los experimentos realizados con las «brujas» en los siglos XVI y XVII con el fin de demostrar la virtud del «ungüento volador» no pasarían la prueba de un análisis crítico de las fuentes[13].

En tercer lugar, es obvio que en conexión con persecuciones de esas dimensiones actúan especuladores que aprovechan el revuelo general provocado por la caza de brujos para fines económicos o políticos, sin que las autoridades locales involucradas se aperciban de ello. (El señor de Urtubie, el párroco de Vera y el «saludador» son ejemplos de este tipo de especuladores).

Estas hipótesis que ya formulé en un informe a la Universidad de Copenhague en febrero de 1968 —poco después de mi redes-

---

[12] Cf. Midelfort, 1972; Behringer, 1989; Ankarloo, 1971, 1990; Monter, 1993; Henningsen, 1996; La Fontaine, 1997.
[13] Cf. Harner, 1973, pp. 125-150; Duerr, 1978, pp. 13-29.

cubrimiento de los manuscritos— publicado posteriormente (Henningsen, 1969), se basan todas en el hecho de que aún no ha sido posible demostrar en parte alguna la existencia de una secta de brujos organizada. Semejante aserción es, a primera vista, totalmente superflua; sin embargo, hay que reconocer que tanto las teorías de Margaret Murray como la de Jules Michelet siguen haciendo furor en algunos círculos de autores, pese a haber sido rebatidas, una y otra vez, por los investigadores de la brujería más serios. La investigación de Salazar añade un nuevo y poderoso argumento a los muchos que se oponen a la teoría de que han existido «brujas de verdad». El inquisidor español demostró claramente que ninguna de sus casi dos mil «brujas» fue miembro de ninguna secta pagana que rindiera culto a la fertilidad ni de ningún movimiento revolucionario campesino o pastoril. Ni siquiera el intento de Le Roy Ladurie (1966, cap. 5) de interpretar las fantasías sabáticas, con su inversión de los valores sociales, como expresión de una ideología revolucionaria propia de un campesinado subyugado puede salir airoso: la mitología demoníaca de la brujería fue un producto de la élite culta, no de la mente popular. Como una de tantas paradojas, es hoy día, cuando ya no se queman brujas, cuando personas con debilidad por lo esotérico y místico se entregan a la realización de las fantasías sabáticas, que reconstruyen según la receta de Margaret Murray.

Con el estudio presente creo haber demostrado que brujería y brujomanía son dos fenómenos diferentes, entre los cuales hay que distinguir para llegar a un mayor entendimiento de la caza de brujas. Los dos fenómenos son relacionados; pero la idea común de que uno no es más que una amplificación del otro es una simplificación inaceptable.

La brujería puede definirse, en términos generales, como un sistema ideológico capaz de aportar soluciones a los problemas cotidianos, como vimos en mi reconstrucción de la vida diaria con los «brujas» y «brujos» en Zugarramurdi (cap. 1). De acuerdo con el credo brujeril, los males que nos aquejan cotidianamente no son castigos de Dios por nuestros pecados (o en, otras culturas, por quebrantamiento de tabúes), sino ataques malintencionados de ciertas personas conchabadas con las fuerzas del mal: las brujas. Se trata de personas que han desechado las normas de la sociedad, y como señal de ello, por maneras inexplicables causan daños a sus vecinos, a sus animales y cosechas, y matan a sus niños. Sin embargo, las brujas no son invencibles. Hay dos maneras de vencerlas: o bien empleando antídotos mágicos contra ellas, lo que puede hacerse consultando a alguna curandera o a un «saludador» dotado de poderes para atacarlas en su esencia sobrenatural; o bien recurriendo a la violencia física, puesto que la bruja también es una persona de carne y hueso, y por tanto físicamente vulnerable.

Este complejo de creencias pretende aportar pruebas de que *el mal* es algo que puede combatirse al igual que cualquier enemigo concreto. Éste es exactamente el meollo de la brujería, su función consciente de «chivo expiatorio». No obstante, la creencia en las brujas tiene también una función sociomoral. La bruja o el brujo es simplemente la encarnación de la amoralidad y de todo aquello que va en contra de los ideales de la sociedad; por tanto, cada individuo se esforzará por comportarse de modo que nadie pueda tomarle por brujo. Una tercera función de la creencia en brujas es servir de válvula de escape al instinto agresivo oculto dentro de cada individuo, instinto que le está vedado expresar por medios que la sociedad normalmente desaprueba. Por ejemplo, no está bien visto despachar a un mendigo con cajas destempladas, ni darle al vecino con la puerta en las narices cuando viene a pedir un favor; sin embargo, convenciéndose a sí mismo y a los demás de que dicho individuo no es un ser humano como los otros, sino un brujo, se suspende inmediatamente el código moral que prohíbe maltratar a un semejante y ya no hay límite a los malos tratos de que podemos hacerle objeto; contra un brujo nos está permitido saltarnos a la torera las más elementales normas sociales y morales. Lo característico del papel de «bruja» es que se trata de un papel ficticio, aplicado y vacío: la bruja no puede volar ni dañar a nadie con su mirada («mal de ojo»); la brujería es por lógica un crimen imposible. Sin embargo, el creyente, la persona convencida de que la bruja existe y tiene poder para dañarle, sí que suele acudir a remedios mágicos con el fin de destruir el supuesto poder de la bruja (por ejemplo, vertiendo en el fuego la leche de la vaca que cree embrujada, con la intención de quemar así a la bruja y obligarla a que retire su encantamiento; lo cual concuerda con una antigua y primitiva creencia). La creencia en la brujería se da en sociedades agrícolas de una gran parte del mundo. Se trata de un complejísimo y antiguo sistema de ideas que en Europa se remonta a muchos años antes de la persecución de brujos (aproximadamente, 1450-1700) de la que aún hubo reminiscencias doscientos años después. Lo característico de los procesos de brujos de muchas partes del norte de Europa es la poca importancia que revistió el aspecto demonológico. En dichas regiones, las causas son acusaciones concretas de crímenes de hechicería perpetrados en alguna persona, animal o cosa, y los procesos fueron siempre individuales.

Las epidemias de brujomanía brotaron sólo en algunas zonas de Europa, en los siglos XV, XVI y XVII; y en África, en el siglo XX, donde las persecuciones, generalmente, no pasaron de ser incruentas incursiones de «buscadores de brujas». La brujomanía colectiva puede definirse como una forma explosiva del impulso de persecución, provocada por el sincretismo entre las creencias populares y las ideas que sobre la brujería han elaborado algunos intelectuales. En el caso concreto de Europa, puede decirse que fue la mezcla de las creencias en brujas, propias de la población rural, con las teorías intelectuales que los teólogos exponían sobre la brujería lo que causó el trastorno de las mentes de miles de personas. La demonología, producto erudito discutido y estudiado en los despachos de teólogos y juristas, era inofensiva mientras no traspasase el área intelectual; el daño existió en el momento en que el predicador desde el púlpito y el juez en el tribunal intentaron aplicar sus conceptos abstractos a las causas populares concretas, y viceversa. Situaciones de este tipo favorecían las mutaciones mentales colectivas, creando nuevos modelos cuya regeneración

Aspecto	Brujería	Brujomanía
Forma de comunicación	Tradición oral durante un período de tiempo largo.	Propaganda de corta duración, rumores.
Función social	Parte de un sistema cognitivo. Parte de un sistema moral. Válvula de escape de agresiones socialmente inaceptables.	Carece de función. Carece de función. Lo mismo, pero en forma explosiva, destructora de la sociedad.
Superestructura mitológica	Deficiente y asistemática.	Abundante y sistematizada.
Daños a individuos, animales y cosechas (*maleficium*)	Esencial (condición para procesar a alguien).	Carece de importancia.
Relación o pacto con el demonio	Carece de importancia.	Esencial (la acusación se centra en este punto).
Tipo de proceso	Individual.	Masivo.
Tradición local	Ininterrumpida (continua).	Periódica (discontinua).
Candidatos al rol de «bruja»	Individuos marginados por la sociedad local: viejas, viudas, mendigos, inválidos, personas envidiosas, excesivamente zalameras o gruñonas, «aquellos que no nos gustan».	Cualquier persona es bruja en potencia.
Participación numérica en el rol de brujo.	Uno o dos individuos en cada pueblo.	Llega a acusarse hasta a medio pueblo.
Distribución geográfica	Europa (con excepción de algunas partes, como el sur de España), África, América (solamente zonas de influencia europea) y partes de Asia.	Sur de Alemania, Alpes, Saboya, Francia oriental, Pirineos, norte de España, Suecia central y, en África, algunos movimientos detectores de brujos.
Paralelismos en la sociedad moderna y en la historia del siglo XX.	Discriminación de personas disidentes (clichés como «loco», «comunista», «fascista»). Amotinamientos en el colegio o en la fábrica en contra de «los que no nos gustan».	Persecución de judíos, durante la Segunda Guerra Mundial y otras epidemias persecutorias motivadas por razones políticas, religiosas o raciales.

ocurría velozmente y cuyo resultado, la brujomanía, cogió por sorpresa tanto al vulgo como a la élite culta. Debido a su monstruosidad, la nueva criatura estaba condenada a vivir tan sólo por un corto período de tiempo, ya que de lo contrario habría provocado el colapso total de la sociedad. Para ser exactos habrá que especificar: habría provocado el colapso de la *sociedad local,* puesto que como hemos dicho la brujomanía fue fruto de la cópula entre la cultura popular local y la cultura elitista de la metrópolis (o entre la cultura local y el buscador de brujas foráneo). Ésta es la razón por la que el fenómeno de la brujomanía no pueda estudiarse aplicando el modelo antropológico social, que explica la creencia en la brujería sobre la base exclusiva de las estructuras económico-sociales características de la sociedad local. La brujomanía no posee ninguna función reguladora y conservadora de la sociedad, al menos a nivel local; todo lo contrario, es destructiva y carece de función. Creo que la distinción entre brujería y brujomanía es fundamental para el desarrollo de una teoría dinámica de la creencia en la brujería. Si dejamos a un lado las muchas formas posibles de transición y nos concentramos en los extremos, veremos, al compararlos, que los dos fenómenos constituyen dos modelos asimétricos cuyas características principales son las que se muestran en la tabla de la página 459.

Para que el modelo dinámico de la creencia en la brujería aquí esbozado pudiera seguir desarrollándose, sería necesario estudiar la brujería vasca fuera de los períodos de persecución masiva. Existe material de archivo abundante que podrá facilitar la reconstrucción del mundo de ideas y comportamiento cotidiano del área rural vasca.

Los libros sobre las brujas ejercen una extraña atracción sobre el gran público, quizá porque «la bruja», como arquetipo, sigue fascinándonos, del mismo modo que, pese a la repugnancia y horror que suscitaba, fascinó a las gentes del pasado. Espero haber contribuido con mi libro a la comprensión de que la creeencia en las brujas es una especie de mitificación de los grupos socialmente marginados, y que las consecuencias de dicha mitificación suelen ser funestas. Lo específico del estereotipo brujeril es que el grupo, como tal, es ficticio. Nadie pertenece realmente a él; pero aquellos individuos disidentes que existen en todas las sociedades serán los primeros en atraer las sospechas de sus convecinos, quienes los creerán miembros de una confederación secreta, entregada a prácticas opuestas a todas las virtudes sociales y morales. La persecución de brujos europea es ya historia; sin embargo, en principio, sigue repitiéndose bajo apariencias nuevas y adaptadas a las circunstancias. El mundo siempre tendrá necesidad de alguien que se atreva a desenmascarar al verdugo: de hombres tan enteros como Salazar.

APÉNDICE

LISTADO DE BRUJOS

Introducción.
Brujos examinados por la Inquisición de Logroño, 1609-1614

Unos dos mil brujos, aproximadamente, fueron examinados en el curso del proceso, de los cuales treinta y uno fueron sentenciados en el auto de fe, sesenta y cinco reconciliados en el tribunal en virtud del edicto de gracia, y seis reconciliados después de expirado el plazo de gracia. A estas ciento dos causas se añadieron las de aquellos que nunca se personaron en la sala de juicio del tribunal de Logroño, sino que se despacharon durante las visitas de inspección al distrito. Unas cincuenta causas fueron resultado de la caza de brujas perpetrada por el inquisidor Valle en los Pirineos (véase cap. 6), y otras mil ochocientas dos se despacharon dos años más tarde, cuando su colega, Salazar, recorrió el distrito publicando el edicto de gracia (véase cap. 10). A excepción de una pequeña parte del libro de visita de Salazar, todo el material original se ha extraviado. Pero gracias a un vasto acervo documental, que ha llegado a nosotros en forma de referencias, resúmenes y copias de actas completas, nos es posible reconstruir la documentación original en un grado tal de perfección que podemos asegurar que, con excepción de la visita de Valle, sobre la que desconocemos el contenido exacto, el número de causas registradas abajo es exacto. Si saliese a relucir ulterior documentación inquisitorial, como ocurrió en 1971 con el *Manuscrito de Pamplona*, sólo valdría para ayudarnos a completar los detalles y nombres que aún nos faltan.

Los apellidos de los reos aparecen en su forma original, a excepción de alguna que otra ligera normalización de acuerdo con la ortografía española moderna. Los nombres de personas, así como de pueblos, han sido modernizados. Cada vez que un nombre, edad o pueblo aparezca en cursiva, indica que dicha información sólo se encuentra en el *Manuscrito de Pamplona*. Un asterisco delante de un dato indica que hay correcciones o comentarios en el aparato crítico de la «lista de brujos» incluido en la edición inglesa (WA, pp. 395-437) que por razones de brevedad hemos omitido en la versión española.

1. Los 102 brujos procesados en el tribunal de Logroño, 1609-1614

Fuentes de la sección 1.ª: *Relación primera, Relación segunda* y *Relación tercera del auto de fe; Manuscrito de Pamplona* (en adelante abreviado *MSP*), especialmente la lista de los ochenta y cuatro brujos reconciliados en Logroño (abr. *MSP Lista A*), reproducida en Idoate, *Documento,* pp. 177-180; la lista de «Reconciliados y absueltos por brujos con edicto de gracia» (abr. *Rdo*), contenida en *Relación de causas 1610/11;* y *Relación de causas 1613/14* (abr. *Rel. 1613/14).*

CAUSAS 1 A 31

Los 31 sentenciados en el auto de fe de 7 y 8 de noviembre de 1610

Núm.	Nombre, edad, domicilio; cónyuge y su profesión (relación con otros reos)	Grupo de prisioneros	Fecha de detención	Muerto en la cárcel	Coste de manutención en reales/Pagado		Actitud durante el proceso	Grado en el aquelarre	Sentencia	Núm. en MSP Lista A
1.	Estevanía de Navarcorena, «más de 80», Zugarramurdi; viuda de Petri de Telechea (madre del núm. 3)	1.º	27-I-09	Agosto 1609	180	116	Confitente	La segunda en rango	Reconciliada en efigie	4
2.	María Pérez de Barrenechea, 46, Zugarramurdi; mujer del carpintero Juanes de Burga (tía del núm. 4?, hermana del núm. 16?, hermanastra del núm. 5?)	1.º	27-I-09	Otoño 1609	445	118	Confitente	La tercera en rango	Reconciliada en efigie	3
3.	Juana de Telechea, 38, Zugarramurdi; mujer del molinero Juanes de Lecumberri (hija del núm. 1)	1.º	27-I-09		826	60	Confitente		Reconciliada y 1 año de cárcel	2
4.	María de Juretegía, 22, Zugarramurdi; mujer del labrador Esteve de Navacorena (sobrina de los núms. 2? y 16)	1.º	27-I-09		900	0	Confitente		Reconciliada y 6 meses de destierro	1
5.	Graciana de Barrenechea, 80 (o 90) los Zugarramurdi; mujer del pastor Juanes de Yriarte (madre de los núms. 6 y 7)	2.º	14-I-09	Septiembre 1609	224	0	Confitente	Reina del aquelarre	Reconciliada en efigie	7
6.	María de Yriarte, 40, Zugarramurdi; soltera (hija del núm. 5, hermana del núm. 7)	2.º	14-II-09	Agosto 1610	526	0	Confitente		Reconciliada en efigie	6

Núm.	Nombre, edad, domicilio; cónyuge y su profesión (relación con otros reos)	Grupo de prisioneros	Fecha de detención	Muerto en la cárcel	Coste de manutención en reales/Pagado	Actitud durante el proceso	Grado en el aquelarre	Sentencia	Núm. en MSP Lista A
7.	Estevanía de Yriarte, 36, Zugarramurdi; mujer del pastor Juanes de Goiburu (núm. 9, hija de núm. 5, hermana del núm. 6)	2.º	14-II-09	Septiembre 1609	326 0	Confitente		Reconciliada en efigie	5
8.	Miguel de Goiburu, 66, Zugarramurdi; pastor; casado (padre del núm. 9, tío del núm. 10)	2.º	14-II-09	Otoño 1609	294 0	Confitente	Rey del aquelarre, cuadatario del demonio	Reconciliado en efigie	8
9.	Juanes de Goiburu, 37, Zugarramurdi, pastor; marido de Estevanía de Yriarte (núm. 7, hijo del núm. 8, primo del núm. 10)	2.º	14-II-09		1.083 0	Confitente	Tamborilero del aquelarre	Reconciliado y cárcel perpetua	10
10.	Juanes de Sansín, 20, Zugarramurdi; cedacero; soltero (sobrino del núm. 8, primo del núm. 9)	2.º	14-II-09		1.098 0	Confitente	Atabalero del aquelarre	Reconciliado y cárcel perpetua	9
11.	María Presona, «más de 70», Zugarramurdi; soltera (hermana del número 29)	3.º	Septiembre 1609		453 0	Confitente		Reconciliada y cárcel perpetua	13
12.	María de Arburu, 70, Zugarramurdi; viuda del molinero Juanes de Martinena (madre del núm. 23, cuñada del núm. 13, tía del núm. 25)	3.º	Septiembre 1609		457 0	Negativa	Reina del aquelarre (sucedió a núm. 5)	Relajada en persona	

Núm.	Nombre, edad, domicilio; cónyuge y su profesión (relación con otros reos)	Grupo de prisioneros	Fecha de detención	Muerto en la cárcel	Coste de manutención en reales/Pagado		Actitud durante el proceso	Grado en el aquelarre	Sentencia	Núm. en MSP Lista A
13.	María Bazán de la Borda, 68, Zugarramurdi; viuda del labrador Martín de Arburu (madre del núm. 25, cuñada del núm. 12, tía del núm. 23)	3.º	Septiembre 1609		550	0	Negativa		Relajada en persona	
14.	Graciana Xarra, 66, hospitalera del hospital de Urdax; viuda del pastor Martín de la Borda	3.º	Septiembre 1609		461	0	Negativa		Relajada en persona	
15.	María de Echachute, 54, Zugarramurdi; mujer de Juanes Francés de Saint-Jean-de-Luz	3.º	Septiembre 1609		434	0	Negativa		Relajada en persona	
16.	María Chipía de Barrenechea, 52, Zugarramurdi; mujer del carpintero Sabat de Celayeta (tía del núm. 4, hermana del núm. 2?, hermanastra del núm. 5?)	3.º	Septiembre 1609		472	0	Confitente		Reconciliada y cárcel perpetua	14
17.	María de Echegui, 40, Zugarramurdi; mujer del labrador Martín de Machingorena (hija del núm. 21)	3.º	Septiembre 1609		448	0	Confitente		Reconciliada y cárcel perpetua	12
18.	María de Echalecu, 40, Urdax; viuda del carpintero Pedro Sáenz	3.º	Septiembre 1609	Agosto 1610	363	0	Negativa		Relajada en efigie	
19.	Estevanía de Petrisancena, 37, Urdax; mujer del labrador Juanes de Azpilcueta	3.º	Septiembre 1609	Agosto 1610	448	105	Negativa		Relajada en efigie	

Núm.	Nombre, edad, domicilio; cónyuge y su profesión (relación con otros reos)	Grupo de prisioneros	Fecha de detención	Muerto en la cárcel	Coste de manutención en reales/Pagado		Actitud durante el proceso	Grado en el aquelarre	Sentencia	Núm. en MSP Lista A
20.	Martín Vizcar, «más de 80», Zugarramurdi, labrador; casado	3.°	Septiembre 1609	Agosto 1610	408	11	Confitente	Caudatario del demonio, alcalde de los niños en el aquelarre	Reconciliado en efigie	11
21.	Juanes de Echegui, 68, Urdax, labrador y pastor (padre del núm. 17)	3.°	Septiembre 1609	Otoño 1609	120	0	Negativo		Relajado en efigie	
22.	Domingo de Subildegui, 50, Zugarramurdi, carbonero, natural del Pays de Labourd	3.°	Septiembre 1609		582	0	Negativo		Relajado en persona	
23.	Fray Pedro de Arburu, 43, Urdax, fraile y presbítero premonstratense (hijo del núm. 12, sobrino del núm. 13, primo del núm. 25)	3.°	Septiembre 1609		537	0	Negativo		Abjuración de levi y 10 años de reclusión y destierro perpetuo	
24.	Petri de Juangorena, 36, Zugarramurdi, labrador	3.°	Septiembre 1609		560	0	Negativo		Relajado en persona	
25.	Don Juan de la Borda y Arburu, Fuenterrabía, clérigo y presbítero (hijo del núm. 13, sobrino del núm. 12, primo del núm. 23)	3.°	Septiembre 1609		662	0	Negativo		Abjuración de levi y 3 años de reclusión y destierro perpetuo	
26.	Juanes de Odia y Berechea, 60, Urdax, carbonero y cedacero	4.°	Noviembre 1609	Agosto 1610	308	0	Negativo		Relajado en efigie	

Núm.	Nombre, edad, domicilio; cónyuge y su profesión (relación con otros reos)	Grupo de prisioneros	Fecha de detención	Muerto en la cárcel	Coste de manutención en reales/Pagado		Actitud durante el proceso	Grado en el aquelarre	Sentencia	Núm. en MSP Lista A
27.	María de Zozaya y Arramendi, 80, Rentería, criada?, soltera, natural de Oyeregui	5.º	Diciembre 1609	Agosto 1610	279	0	Confitente	Dogmatizadora de la secta de brujos	Relajada en efigie	9
28.	Juanes de Lambert, 27, Rentería, herrero, natural del Pays de Labourd, donde su padre fue quemado por brujo	5.º	Diciembre 1609		334	0	Confitente		Reconciliado y destierro perpetuo	15
29.	Mari Juanto (alias de Aguirre), 60, Vera, natural de Zugarramurdi; viuda del jornalero Juanes de Zapaguindegui (hermana del núm. 11)	6.º	3-III-10	Agosto 1610	197	0	Confitente		Reconciliada en efigie	16
30.	Beltrana de la Fargua, 40, Vera, natural de «Ayamou» (Amou?), en Francia; mujer del mendigo Martín de Huarteburu	6.º	3-III-10		263	0	Confitente		Reconciliada y cárcel de 6 meses	17
31.	Juanes de Yribarren (alias de Echalar), 40, herrero, Echalar	6.º	3-III-10		257	0	Confitente	Verdugo del aquelarre	Reconciliado, 1 año de cárcel y destierro perpetuo	18

Causas 32 a 96
Los 65 reconciliados en el tribunal por edicto de gracia
(de noviembre 1610 hasta finales de verano 1611)

Núm.	Fecha de detención	Confesión	Reconciliación	Nombre, edad, lugar, provincia. Miscelánea	Núm. en Rdo	Núm. en MSP Lista A
32.		*25-VIII-10	6-II-11	María de Lecumberri, 20, Zugarramurdi, Na. Cf. núm. 103	15	29
33.		*27-VIII-10	6-II-11	Juana de Telechea (*Garagarre*), 20, Zugarramurdi, Na. Cf. núm. 104	16	27
34.		*31-8-10	6-II-11	María de Burga, 17, Zugarramurdi, Na. Cf. núm. 105	17	28
35.		*5-IX-10	6-II-11	María de Lecumberri, 14, Zugarramurdi, Na. Cf. núm. 106	18	31
36.		*9-IX-10	7-II-11	María Pérez de Burga, 12 (14), Zugarramurdi, Na. Cf. núm. 107	19	30
37.		11-XII-10	14-II-11	Juanes de Narvarte, Santesteban, Na	20	24
38.		4-II-11	8-II-11	Cristóbal de Alcoz, 14, Santesteban, Na	21	39
39.	[1611]	4-III-11	14-V-11	María de Zuraurre, Santesteban, Na	22	22
40.		14-V-11	14-V-11	María Miguel, Santesteban, Na	23	21
41.		6-III-11	31-III-11	Catalina de Arce, 25, Santesteban, Na	24	48
42.		26-III-11	(Murió)	María de Hermiñana (*Armiñana*), 90, Santesteban, Na	25	72
43.		24-III-11	24-III-11	Graciana de Arce, 15, Santesteban, Na	26	23

APÉNDICE 471

Núm.	Fecha de detención	Confesión	Reconciliación	Nombre, edad, lugar, provincia. Miscelánea	Núm. en Rdo	Núm. en MSP Lista A
44.		15-IV-11	4-V-11	María de Dindart, 40, Santesteban, Na	27	32
45.		19-IV-11	7-V-11	María de Donesteve, 53, Santesteban, Na	28	33
46.		20-IV-11	4-V-11	Catalina de Porto, 60, Santesteban, Na	29	34
47.		20-IV-11	4-V-11	María de Saldies, 45, Santesteban, Na	30	35
48.		29-III-11	31-III-11	José de Yrisarri, 14, Santesteban, Na	31	25
49.		15-IV-11	4-V-11	Tomasa de Yturen, 80, Santesteban, Na	32	38
50.		23-IV-11	14-V-11	Petri del Espinar, 70, Santesteban, Na	33	37
51.		2-V-11	5-V-11	María Pérez de Labayen, 50, Santesteban, Na (cf. núm. 496); = ? *María de Barbarena*, 32, Elizondo, Na	34	58
52.	[Feb.] 1611	28-II-11	6-III-11	Graciana de Olberro, 80, Santesteban, Na	35	36
53.		29-I-11	9-IV-11	Juanes de Nescacoa (*Enezcaco*), 18 Elizondo, Na	36	56
54.		5-V-11	7-V-11	María de Ansorena, 70, Elizondo, Na	37	55
55.		6-V-11	10-V-11	Catalina de Oyargun (*Oyarzun*), 20, Elizondo, Na	38	57
56.		7-V-11	9-V-11	Mari Juan Anchorenea, 22, Elizondo, Na	39	51
57.		10-V-11	13-V-11	Mari Juan de Vergara, 26, Elizondo, Na	40	59

Núm.	Fecha de detención	Confesión	Reconciliación	Nombre, edad, lugar, provincia. Miscelánea	Núm. en Rdo	Núm. en MSP Lista A
58.	Primavera 1611	21-IV-11	4-V-11	Catalina de Aranibar, 30, Zubieta, Na. Cf. núm. 494	41	78
59.	Primavera 1611	22-IV-11	4-V-11	Mari Juan de Larrayn, 40, Zubieta, Na	42	61
60.	Primavera 1611	13-V-11	14-V-11	Pedro de Arrosa, 50, Zubieta, Na. Cf. núm. 495	43	79
61.		9-II-11	12-II-11	Miguel de Juangorena, 16, Legasa, Na	44	68
62.		9-II-11	12-II-11	Tomás de Mariberticena, 18, Legasa, Na	45	69
63.		30-V-11	4-VI-11	Martín de la Aspidia, 76, Ituren, Na	46	62
64.	3-III-10	8-VII-11	21-VII-11	María de Erausate, 48, Vera, Na	47	42
65.	3-III-10	19-VII-11	19-VII-11	María de Aranaz, 28, Vera, Na	48	41
66.	3-III-10	9-VIII-11	12-VIII-11	Juana Legasa Cucurro, 72, Vera, Na	49	46
67.	3-III-10	22-VII-11	30-VII-11	Dominja de Casanova, 40, Lesaca, Na	50	43
68.	3-III-10	30-VII-11	8-VIII-11	Felipe de Vizcancho Casanova, 40, Lesaca, Na	51	44
69.	3-III-10	*4-VIII-11	*15-VIII-11	Doña María de Endara (Berrizaun y Endarra alias Olandrea), 25, Echalar, Na	52	45
70.		10-X-09	22-XI-10	Diego de Marticorena, 14, Echalar, Na. Cf. núm. 108	53	20
71.	3-III-10	24-VII-11	30-VII-11	Magdalena de Agramonte, 36, Rentería, Gui	54	40

APÉNDICE 473

Núm.	Fecha de detención	Confesión	Reconciliación	Nombre, edad, lugar, provincia. Miscelánea	Núm. en Rdo	Núm. en MSP Lista A
72.		30-III-11	31-III-11	Agustín de Aguirre, 14, Rentería, Gui	55	26
73.		1-VI-11	9-VI-11	Catalina de Echevarría, 50, Fuenterrabía, Gui. Cf. núm. 493	56	80
74.	[Nov.] 1610	7-VI-11	30-VI-11	Graciana de Amézaga, 40, Oronoz, Na	57	65
75.		18-III-11	31-III-11	Juana de Arrayoz, 24, Zuraurre, Na	58	49
76.		28-III-11	31-III-11	María de Aldabe, 29, Sumbilla, Na	59	50
77.		3-VIII-11	9-VIII-11	Catalina de Eguilcui, 12, Aránzazu, Gui	60	53
78.		3-VIII-11	9-VIII-11	Juana de Zuloaga, 13, Aránzazu, Gui	61	54
79.		3-VIII-11	9-VIII-11	María de Lorenceneco, 13, Aránzazu, Gui	62	52
80.	*[Junio] 1611	*18-?-11	*19-VIII-11	Domingo de Orlaneche, 35, Logroño, Lo	63	64
81.		*[Junio] 1611	Absuelto ad cautelam	Juanes de Sorraiz (Solaez), 9, Logroño, Lo	64	63
82.		25-III-11	21-IV-11	Juan Díaz de Alda, 80 Araya, Al	65	70
*83.		8-VII-11	15-VII-11	Maria de Eguilaz (Aguilar), 70, Amézaga, Al	66	71
84.		2-VIII-11	3-IX-11	Don Diego de Basurto, 95, Ciordia, Na. Cf. núm. 498	67	74
85.		21-VI-11	23-VI-11	Francisca de Bertol, 32, Arenaza, Al	68	73

Núm.	Fecha de detención	Confesión	Reconciliación	Nombre, edad, lugar, provincia. Miscelánea	Núm. en Rdo	Núm. en MSP Lista A
86.		21-VII-11	21-VII-11	Gracia González, 26, Cicujano, Al. Cf. núm. 501	69	81
87.		17-VIII-11	19-VIII-11	Inés de Corres, 66, Corres, Al	70	75
88.		18-VIII-11	18-VIII-11	Ana de Corres, 56, Maestu, Al. Cf. núm. 497	71	82
*89.		[1611]	Absuelto *ad cautelam*	María de Eguino, 11, Eguino, Al. Cf. núm. 499 = María Ybáñez, 12, Cicujano, Al	72	84
90.	[1611]	26-V-11	4-VI-11	Catalina de Pajares, 50, Miranda de Ebro, Bu	73	66
91.		28-VI-11	30-VI-11	María de Otazu, 16, Labastida, Al	74	67
*92.		[Primav.] 1611	[Primav.] 1611	María de Zubieta, 18, Santesteban (Zubieta), Na	75	60
*93.		[Primav.] 1611	[Primav.] 1611	Pedro de Zubieta, 18, Santesteban, Na	76	47
*94.		[1611]	[1611]	*María González, 40, Corres,* Al	[76a]	76
*95.		[1611]	[1611]	*María Pérez, 65, Atauri,* Al (véase cap. 10:12)	[76a]	77
*96.		[1611]	[Julio] 1611	*Magdalena de Area, 56, Cicujano,* Al. Cf. núm. 500	[76c]	83

Causas 97 a 102
Los seis reconciliados en el tribunal después de expirado el edicto
y antes de entrar en vigor las nuevas instrucciones
(desde 1612 hasta 29 de agosto de 1614)

Núm.	Confesión	Reconciliado o absuelto ad cautelam	Nombre, edad, lugar provincia	Núm. en Rel. 1613/14	Cita en MSP (Idoate Documento)
97.	24-II-13 5-XI-13	3-XII-13	Gracia Luxea, 16, Uztarroz, Na	16	p. 171
98.	5-VIII-12 6-XI-13	9-XI-13	Pascuala Miguel, 11, Uztarroz, Na	17	p. 171
99.	7-XI-13	9-XI-13	Gracia Miguel, 7, Uztarroz, Na	18	p. 171
100.	22-XI-13	26-XI-13	Cristóbal de Mayza (*Mayz*), 16, Lizárraga, Na	19	
101.	[1613]	[1613]	Isabel Folca [vieja, Villarreal, Al]	27	
102.	[1613]	[Verano 1614]	Juanes de Goizueta, 40, [Oyarzun, Gui]		pp. 99-100

2. Reconstrucción del libro de la visita de Valle realizada en 1609

Fuentes de la sección 2.ª: Sobre las cincuenta confesiones de brujería, véase WA, p. 495 s. n. 120. La reconstrucción del libro extraviado de Valle se basa en referencias, resúmenes y copias de actas enteras contenidos en los siguientes manuscritos: *Tomo «F» del libro de visita de Solazar* (en adelante abr. *Vol F*); *Examen del libro de visita de Valle* (abr. *EVV*); *Relación de causas 1610/11* (*B*) (abr. RDC); *Manuscrito de Pamplona* (abr. MSP con referencia a páginas en Idoate, *Documento*). Sólo se adjudica número de causa cuando se sabe con seguridad que el reo se confesó culpable de brujería; los testigos de actos de brujería y las personas que hubieran hecho otras declaraciones van indicados sin número de causa.

Causas 103 a 150
Aproximadamente cincuenta confesiones de brujos contenidas en el volumen extraviado

Núm.	Folios	Fecha de confesión	Nombre, edad, lugar, provincia. Miscelánea	Fuentes
	[1-92] Visita de Zugarramurdi, [23 de agosto hasta fin de septiembre 1609]			
	4-6		María de Ximildegui, 20, Zugarramurdi, Na	MSP pp. 59, 73-75
103		25-VIII-09	María de Lecumberri, 20, Zugarramurdi, Na. Cf. núm. 32	RDC f. 454r y v
104		27-VIII-09	Juana de Telechea, 17, Zugarramurdi, Na. Cf. *núm. 33*	RDC f. 454r y v
105		31-VIII-09	María de Burga, 15, Zugarramurdi, Na. Cf. núm. 34	RDC f. 454r y v
106		5-IX-09	María de Lecumberri, 12, Zugarramurdi, Na. Cf. núm. 35	RDC f. 454r y v
107		9-IX-09	María Pérez de Burga, 12, Zugarramurdi, Na. Cf. núm. 36	RDC f. 454r y v
	93-131 Visita de Lesaca, 23 de septiembre hasta 14 de octubre 1609			EVV f. 1524r y v-1525r y v
108			Diego de Marticorena, 14, Lesaca, Na. Cf. núm. 70	RDC f. 45úr y v
	[132-268] Visita de San Sebastián, fin de septiembre hasta 20 noviembre 1609			EVV ff. 1530r y v-1531r y v
109	147 ss.		Juanes de Bustiola, *niño* brujo	MSP p. 87
	170-179	4-XI-09	Magdalena de Echasana y su hija María de Esponda	EVV f. 1525r y v
110.	179-183	5-XI-09	Juana de Esponda, niña bruja	EVV ff. 1525r y v-1526r y v
	183v-186v	6-XI-09	Deposiciones de 4 personas	EVV f. 1526r y v
	187r-190v	7-XI-09	Deposiciones de 3 personas	EVV ff. 1526r y v-1527r y v
111.	190v-197	8-XI-09	2 confesiones de brujería	EVV ff. 1527r y v-1528r y v

APÉNDICE 477

Núm.	Folios	Fecha de confesión	Nombre, edad, lugar, provincia. Miscelánea	Fuentes
112.	197-202a	9-XI-09	Deposiciones de 6 personas	*EVV* f. 1528r y v
	202a-202c	10-XI-09	Deposiciones de 3 personas	*EVV* ff. 1528r y v-1529r y v
	203-204	11-XI-09	Deposiciones de 2 personas	*EVV* ff. 1529r y v
	205-212	12-XI-09	Deposiciones de 4 personas	*EVV* ff. 1529r y v-1530r y v
113.	220 ss.	17-XI-09	María Martín de Legarra, 31, Lesaca, Na. Cf. núm. 457	*VolF* ff. 108r y v-117r y v
	263-268r y v	19-XI-09	Deposiciones de 6 personas	*EVV* f. 1530 r y v

269-375 ss. Visita de Tolosa, 20 de noviembre hasta diciembre 1609

Núm.	Folios	Fecha de confesión	Nombre, edad, lugar, provincia. Miscelánea	Fuentes
114.	278 ss.		Juana de Goynechea, 22	*MSP* pp. 84-85
	299r y v-303r y v	3-XII-09	Deposiciones de 2 personas	*EVV* f. 1530 r y v
		4-XII-09	Deposiciones de 3 personas	*EVV* f. 1530 r y v
	309-323	7-XII-09	Deposiciones de 2 personas	*EVV* f. 1531 r y v
		8-XII-09	Deposiciones de 1 personas	
		9-XII-09	Deposiciones de 1 personas	
	*317	[8-XII-09]	Magdalena de Masalde, 22	*MSP* pp. 79-80, 163
115.	332	11-XII.09	María de Gardel, 72, Lesaca, Na. Cf. núm. 452	*VolF* ff. 70r y v-72r y v
116.	337	12-XII-09	María de Dindur, 40, Lesaca, Na. Cf. núm. 462	*VolF* ff. 144r y v-150r y v
117.	372	13-XII-09	Juanes de Picabea, 11, Lesaca, Na. Cf. núm. 463	*VolF* ff. 156r y v-158r y v
118.	375	13-XII-09	Gracia de Lizárraga, 17, Lesaca, Na. Cf. núm. 464	*VolF* ff. 164r y v-165r y v
119.		14-XII-09	María de Yturría, 9, Echalar, Na. Cf. núm. 465	*VolF* ff. 170r y v-172r y v

[120-150] Los restantes 31 brujos cuyas confesiones no pueden identificarse.

3. *Reconstrucción de los ocho tomos del libro de la visita de Salazar realizada en 1611*

Según declaraciones del propio Salazar, la documentación de su visita del distrito comprendía más de cinco mil seiscientos folios. Éstos fueron encuadernados en ocho tomos clasificados de «A» a «H», de los cuales tan sólo el tomo «F» y un cuadernillo procedente del tomo «E», *Proceso de María de Ulibarri,* se conservan. Sin embargo, gracias al especial método de referencia, al parecer desarrollado por el mismo Salazar, en el que indica la letra del volumen, seguida de la primera página de la causa, estamos en condiciones de reconstruir el contenido de los siete volúmenes extraviados (por ejemplo, «E 671» es la referencia usada para indicar la causa de María de Ulibarri, cf. LB núm. 354).

Fuentes de la sección 3.ª: *Tomo «F» del libro de visita de Salazar; Proceso de María de Ulibarri; Memorial segundo y Memorial quinto de Salazar* (citados colectivamente como *Mem. 2.º/5.º de Salazar*); y el *Manuscrito de Pamplona* (especialmente la segunda lista de brujos, abr. *MSP Lista B,* con los nombres de los reconciliados durante la visita de Salazar y reproducido en Idoate, *Documento,* pp. 180-188, aunque con algunos errores de transcripción). Esta última fuente salió a relucir una vez elaborada mi reconstrucción de las partes extraviadas de los ocho volúmenes del libro de visita de Salazar, basándome solamente en sus memoriales, de modo que vino a confirmar la exactitud de la reconstrucción, a la vez que aportó gran número de detalles suplementarios.

Finalmente, unas advertencias sobre la composición de la tabla: los puntos suspensivos entre líneas significan que en dicho lugar debieron existir una o más causas de las que no conservamos noticia. Aquí, como en cualquier parte de nuestra lista, la cursiva indica que dicha información se conoce solamente a través del *MSP.* En la columna «Referencias en:» se dan tanto las signaturas usadas por Salazar en sus dos memoriales, como las usadas por sus colegas en el *MSP.* Dichas signaturas aparecen en muy diversos contextos y, para abreviar, me he abstenido de añadir las fuentes de cada referencia individual.

Causas 150a a 150gg
Deposiciones de brujería contenidas en el extraviado tomo «A»

Núm.	Folios	Nombre, edad, lugar, provincia. Miscelánea	Referencias en: Mem. 2.º/5.º de Salazar	MSP	Núm. en MSP Lista B
150a	13	María de Jornarena, 60, Ezcurra, Na	A 13	A 13	119
150b	46	Fray Domingo de Velasco, San Sebastián, Gui	A 46		
150c	63	María de Echeverría, Vera, Na	A 63		
150d	67	Isabel de Castro, 12, San Sebastián, Gui	A 67		
150e	75	Simona de Gaviria, «vieja», San Sebastián, Gui	A 75		
150f	84	Ana de Olite, «niña bruja», Santesteban, Na	A 84		
150g	84	Juana de Xubil, «niña bruja», Santesteban, Na	A 84		
150h	84	María de Arráyoz, «niña bruja», Santesteban, Na	A 84		
150i	85	Magdalena de Oiz, «niña bruja», Santesteban, Na	A 85		
150j	85	Juanes de San Estevan, «niño brujo», Santesteban, Na	A 85		
150k	86	Martín de Alcoz, «niño brujo», Santesteban, Na	A 86		
150l	86	Tomás de Jaunearaz, «niño brujo», Santesteban, Na	A 86		
150m	87	Martín de Saldías, «niño brujo», Santesteban, Na	A 87		
150n	88	Juanes de Bastán, «niño brujo», Santesteban, Na	A 88		

Núm.	Folios	Nombre, edad, lugar, provincia. Miscelánea	Referencias en: Mem. 2.º/5.º de Salazar	MSP	Núm. en MSP Lista B
150o	88	Graciana de Zubieta, «niña bruja», Santesteban, Na	A 88		
150p	89	Mari Sáenz, «niña bruja», Santesteban, Na	A 89		
150q	89	Mariana Ancochela, «niña bruja», Santesteban, Na	A 89		
150r	89	Catalina de Valencia, «niña bruja», Santesteban, Na	A 89		
150s	185	Lucía de Ciriano, 14	A 185		
150t	200	Francisco Martínez de Aranoz (*Aranz*), 43 (74), *Aranaz*	A 200	A 200	
150u	264 ss.	Doña Francisca de Alaba, una monja (v. Mem. 2.º, § 47)	A 264, A 267, A 271, A 274		
150v	291	María de Abechuco	A 291		
150w	297	Testimonio de dos secretarios inquisitoriales sobre un aquelarre en Santesteban la noche de San Juan, 1611 (véase cap. 10: 13, al final)	A 297		
150x	351 ss.	Investigaciones acerca de la muerte de dos niños de Leiza, Na	A 351, A 355, A 361		
150y	362 ss.	Juan de Garaicoechea (Garaicoche), 28, Oronoz	A 367	A 362	178
150z	376	Catalina de Aremburu, 14, Aurtiz, Ituren, Na		A 376	120
150aa	379	Catalina de Berentena, 12, Aurtiz, Ituren, Na		A 379	121

APÉNDICE 481

Núm.	Folios	Nombre, edad, lugar, provincia. Miscelánea	Referencias en:			Núm. en MSP Lista B
			Mem. 2.º/5.º de Salazar		MSP	
150bb	381	María Martín de Sagarbía, 12, Aurtiz, Ituren, Na			A 381	122
150cc	389	Mari Sáenz de Ormaechea, 60, San Sebastián, Gui	A 389			
150dd	410 ss.	Actas de los experimentos concernientes a los polvos y ungüentos de los brujos (véase cap. 10:13)	A 410			
150ee	453-[475]	Actas de los experimentos concernientes a los lugares de aquelarre (véase cap. 10:13)	A 453			
	457	Examen de 3 testigos en Iraizoz, Na	A 457			
	460	Examen de testigos en Zubieta, Na	A 460			
	464	Examen del «3.º y 4.º testigo en Sumbilla», Na	A 464			
	465	Examen de testigos en Donamaría, Na	A 465			
	466	Examen de testigos en Alzate, Vera, Na	A 466			
150ff	473	Examen de Catalina de Lizardi, 17, Vera, Na, sobre lugar del aquelarre. Cf. núm. 260	A 473			
150gg	475	Examen de otros testigos del aquelarre de Vera	A 475			

Causas 151 a 197
47 brujos reconciliados contenidos en el extraviado tomo «B»

Núm.	Folios	Nombre, edad, lugar, provincia. Miscelánea	Referencias en: Mem. 2.º/5.º de Salazar	MSP	Núm. en MSP Lista B
151.	1 ss.	Catalina de Labayen, 60, Santesteban, Na	B 1	B 1	33
152.	11 ss.	Juana de Garro	B 11		
153.	23 ss.	Juana de Elizondo, 40, Santesteban, Na	B 23	B 23	34
154.	33 ss.	Catalina de Gaztelu, 14, Gaztelu, Na	B 33	B 35	130
155.	43 ss. ...	Juanes de Micho, 14, Gaztelu, Na		B 43	35
156.	63 ss. ...	Juana de Miguelena, 19, Donamaría, Na	*B 603	B 63	36
157.	87 ss.		B 87		
158.	97 ss. ...	Bruja que parió un sapo	B 97		
159.	136 ss.	María de Zocanibar, 24, Arce, Donamaría, Na		B 136	37
160.	148 ss. ...	Pedro de Dindarte, 15, Elgorriaga, Na	B 148	B 148 B 149	38, 129
161.	172 ss. ...	Graciana de Barazurren, 16, Elgorriaga, Na	B 172	B 172	39
162.	194 ss. ...	María de Lesaca, 60, Elgorriaga, Na	B 194	B 194	40
163.	218 ss. ...	María Miguel, 12, Elgorriaga, Na		B 218	1
164.	239 ss.	Mari Juan de Laspiria, 16, Ituren, Na		B 239	41
165.	251 ss.	Miguel de Olagüe, 15, Ituren, Na	B 251	B 253	129a
166.	271 ss.		B 271		

APÉNDICE 483

Núm.	Folios	Nombre, edad, lugar, provincia. Miscelánea	Referencias en: Mem. 2.º/5.º de Salazar	MSP	Núm. en MSP Lista B
167.	281 ss. ...	Miguel de Hurroz (Ustárroz), 70, Ituren, Na	B 281	B 281	42
168.	303 ss.	Pedro de Laspiria, 18, Ituren, Na	B 303	B 303	43
		[=] Martín de Laspidia, 18, Ituren, Na		B 305	2
169.	315 ss.	María de Mariarena, 60	*B 371		
		[=?] Mariana Maxirena, 28, Zubieta, Na		B 305	44
		[=?] María Maxirena, 28, Zubieta, Na		B 319	123
		[=?] María de Maxiarena, 60, Zubieta, Na		*B 371	175
170.	327 ss.		B 327		
171.	335 ss.		B 335		
172.	347 ss. ...	Tomás de Gualde, 30, Zubieta, Na		B 347	45
173.	363 ss.	Juanes de Zubieta, 30, Zubieta, Na		B 363	46
174.	371 ss.	María de Larraspe, 14, Zubieta, Na	*B 371	B 371	46a
175.	383 ss. ...	María de Mozotadíe, 26, Oiz, Na	B 383	B 383	46b
176.	403 ss.	Graciana de Azpilqueta, 60, Oiz, Na	B 403	B 403	47
		[=?] Graciana de Azpilcueta, 60, «Haoiz» (i.e. Oiz), Na		B 409 B 412	132
177.	419 ss.	Catalina de Zozaya, 20, Oiz, Na		B 419	48
178.	429 ss. ...	Graciana de Yturri, 60, Almándoz, Na		B 429	49
179.	458 ss.	Juana de Argarate, 60, Sumbilla, Na	B 458	B 458	50

Núm.	Folios	Nombre, edad, lugar, provincia. Miscelánea	Referencias en: Mem. 2.º/5.º de Salazar	MSP	Núm. en MSP Lista B
180.	468 ss. ...	Graciana de Aguirre, 15, Surbilla, Na	B 468	B 468	51
181.	487 ss.	María Juan de Azpeleta, 50, Sumbilla, Na		B 487	52
182.	494 ss.	(?)	*B 494		
183.	499 ss.	María de Jaureguía, 70	B 499		
184.	509 ss. ...	Mari Juan de Pijarena (Pixarerena), 14, Sumbilla, Na	B 509	B 512	53
185.	529 ss.	Mari Miguel de Torrena, 30, Azcárraga, Na	B 529	B 529	54
186.	541 ss.		B 541		
187.	555 ss.	Sancho de Yráizoz, 60, Iraizoz, Na		B 555 B 556	55
188.	567 ss.	Miguel de Yráizoz, 60, Iraizoz, Na	B 567	B 567 B 569	56 131
189.	579 ss.	María de Ortiz Garaicoa, 60, Iraizoz, Na	B 579	B 579	57
190.	591 ss.	María de Yriza (Oriza), 80, Beruete, Na	B 591	B 591 B 592	58
191.	601 ss.	Lope de Elzaburo, 74, Beruete, Na	B 601	B 601 B 604	59
192.	611 ss.		B 611		
193.	625 ss.	María de Yráizoz, 94, Lizaso, Na	B 625	*B 162	60
194.	635 ss.		B 635		
195.	643 ss.	Magdalena de Arteche, 16, Arriba, Na		B 643	61
196.	651 ss.	Martín de Ygunén, 60, Igunín, Donamaría, Na = Martie de Yguñén, 64, Igunín, Donarnaría, Na	B 651	B 652 B 654	62
197.	663 ss.	Juana de Lanz, 20, Lanz, Na	B 663	B 663	63

APÉNDICE 485

CAUSAS 198 A 247
50 brujos reconciliados contenidos en el extraviado tomo «C»

Núm.	Folios	Nombre, edad, lugar, provincia. Miscelánea	Referencias en: Mem. 2.º/5.º de Salazar	MSP	Núm. en MSP Lista B
198.	1 ss. ...	Juan de Saldías alias Juanes de Estevecorena (alias *Buru Urdina*), 80, Elizondo, Na	C 1	C 2, C 4, C 6, C 7, C 9	9
199.	35 ss.		C 35		
200.	45 ss. ...	María de Echeverría	C 45		
201.	87 ss.	Pedro de Estebecoreria	C 87		
202.	97 ss.		C 97		
203.	107 ss. ...		C 107		
204.	124 ss.		C 124		
205.	133 ss.	Marito alias María Miguelena, 50, Elizondo, Na	C 133	C 133	156
206.	147 ss. ...	Marichipi de Charrarena, 20, Elizondo, Na	C 147	C 151	157
207.	163 ss.		C 163, C 165		
208.	173 ss. ...	María de Yriarte	C 173		
209.	205 ss.		C 205		
210.	209 ss. ...		C 209		
211.	227 ss.		C 227		
212.	235 ss.		C 235		
213.	245 ss.	María de Mendibe, 12, Elvetea, Na	C 245	C 246	136a

Núm.	Folios	Nombre, edad, lugar, provincia. Miscelánea	Referencias en: Mem. 2.º/5.º de Salazar	MSP	Núm. en MSP Lista B
214.	255 ss.	Juanes de Sastrerena (Santsetena), 16, Elvetea, Na	C 255	C 257	137
215.	265 ss.		C 265		
216.	273 ss.	María de Echevarría, 13, Elvetea, Na	C 273	C 274	138
217.	281 ss.		C 281		
218.	285 ss. ...		C 285		
219.	301 ss. ...	María de Lesaca, 40, Oyeregui, Na	C 301	C 301	122a
220.	331 ss.		C 331		
221.	336 ss. ...	Gracia de Xaurigizar, 22, Narvarte, Na		C 336, C 337	133
222.	357 ss.	María de Arechea, 32, Irurita, Na		C 357, C 359	10
223.	365 ss.	María de Tanborín Xarra, 16, Irurita, Na. Reconciliada Se confesó relapsa en 23-VII-11 (véase. cap. 10: 7)	C 365	C 365 C 377	3
224.	381 ss.	Pierres de Arguialde, 60 = Pierres de Alquiane, 60, Irurita, Na = Pierres de Alquinalde, 60, Irurita, Na	C 381	C 385 C 381	4 124
225.	393 ss.	Juanes de Arrechea, 60, Irurita, Na	*C 393	*C 396	5
226.	403 ss.	María Juan Nicotena, 40, Irurita, Na = Mari Juan Nicotena, 43, Irurita, Na	C 403	C 403 C 403	7 159
227.	413 ss.		C 413		
228.	425 ss.	Miguel de Oteiza, 70, Irurita, Na	C 425	C 425	160 173

Núm.	Folios	Nombre, edad, lugar, provincia. Miscelánea	Referencias en: Mem. 2.º/5.º de Salazar	MSP	Núm. en MSP Lista B
229.	441 ss.		C 441		
230.	457 ss. ...	Juanes de Dolagaray, 65, Irurita, Na	C 457	C 457	161
231.	477 ss.	Juana de Yturrimozta, 70, Arráyoz, Na	C 477	C 477	8
		[=] Juana de Yturre, 70, Arráyoz, Na		C 481	134
232.	489 ss. ...	Sabadina de Celaieta, 16, Arráyoz, Na	C 489	C 489	155
233.	501 ss. ...	Catalina de Yrigoién, 23, Ciga, Na	C 501	C 504	136
234.	531 ss.	Catalina de Mendiburu, 20, Ciga Na	C 531	C 531	158
235.	540 ...	Graciana de Mendiguro, 13, Ciga, Na		C 540, C 541, C 545	11
236.	561 ss.		C 561		
237.	571 ss. ...	María de Maiora, 17, Ciga, Na		C 571, C 576	12
238.	597 ...		C 597		
239.	615 ss.	Juanes de Soraburu, 80, Ciga, Na	C 615	C 615, C 618	6
240.	619 ss. ...		*C 619		162
241.	643 ss.	Catalina de Echetoa, 14, Zugarramurdi, Na. Reconciliada 28-VII-11, se confesó relapsa en 3-VIII-11 (véase. cap. 10: 7)	C 643	C 644	23
242.	657 ss. ...	María de Aitajorena, 17, Urdax, Na	C 657	C 657	163
243.	687 ss.	Juana de Echegui, 18, Zugarramurdi, Na	C 687	C 657	135

Núm.	Folios	Nombre, edad, lugar, provincia. Miscelánea	Referencias en: Mem. 2.º/5.º de Salazar	MSP	Núm. en MSP Lista B
244.	697 ss.	María de Odia, 60, Zugarramurdi, Na	C 697	C 697 C 669	24 164
245.	709 ss.	Sabadina de Echetoa, 60	C 709		
246.	719 ss.	Graciana de Maritorena, 33, Urdax, Na	C 719	C 721	139
247.	729 ss.	Graciana de Barrenechea, 24, Urdax, Na	C 729	C 729 C 732	25

CAUSAS 248 A 290

43 brujos reconciliados contenidos en el extraviado tomo «D»

Núm.	Folios	Nombre, edad, lugar, provincia. Miscelánea	Referencias en: Mem. 2.º/5.º de Salazar	MSP	Núm. en MSP Lista B
248.	13 ss. ...	María de Alzuara, 14, Lesaca, Na	D 13	D 13	169
249.			D 29		
250.		Juana de Antoco, 13, Lesaca, Na	D 55	D 55	142
251.	65 ss. ...	Juanes de Alberro	D 65		
252.	86 ss. ...		D 86		
253.	122 ss. ...	Verónica Larrayn, 14, Aranaz, Na		D 102	26
254.	122 ss.		D 122		
255.	130 ss.	Graciana de Martilopicena, 25, Aranaz, Na		D 130	27

APÉNDICE 489

Núm.	Folios	Nombre, edad, lugar, provincia. Miscelánea	Referencias en: Mem. 2.º/5.º de Salazar	MSP	Núm. en MSP Lista B
256.	142 ss.		D 142		
257.	152 ss.	Mari Martín de Aguirre, 22, Vera, Na	D 152	D 152, D 154	20
258.	164 ss.	Sabadina de Aguirre, 70, Vera Na	D 164	D 164, D 166, D 167	21 28
259.	174 ss.	María de Peña, 14, Vera, Na =? núm. 453	D 174	D 174	144
260.	184 ss.	Catalina de Lizardi, 17, Vera, Na	D 184	D 184 D 193	22 29
261.	196 ss.	Catalina de Esponda, 14, Vera, Na	D 196	D 196	170
262.	210 ss.	Graciana de Permosa, 19, Vera, Na	D 210	D 210	30
263.	225 ss.	Graciana de Miranda, 19, Vera, Na	D 225	D 225	31
264.	239 ss.	Martín de Jalinena [menos de 14], Vera, Na	D 239		
265.	253 ss. ...	Pedro de Serasti, 11 (sic), Vera, Na	D 253		
266.	273 ss. ...		*D 273 *D 275		
267.	305 ss.	Martín de Sarrate, 17, Vera, Na	D 305	D 305	13
268.	317 ss.		D 317		
269.	327 ss.	Gracia de Xauriguizar, 19, Vera, Na		D 327	32
270.	337 ss. ...	Juanes de Gamio, 15, Lecaroz, Na	D 337	D 337	166
271.	359 ss.	Juanes Labaqui, 16	*D 359		166a
272.		Graciana de Aldalor, 14, Lecaroz, Na		*D 359	

Núm.	Folios	Nombre, edad, lugar, provincia. Miscelánea	Referencias en:		Núm. en MSP Lista B
			Mem. 2.º/5.º de Salazar	MSP	
273.	370 ss. ...	Catalina de Lecheberro, 15, Lecaroz, Na	D 370	D 370	167
274.	389 ss.	Graciana de Estilartea, 13, Lecaroz, Na	D 389	D 389	14 141
275.	399 ss.	María San Juan de Echandía, 17, Fuenterrabía, Gui	D 399	D 399	165
276.	411 ss.	Isabela García, 14, Fuenterrabía, Gui	D 411	D 412	140
277.	420 ss.	Juana de Muría (Miura), 50, Fuenterrabía, Gui	D 420	D 420	15
278.	440 ss.	Mari Martín de Yllarra, 70, Fuenterrabía, Gui	D 440	D 440 D 442	16
279.	451 ss. ...		D 451		
280.	473 ss.	Juanes de Bastida, 80		D 473 *D 453	179
281.	494 ss.	Magdalena de Orzaiz, 23, Lesaca, Na	D 494	*D 494	143
282.		Magdalena de Yanci, 13, Fuenterrabía, Gui		*D 494	145
283.	502 ss.	María de Yturregui, 26, Fuenterrabía, Gui	D 502	D 502 D 506	17 145
284.	522 ss.	María Miguel (de Oyanburen), 44, Fuenterrabía, Gui	D 522	D 522 D 524	18
285.	532 ss.	María López de Oiarzábal, 15, Fuenterrabía, Gui	D 532	D 532	171
286.	*549 ss.	Martín de Hualde, 15, Fuenterrabía, Gui		D 549	177
287.	551 ss.		D 551		
288.	557 ss. ...	Juanes de Lizardi, 14, Fuenterrabía, Gui		D 557	146
289.	600 ss. ...		D 600		
290.	685 ss.	Gracia de Arreche, 19, Ciboure, La		D 685 D 686	19

Causas 291 a 355
65 brujos reconciliados contenidos en el extraviado tomo «E»

Núm.	Folios	Nombre, edad, lugar, provincia. Miscelánea	Referencias en: Mem. 2.º/5.º de Salazar	MSP	Núm. en MSP Lista B
	...				
291.	9 ss.	María de Echevarría alias *Zunda*, 80 (70), Oronoz, Na	E 9	E 9	64 172
292.	16 ss.	María de Zunda, 80	E 16	E 18	65
293.	21 ss.		E 21		
294.	33 ss.	Catalina de Zunda, 27, Oronoz, Na	E 33	*E 36, E 35	66 176
295.	43 ss.		E 43		
296.	52 ss.	Mari López de Aula, 19, Oronoz Na	E 52	E 53	67 176
297.	61 ss.	María de Arechea, 14, Errazu, Na	E 61	E 61	174
298.	71 ss.	María Miguel, 52, Errazu, Na		E 71	68
299.	80 ss.	María de Olaga, 15, Errazu, Na		E 80	69
300.	91 ss.	Margarita de Holaga, 24, Errazu, Na		E 91	70
301.	100 ss.		E 100		
302.	106 ss.	Graciana de Esjumda (?), 15, Errazu, Na		E 106, E 107	71
303.	114 ss.	Graciana de Garaycochea, 14, Errazu, Na	E 114	E 115, E 116	72
304.	127 ss.	Margarita de Zubipunta, 20, Errazu, Na		E 127	73
305.	*140 ss.	Lorenzo de Narvarte, 17, Goizueta, Na		E 140	148
306.	143 ss.		E 143		

EL ABOGADO DE LAS BRUJAS

Núm.	Folios	Nombre, edad, lugar, provincia. Miscelánea	Referencias en: Mem. 2.º/5.º de Salazar	MSP	Núm. en MSP Lista B
307.	148 ss.	Miguel de Gortairi, 63, Arizcun, Na		E 148	74
308.	159 ss.		E 159		
309.	163 ss.	María de Gortairi, 26, Arizcun, Na		*E 163	75
310.	169 ss.	María de Ycacetea, 12, Arizcun, Na	E 169	E 170	76
311.	177 ss.	Juanes de Perlichinecoa (Perlichecoa), 13	E 177		
312.	185 ss.	Eñeco de El oiga, 14, Arizcun, Na	E 185	E 187	
313.	190 ss.	Estevanía de Escobereta, 60	E 190		
314.	195 ss.	Catalina de Bozate, 19, Arizcun, Na	E 195	E 196	78
315.	199 ss.		E 199		
316.	206 ss. ...	Pierres de Alfaro, 14, Arizcun, Na		E 206	79
317.	223 ss.	Juana de Arizcun, 19, Arizcun, Na	E 223 E 227	E 224	80
318.	236 ss.	Catalina de Labaqui, 60, Azpilcueta, Na		E 236	81
319.	247 ss.	Juanot de Chabarri, 80, Azpilcueta, Na	E 247	E 248	82
320.	256 ss.	María de Yrugingo, 12, Azpilcueta, Na	E 256	E 247	125 150
321.	259 ss.		*E 259		
322.	266 ss.		E 266		
323.	270 ss.	María de Bizarrorena, 14, Azpilcueta, Na		E 270	83
324.	285 ss.		E 285		
325.	293 ss.	María de Larralde, 15	E 293		

APÉNDICE 493

Núm.	Folios	Nombre, edad, lugar, provincia. Miscelánea	Referencias en: Mem. 2.º/5.º de Salazar	MSP	Núm. en MSP Lista B
326.	303 ss.		E 303		
327.	311 ss.	María de Errazuri, 14, Arizcun, Na	E 311	E 312	84
328.	316 ss.		E 316		
329.	324 ss. ...	Mari Juan de Sastrearena, 12, Arizcun, Na		E 324	85
330.	342 ss.	Juanes de Yturalde, 15, Arizcun, Na		E 342	86
331.	351 ss.	Gracianato de Oyeretena, 14	E 351		
332.	361 ss.	Martín de Errazuri, 14, Arizcun, Na	E 361	E 365	87
333.	371 ss.	Martín de Sastrearena, 15, Arizcun, Na	E 371	E 372	88
334.	381 ss.	María de Machintorena, 14, Arizcun, Na	E 381	E 384	149
335.	391 ss.	Catalina de Sastrearena, 17, Arizcun, Na. Su causa parece haber sido extensa (véase cap. 10: 5)	E 391	E 393	89
336.	413 ss.		E 413		
337.	429 ss.		E 429		
338.	439 ss.		E 439		
339.	450 ss.	Martín de Arasun, 18, Areso, Na		E 450	90
340.	461 ss.	Catalina de Aresu, 52, Areso, Na. Reconciliada en San Sebastián (Memorial segundo de Salazar, § 4)	E 461	E 462	91
341.	469 ss.		E 469		
342.	473 ss. ...	Martín de Alcoz, 17, Areso, Na	E 473	E 474-475	92

Núm.	Folios	Nombre, edad, lugar, provincia. Miscelánea	Referencias en: Mem. 2.º/5.º de Salazar	MSP	Núm. en MSP Lista B
343.	512 ss. ...	Martín de Babazarte, 40, Inza, Na		E 512, E 517	93
344.	537 ss.		E 537		
345.	548 ss. ...	María de Gorriti, 70, «Ayabar» [= Aibar, Na]		E 548	94
346.	566 ss. ...	Cristóbal de Echarrique, 15, «Ayabar» [= Aibar, Na]		E 566	95
347.	583 ss.	María de Onsalona (Ansorena), 32, «Ychazun» [= Izascun, Gui]		E 583	96
348.	596 ss. ...	Mari Martín de Aristizábal, 14, Urnieta, Gui		E 596	97
349.	617 ss.	Bárbara de Yradi (Yrari), 40, San Sebastián, Gui. Reconciliada en San Sebastián (Memorial segundo de Salazar, § 68). Su causa fue incoada por las autoridades seglares; así pues, el acta debió ser extensa	E 617	E 619	98
350.	632 ss.	Magdalena de Arreche, 13, Rentería, Gui		E 632	99
351.	642 ss.	Magdalena de Yriarte, 14, Rentería, Gui		E 642	100
352.	651 ss.		E 651		
353.	664 ss.	Gracia de Olasorena, 14, Saldía[s], Na		E 664	101
354.	671r-683v	María de Ulibarri, 36, casada, Corres, Al. Reconciliada en Vitoria, 29 nov. 1611 (véase cap. 10: 12)	E 671 E 661	E 673	102
355.	687 ss.	María de Ochoa, 18, Arroyabe, Al		E 687	103

CAUSAS 356 A 440. Los restantes 85 brujos reconciliados cuyos procesos también se encontraban en los tomos «B» a «E».

APÉNDICE   495

CAUSAS 441 A 521

Los 81 revocantes, los 80 contenidos en el *Tomo «F» del libro de visita de Salazar*

NOTA. Abreviaciones usadas en la tabla de este volumen: soltero/a (s.), casado/a (c.), viudo/a (v.). Confesión (Conf.), reconciliación (Recon.), revocación (Rev.), audiencia suplementaria (Aud. supl.).

Núm.	Folios de Conf., ff. de Rev., ff. de Aud. supl.	Nombre, edad, estado, lugar, provincia. (Conf. previa) Conf., Recon.; Rev. Audiencias suplementarias	Referencias en: Mem. 2.º/5.º de Salazar	MSP	Núm. en MSP Lista A/B
441.	1r-3v 4r-v	Graciana de Serorena, 40, c., Ciga, Na. (17 y 21-III-11 Elizondo). Rev. 23-VII-11 Elizondo			
442.	7r-9v 10r-v	María de Echenique, 26, c., Ciga, Na. (25-II-11 Elizondo). Rev. 23-VII-11 Elizondo			
443.	13r-15v 16r-v	María de Aynz, 15, s., Ciga, Na. (21-II-11 Elizondo). Rev. 24-VII-11 Elizondo			
444.	19r-21r 22r-v	María de Goyeneche, 20, s., Ciga, Na. (21-II-11 Elizondo). Rev. 24-VII-11 Elizondo			
445.	25r-27r 28r-29r	Juana de Aldeco, 16, s., Ciga, Na. (21-II-11 Elizondo). Rev. 29-VII-11 Elizondo			
446.	31r-33v 34r-35r	María de Garagarre, 15, s., Oronoz, Na. (6 y 10-I-11 Elizondo). Rev. 29-VII-11 Elizondo			
447.	37r-39r 40r-v	María Martín de Graxiarena, 20, s., Arráyoz, Na. (30-XII-10 Arráyoz). Rev. 29-VII-11 Elizondo			
448.	43r-45r 46r-47r	María de Arizcum (Aldecoa), 23, s., Arráyoz, Na. (30-XII-10 Arráyoz). Rev. 29-VII-11 Elizondo			

Núm.	Folios de Conf., ff. de Rev., ff. de Aud. supl.	Nombre, edad, estado, lugar, provincia. (Conf. previa) Conf., Recon.; Rev. Audiencias suplementarias	Referencias en: Mem. 2.º/5.º de Salazar	MSP	Núm. en MSP Lista A/B
449.	49r-51r 52r-53r	María de Hualde, 40, c., Lecaroz, Na.			
450.	57r-59r 60r-v	Graciana de Larralde, 20, s., Lecaroz, Na. (10-II-11 Lecaroz). Rev. 30-VII-11 Elizondo			
451.	63r-64v 65r-66r	María de Arotzarena, 36, s., Oronoz, Na. (6-I-11 Elizondo). Rev. 30-VII-11 Elizondo			
452.	69r-72v 73r-v	María de Gardel, 74, v., Lesaca, Na. (11-XII-09 Tolosa). Rev. 8-VIII-11 Lesaca. Cf. núm. 115			
453.	77r-79r 80r-v	María de Peña, 22, s., Vera, Na. (28-III-10 Vera). Rev. 16-VIII-11 Vera = ? núm. 259	F 77		
454.	83r-87r 88r-89r 89r-v	Hipólita de Arbiza, 15, s, Yanci, Na. (23-II-10 Lesaca). Rev. 8-VIII-11 Lesaca. Ratificación de la Rev. y una Aud. supl. Vera 16-8-11	F 83		
455.	91r-93v 94r-95r 95r-96r	Mariana de Apecechea, 12, s., Yanci, Na. (20-II-10 Lesaca). Rev. 8-VIII-11 Lesaca. Ratificación de la Rev. y una Aud. supl. 16-VIII-61 Vera	*F 91		
456.	99r-102v 103r-v 103v-104r	Juana Fernández de Arbiza, 13, s., Yanci, Na. (3-II-10 Lesaca). Rev. 8-VIII-11 Lesaca. Aud. supl. 17-VIII-11 Vera	F 99		
457.	107r-117v 118r-119r	María Martín de Legarra, 33, s., Lesaca, Na. (17-XI-09 San Sebastián). Rev. 11-VIII-11 Lesaca. Cf. núm. 113	F 107		

APÉNDICE 497

Núm.	Folios de Conf., ff. de Rev., ff. de Aud. supl.	Nombre, edad, estado, lugar, provincia. (Conf. previa) Conf., Recon.; Rev. Audiencias suplementarias	Referencias en: Mem. 2.º/5.º de Salazar	MSP	Núm. en MSP Lista A/B
458.	123r-124v 625r-v	Ana de Martilopicena, 20, s., Aranaz, Na. (13-V-11 Lesaca). Rev. 11-VIII-11 Lesaca			
459.	129r-131r 132r-133r	Catalina de Juangotenea, 37, v., Aranaz, Na. (13-III-11 Lesaca). Rev. 11-VIII-11 Lesaca			
460.	135r 136r-137r	Margarita de Lizatea, 50, c., Aranaz, Na. * Rev. 11-VIII-11 Lesaca			
461.	139r 140r-141r	Gracia de Galarza, 52, s., Aranaz, Na. * Rev. 11-VIII-11 Lesaca	*F 139		
462.	143r-150v 151r-152r 152r-v	María de Dindur (Chipito), 40, s., Lesaca, Na. (12-XII-09 Tolosa). Rev. 13-VIII-11 Lesaca. Aud. supl. 13-VIII-11 Lesaca. Cf. núm. 116			
463.	155r-158r 159r-160r	Juanes de Picabea, 13, s., Lesaca, Na. (13-XII-09 Tolosa). Rev. 14-VIII-11 Lesaca. Cf. núm. 117			
464.	163r-165v 166r-v	Gracia de Lizárraga, 19, s., Lesaca, Na. (13-XII-09 Tolosa). Rev. 17-VIII-11 Lesaca al comisario Domingo de San Paul. Cf. núm. 118			
465.	169r-172v 173r	María de Yturría, 10, s., Echalar, Na. (14-XII-09 Tolosa). Rev. 19-VIII-11 Vera. Cf. núm. 119			
466.	175r 176r-v	Martín de Gorosorroeta, 12, s., Vera, Na. * Rev. 19-8-11 Vera			

Núm.	Folios de Conf., ff. de Rev., ff. de Aud. supl.	Nombre, edad, estado, lugar, provincia. (Conf. previa) Conf., Recon.; Rev. Audiencias suplementarias	Referencias en: Mem. 2.º/5.º de Salazar	MSP	Núm. en MSP Lista A/B
467.	179r-181r 182r-v	Mari Martín de Garagarre, 12, s., Oronoz, Na. (10-I-11 Oronoz). Rev. 29-VII-11 Elizondo			
468.	185r-189r 190r-v	Gracia de Berrotarán, 15, s., Fuenterrabía, Gui. (16-VI-11. Fuenterrabía). Curaduría y Rev. 23-VIII-11			
469.	193r-195v 196r-v 197r-v	María de Azaldegui, 17, s., Fuenterrabía, Gui. (16-VI-11 Fuenterrabía). Curaduría y Rev. 23-VIII-11 Fuenterrabía. Aud. supl. 20-9-11 San Sebastián			
470.	199r-201v 202r-v	Catalina de Alonso, 14, s., Oyarzun, Gui. (20-VI-11 Fuenterrabía). Curaduría y Rev. 24-VIII-11 Fuenterrabía			
471.	205r-209r 210r-v	Sabadina de Echetoa, 17, s., Fuenterrabía, Gui. (13-VI-11 Fuenterrabía). Curaduría y Rev. 25-VIII-11			
472.	210v-211v 213r-215r 216r-v	Fuenterrabía. Aud. supl. 16-IX-11 San Sebastián Juanes de Oyarzábal, 15, s., Fuenterrabía, Gui. (19-VI-11 Fuenterrabía). Curaduría y Rev. 25-VIII-11 Fuenterrabía			
473.	219r-221v 222r-v	Beltrán de Echegaray, 16, s., Fuenterrabía, Gui. (20-VI-11 Fuenterrabía). Curaduría y Rev. 26-VIII-11 Fuenterrabía			
474.	225r-227r 227r-v	Isabela de Gijón, 11, s., Fuenterrabía, Gui. (7-VI-11 Fuenterrabía). Rev. 25-VIII-11 Fuenterrabía			

APÉNDICE 499

Núm.	Folios de Conf., ff. de Rev., ff. de Aud. supl.	Nombre, edad, estado, lugar, provincia. (Conf. previa) Conf., Recon.; Rev. Audiencias suplementarias	Referencias en: Mem. 2.º/5.º de Salazar	MSP	Núm. en MSP Lista A/B
475.	229r-231r 232r-v	María de Yanci, 70, c., Fuenterrabía, Gui. (5-VI-11 Fuenterrabía). Rev. 22-VIII-11 Fuenterrabía. Aud. supl. 27 y 28-VIII-11 en Fuenterrabía y 23 y 24-XI-11 en San Sebastián	F 229		
476.	237r-239r 240r-v	Gracia de Amorena, 20, s., Elvetea, Na. (15-III-11 Elizondo). Rev. 24-VIII-11 Elizondo al comisario fray León de Araníbar			
477.	243r-245r 246r-v	Catalina de Unidearena, 60, c., Arráyoz, Na. (30-XII-10 Arráyoz). Rev. 29-VIII-11 Elizondo al comisario fray León de Araníbar			
478.	249r-251r 252r-v	Marichipi de Barreneche, 19, s., Arráyoz, Na. (30-XII-10 Arráyoz). Rev. 29-VIII-11 Elizondo al comisario fray León de Araníbar			
479.	255r-258v 255r-v	Juanes de Soraburu y Mayora, 22, s., Ciga, Na. (28-III-11 Elizondo). Rev. 29-VIII-11 Elizondo al comisario fray León de Araníbar			
480.	263r-265v 266r-v	María de Sansetena, 36, s., Elvetea, Na. (13-II-11 Elizondo). Rev. 24-VIII-11 Elizondo al comisario fray León de Araníbar			
481.	269r-273r 274r-v	María de Yturreguía, 40, c., Irurita, Na. (15-IV-11 Elizondo; el mismo día conf. de su hijo de diez años Martín de Yturregui, ff. 271r-273r). Rev. 26-VIII-11 Elizondo al comisario fray León de Araníbar			

Núm.	Folios de Conf., ff. de Rev., ff. de Aud. supl.	Nombre, edad, estado, lugar, provincia. (Conf. previa) Conf.; Recon.; Rev. Audiencias suplementarias	Mem. 2.º/5.º de Salazar	MSP	Núm. en MSP Lista A/B
482.	277r-279v 280r	María Gómez, 16, s., San Sebastián, Gui. Conf. 15-IX-11 San Sebastián; Rev. 24-IX-11 San Sebastián	F 227		
483.	281r-283v 284r	Marichipi de Garaycoeche, 20, s., Lecaroz, Na. (28-II-11 Elizondo). Rev. 18-IX-11 Elizondo al comisario fray León de Araníbar			
484.	287r-290v 291r-v	Mariana de Eraso, 13, s., Asteasu, Gui. (28-VIII-10 Tolosa). Rev. 13-X-11 Tolosa			
485.	295r-300v 295r	García de Gortegui, 19, s., Ciboure, La. (15-VI-11 Fuenterrabía). Rev. 12-IX-11 San Sebastián			
486.	303r-307v 307v-308r	Catalina Fernández de Lecea (Otrollo), 80, s., Araya, Al. (25-VI-11 Amézaga). Rev. 26-XI-11 Salvatierra	F 303		
487.	313r-318r 318v-319r	Ana Sáenz de Ylarduya, 70, v., Ilarduya, Al. (28-VI y 2-VII-11 Amézaga). Rev. 27-XI-11 Salvatierra	F 313		
488.	321r-323r 323r-324r 324r-325r	Magdalena de Elorza, 50, v., Atauri, Al. (20-IX-11 Maestu). Ratificación y Rev. 29-XI-11 Vitoria. Aud. supl . 30-11-11 Vitoria	F 321		
489.	327r-328v 330r	Agueda de Murúa, 14, s., Larrea, Al. (11-XI-11 Larrea). Rev. 30-XI-11 Vitoria	F 327		
490.	333r-335r 336r-v	Ana García (de Arriola), 10 (13), s., Larrea, Al. (9-XI-11 Larrea). Rev. 30-XI-11 Vitoria	F 333		

APÉNDICE 501

Núm.	Folios de Conf., ff. de Rev., ff. de Aud. supl.	Nombre, edad, estado, lugar, provincia. (Conf. previa) Conf., Recon.; Rev. Audiencias suplementarias	Referencias en: Mem. 2.º/5.º de Salazar	MSP	Núm. en MSP Lista A/B
491.	339r-342v 343r-v	Catalina de Echetoa, 16, s., Almándoz, Na. (23-VI-11 Elizondo). Rev. 22-XI-11 Elizondo al comisario fray León de Araníbar	F 339		
492.	347r-349r 350r-v	Juana de Echetoa, 50, v., Almándoz, Na. (26-III-11 Elizondo). Rev. 22-XI-11 Elizondo al comisario fray León de Araníbar	F 347		
493.	353r-355r 356r-357v	Catalina de Echevarría, 60, v., Fuenterrabía, Gui. Rev. 29-VIII-11 Fuenterrabía. Cf. núm. 73	*F 253		A:80
494.	359r 360r-v	Catalina de Aranibar, 26, s., Zubieta, Na. Rev. 17-IX-11 San Sebastián. Cf. núm. 58			A:78
495.	363r 364r-v	Pedro de Arrosarena, [50, c.], Zubieta, Na. Rev. 19-VIII-11 en Zubieta en su lecho de muerte ante el comisario Miguel de Yrisarri. Cf. núm. 60	F 363		A:79
496.	367r 368r-369v	María Pérez Sarrayl, 60, v., Santesteban, Na. Rev. 12-X-11 Santesteban al comisario Miguel de Yrisarri. La revocación va precedida de una carta del comisario al tribunal. Cf. núm. 51			
497.	373r	Ana de Corres, 55, v., Maestu, Al. Rev. 22-XII-11 Vitoria. Cf. núm. 88	F 363		A:82
498.	377r 378r-380r	Don Diego de Basurto, 95, Ciordia, Na. Rev. 18-XI-11 Alsasua con una carta del comisario de Salvatierra al tribunal. Cf. núm. 84	F 377		A:74

Núm.	Folios de Conf., ff. de Rev., ff. de Aud. supl.	Nombre, edad, estado, lugar, provincia. (Conf. previa) Conf., Recon.; Rev. Audiencias suplementarias	Mem. 2.º/5.º de Salazar	MSP	Núm. en MSP Lista A/B
499.	383r 384r-v	María de Corres, 12, s., Corres, Al. Rev. 23-XII-11 Vitoria. Cf. núm. 89	F 383		
500.	387r 388r-389r	Magdalena de Arza, 60, s., Cicujano, Al. Rev. 27-XII-11 Vitoria. Cf. núm. 96	*F 387		A:83
501.	391r 392r-393r	Gracia González, 24, c., Cicujano, Al. Rev. 27-XII-11 Vitoria. Cf. núm. 86	F 391		A:81
502.	395r-403v 404r-405v	Juanes de Arroqui y Labayen (Aguirre), 40, c., Zubieta, Na. (16-IV-11 Zubieta). Conf. 4-VI-11 Santesteban. Recon. 28-VI-11 Santesteban; Rev. 14-VII-11 Ezcurra			
503.	409r-416v 417r-418r	Mari Pérez de Larralde, 18, s., Ciga, Na. (6-II y 25-II-11 Elizondo). Conf. 10-VI-11 Santesteban, Recon. 26-VI-11 Santesteban; Rev. 30-VII-11 Elizondo			
504.	421r-428v 429r-v	María de Saldrías, 19, s., Zubieta, Na. (17-II-11 Elizondo). Conf. 6-VI-11 Santesteban, Recon. 28-VI-11 Santesteban; Rev. 17-IX-11 San Sebastián	F 421		
505.	435r-452r* 453r-v	Gracia de Macuso y Marquesarena, 16, s., Zubieta, Na. (25-II-11 Elizondo). Conf. 6-VI-11 Santesteban, Recon. 28-VI-11 Santesteban; Rev. 19-IX-11 San Sebastián	*F 435		
506.	455r-460v 461r-v	Hernautón de Arrosarena, 20, s., Zubieta, Na. (11-II-11 Elizondo). Conf. 4-VI-11 Santesteban, Recon. 28-VI-11 Santesteban; Rev. 17-IX-11 San Sebastián			

APÉNDICE 503

Núm.	Folios de Conf., ff. de Rev., ff. de Aud. supl.	Nombre, edad, estado, lugar, provincia. (Conf. previa) Conf., Recon.; Rev. Audiencias suplementarias	Referencias en: Mem. 2.º/5.º de Salazar	MSP	Núm. en MSP Lista A/B
507.	465r-472v 473r-v	Juana de Labayen, 40, s., Zubieta, Na. (15-IV-11 Zubieta). Conf. 2-VI-11 Santesteban, Recon. 26-VI-11 Santesteban; Rev. 17-IX-11 San Sebastián	*F 463	*F 468	B:151
508.	477r-484v 485r-v 485v-487v	María de Mindeguía, 40, s., Zubieta, Na. (16-IV-11 Zubieta). Conf. 6-VI-11 Santesteban, Recon. 22-VI-11 Santesteban; Rev. 17-IX-11 San Sebastián. Audiencias supl. 16 y 17-X-11 en Ituren al comisario Juan de Monterola	*F 472 *F 437 F 486	F 478	B:126
509.	491r-496v 497-498	Juana de Hualde, 27, s., Zubieta, Na. (20-II-11 Zubieta). Conf. 3-VI-11 Santesteban, Recon. 28-VI-11 Santesteban; Rev. 17-X-11 en Ituren al comisario Juan de Monterola	F 491	F 491	B:152
510.	503r-509v 510r-v	Magdalena de Eraso, 15, s., Fuenterrabía, Gui. (10-VI-11 Fuenterrabía). Recon. 22-VIII-11 Fuenterrabía; Rev. 8-X-11 San Sebastián	F 503		
511.	513r-520v 521r-v	Mari Juan de Juanescongoa, 50, v, Zubieta, Na. (15-IV-11 Zubieta). Conf. 2-VI-11 Santesteban, Recon. 26-VI-11 Santesteban; Rev. 17-X-11 en Ituren al comisario Juan de Monterola	F 513		
512.	527r-533v 534r-535r	María de Garbisu, 16, s., Fuenterrabía, Gui. (10-VI-11 Fuenterrabía). Recon. 22-VIII-11 Fuenterrabía; Rev. 3-X-11 Fuenterrabía al comisario Martín de Berrotarán, y una segunda Rev. 8-X-11 San Sebastián			

Núm.	Folios de Conf., ff. de Rev., ff. de Aud. supl.	Nombre, edad, estado, lugar, provincia. (Conf. previa) Conf., Recon.; Rev. Audiencias suplementarias	Referencias en: Mem. 2.º/5.º de Salazar	MSP	Núm. en MSP Lista A/B
513.	539r-544v 545r-546r	Juanes de Ugarte, 16, s., Fuenterrabía, Gui. (11-VI-11 Fuenterrabía). Recon. 22-VIII-11 Fuenterrabía; Rev. 1-X-11 San Sebastián	F 539		
514.	547r-554v 555r	Graciana de Plaza, 40, c., Lecaroz, Na. (10-II-11 Lecaroz). Conf. 29-VII-11 Elizondo, Recon. 29-VII-11 Elizondo; Rev. 24-X-11 Lecaroz, en su lecho de muerte, ante el comisario fray León de Araníbar	*G 547		
515.	559r-566v 567r-568v	Juana de Yrurita, 40, v., Zubieta, Na. (18-IV-11 Zubieta). Conf. 4-VI-11 Santesteban, Recon. 28-VI-11 Santesteban; Rev. 24-X-11 en Goizueta al comisario Juan de Monterola	F 568		
516.	571r-575v 576r-v	Tomás de Saldías, 14, s., Zubieta, Na. Conf. 4-VI-11 Santesteban, Recon. 5-VII-11 Santesteban; Rev. 24-VIII-11 en Goizueta al comisario Juan de Monterola			
517.	581r-587v 588r-589r	Catalina de Yrurita (Sanchocoa), 16, s., Zubieta, Na. (11-II-11 Elizondo). Conf. 4-VI-11 Santesteban, Recon. 24-VI-11 Santesteban; Rev. 29-X-11 en Goizueta al comisario Juan de Monterola			
518.	593r-599v 600r-v	Hernautón de Hualde, 60, c., Zubieta, Na. (19-II-11 Elizondo). Conf. 3-VI-11 Santesteban, Recon. 28-VI-11 Santesteban; Rev. 29-X-11 en Goizueta al comisario Juan de Monterola			

Núm.	Folios de Conf., ff. de Rev., ff. de Aud. supl.	Nombre, edad, estado, lugar; provincia. (Conf. previa) Conf., Recon.; Rev. Audiencias suplementarias	Referencias en:		Núm. en MSP Lista A/B
			Mem. 2.º/5.º de Salazar	MSP	
519.	607r-612v 613r	Juanes de Bastanbide, 15, s., Fuenterrabía, Gui. (12-VI-11 Fuenterrabía). Recon. 23-VIII-11 Fuenterrabía; Rev. 23-XI-11 en Fuenterrabía al comisario Martín de Berrotarán			
520.	617r-625v 626r-v	María de Dindart (Yndarte), 56, c., Lecaroz, Na. (14-III-11 Elizondo). Conf. 29-VII-11 Elizondo, Recon. 29-VII-11 Elizondo; Rev. 20-XII-11 en Elizondo al comisario fray León de Araníbar			
521.		* Mari Martín, 40, Lecaroz, Na			

Causas 522 a 562
41 brujos absueltos *de levi* contenidos en el extraviado tomo «G»

Núm.	Folios	Nombre, edad, lugar, provincia. Miscelánea	Mem. 2.º/5.º de Salazar	MSP	Núm. en MSP Lista B
			Referencias en:		
522.	1 ss.	María de Peloa, *11*, Donamaría, Na	G 1	G 2	104, 127
523.	11 ss.	*Juanes de Yberíbar, 14*, Ituren, Na	G 11	G 11	105
524.	19 ss.	Miguel de Echachipía, *14*, Zubieta, Na	G 19	G 20	106
525.	27 ss.	Sancho de Aldaz, *14*, Olagüe, Na	G 27	G 28	107
526.	41 ss.	María de Serauren (Sorauren)	G 41		
527.	55 ss.	Catalina de Aldátegi	G 55		
528.	63 ss.	Catalina de Cortejeneco, *12*, Zubieta, Na	G 63	G 64 G 66	108
529.	67 ss.		G 67		
530.	71 ss.	*María Martín de Sagardía, 13*, Aurtiz, Ituren, Na	G 71	G 72	109
531.	79 ss.		G 79		
532.	87 ss.	*Pedro de Capearena, 15*, Aurtiz, Ituren, Na	G 87	G 88 G 90	109a 154
533.	97 ss.		G 97		
534.	105 ss. ...	María de Zarandía	G 105		
535.	121 ss.	María de Datereberea (Datueberea o Atuberea) = *María de Beteberia, 12*, Elizondo, Na			
536.	129 ss.	Juanesto de Bozate	G 129		
537.	137 ss.		G 137		
538.	145 ss.	María de Ordoqui [niña, Arizcun, Na?]	G 145		

APÉNDICE 507

Núm.	Folios	Nombre, edad, lugar, provincia. Miscelánea	Referencias en: Mem. 2.º/5.º de Salazar	MSP	Núm. en MSP Lista B
539.	153 ss.	María de Ormaechea *(Ormacea), 30, Errazu, Na*	G 153	G 154	111
540.	166 ss. ...	Catalina de Soraburu	G 166		
541.	184 ss.	*María de Garaicoche, 12, Urdax, Na*	G 184	G 185	112
542.	194 ss.	*Juanes de Echegoiem, 14, Yanci, Na*	G 194	G 195	113
543.	202 ss.	María de Perugurría (Petrigurría)	G 202		
544.	218 ss		G 218		
545.	226 ss.	Catalina de Xaurigi, 15, Vera, Na		G 226 G 227	164
546.	238 ss.	María de Permosa	G 238		
547.	246 ss.	*Juan Pérez de Echevarría, 12, Lesaca, Na*	G 246	G 249	128
548.	256 ss.	Catalina Pérez de Reina	G 256		
549.	266 ss.	Felipe de Agesta, *14, Vera, Na*	G 266	*F 271	153
550.	278 ss.	Catalina de Busti *(de Dibusti), 30,* Vera, Na. *(Mendionde, La)*	G 278	G 279, G 281, G 282	115, 118, 128
551.	294 ss.	Ana de Xamateleo	G 294		
552.	302 ss.	María de Alsueta, *16, Sumbilla, Na*	G 302	G 303	116
553.	336 ss.	María de Oteiza, 12	G 336 *G 356		
554.	348 ss.		G 348		
555.	360 ss	*Juanes de Azparren, 13, Villanueva de Araquil, Na*	G 360	G 361	117
556.	370 ss.	Francisca González, 47	G 370 *F 370		

Núm.	Folios	Nombre, edad, lugar, provincia. Miscelánea	Referencias en: Mem. 2.º/5.º de Salazar	MSP	Núm. en MSP Lista B
557.	382 ss.		G 382		
558.	388 ss.		G 388		
559.	394 ss.		G 394		

CAUSAS 560 A 562. Los restantes 3 brujos absueltos cuyos procesos también se encontraban en el tomo «G».

CAUSAS 563 A 1.948
Los 1.384 niños brujos contenidos en el extraviado tomo «H»

Núm.	Folios	Nombre, edad, lugar, provincia. Miscelánea	Referencias en: Mem. 2.º/5.º de Salazar	MSP	Núm. en MSP Lista B
563.	... 52 ...		H 52		
564.	91	Catalina de San Estevan	H 91		
565.	94 ...	Catalina de Garaicochea	H 94		
566.	132	Juanes, 10, «hijo del herrero»	H 132		
567.	133	Estevanía de Zalderi, 10	H 133		
568.	134 ...	*Martín de Sastrearena, 80	H 134		
569.	182	Marichipi de Huarte, 9	H 182		
570.	185 ...	Catalina de Yturralde, 9	H 185		
571.	198 ...	María de Zamarguillearena, 10	H 198		

Núm.	Folios	Nombre, edad, lugar, provincia. Miscelánea	Referencias en: Mem. 2.º/5.º de Salazar	MSP	Núm. en MSP Lista B
572.	204 ...	Juanes de Chirripa, 8	H 204		
573.	212 ...	Juanes de Arredre, 9	H 212		
574.	248 ...	Francisco de Echeverría, 11, Vera, Na	H 248		
575.	290 ss. ...	*Juanico de Aguirre, 12, Fuenterrabía (v. Mem. 2.º, § 65)	H 290		
576.	470 ...	Gracianato de Legarrea, 10	H 470		
577.	526 ...	Francisco de Echevarría, 8	H 526		
578.	529	María de Zabala, 8	H 529		

CAUSAS 579 A 1.948. Los 1.384 niños brujos cuyos procesos también se encontraban en el extraviado tomo «H».

BIBLIOGRAFÍA

1. Lista alfabética de los sesenta documentos claves

Abecedario, sin fecha. *Leg* 1679, exp, 2.1.°, núm. 21 [b], 1 hoja.
Anatema de Valladolid, sin fecha. Copia impresa en BN MS 2440, fols. 422r-423r.
Autobiografía [de Salazar 4 de junio 1622]. *Leg* 2220, núm. 21, fols. 2r-5v, publicado en Henningsen, 1978(a), pp. 583-586.
Auto de fe, Relación primera del, [octubre 1610]. *Lib* 835, fols. 421r-424r.
Auto de fe, Relación segunda del, [31-X-1610]. *Lib* 835, fols. 340r-v, 345r-351v (DS doc. 2).
Auto de fe, Relación tercera del, [29-XI-1610]. *Lib* 835, fols. 356r-369v.
Borda, Méritos de Juan de la, [entre nov. 1613 y mar. 1614]. *Lib* 832, fol. 156r-v.
Colegas de 24 de marzo 1612, Carta de los. *Leg* 1679, exp. 2.1.°, núm. 26 [a], fols. 1r-2r.
Edicto de Logroño, sin fecha. Copia impresa en *Lib* 1244, fols. 228r-232r.
Estadística de aquelarres, 9-III-611. *Leg* 1679, exp. 2.1.°, núm. 23 [b], fol. 1r-v (véase tabla 1, p. 273).
Goiburu, Méritos de [Juanes de], [*ca.* 7-I-1613]. *Lib* 832, fols. 170r-171v.

Informe de Fuenterrabía de Salazar, 4-IX-1611. *Leg* 1679, exp. 2.1.°, núm. 31[f], fols. 1r-3r.

Instrucciones de 26 de marzo 1611. Lib 333, fols. 144r-147r (DS doc. 6). *Instrucciones de 29 de agosto 1614. Lib* 334, fols. 244v-253r (DS doc. 18).

Manuscrito de Pamplona de Becerra y Valle, [otoño de 1613]. AGN, MS sin signatura, publicado por Florencio Idoate (Idoate, 1972, pp. 42-193).

Obispo, Carta primera del, Pamplona, 4-III-1611. *Leg* 1679, exp. 2.1.°, núm. 26[b], fols. 1r-2v, núm. 31[a], fol. 1r (DS doc. 5).

Obispo, Carta segunda del, Pamplona, 1-IV-1611. *Leg* 1679, exp. 2.1.°, núm. 31[d], fols. 9r-10r (DS doc. 6).

Obispo, Informe del, [Pamplona, 1-IV-1611]. *Leg* 1679, exp. 2.1.°, núm. 31[e], fols. 1r-9r (DS doc. 7).

Orden que se ha de guardar en la visita [principios del siglo XVII]. *Lib* 1259, fols. 130v-134v.

Origen y fundación de las inquisiciones de España [por José de Ribera, posterior a 1654]. Biblioteca Real de Copenhague, Ny kgl. Saml. 128ᶜ 4.° 4+96 pp.

Relación de causas 1610/11. Una copia *(A)* en *Lib* 835, fols. 438r-443v, otra copia *(B)* en *Lib* 835, fols. 449r-458v.

Relación de causas 1613/14. Lib 835, fols. 500r-514r.

Relación de causas 1614/15. Lib 835, fols. 517r-532v.

Relación de gastos, 27-IX-1614. *Lib* 832, fols. 159r-162r.

Relación de un oficial del Santo Oficio, Logroño, 14-XI-1610. Una copia (A) en *Lib* 1252, fols. 391r-400r, otra (B) en *Lib* 1259, fols. 147v-159r.

Salazar de 2 de marzo 1611, Memorándum de. Leg 1683, exp. 1, fols. 228r-232r.

Salazar de 15 de junio 1613, Memorándum de. Leg 1683, exp. 1, fols. 17r-18r.

Salazar de 1 de septiembre 1613, Memorándum de. Leg 1679, exp. 2.1.°, núm. 30[a], fol. 1r.

Salazar de 13 de noviembre 1613, Memorándum de. Leg 1679, exp. 2.1.°, núm. 4[o], fols. 1r-4r.

Salazar, Memorial primero de, 24-III-1612. *Lib* 795, fols. 357r-368r, los primeros 8 artículos publicados como DS doc. 11.

Salazar, Memorial segundo de, 24-III-1612. *Leg* 1679, exp. 2.1.°, núm. 21[a] con *Las glosas, Ibid.,* núm. 6, fols. 1r-6v, ambos textos están publicados como DS doc. 12.

Salazar, Memorial tercero de, [24-IX-1613(?)]. *Leg* 1679, exp. 2.1.°, núm. 29[g], fols. 25r-26r (DS doc. 13).

Salazar, Memorial cuarto de, 3-X-1613. *Leg* 1679, exp. 2.1.°, núm. 29[a], fols. 1r-10r (DS doc. 14).

Salazar, Memorial quinto de, Jaén, 7-I-1614. *Leg* 1679, exp. 2.1.°, núm. 29[c], fols. 11r-15r (DS doc. 15).
Salazar, Memorial sexto de, [primavera de 1614]. *Leg.* 1679, exp. 2.1.°, núm. 29[e], fols. 17r-20v (DS doc. 16).
Salazar, Memorial séptimo de, [verano de 1614]. *Leg* 1679, exp. 2.1.°, núm. 29[h], fols. 27r-28v (DS doc. 17); otra copia *ibid.*, núm. 24[a], fols. 1r-2v.
Salazar, Memorial octavo de, 28-I-1617. *Leg* 1679, exp. 2.1.°, núm. 4, fols. 3r-8v.
Salazar, Memorial noveno de, 11-X-1623. *Leg* 1679, exp. 2.1.°, núm. 4, fols. 32r-35v.
Salazar, Testigos en favor de, 1620. *Leg* 1683, exp. 2, fols. 417r-458r.
Salazar, Tomo «F» del libro de visita de, 1611. *Leg* 1679, exp. 2.2.°, 2+626 folios. Sobre el contenido de este manuscrito, véanse LB núms. 441-520. Las tres primeras páginas con el índice original están publicadas (con bastantes errores) en Caro Baroja, 1969, pp. 326-328.
Salazar, Voto de, 8-VI-1610. *Leg* 1679, exp. 2.1.°, núm. 30[c], fol. 1r-v.
Salazar desde Valencia, Carta de, [posterior a 27-VIII-1619]. *Leg* 1683, exp. 2, hoja suelta sin foliar.
Salazar en Valencia, Examen de, 28-VIII a 1-IX-1619. *Leg* 1683, exp. 1, fols. 749r-789r.
Sansín, Méritos de [Juanes de], [*ca.* 7-I-1613]. *Lib* 832, fols. 172r-174r.
San Vicente, Manual de, [posterior a 1639]. BN MS 18.715, núm. 11, fols. 1r-53v; otra copia, BN MS 831, fue publicado en Amézaga, 1968, pp. 284-309.
San Vicente de 1610, Memorándum de, [10 de julio]. *Lib* 835, fols. 325r-355r.
San Vicente de 9 de julio 1611, Memorándum de. Lib 795, *fols.* 164r-165r.
San Vicente de 3 de octubre 1611, Memorándum de. Lib 795, fols. 208r-209v.
Sentencia conjunta, [octubre 1610]. *Lib* 835, fols. 386r-400r.
Solarte, Carta primera de, 17-I-1611. *Leg* 1679, exp. 2.1.°, núm. 8[a], fols. 1r-2v (DS doc. 3).
Solarte, Carta segunda de, 26 y 27-I-1611. *Leg* 1679, exp. 2.1.°, núm. 28[a], fols. 1r-2r (DS doc. 4).
Solarte al obispo, Carta de, 25-III-1611. *Leg* 1679, exp. 2.1.°, núm. 31[b], fol. 5r (DS doc. 8).
Solarte al obispo, Informe de, [25-III-1611]. *Leg* 1679, exp. 2.1.°, núm. 31[c], fols. 6r-7r, publicado en Caro Baroja, 1969, pág. 285 s., n. 55 (DS doc. 9).
Tribunal de 13 de febrero 1609, Carta del. Leg 1679, exp. 2.1.°, núm. 18, fol. 1r-v.
Ulibarri, Proceso de María de, 9-IX a 29-XI-1611. *Leg* 1679, exp. 2.1.°, núm. 41, fols. 671r-683v (véase LB núm. 354).

Valencia, Discurso primero de [Pedro de], 20-IV-1611. *Lib* 1231, fols. 608r-629r. Otra copia, BN MS 7579, Parte 2.ª, fue publicado en Serrano y Sanz, 1900, pp. 289-303, 337-347. Edición crítica en Marcos y Riesco, 1997, pp. 255-308.

Valencia, Discurso segundo de [Pedro de], sin fecha. BN MS 7579, Parte 1.ª, fue publicado en Serrano y Sanz, 1906, pp. 445-454. Edición crítica en Marcos y Riesco, 1997, pp. 309-319.

Valle, Examen del libro de visita de, [1620]. *Leg* 1683, exp. 1, fols. 1524v-1531v.

Zozaya, Sentencia de María de, [oct. 1610]. *Lib* 835, fols. 401r-420r.

2. Libros y legajos en el ramo de Inquisición del Archivo Histórico Nacional (Madrid)*

Lib 246 (olim Lib. 5). Fols. 1-192, contienen el original «Libro 4.º, Tomo 2.º» de cédulas reales en favor de la Inquisición; fols. 193-233, el resto del tomo, contiene copias de cartas y provisiones de los inquisidores generales, 1517-1534.

Lib 251 (olim Lib. 10). Fols. 1-291, contienen el original «Libro 8.º, Tomo 2.º» de cédulas reales...; fols. 292-381, provisiones de inquisidores generales de principios del siglo XVII.

Lib 271 (olim Lib. 10). «Libro 4.º de decretos reales y consultas originales», 1620-1629.

Lib 316 (olim Lib. 72). Parte 1.ª contiene el original «Libro 1.º» de cartas de la Suprema a las inquisiciones de Aragón y Navarra (1514-1517); Parte 2.ª «Libro 2.º» de la misma serie (1517-1519).

Lib 317 (olim Lib. 73). «Libro 3.º» de la misma serie.

Lib 319 (olim Lib. 75). «Libro 4.º, Tomo 2.º» de la misma serie (1523-1529).

Lib 322 (olim Lib. 78). Parte 1.ª contiene «Libro 7.º» de la misma serie (1536-1546); Parte 2.ª, otro tomo de la misma serie (1547-1548).

Lib 332 (olim Lib. 88). «Libro 17.º» de la misma serie (1606-1609).

Lib 333 (olim Lib. 89). «Libro 18.º» de la misma serie (1609-1613).

Lib 334 (olim Lib. 90). «Libro 19.º» de la misma serie (1613-1615).

* Las referencias entre paréntesis [por ej., (olim Lib. 5)] son las del Archivo de Simancas. Debido a las magistrales aportaciones de Lea y Schäfer siguen teniendo importancia. Como queda dicho, los papeles de Inquisición fueron trasladados de Simancas a Madrid en 1908-1916, o sea pocos años después de publicarse las obras de dichas autoridades, cuyos aparatos críticos quedaron anticuados, ya que toda la documentación se incorporó en el Archivo Histórico Nacional con nuevas signaturas.

Lib 335 (olim Lib. 91). «Libro 20.°» de la misma serie (1615-1618).

Lib 366 (olim Lib. 117). Provisiones de la secretaría de cámara del Inquisidor General Bernardo de Sandoval y Rojas (1610-1618).

Lib 367 (olim Lib. 118). Parte 1.ª contiene papeles de una inspección de la Inquisición de Llerena; Parte 2.ª, provisiones de la secretaría de cámara del Inquisidor General Acevedo (1603-1608).

Lib 490 (olim Lib. 233). «Libro 2.°» de provisiones y libranzas de la Suprema (1599-1633).

Lib 497 (olim Lib. 240). «Libro 1.°» de la legislación manuscrita de la Inquisición, cartas acordadas núms. 1 a 450 (1513-1631).

Lib 572 (olim Lib. 311). «Libro 1.°» de cartas de la Suprema a las inquisiciones de Castilla (1499-1525).

Lib 573 (olim Lib. 312). «Libro 2.°» de la misma serie (1525-1540).

Lib 577 (olim Lib. 316). «Libro 6.°» de la misma serie (1569-1610).

Lib 783 (olim Lib. 513). «Libro [2°]» de relaciones de causas de la Inquisición de Cerdeña (1592-1688).

Lib 791 (olim Lib. 521). «Libro 7.°» de cartas del tribunal de Logroño al Consejo (1593-1596).

Lib 794 (olim Lib. 524). «Libro 10.°» de la misma serie (1607-1609).

Lib 795 (olim Lib. 525). «Libro 11.°» de la misma serie (1610-1613).

Lib 796 (olim Lib. 526). «Libro 12.°» de la misma serie (1614-1616).

Lib 797 (olim Lib. 527). «Libro 13.°» de la misma serie (1617-1619).

Lib 802 (olim Lib. 532). «Libro 18.°» de la misma serie (1628-1629).

Lib 803 (olim Lib. 533). «Libro 19.°» de la misma serie (1630-1631).

Lib 822 (olim Lib. 552). «Libro 1.°» de cartas del Consejo al tribunal de Logroño (1619-1633).

Lib 832 (olim Lib. 561). «Libro 2.°» de relaciones de causas del tribunal de Logroño, conteniendo los méritos de procesos (1594-1678).

Lib 833 (olim Lib. 562). «Libro 3.°» de la misma serie, conteniendo las relaciones de causas (1538-1580).

Lib 834 (olim Lib. 563). «Libro 4.°» de la misma serie, relaciones de causas (1581-1599).

Lib 835 (olim Lib. 564). «Libro 5.°» de la misma serie, relaciones de causas (1600-1617).

Lib 836 (olim Lib. 565). «Libro 6.°» de la misma serie, relaciones de causas (1618-1636).

Lib 1158 (olim Lib. 866). «Libro 1.° de votos de Aragón», esto es, de veredictos en causas de fe de las inquisiciones de Aragón y Navarra (1571-1616).

Lib 1229 (olim Lib. 937). «Libro 17.°» de una serie de misceláneas «para la recopilación».
Lib 1231 (olim Lib. 939). «Libro 19.°» de la misma serie.
Lib 1237 (olim Lib. 945). «Libro 26.°» de la misma serie.
Lib 1244 (olim Lib. 952). «Libro 33.°» de la misma serie.
Lib 1251 (olim Lib. 960). «Libro 43.°» de la misma serie.
Lib 1252 (olim Lib. 961). «Libro 44.°» de la misma serie.
Lib 1259 (olim Lib. 968). «Libro 51.°» de la misma serie.
Lib 1267 (olim Lib. 976). «Libro 59.°» de la misma serie.
Lib 1280 (olim Lib. 989). Al parecer un volumen perteneciente a la misma serie.
Lib 1325 (olim Lib. 1034). Un volumen perteneciente a otra serie de misceláneas.
Lib 1338 (olim Lib. 1055). «Libro 1.°» de juramentos de oficiales admitidos al servicio de la Suprema (1574-1635).
Leg 1259 (olim Leg. 75 de la Sala 44). «Legajo 5» de la letra «J» de aspirantes a puestos en las inquisiciones de Aragón y Navarra examinados de limpieza de sangre.
Leg 1371 (olim Leg. 187 de la Sala 44). «Legajo 3» de la letra «A» de aspirantes a puestos en las inquisiciones de Castilla examinados de limpieza de sangre.
Leg 1372 (olim Leg. 188 de la Sala 44). «Legajo 4» de la letra «A» de la misma serie.
Leg 1679 (olim Lega 100 de la Sala 51). «Inquisición de Logroño. Procesos de fe, Legajo 1». Un atado de documentos pertenecientes al extinguido archivo del tribunal de Logroño. Estos documentos le fueron prestados a la Suprema y nunca fueron devueltos, lo que los salvó de la destrucción. Están divididos en dos partes, de las cuales, la segunda, *expediente 2,* es de extrema importancia para nuestro estudio. Contiene casi todos los memoriales de Salazar, más una abundante colección de cartas y documentos referentes al gran proceso de Logroño (1609-1614) y al modo en que trató el tribunal el problema de las brujas durante los diez años siguientes (exp. 2.1.°); contiene también un enorme códice en pergamino con otra de nuestras fuentes principales: *Tomo «F» del libro de visita de Salazar* (exp. 2.2.°). Julio Caro Baroja, cuyo estudio se basa exclusivamente en la documentación de este legajo, ha hecho un minucioso índice de su contenido (Caro Baroja, 1969, pp. 323-328, cf. WA, p. 563, n. c, «Additions and corrections to Caro Baroja's list»).
Leg 1683 (olim Leg. 104 de la Sala 51). «Inquisición de Logroño, expedientes de visitas, legajo 2.°». Este atado consiste en dos gruesos tomos, exp. 1.°

exp. 2.°, con más de 2.500 folios de actas de la inspección del tribunal de Logroño realizada por la Suprema entre 1619 y 1620.

Leg 1958 (olim Leg. 377 de la Sala 51). «Inquisición de Granada, expedientes de visitas, legajo 2.°». Dos tomos, exp. 1.° y exp. 2.°, de la inspección del tribunal de Granada realizada en nombre de la Suprema por el inquisidor Alonso de Salazar Frías (1614-1616).

Leg 2022 (olim Leg. 441 de la Sala 51). «Inquisición de Murcia, Relaciones de causas, Legajo 2.°». Relaciones de causas, 1562-1682.

Leg 2042 (olim Leg. 460 de la Sala 51). «Inquisición de Santiago o Galicia, Relaciones de causas, Legajo 1.°». Relaciones de causas, 1565-1680.

Leg 2105 (olim Leg. 522 de la Sala 51). «Inquisición de Toledo, Expedientes varios, Legajo 1.°».

Leg 2220 (olim Leg. 66 de la Sala 39*). «Legajo 1.°» de cartas del tribunal de Logroño a la Suprema (1564-1699).

Leg 2248 (olim Leg. 94 de la Sala 39). «Legajo 29.°» de la misma serie (1814-1820).

Leg 2607 (olim Leg. 450 de la Sala 39). «Legajo 6.°» de cartas del tribunal de Granada a la Suprema (1594-1599).

Leg 2889 (olim Leg. 733 de la Sala 39). «Legajo 7.°» de cartas del tribunal de Galicia a la Suprema (1620).

Leg 3730 (olim Leg. 1616 de la Sala 39). Una carpeta conteniendo alegaciones fiscales de varias inquisiciones.

3. *Manuscritos en otros archivos*

Archivo General de Navarra, Pamplona

AGN, sin signatura. «Brujas. Inquisición de Navarra. Cuaderno de actos comprobados de brujos.» Esto es, el *Manuscrito de Pamplona* (véase sección 1 de Bibliografía).

AGN, Sección de Procesos. Proceso 506, Las actas de un proceso incoado en 1611 por el Consejo Real de Navarra contra dos jurados de Elgorriaga por

---

* La serie de legajos anteriormente situados en la Sala 39 del Archivo de Simancas contenía la correspondencia que la Inquisición, según costumbre, doblaba y archivaba en carpetas de cuartillas. Sin embargo, las series de las Salas 44 y 51 estaban compuestas por legajos en folio. Esta división en tamaños siguió existiendo después del traslado al Archivo Histórico Nacional hasta la década de 1960, período en que se desdoblaron los papeles de la serie de legajos en cuarto sin consideración con las consecuencias archivológicas.

difamación (esto es, acusaciones de brujería) y malos tratos a dos vecinos de dicho pueblo.

AGN, Sección de Procesos, Proceso 5257. Las actas del proceso 1612 del Consejo Real de Navarra contra un jurado y otras autoridades locales de Arráyoz por difamación (acusaciones de brujería) y malos tratos a ocho mujeres de su pueblo.

AGN, Sección de Procesos, Proceso 9177. Las actas de un proceso del Consejo Real de Navarra contra dos vecinos de Goizueta en 1609. Ambos fueron sentenciados a destierro de dos años por haber circulado rumores de que Catalina de Alducín, una pariente del párroco, era bruja.

AGN, Sección de Procesos, Sala A, Legajo 1975. Proceso incoado en 18-XII-1610 por el Consejo Real de Navarra contra un vecino de Santesteban por difamación (acusaciones de brujería) de otro vecino de la misma villa.

AGN, Sección de Estadística, Legajos 1-2. Apeos de casas, vecinos y moradores de las villas y los pueblos del norte de Navarra en 1644, 1645 y 1646.

Biblioteca Nacional, Madrid

BN, MS 718 (olim D 118). Un códice de cartas, memoriales e impresos procedentes del Consejo de Inquisición (siglos XVI y XVII).

BN, MS 798 (olim D 122). Una colección de formularios e instrucciones de la Inquisición española procedentes de cierto don Jacinto Fernández de la Peña.

BN, MS 831 (olim D 119). Un tomo intitulado «Las cosas que se han de observar y practicar en las inquisiciones...» (ésto es, una copia del *Manual de San Vicente*).

BN, MS 2031 (olim G 115). Un volumen de papeles relacionados con la Inquisición, entre ellos una copia del *Memorial sexto de Salazar* (fols. 129r-132v) y un informe sobre la brujería en Guipúzcoa escrito en 1618, por el doctor Lope Martínez de Isasti (fols. 133r-136v). Ambos documentos están publicados en Caro Baroja, 1933, pp. 115-145.

BN, MS 2440 (olim F 333). Un tomo de papeles de Inquisición (siglos XVI y XVII).

BN, MS 7579 (no hay signatura anterior). Un tomo conteniendo copias de (1) *Discurso segundo de* [Pedro de] *Valencia* y (2) *Discurso primero de Valencia*. 76 fols.

BN, MS 8560 (olim V 377). Una copia del *Memorial de San Vicente*. 53 fols.

BN, MS 18.715[11]. Otra copia del *Manual de San Vicente*.

Biblioteca de la Real Academia de la Historia, Madrid

BRAH 9-29-5-5944 (olim Est. 27, Gr. 5.ª E. núm. 129). Colección de Documentos y Privilegios, Tomo 4.

Biblioteca Real de Copenhague (Det kongelige Bibliotek),
Copenhague

KB, Udenlandsk afdeling, 4-252^c-folio. «Collectio libellorum ad historiam Inquisitionis hispanicae».

KB, Ny kgl. Samling 128^c 4.⁰. Copia de *Origen y fundación* [de las inquisiciones de España] de [José de Ribera], sacado por D. G. Moldenhawer durante su estancia en Madrid, 1783-1784, de un manuscrito en la Biblioteca de la Real Academia de la Historia (Est. 25 Gr. 7.ª C núm. 184).

KB, Ny kgl. Samling 213 2.º. El «Codex Moldenhawerianus», un diccionario manuscrito de las instrucciones y cartas acordadas de la Inquisición española, procedente de la Suprema y usado por el mismo Consejo hasta la década de 1760. Sobre este manuscrito que revistió fundamental importancia para la obra de Lea, véase Henningsen, 1977a, pp. 234-237, 259-261.

KB, Ny kgl. Samling 218^d 2.º. Una carpeta de 41 documentos originales de la Inquisición española, más los apuntes de D. G. Moldenhawer para una historia de la misma institución que nunca se publicó (cf. Henningsen, 1977a, pp. 264-269).

4. Libros y artículos consultados

Aldea Vaquero, Q., *et al.* (eds.) (1972-1975): *Diccionario de Historia Eclesiástica de España*, 4 vols.

Amézaga, E. (1968): *Guía del perfecto Inquisidor*, Bilbao.

Amiel, Charles (1986): «The Archives of the Portuguese Inquisition. A brief Survey», en Henningsen y Tedeschi, pp. 79-99.

Ankarloo, B. (1990): «Sweden: The Mass Burnings (1668-76)», en Ankarloo y Henningsen, pp. 285-317.

— y Clark (eds.) (1999-2002): *Witchcraft and Magic in Europe*, 6 vols., Filadelfia.

— y G. Henningsen (eds.) (1990): *Early Modern European Witchcraft. Centres and Peripheries*, Oxford.

Argüello, G. I. de (ed.) (1586): *Instrucciones del Santo Oficio de la Inquisición, sumariamente, antiguas, y nuevas. Puestas por Abecedario*, Madrid, 1630.

Arles y Andosilla, M. de (1971): *Tractatus de superstitionibus, seu sortilegia quae hodie vigent in orbe terrarum*, Lyon, 1510; trad. española en José Goñi Gastambide: «El tratado 'De superstitionibus' de Martín de Andosilla», *Cuadernos de etnología y etnografía Navarra* 3, pp. 249-322.

Arzadún, J. A. de (1909): «Las brujas de Fuenterrabía. Proceso del siglo XVII, el 6 de mayo de 1611», *Revista internacional de estudios vascos* 3, pp. 172-181 y 357-374.

Azurmendi, Mikel (1995): «La invención de la brujería como akelarre», *Bitarte*, 3, 4, pp. 15-37.

Back, K. W. y A. C. Kerckhoff (1968): *The June Bug. A Study of Hysterical Contagion*, Nueva York.

Backmund, N.(1949): *Monasticon Praemonstratense*, Straubing.

Barreiro de Vásquez Varela, B. (1888): «Archivos secretos. Adiciones y notas a una lista de Inquisidores de Galicia desde el establecimiento... hasta... 1700», *Galicia Diplomática* 3, pp. 153-155, 164-166, 178-181, 187-189, 194-197, 201-203.

Bennassar, B., et al. (1979): *L'Inquisition espagnole XVIe-XIXe siécle*, París.

Bethencourt, F. (1996): *História das Inquisições. Portugal, Espanha e Italia*, Lisboa.

Bodin, J. (1580): *De la démonomanie des sorciers*, París; trad. inglesa, Toronto, 1995.

Bonomo, G. (1959): *Caccia alle streghe. La credenza nelle streghe dal secolo XIII al XIX con particolare refirimento all'Italia*, Palermo.

Capelli, A. (1930): *Cronología, cronografía e calendario perpetuo*, Milán.

Cardoso, A. R. (1970): «A Modern American Witch-Craze», en Max Marwick (ed.) *Witchcraft and Sorcery. Selected Readings*, Harmondsworth, Penguin Books, pp. 369-377.

Carena, C. (1655): *Tractatus de Officio Sanctissimae Inquisitionis, et modo procedenti in causis fidei*, Cremona.

Caro Baroja, J. (1933): «Cuatro relaciones sobre la hechicería vasca», *Anuario de «Eusco Folklore»* 13, pp. 87-145.

— (1947): «Las brujas de Fuenterrabía (1611)», *Revista de dialectología y tradiciones populares* 3, pp. 189-204.

— (1961): *Las brujas y su mundo*, Madrid.

— (1969): «De nuevo sobre la historia de la brujería (1609-1619)», *Príncipe de Viana* 30, pp. 265-328; reeditado en Julio Caro Baroja: *Inquisición, brujería y criptojudaísmo,* Barcelona, 1970, pp. 183-315.

Cohn, Norman (1987): *Los demonios familiares de Europa,* Madrid, Alianza Editorial, Ediciones Altaya (1997).

Communay, A. (1890): *Le conseiller Pierre de Lancre,* Agen.

Contreras, J. (1982): *El Santo Oficio de la Inquisición de Galicia. Poder, sociedad y cultura,* Madrid.

— y J.-P. Dedieu (1980): «Geografía de la Inquisición española. La formación de los distritos (1470-1820)», *Hispania* 40, pp. 37-93.

— y G. Henningsen (1986): «Forty-Four Thousand Cases of the Spanish Inquisition (1540-1700). Analysis of Historical Data Bank», en Henningsen y Tedeschi, pp. 100-129.

Coronas Tejada, L. (1981): *Unos años en la vida y reflejos de la personalidad del «Inquisidor de las Brujas»,* Jaén, Instituto de Estudios Giennenses.

Dedieu, J.-P. (1977): «Les inquisiteurs de Tolède et la visite du district. La sedentarisation d'un tribunal (1550-1630)», *Mélanges de la Casa de Velázquez* 13, pp. 235-256.

— (1978): «Les causes de foí de l'Inquisition de Tolède (1483-1820). Essai statistique», *Mélanges de la Casa de Velázquez* 14, pp. 235-256.

— (1986): «The Archives of the Holy Office of Toledo a as Source for Historical Anthropology», en Henningsen y Tedeschi, pp. 158-189.

— (1989): *L'administration de la foi. L'Inquisition de Tolède (XVIe-XVIIIe siècle),* Madrid.

Duerr, H. P. (1978): *Traumzeit. Über die Grenze zwischen Wildnis and Zivilisation,* Francfort del M.

Easley, B. (1980): *Witch Hunting, Magic and the New Philosophy. An Introduction to the Debates of the Scientific Revolution 1450-1750,* Brighton.

Ehrenreich, B. y D. English (1973): *Witches, Midwives, and Nurces. A History of Women Healers,* Detroit.

Escudero, J. A. (1976): «La Inquisición española», *Historia 16* (diciembre), pp. 5-18.

Evans-Pritchard, E. E. E.(1935): «Witchcraft», *Africa* 8, pp. 417-422.

— (1937): «Witchcraft», *Oracles and Magic among the Azande,* Oxford.

Fernández Albaladejo, P. (1975): *La crisis del antiguo régimen en Guipúzcoa, 1766-1833,* Madrid.

Field, M. J. (1961): *Religion and Medicine of the Gā People* (1937), Londres.

Fortes, M. (1953): «The Structure of Unilineal Descent Groups», *American Anthropologist* 55, pp. 17-41.

García, P. (1607): *Orden que comúnmente se guarda en el Santo Oficio de la Inquisición, acerca del procesar en las causas que en él se tratan, conforme a lo que está proveído por las instrucciones antiguas y nuevas...* (1591), Madrid.

García Cárcel, R. (1976): *Orígenes de la Inquisición española. El tribunal de Valencia, 1478-1530*, Barcelona.

— (1980): *Herejía y sociedad en el siglo XVI. La Inquisición en Valencia, 1530-1609*, Barcelona.

Golden, R. (ed.) (2005): *Encyclopedia of Witchcraft. The Western Tradition*, 4 vols., Santa Barbara.

Goñi Gaztambide, J. (1947): *Los Navarros en el Concilio de Trento y la Tridentina en la Diócesis de Pamplona*, Pamplona.

González de Amezua y Mayo, A. (1912): «El casamiento engañoso» y «El coloquio de los perros», *Novelas ejemplares* de Miguel de Cervantes. Edición crítica con introducción y notas, Madrid.

Habasque, F. (1912): *Episodes d'un proces en sorcellerie dans le Labourd au XVIIᵉ siécle (1605-1607)*, Biarritz.

Harner, M. J. (1973): «The Role of Hallucinogenic Plants in European Witchcraft», en Michael J. Harner (ed.), *Hallucinogens and Shamanism*, Nueva York, pp. 125-150.

Henningsen, G. (1969): «The Papers of Alonso de Salazar Frías. A Spanish Witchcraft Polemic 1610-1614», *Temenos. Studies in Comparative Religion* 5, pp. 85-106; reimpr. en Brian P. Levack (ed.), *Articles on Witchcraft, Magic and Demonology*, Nueva York, 1992, vol. 5.

— (1971): «Informe sobre tres años de investigaciones etnológicas en España», *Ethnica. Revista de Antropología* 1, pp. 61-90.

— (1973): *The European Witch-Persecution*, Copenhague *(DFS Translations* 1).

— (1977a): «La colección de Moldenhawer en Copenhague. Una aportación a la archivología de la Inquisición española», *Revista de Archivos, Bibliotecas y Museos* 80, pp. 209-270.

— (1977b): «El "banco de datos" del Santo Oficio. Las relaciones de causas de la Inquisición española», *Boletín de la Real Academia de la Historia* 124, pp. 547-570.

— (1978a): «Alonso de Salazar Frías. Ese famoso inquisidor desconocido», en *Homenaje a Julio Caro Baroja*, Madrid, pp. 581-586.

— (1978b): «Las víctimas de Zugarramurdi: El origen de un gran proceso de brujería», *Saioak. Revista de Estudios Vascos* 2, pp. 182-195.

— (1980): *The Witches' Advocate. Basque Witchraft and the Spanish Inquisition (1609-1614)*, Reno; versión danesa, *Heksenes advokat. Historiens størsste hek-*

seproces, Copenhague, 1981; versión española por Marisa Rey-Henningsen, Madrid, 1983; versión sueca, Estocolmo, 1987; versión húngara, Budapest, 1988; versión italiana, 1990.
— (1980): «Historical Anthropology. Report from a Nordic Research Course, Schäffergaarden, Copenhagen, 208-5.9.1980», *NIF Newsletter* 8 (4), pp. 12-14.
— (1981): «La Inquisizione spagnola e le tradizioni popolari della Sardegna», en: *Linguaggio musicale e linguaggio poetico in Sardegna. Atti del convegno di studi coreutico musicali sardi svoltosi a Nuoro dal 24 al 26 Iuglio 1975*, Cagliari, pp. 57-60.
— (1982a): «El mayor proceso de brujería en la Historia: Navarra, 1609-14», *Historia 16* 7, pp. 46-84.
— (1982b): «Witch Hunting in Denmark», *Folklore* 93, pp. 131-137.
— (1984a): *Fra heksejagt til heksekult 1484-1984* [De la cacería de brujas a culto a las brujas], Copenhague, Gyldendal.
— (1984b): «La eloquencia de los números. Promesas de las "relaciones de causas" inquisitoriales para la nueva historia social», en Ángel Alcalá (ed.), *Inquisición española y mentalidad inquisitorial*, Barcelona, pp. 207-225.
— (1986): «The Archives and the Historiography of the Spanish Inquisition», en Henningsen y Tedeschi, 54-78.
— (1988): «¿Por qué estudiar la Inquisición. Reflexiones sobre historiografía reciente y el futuro de una disciplina», *Manuscrit* 7, pp. 35-51.
— (1989): «La legislación secreta del Santo Oficio», en José Antonio Escudero (ed.): *Inquisición y Derecho*, Madrid, pp. 163-172.
— (1990): «The Ladies from Outside». An Archaic Pattern of the Witches' Sabbath», en Ankarloo y Henningsen, pp. 191-215.
— (1991): «From Word Processing to Database Analusis and Back Again. Editing an 18th Century Manuscript Dictionary of Spanish Inquisitorial Law (Royal Library of Copenhagen, NKS 213, 2.°)», en *L'Inquisizione Romana in Italia nell'età Moderna...* Actas del Seminario Internacional, Trieste, 18-20 de mayo de 1988, editado por Andrea del Col, Roma, pp. 333-356.
— (1990): «"The Ladies from Outsid". An Archaic Pattern of the Witches' Sabbath [en Sicilia]», en Ankarloo y Henningsen, pp. 191-215.
— (1991-1992): «The White Sabbath and Other Archaic Patterns of Witchcraft»; *Acta Ethnographica Academiae scientiarum Hungaricae* 37, pp. 293-304.
— (1993): «The Database of the Spanish Inquisition. The «relaciones de causas-project» revisited», en Heinz Mohnhaupt y Dieter Simon (eds.), *Vorträge zur Justizforschung. Geschichte und Theorie*, Frankfurt am Main, pp. 43-85.

— (1994): «La evangelización negra. Difusión de la magia europea por la America colonial», *Revista de Inquisición* 3, pp. 11-29.
— (1996): «The child witch syndrome. Satanic child abuse of today and child witch-trials of yesterday», *The Journal of Forensic Psychiatry* 7, pp. 581-593.
— (2000): «El invento de la palabra aquelarre», en *Historia y Humanismo. Estudios en honor del profesor, Dr. D. Valentín Vázquez dePrada*, editados por Jesús María Uzunáriz Garayoa, Pamplona, vol. 1, pp. 351-359.
— (2003): «La Inquisición y las brujas», en *L'Inquisizione. Atti del Simposio Internazional nel Vaticano 1998*, ed. por Agostino de Borromeo, Cuidad del Vaticano, pags. 567-605.
— (ed.) (2004): *The Salazar Documents. The Inquisitor Alonso de Salazar Frías y Others on the on the Basque Witch Persecution*, Leiden y Boston, Brill.
— (2005): artículos sobre «Animistic and Magical Thinking», «Basque Country», «Caro Baroja, Julio», «Identification of Witches», «Salazar Frías. Alonso de», «Sicily», «Valencia, Pedro de», «Witch craze» y «Zugarramurdi, Witches of», en Richard Golden, pp. 42-43, 93-97, 167-168, 534, 994-996, 1032-1034, 1155-1156, 1205-1206, 1236-1238.
— (2009): «The Witches' Flying and the Spanish Inquisitors, or How to Explain (Away) the Impossible», *Folklore* 120, pp.57-74.
— y Rey-Henningsen, M. (1980): «Simposium interdisciplinario de la Inquisición medieval y moderna (Dinamarca, 5 al 9 de septiembre de 1978)», en Pérez Villanueva, pp. 989-996.
— y Tedeschi, John (eds.) (1986): *The Inquisition in Early Modern Europe. Studies on Sources and Methods*, Dekalb, Northern University Press.
Idoate, F. (1951): «Brujerías en la montaña de Navarra en el siglo XVI», *Hispania Sacra* IV, pp. 193-218.
— (ed.) (1972): *Un documento de la Inquisición sobre la brujería en Navarra*, Pamplona.
Jacques-Chaquin, Nicole y Preaud, Máxime (eds.) (1993): *Le sabbat des sorciers en Europe (XVe-XVIIIe siècles)*, Grenoble.
Kieckhefer, Richard (1976): *European Witch Trials. Their Foundation in Popular and Learned Culture, 1300-1500*, Berkeley y Los Ángeles.
Knutsen, Gunnar W. (2009): *Servants of Satan and Masters of Demons. The Spanish Inquisition's Trials for Superstition*, Valencia y Barcelona, 1478-1700, Turnhout, Brepols.
La Fontaine, J. S. (1998): *Speak of the devil. Tales of satanic abuse in contemporary England*, Cambridge.
Ladurie, E. le Roy (1966): *Les Paysans de Languedoc*, París.

Lancre, P. de (1612 y 1613): *Tableau de l'Inconstance des mauvais Anges et Demons... Avec Un Discours contenant la Procedure faicte par les Inquisiteurs d'Espagne et de Navarre, á 53 Magiciens, Apostats, Juifs, et Sorciers, en la Ville de Logrogne en Castille le 9. Novembre 1610...*, París (dos ediciones); trad. alemana, s. l., 1630; versión abreviada y modernizada por Nicole Jacques-Chaquin, París, 1982.

Lea, H. C. (1890): *Chapters from the Religious History of Spain*, Filadelfia; Nueva York, 1967.

— (1906-1907): *A History of the Inquisition of Spain*, 4 vols., Nueva York; versión española con aparato crítico revisado, Madrid, 1982.

Levack, B. (1995): *The Witch-hunt in Early Modern Europe*, Harlow.

— (2004): The Witchcraft Sourcebook, Nueva York y Londres (en especial Part VII «The Sceptical Tradition», pp. 275-298).

Lifton, R. J. (1962): *Thought Reform and the Psychology of Totalism. A Study of «Brainwashing» in China,* Londres.

Lisón Tolosana, C. (1992): *Las brujas en la historia de España*, Madrid.

Mair, L. (1969): *La brujería en los pueblos primitivos actuales*, Madrid.

Mandrou, R. (1968): *Magistrats et sorcièrs en France au XVIIᵉ siécle*, París.

Martínez de Isasti, L. (1850): *Compendio historial de la provincia de Guipúzcoa* (manuscrito de 1625), San Sebastián; reimpr. Bilbao, 1972.

Marcos Casquero, M. A. y H. B. Riesgo Álvarez (eds.) (1997): *Pedro de Valencia. Obras Completas*, vol. 7, León.

Maxwell, J. (1896): *Un magistrat hermetiste. Jean d'Espagnet, president au parlement de Bordeaux*, Burdeos.

Menéses García, E. (1965): «Construcción del tablado para el auto de fe de 1632», *Revista de Archivos, Bibliotecas y Museos*, 3.ª serie, vol. 75, pp. 363-392.

Michelet, J. (1862): *La Sorciére*, París; versión española, *La bruja*, Barcelona, 1970.

Midelfort, H. C. E. (1972): *Witch Hunting in Southwestern Germany 1562-1684. The Social and Intellectual Foundations*, Stanford University Press.

Mongastón, J. de (ed.) (1611): *Relación de las personas que salieron al Auto de la Fee, que los señores Doctor Alonso Bezerra Holguin, del Abito de Alcántara; Licenciado Juan de Valle Alvarado; Licenciado Alonso de Salazar Frías, Inquisidores Apostolicos, del Reyna de Nauarra, y su distrito, celebraron en la Ciudad de Logroño, en siete, y en ocho días del mes de Nouiembre, de 1610 Años. Y de las cosas y delitos por qué fueron castigados,* Logroño, Juan de Mongastón; reimp. en Marcos y Riesco, 1997, pp. 157-181.

Monter, W. (1990): *Frontiers of Heresy. The Spanish Inquisition from the Basque Lands to Sicily*, Cambridge; trad. española: Barcelona, 1992.
— y Tedeschi, J. (1986): «Towards a Statistical Profile of the Italian Inquisitions, sixteenth to seventeenth Centuries», en Henningsen y Tedeschi, *The Inquisition in Early Modern Europe*, pp. 130-157.
Muchembled, R. (ed.) (1994): *Magie et Sorcellerie en Europe du Moyen Age à nos jours*, París.
Murray, M. A. (1921): *The Witch-Cult in Western Europe*, Londres y Oxford.
Nadel, S. F. (1952): «Witchcraft in four African Societies», *American Anthropologist* 54, pp. 423-447.
Paiva, J. P. (1997): *Bruxaria e superstição num país sem «caça às bruxas» 1600-1774*, Lisboa.
Parker, G. (ed.) (1980): «The European Witchcraze Revisited», *History Today* 30 (noviembre), pp. 23-39; 31 (1981, febrero), pp. 22-36.
Pérez Villanueva, J. (ed.) (1980): *La Inquisición española. Nueva visión, nuevos horizontes*, Madrid.
Reguera, I. (1984): *La Inquisición en el País Vasco (El tribunal de Calahorra, 1513-1570)*, San Sebastián.
Rey-Henningsen, M. (1983): *Den frugtsommelige abbedisse. Kvinder og magt i middelalderen* [La abadesa encinta. Mujeres y poder en la Edad Media], Copenhague.
Robbins, R. H. (1959): *The Encyclopedia of Witchcraft and Demonology*, Londres; trad. española: Madrid, 1988.
Rodríguez Lusitano, M. (1598): *Summa de casos de consciencia, con advertencias muy provechosas para Confessores*, 3 vols., Salamanca.
Sargant, W. (1970): *Battle for the Mind. A Physiology of Conversion and Brain-Washing* (1957), Londres, Pan Books (7.ª ed.).
Schäfer, E. (1902): *Beitrage zur Geschichte des spanischen Protestantismus und der Inquisition im sechzehnten Jahrhundert. Nach den Originalakten in Madrid und Simancas bearbeitet*, 3 vols., Gütersloh; reimpr. Aalen, 1969.
Serrano y Sanz, M. (ed.) (1900): «Discurso de Pedro de Valencia acerca de los quentos de las brujas y cosas tocantes a la magia...», *Revista de Extremadura* 2, pp. 289-303, 337-347.
— (1906): «Segundo discurso de Pedro de Valencia acerca de los brujos y sus maleficios», *Revista de Archivos, Bibliotecas y Museos*, 3.ª, serie, vol. 2, pp. 445-454.
Simón Díaz, J. (1946): «La Inquisición en Logroño (1570-1580)», *Berceo* I, pp. 89-119.

— (1948): «La Inquisición en Logroño (1580-1600)», *Berceo* III, pp. 83-119.
Sprenger, J. y Institoris, H. (1487): *Malleus maleficarum*, Colonia.
Summers, Ms. (1926): *The History of Witchcraft and Demonology*, Londres y Nueva York; Londres, 1965.
Tedeschi, J. (1991): *The Prosecution of Heresy. Collected Studies on the Inquisition in Early Modern Europe*, Binghampton.
Torreblanca Villapando, F. (1618): *Epitome delictorum sive de magia in qua aperta vel occulta invocatio daemonis intervenit*, Sevilla; Lyon, 1678.
Torres, M. P. de (1971): *La Navarra húmeda del Noroeste*, Madrid.
Vekene, Emil van der (1983): *Bibliotheca bibliographica historiae Sanctae Inquisitionis*, 2 vols., Vaduz, Lichtenstein.
Walinski-Kiehl, R. S. (1996): «The Devil's children. Child witch-trials in Early Modern Germany», *Continuity and Change* 11, pp. 171-189.
Weyer, J. (1563): *De praestigiis daemonorum*, Basel; trad. inglesa: Binghampton, 1991.
Williams, C. (1941): *Witchcraft*, Londres.
Wolin, S. y R. M. Slusser (eds.) (1957): *The Soviet Secret Police*, Londres.
Yanguas y Miranda, J. (1840-1843): *Diccionario de antigüedades del Reino de Navarra*, 3 vols., San Sebastián; Pamplona, 1964.
Zudaire Huarte, E. (1972): «Monasterio premonstratense de Urdax», *Analecta Premonstratense* 48, pp. 308-326; 49 (1973), pp. 5-40.

ÍNDICE ONOMÁSTICO

Acevedo, Fernando de, arzobispo de Burgos, 390-391
Acevedo, Juan Bautista de, obispo de Valladolid, inquisidor general (1603-1608), 75, 78-79, 82, 185
Agüero, Juan de, secretario, 375
Aguirre Luberrisime, Juanes de, brujo de Vera, 326
Aguirre, Mari Juan de, LB 7, 193
Aguirre, Martín de, intérprete, 326
d'Alsatte, Tristán de Gamboa, señor de Urtubie, 42
Alvarado, Francisco, fray, filósofo, 453
Amayur, Martín de, molinero, 111, 166, 238
Amézaga, Graciana de, LB 74, 326, 401, 473

Amézaga, E., 445
d'Amou, Jean, juez, 42, 178
Andueza, señor de, 177
Ankarloo, Bengt, 41, 455
Aranda y Alarcón, Antonio de, inquisidor, 434, 439, 446
Aranda, conde de, 173
Aranguren, Pedro de, intérprete, 305
Araníbar, León de, fray, abad de Urdax, 84, 203, 262, 423-424, 441, 443-444
Arburu, María de, LB 12, 216, 234-237, 239, 248, 284, 466
Arburu, Pedro de, fray, LB 23, 170, 205, 231, 237-238, 388, 429, 442-443, 468
Arellano, Cosme de, pintor, 244

Arquinarena, Juana de, vecina de Oronoz, 401
Arramendía, Miguel de, intérprete, 305, 309
Arroqui, Juanes de, LB 502, 356-358, 502
Arza, Magdalena de, LB 96 y 500, 360, 474, 502
Atauri, Mariquita de, LB 95, 351-352
Azaldegui, María de, LB 469, 343
Azurmendi, Mikel, 31, 116

Barrenechea, Graciana de, LB 5, 48, 57, 59-60, 94-95, 107-108, 110, 115, 119, 121, 127, 139, 141, 168, 207, 211, 216, 237, 253, 488
Barrenechea, María Chipia de, LB 16, 54, 60, 211, 257, 337
Basurto, Diego de, clérigo de Ciordia, LB 498, 330-331, 344-347
Baztán de la Borda, María, LB 13, 248
Becerra Holguín, Alonso de, primer inquisidor, 29, 75, 78-79, 88, 94, 96-97, 100, 102, 105, 107, 114, 160, 164-167, 170, 180, 183, 207-210, 217, 222, 225-226, 236, 239, 254, 259, 283, 285-286, 292, 316-317, 325-327, 330-333, 335-337, 366, 370-375, 384-387, 389-391, 393-400, 404, 407, 409-412, 414, 421, 425, 431, 445
Borda y Arburu, Juan de la, cura, LB 25, 170, 205, 216, 231-232, 237, 257, 388, 429, 442-443

Bodin, Jean, 451
Burga, María de, LB 105, 36, 237, 263, 470, 476

Calahorra, obispo de, véase Manso de Zuñiga, Pedro,
Cardona, Juan de, virrey de Navarra, 283
Caro Baroja, Julio, 28, 34, 59, 89-90, 99, 137, 285, 425, 444, 447
Castillo, Pedro del, obispo de Calahorra, 83
Castro y Bobadilla, Rodrigo de, consejero de la Inquisición, 432-433, 479
Cervantes, Miguel de, 80
Coronas Tejada, Luis, 40, 79, 81-83
Corres, Ana de, LB 497, 349-350, 474
Corres, Inés de, LB 87, 349-350, 474
Cuevas, José Luis, 32, 34-35

Díaz de Alda, Juan, LB 82, 329, 473
Díaz (de Bujanda), Felipe, párroco de Maestu y comisario, 331, 348, 352, 360, 427, 434
Duerr, Hans Peter, 455

Easley, Brian, 454
Echachute, María de, LB 15, 248, 467
Echalecu, María de, LB 18, 209, 467
d'Echaux, Bertrand, obispo de Bayona, 382
Echegui, Juanes de, LB 21, 207, 209, 211, 468

ÍNDICE ONOMÁSTICO   *531*

Echegui, María de, LB 17, 211, 257, 337, 467
Echetoa, Catalina de, LB 241, 321, 324, 487, 501
Echevarría, Catalina de, LB 493, 323, 473, 501
Ehrenreich, Barbara, 45
Elizondo, José de, fray, prior de Urdax, 264, 300, 321, 344, 444
Elorza, Magdalena de, LB 488, 331, 348, 500
Endara, doña María de, LB 69, 192, 200, 201, 326, 402-403, 472
English, Deidre, 45
Enrique IV, rey de Francia, 42
Epila, Ana Marco de, bruja de Epila, 173
d'Espaignet, Jean, juez, 42, 44, 164, 178, 181
Espinar, Juan (Petri) de, LB 50, 406, 471
Evans Pritchard, E. E., 47

Fargua, Beltrana de la, LB 16, 193, 206, 213, 238, 257
Felipe II, 66
Felipe III, 81, 242, 266, 293
Felipe IV, 447
Fernández de Arbiza, Juana, LB 456, 202, 496
Fernández de Lecea, Catalina, LB 486, 347, 500

Gabiria, Simona de, vecina de San Sebastián, 366
Gámiz, Pedro, familiar del Santo Oficio, 245

García de Molina, Miguel, secretario, 371, 432
Goiburu, Juanes de, pastor, LB 9, 57, 60, 94, 108-109, 113, 122-123, 127, 140, 143, 257, 385-388, 466
Goiburu, Miguel de, pastor, LB 8, 47-48, 57, 59-60, 94-95, 108, 110, 114-115, 117, 119, 122-123, 132, 140-142, 209, 212, 237-238, 253, 466
Goizueta, Juanes de, LB 102, 387-388, 416, 422-424, 475
González, Gracia, LB 86 y 501, 349, 360, 474, 502
Goya, Francico de, 106, 221
Grien, Hans Baldung, 341, 361
Guerra y Dosal, Pedro, inquisidor, 78

Harner, Michael, 145, 455
Hualde, Hernauton de, LB 518, 307-308, 504
Hualde, Juana de, LB 509, 305, 359, 503
Hualde, Lorenzo de, párroco de Vera y comisario, 189-197, 203, 212-213, 257, 269, 278-279, 428, 434, 444,
Huarte, Sebastián, notario, 279
Huerta y Rojas, Luis de, secretario, 79, 299, 305, 362, 369
Humphrey, Hubert, 74

Idoate, Florencio, 29, 464, 475, 478
Igoarzábal, Martín de, carcelero, 407
Institoris, Enrique, 406

Juanescongoa, Mari Juan de, 359, 503
Juangorena, Petri de, labrador, LB 24, 248, 468
Juanto, María, LB 29, 206, 209, 212-213, 238
Jureteguía, María de, LB 4, 54-55, 59-60, 87, 89-90, 93-94, 127, 144-145 (sin acento), 165-166, 211, 237, 254-257, 407, 442
Juri, Mari, niña bruja de Yanci, 188, 201

Labayen, Juana, LB 507, 305, 307, 503
Labayen, párroco de Echalar, 190, 199-201, 279, 283, 285
Laborda, padre, véase Borda y Arburu, Juan de la, 443
Ladrón de Peralta, Francisco, secretario, 310
Ladrón, Pedro, fraile franciscano, 348-349, 352
Ladurie, Emmanuel Le Roy, 456
Lambert, Juanes de, LB 28, 176, 206, 215-216, 257
Lancre, Pierre de, juez, 42, 44-45, 53, 91, 118, 171, 178-179, 181, 190, 315, 451
Laso de Vega, Juan, fiscal del tribunal, 79, 422, 424
Lea, Henry Charles, 28, 30, 38, 64-66, 70, 84, 147-148, 230, 242, 257, 308, 365, 437, 448
Lebrun, Pierre, 358
Lecumberri, María de (alias María Chipía) LB 103, 165, 167, 237, 470, 476,

Legarra, María Martín de, LB 457, 189, 477
Leguizano, Gregorio de, nuevo fiscal del tribunal, 375
Lezcano, Agueda de, bruja de Ciordia, 345
Lifton, Ralph J., 64, 69, 103-104
Limborch, Philip van, 67, 233
Llano y Valdés, Juan de, consejero de la Inquisición, 432
López de Lezárraga, Martín, párroco de Larrea y comisario, 348, 427, 434,
López, Juan, jesuita, 278

Mair, Lucy, 143-144
Marigorre, Juanes de, vecino de Zugarramurdi, 60
Marquesarena, Gracia de, LB 505, 306, 502
Marticorena, Diego de, LB 108, 188, 197, 472, 476
Martínez de San Paul, Juan, cura de Lesaca y notario, 190, 194
McCarthy, Joseph, 64
Mendoza, Francisco de, consejero de la Inquisición, 81, 432, 447
Menéses García, Emilio, 447
Michelena, Miguel de, notario de Rentería, 176
Michelet, Jules, 44-45, 456
Midelfort, H. C. Erik, 455
Mindegui, María de, LB 508, 359, 503
Moldenhawer, D. G., 437-438
Molina, Miguel de, véase García de Molina, Miguel,

ÍNDICE ONOMÁSTICO   533

Mongastón, Juan de, impresor, 90, 92, 115, 117, 122, 137, 192, 212-215, 217, 219, 243-244, 247, 253-255
Mongitori, Antonio, 256
Monterola, Juan de, comisario de Arano, 88-89, 163, 359, 503-504
Muchembled, Robert, 41,
Murray, Margaret, 44-45, 114-115, 126-127, 129, 135, 137, 141-144, 295, 456

Nadel, Friedrich, 110
Navarcorena, Estevanía de, LB 1, 59, 89, 92, 140, 207, 237, 465
Navarcorena, Esteve de, labrador casado con LB 4, 54, 465
Navarcorena, Petri de, labrador, suegro de LB 4, 55, 87, 166
Narvarte, Miguel de, escribano real y familiar, 84, 88

Oco, Jiménez de, véase Ximénez de Oco,
Odia y Barrenechea, Juanes de, carbonero LB 26, 206, 209, 468
Oragaray, Miguel de, clérigo de Echalar, 190, 200
Otazarra, Mari Juan de, bruja difunta de Zugarramurdi, 60

Pamplona, obispo de, véase Figueroa, Antonio.
Pardo de la Fuente, Francisco, secretario, 162
Peña, María de, LB 453, 280, 489
Peralta, Francisco de, secretario, 299, 356, 362, 369

Pérez de Barrenechea, María, LB 2, 59-60, 89, 92, 140, 209, 465
Pérez de Carrasco, Martín, cura de Campezo y comisario, 351
Petrisancena, Estevanía de, LB 19, 209, 467
Picart, Bernard, 229
Pimentel, Enrique, consejero de la Inquisición, 432
Presona, María, LB 11, 112, 212, 228, 238, 257, 466

Ramírez, Juan, consejero de la Inquisición, 75, 421, 432
Reyes, Pedro de los, saludador, 387-388
Rey-Henningsen, Marisa, 36, 40
Ruiz, Mateo, pintor, 244
Ruiz de Eguino, Pedro, párroco de Eguino y comisario, 329-330, 334, 345-348
Ruiz de Luzuriaga, Domingo, párroco de Salvatierra y comisario, 327

Sáenz, Ana, LB 487, 347, 500
Salazar Frías, Alonso, inquisidor, 28-30, 33-34, 38-40, 79-83, 101, 148, 156-157, 160, 165-167, 170, 180, 183, 191, 199, 201, 207-208, 222, 225-226, 231, 235-240, 260, 268, 283-286, 292, 298-327, 331-333, 337-340, 342-351, 353-355, 357-360, 362-367, 369-391, 393-401, 403-416, 421-422, 424-427, 429, 431, 433-435, 437, 439-441, 446-448, 449-451, 452-456, 461, 463, 478

San Paul, Domingo de, párroco de Lesaca y comisario, 85, 190-191, 408
San Vicente, Isidoro de, fiscal del tribunal, 79, 226-227, 331-332, 339, 374-375, 444-445
Sandoval y Rojas, Bernardo de, obispo de Pamplona (1588-1596), inquisidor general, 75, 80-82, 287, 394, 418, 421, 426
Sandoval y Rojas, Francisco de, duque de Lerma, 34, 81, 447
Sansín, Juanes de, LB 10, 59-60, 94, 119, 122-123, 139-140, 143, 257, 385-388, 466
Sardo, Domingo de, fraile franciscano, 268, 300, 305, 310-311, 313-314, 319, 321
Sargant, William, 54, 64, 104
Sarmiento de Mendoza, Francisco, obispo de Jaén, 81
Sastrearena, Catalina de, LB 335, 311, 493
Schoonebech, Andreas, 67, 233, 243, 246, 249, 251-252
Serrano y Sanz, Manuel, 298
Sixto V, papa, 365
Solarte, Hernando de, padre, jesuita, 33, 267-268, 276-280, 290, 324, 444, 452
Sosa, Francisco de, fray, obispo de Osma, 433
Sprenger, Jacobo, 406
Subildegui, Domingo de, carbonero, LB 22, 248, 468
Summers, Montague, 44-45, 114

Tamborín Xarra, María de, LB 223, 320, 486
Tapia, Pedro, consejero de la Inquisición, 432
Telechea, Juana de, LB 3, 59, 89, 91-92, 465, 470, 476
Telechea, María de, bruja difunta de Zugarramurdi, 60
Topalda, Catalina de, sacristana de Echalar, 188, 197-198, 200, 326, 402
Trejo Paniagua, Gabriel de, consejero de la Inquisición, 432

Ulibarri, María de, LB 354, 344, 348, 351-353, 478, 494
Urdax, abad de, véase, Araníbar, León de,
Urrutia, Tomás de, clérigo de Echalar, 190
Urtubie, señor de, véase d'Alsatte, Tristán de Gamboa,

Valencia, Pedro de, 289-290, 292-298, 324,
Valle Alvarado, Juan de, inquisidor, 29, 78-79, 88, 93, 96-97, 100-102, 105, 107, 114, 145, 147, 160, 161-172, 174-178, 180-193, 196-197, 199-203, 205-206, 209-210, 217, 219, 222, 225-226, 228, 236-237, 239, 259, 262-264, 276, 283- 286, 291-292, 306, 311, 316-317, 319, 325, 327, 330-333, 335-337, 346, 366, 370-375, 384-387, 389-391, 394-401, 403-404, 407, 409-412, 414, 416,

ÍNDICE ONOMÁSTICO 535

422-426, 434, 440-441, 443, 445-446, 463-464, 475
Varesio, Juan Bautista, impresor, 294
Vega y Carpio, Lope de, 34, 447
Venegas de Figueroa, Antonio, obispo de Pamplona, 33, 75, 185-187, 189, 192, 199, 259, 280, 282, 289-290, 300, 410, 444, 452
Venero, Pedro de, prior dominico, 250
Villacre, Antonio de, fray, provincial de los franciscanos, 253
Vizcar, Martín de, LB 20, 209, 212-213, 228, 468

Weyer, Johan, 451
Williams, Charles, 448

Xarra, Graciana, hospitalera, LB 14, 248, 320, 467
Ximénez de Oco, juez, 176-177
Ximildegui, María de, bruja francesa, 52-54, 164, 237, 476

Yerro, Juan del, portero del tribunal, 170
Yriarte, Estevanía de, LB 7, 49, 57, 59-60, 94, 105, 108, 114, 119, 140, 207, 466
Yriarte, Juanes de, pastor, casado con LB 5, 465
Yriarte, María de, LB 6, 49, 59, 94, 105, 107-108, 114-117, 119, 127, 208-209, 228, 465

Yriarte, Mariana de, bruja francesa, 180
Yribarren, Juanes de, herrero, LB 31, 213-215, 256, 401, 416, 422-423
Yricia, vaquero, brujo de Aranaz, 271
Yrigoyen, Tomás de, párroco de Zubieta, 359-360
Yrisarri, Martín de, parroco de Yanci, 190, 201, 277-278, 282, 285, 316, 327
Yrisarri, Miguel de, deán de Santesteban y comisario, 265-266, 304-305
Yrurita, Catalina de, LB 517, 308, 504
Yrurita, Juana de, LB 515, 359, 504
Yturría, María de, LB 119, 188, 197-198, 462

Zabaleta, Felipe de, fray, parroco de Zugarramurdi, 55, 170
Zalba, dr., visitador del obispado de Pamplona, 200
Zapata Osorio, Juan de, consejero de la Inquisición, 415-416, 421, 432
Zapata y Mendoza, Antonio, inquisidor general, 447
Ziarnko, Jan, 91, 118, 120, 125, 131, 133, 138
Zorrilla, Juan de, secretario, 375
Zozaya y Arramendi, María de, LB 27, 175-176, 206, 209, 215-219, 222-224, 226, 238-239, 252, 255, 257, 469